論点解説
実務独占禁止法

前公正取引委員会委員　公正取引委員会委員
山﨑　恒・幕田英雄［監修］

The Antimonopoly Act
Hisashi Yamazaki　Hideo Makuta

商事法務

はしがき

　平成25年12月に「私的独占の禁止及び公正取引の確保に関する法律の一部を改正する法律」(平成25年法律第100号)が成立・公布され、同法は平成27年4月1日に施行された。この改正により、審判制度は廃止され、公正取引委員会が行う行政処分(排除措置命令、課徴金納付命令等)に対して不服がある場合には、直接、裁判所に取消訴訟が提起されることになったため、今後は、これまで独占禁止法に必ずしもなじみのなかった裁判官、弁護士等を含め、多くの法曹関係者が独占禁止法に係る業務に携わるようになることが想定される。

　一方、独占禁止法は、経済社会における取引のルールを定めたものであるが、現実の経済社会のさまざまな局面で発生する多くの具体的な問題に対処できるようにするため、条文上の禁止行為は、一般的な文言で規定されている。また、事業者の行動に関する経済学等の専門的知見も踏まえ、公正な競争秩序そのものを保護する観点から解釈を行う必要があるため、民事法や刑事法と同じ文言が法文上用いられていてもその解釈に当たっては民事法や刑事法の考え方をそのまま適用することが必ずしも適当ではない場合がある。このため、独占禁止法の条文の文言が具体的にどのような意味を有するのか、どのように実際の事例において解釈されるかなどについて、判例等に基づき、公正取引委員会の実務に即しながら、独占禁止法に必ずしもなじみのない方も含めた法曹関係者の的確な理解が得られるような、分かりやすく、しかも一定の理論水準を確保した解説を世の中に提供することの必要性は極めて高いと考えられた。

　このような問題意識の下、公正取引委員会において実際に独占禁止法違反被疑行為の事件審査、訴訟対応等に携わった経験のある若手の管理職を中心とした有志の間で議論を重ねるとともに、法曹経験を有する公正取引委員会委員から、法曹関係者の理解を容易にするための論述・表現のあり方等について助言を受けた。そして、この議論の成果について、旬刊商事法務誌上において、「独占禁止法に関する論点の解説」のシリーズとして、2064号(2015)から連載を開始することとし、2097号(2016)まで、毎月1回、合計13のテーマについて、これまでの判例等に基づき、公正取引委員会の実務に即した、

独占禁止法の基本的な考え方について解説を行ってきた。各テーマにおいては、その冒頭に「設問」を掲げ、関連する論点を解説するとともに、最後に設問に対する回答を示すという形式をとっている。本書は、その連載された原稿を基に、用語の統一、時点修正等を行い、1冊の本としてまとめたものである。本書が、幅広い法曹関係者の独占禁止法の理解に役立ち、「公正かつ自由な競争の促進」を目的とした独占禁止法の適切な執行、解釈に資することを強く望む。

　なお、本書の文中、意見にわたる部分は執筆者の個人的な見解であり、当該執筆者が属する組織の意見ではないことにご留意いただきたい。

平成 28 年 11 月

　　　　　　　　　　　　　　　　　　　執筆者代表　　品川　　武
　　　　　　　　　　　　　　　　　　　　　　　　　　小室　尚彦

監修者のことば

1　本書のベースとなった旬刊商事法務への連載「独占禁止法に関する論点の解説」が企画された経緯等は、執筆者代表の「はしがき」に書かれているとおりである。

　我々は、本連載ひいては本書刊行の目的は、独占禁止法を本格的に学習したことのない実務法曹（弁護士、裁判官、検察官、司法修習生等）に向け、公正取引委員会の実務に即しながら、平成25年改正独占禁止法の下、東京地裁での取消訴訟で問題となることが想定される主な論点について、独占禁止法未修の実務法曹が抱くであろう疑問に答え、的確で分かりやすい解説を提供するということだと理解し、これに賛同し、助言者役を引き受けた。

　我々2人は、いずれも、公正取引委員会委員になる前は、独占禁止法未修の実務法曹であった点、本格的に独占禁止法の学習をするに際し、独占禁止法の法律解釈や事実認定が、民事法・刑事法のそれと、さまざまな面で違うことに多々戸惑いを感じたことがあった点で共通しており、本連載・本書の想定する読者になり代わって、執筆者に助言することが可能だと思われたからである。

　実務法曹向けの解説である以上、その内容は、長年にわたって蓄積されてきた裁判例・審決例をベースにして、独占禁止法の専門的執行機関である公正取引委員会の実務の考え方を踏まえたものであるべきだとすることに異論はなかったし、本連載の執筆者陣は、公正取引委員会の実務とその考え方に通暁した公正取引委員会の有能な職員ばかりであったことから、我々は、執筆者が原稿において展開した「公正取引委員会の実務の考え方」の内容に関しては、執筆者の理解・見解を尊重し、我々の私見を差しはさむことは控えることにした。

　そのため、本連載や本書発刊に当たっての我々の役割は、①独占禁止法未修の実務法曹が、独占禁止法を理解するために必要な論点が取りあげられているかに関して助言すること、②執筆者の解説が、各種の用語や概念につき説明不足に陥るなどによって、独占禁止法未修実務法曹にとって理解しにくいものになっていないかという観点から、その論述・表現のあり方に関して助言することに、ほとんど限定させていただいた。

2　このように「助言者」の実態しかない我々が、本連載が単行本化されるに当たって「監修者」という肩書きをいただいたことについては、いささかこそばゆい気持ちにもなるが、その理由をあえて考えてみると、我々が、「独占禁止法未修の実務法曹にとっての分かりやすさ」という観点から、自らの体験を踏まえ、あるいは、想定される読者を代表する気持ちで、執筆者各位の原稿の論述や表現ぶりについて、遠慮なく注文を付けさせていただいたからだと思われる。

　そこで、我々が、執筆者への助言において、「独占禁止法未修の実務法曹にとっての分かりやすさ」という点で、どのようなことにこだわったかということを、次のとおり、5点ばかり紹介したい。これは、取りもなおさず、我々が、独占禁止法を学習するに当たり、どのような点について取っつきにくさ、分かりにくさを感じていたかということになる。

　(1)　独占禁止法違反の成立要件（要件事実）の中には、経済学の知見に由来する抽象的な概念、例えば、「競争の実質的制限」「一定の取引分野」などが存在する。法律文言の解釈によって定義を導き出すことはできないし、直感的、体験的に理解できるような形で、世の中に存在するものでもない。そのため、必要に応じてではあるが、「市場の競争機能」ないし「市場メカニズム」などの経済学の初歩的知見についても、分かりやすい解説を行い、その知見に基づき、上記概念の意義・定義付けを行うことも必要である。

　(2)　民事法、刑事法でも用いられる用語と同一、類似の用語が独占禁止法において用いられる場合があるが、独占禁止法における規制の趣旨が異なるため、その意味するところが民事法、刑事法と異なってくることがある。例えば、カルテルの「合意」ないし「意思の連絡」と、民事法における「意思表示の合致」ないし「契約」、刑事法における犯罪の「共謀」ないし「意思の連絡」は、似て非なる概念である。このように、同一・類似の用語について、意味する内容が違うとき、そのことについて丁寧で分かりやすい説明が必要である。

　(3)　独占禁止法違反の要件事実の解釈は、実体法の解釈問題であり、この解釈が十分に詰められなければならない。それを前提として初めて、どのような証拠で違反が認定できるかという立証問題を適切に検討することができる。特に、間接事実（状況証拠）による立証においては、多種多様の事実を積

み重ねて特定の要件事実（主要事実）を立証すべき場合があり、その場合には、要件事実（主要事実）が何であるかに立ち返る必要もある。

(4) 民事法や刑事法においても、推認による事実認定が行われており、実務法曹は推認による事実認定そのものには慣れているが、独占禁止法の執行実務で行われる事実認定においては、推認に用いられる経験則が、経済学上の経験則やビジネス社会における経験則など、独占禁止法独特の専門的内容を含む経験則であることが多く、独占禁止法未修の実務法曹にとって、その推認過程を的確に理解することが困難な場合がある。そこで、経済学上の経験則等を利用した推認による事実認定に関して解説するときは、その経験則を分かりやすく丁寧に説明する必要がある。

(5) 公正取引委員会が公表している各種の指針・考え方等のいわゆるガイドラインにこう記述されている、というだけの解説は、実務法曹にとっては納得感が乏しいと思われる。ガイドラインは、独占禁止法の専門機関である公正取引委員会が、判決・先例と経済学知見等を踏まえてまとめた指針であり、公正取引委員会の実務の考え方そのものであるから、ガイドラインの内容を解説する際には、ガイドラインが根拠とした判例・審決、学説、経済学的知見を必要に応じて紹介しながら、公正取引委員会の実務の考え方そのものを解説するという形で示すことが納得感を高めることになる。

もし、以上の点について、本書の解説が、独占禁止法未修の実務法曹にとって、いささかでも分かりやすいものになっているとすれば、大部分は執筆者の努力・工夫のおかげであるが、我々の「監修」も、少しは役に立っているかもしれないと勝手に思わせていただければ幸いである。

平成28年11月

　　　　　監修者
　　　　　前公正取引委員会委員（元札幌高等裁判所長官）　山﨑　恒
　　　　　公正取引委員会委員（元最高検察庁刑事部長）　幕田　英雄

目 次

第1章　独占禁止法の基本的考え方

1 はじめに 1
2 1条（目的規定） 2
　1．1条の条文構成　3
　2．「公正かつ自由な競争の促進」　4
　　(1) 市場メカニズムの機能　5
　　(2) 市場メカニズムのメリット　7
　　(3) 公益概念としての「自由競争経済秩序の維持」　10
　3．法目的を達成するための方法（規制手段）　11
　4．独占禁止法の考え方　12
3 独占禁止法による規制の3本柱 13
　1．不当な取引制限　13
　　(1) 独占禁止法の目的と競争の実質的制限　13
　　(2) 市場が有する競争機能が損なわれた場合の弊害　16
　　(3) 市場が有する競争機能と入札談合　18
　2．私的独占　20
　3．不公正な取引方法　22
4 独占禁止法の基本概念——「事業者」と「競争」............................. 24
　1．「事業者」（2条1項）　24
　2．「競争」（2条4項）　25
5 設問に対する回答 26

第2章　不当な取引制限の要件事実

1 不当な取引制限の要件事実についての考え方 31
　1．はじめに　31
　2．不当な取引制限の条文の構成　32
　3．構成要件間の関係　32
　4．「共同して……相互にその事業活動を拘束し、又は遂行すること」　33
　　(1) 要件の中心部分　33
　　(2) 要件の解釈に当たって留意すべき点　33
　　(3) 経済学的アプローチ　34
　　(4) 要件ごとの検討　36
　　(5) 共同遂行　54

5．「一定の取引分野における競争を実質的に制限すること」　55
　　(1)　要件の意義　55
　　(2)　「競争の実質的制限」の立証　59
　　(3)　価格や販売先を直接制限しないカルテルにおける競争の実質的制限　65
　　(4)　公共の利益に反して　66
2　設問に対する回答　69
　1．設問1　69
　2．設問2　70

第3章　不当な取引制限における一定の取引分野

1　不当な取引制限における「一定の取引分野」についての考え方　74
　1．はじめに　74
　2．「一定の取引分野」の解釈　75
　　(1)　市場について　75
　　(2)　不当な取引制限における「一定の取引分野」に係る裁判例　76
　　(3)　行為が先か、市場が先か（企業結合規制における考え方との異同）　77
　　(4)　「一定の取引分野」の画定に用いられる事実　83
　3．その他の論点　83
　　(1)　いわゆるアウトサイダーの存在　83
　　(2)　入札談合における「一定の取引分野」　85
　　(3)　潜在的な需要者を対象とする一定の取引分野　86
　　(4)　官公庁による指名競争入札の場合に、指名業者と指名業者から仕事を請け負う中間業者など「取引段階」が異なる事業者との間における合意に係る一定の取引分野　88
　　(5)　複数の取引段階を対象とした合意における一定の取引分野　90
2　設問に対する回答　92
　1．設問①　92
　2．設問②　93

第4章　不当な取引制限における正当化事由

1　不当な取引制限における正当化事由についての考え方　97
　1．はじめに　97
　2．「公共の利益に反して」の解釈　97
　　(1)　基本的な考え方　97
　　(2)　具体的な判断要素　101
　　(3)　その他証明責任等　105

3．不当な取引制限等に関する適用除外規定　106
　　4．正当化事由と行政指導　107
　　5．正当化事由と「競争の実質的制限」　111
　　　(1)　「公共の利益」等の正当化事由と「競争の実質的制限」　111
　　　(2)　「競争の実質的制限」における正当化事由の検討　114
　　6．正当化事由が「競争の実質的制限」の成否検討の中で判断された事例　115
　　　(1)　認可料金規制と保護されるべき競争　115
　　　(2)　入札における公的発注機関の指示　116
　2　設問に対する回答　119
　　1．設問①　119
　　2．設問②　120

第5章　私的独占

　1　私的独占についての考え方　124
　　1．はじめに　124
　　2．私的独占となる行為の性格　125
　　3．私的独占行為の主体　128
　　　(1)　行為者の市場における地位　128
　　　(2)　単独か複数か　128
　　4．私的独占となる行為　129
　　　(1)　排除行為　129
　　　(2)　支配行為　135
　　5．一定の取引分野における競争の実質的制限　138
　　　(1)　競争の実質的制限の意義　138
　　　(2)　一定の取引分野の画定　141
　2　設問に対する回答　144
　　1．設問①　144
　　2．設問②　145

第6章　不公正な取引方法における公正競争阻害性

　1　不公正な取引方法と公正競争阻害性　148
　　1．はじめに　148
　　2．「不公正な取引方法」の規定体系　149
　　3．公正競争阻害性の解釈　150
　　　(1)　3つの側面　150
　　　(2)　正当化事由　154

2 事業活動の不当拘束 155
1．価格制限（再販売価格拘束） 157
(1) 規制の趣旨 157
(2) 行為要件 157
(3) 公正競争阻害性のとらえ方 159
2．非価格制限 162
(1) 排他条件付取引 162
(2) 拘束条件付取引 165
3 設問に対する回答 171
1．設問① 171
2．設問② 171

第7章 不公正な取引方法——優越的地位の濫用

1 優越的地位の濫用の規制趣旨 175
2 優越的地位の濫用の成立要件 177
1．優越的地位 178
(1) 優越的地位の要件事実 178
(2) 「事業経営上大きな支障」 179
(3) 濫用行為を受け入れていることとの関係 180
(4) 濫用行為を受け入れていること以外の諸要素を総合した認定 182
(5) まとめ 184
2．濫用行為（「返品」・「減額」の認定方法） 184
(1) 濫用行為の要件事実 184
(2) 返品 185
(3) 減額 188
(4) 濫用行為該当性が審決において否定された例 189
3．優越的地位の濫用における公正競争阻害性——行為の不当性のうち、取引の相手方の自由な意思に反すること、および正常な商慣習について 190
3 設問に対する回答 191
(1) 濫用行為該当性 191
(2) 優越的地位の有無 195
(3) 公正競争阻害性 197
(4) 結論 197

第8章 排除措置命令

1 はじめに 201

2 排除措置命令に係る規定の内容 ... 202
1. 排除措置命令の対象となる行為　202
2. 排除措置命令の相手方　202

3 排除措置命令の必要性および内容の相当性についての判断枠組み ... 203
1. はじめに　203
2. 審判手続における判断枠組み　204
3. 取消訴訟における判断枠組み　205

4 具体的な命令内容 ... 206
1. 現存する違反行為に対する排除措置命令　206
   (1) 違反行為の差止め　206
   (2) 競争制限状態の除去および再発防止　207
2. 既往の違反行為に対する排除措置命令　208
3. 必要な措置として合理的と認められる措置内容　208
4. 合理的内容が問題となる具体例　209
   (1) 野田醤油事件　209
   (2) 東洋製罐事件　211
   (3) 水門談合事件ほか　211
5. 措置の履行可能性　213
   (1) 措置内容の特定性　213
   (2) 取りやめを命じる行為の記載が抽象的である場合　213
   (3) 違反行為の取りやめに関連する条件を事業者に提案させる場合　216

5 既往の違反行為における「特に必要があると認めるとき」の判断 ... 217
1. 「特に必要があると認めるとき」の解釈　217
2. 「特に必要があると認めるとき」に係る最近の事例と問題点　219

6 設問に対する回答 ... 221
1. 設問1　221
   (1) 「特に必要があると認めるとき」に該当するか　221
   (2) 措置内容の合理性　221
   (3) 廃業準備中のFに当該排除措置命令を行うことの適法性　222
2. 設問2　222

第9章　課徴金納付命令における「当該商品又は役務」の要件事実――入札談合事件における分析を中心に

1 課徴金納付命令における「当該商品又は役務」の考え方 ... 225
1. はじめに　225
2. 課徴金制度の趣旨　226
3. カルテルにおける「当該商品又は役務」の基本的考え方　227

4．受注調整案件についての「当該商品又は役務」の基本的考え方　228
　　5．具体的な競争制限効果の内容　230
　　6．具体的な競争制限効果の立証　233
　　　(1) 基本的考え方　233
　　　(2) 事実上の推定に基づく近時の事案　234
　　　(3) 推定を覆す特段の事情の具体的内容　236
　2　設問に対する回答　238
　　1．設問①　238
　　2．設問②　239
　　3．設問③　239
　　4．設問④　241

第10章　課徴金納付命令（私的独占、不公正な取引方法）の課徴金算定——優越的地位の濫用を中心に

　1　私的独占、不公正な取引方法の課徴金算定　244
　　1．はじめに　244
　　2．課徴金の算定方法の概要　245
　　　(1) 算定方式　245
　　　(2) 算定基礎　245
　　　(3) 算定率　245
　　　(4) 算定期間　247
　　3．私的独占に係る課徴金　248
　　　(1) 支配型私的独占（独占禁止法7条の2第2項、独占禁止法施行令7条）　248
　　　(2) 排除型私的独占（独占禁止法7条の2第4項、独占禁止法施行令9条）　249
　　4．不公正な取引方法に係る課徴金　251
　　　(1) 共同の取引拒絶、差別対価、不当廉売、再販売価格の拘束（独占禁止法20条の2〜5、独占禁止法施行令22条〜29条）　251
　　　(2) 優越的地位の濫用（独占禁止法20条の6、独占禁止法施行令30条、31条）　252
　　5．優越的地位の濫用に係る課徴金の算定期間のとらえ方　255
　　　(1) 独占禁止法20条の6の規定と論点　255
　　　(2) 複数の相手方に対する優越的地位の濫用の算定期間　256
　　　(3) 複数の行為類型にわたる優越的地位の濫用の算定期間　261
　　　(4) 複数の相手方・複数の行為類型と継続性　262
　　　(5) 関連審決　263
　2　設問に対する回答　265

第11章　課徴金納付命令における業種認定

1　業種認定に係る考え方 ... 268
1．はじめに　268
2．業種認定を行う趣旨等　269
- (1) 業種認定を行う趣旨　269
- (2) 違反行為に係る取引のうちに複数の業種に属する事業活動が混在する場合の課徴金算定率　269

3．具体的な事例　273
- (1) 金門製作所事件　273
- (2) ジェット燃料談合東燃ゼネラル石油事件　274
- (3) ジェット燃料談合JX日鉱日石エネルギー事件　275
- (4) フジクラ事件　276
- (5) エア・ウォーター事件　277

4．役務について小売業に当たると主張された事例　280
5．特段の事情の判断枠組み（小括）　281

2　設問に対する回答 ... 281

第12章　課徴金減免申請

1　はじめに ... 285
2　課徴金減免制度の概要等 ... 286
1．制度の趣旨・目的　286
2．制度の概要　287
- (1) 制度の対象となる違反行為　287
- (2) 順位と減免率　288
- (3) 当該違反行為に係る報告および資料の提出　289
- (4) 違反行為の不継続に係る要件　289
- (5) 事業者単独での申請と共同申請　291

3．手続　292
- (1) 課徴金減免の基準となる違反行為　292
- (2) 順位の繰上り　294
- (3) 調査開始日以後の課徴金減免申請の期限　298
- (4) 課徴金減免申請を行った事業者の事業者名等の取扱い　301
- (5) 課徴金減免申請に伴い提出した報告書および資料の取扱い　301
- (6) 課徴金減免申請後の追加報告要求　303
- (7) 失格事由　303
- (8) 課徴金減免申請の事実の第三者への開示の禁止　304

3　設問に対する回答 305
  1．調査開始日前の申請者について　305
  2．調査開始日以後の申請者について　307

第13章　独占禁止法の国際的なエンフォースメント

1　はじめに 313
2　規律管轄権 314
  1．属地主義と効果理論　314
  2．わが国の独占禁止法の規律管轄権に関する考え方　316
    (1)　独占禁止法の規定　316
    (2)　独占禁止法の規律管轄権に関する考え方　317
    (3)　これまでの事件処理から窺われる規律管轄権の考え方　319
    (4)　国際的な事案における一定の取引分野　324
  3．海外の競争法の規律管轄権に関する考え方　325
    (1)　米国　325
    (2)　EU　327
    (3)　その他の国の状況　328
    (4)　日本以外の国や地域での競争法の規律管轄権に関する考え方等　329
  4．消極礼譲　329
3　執行管轄権 330
  1．執行管轄権の限界　330
  2．外国事業者に対する書類の送達　331
    (1)　日本国内に拠点等を有する場合　331
    (2)　日本国内に拠点等を有しない場合　332
4　海外の競争当局との協力、調整等 333
  (1)　二国間の協力協定　334
  (2)　OECDおよびICNにおける取組み　334
5　設問に対する回答 335
  1．設問①　335
  2．設問②　336

事項索引　337
判審決等索引　343

凡　例

1 **法令・ガイドライン等**

独占禁止法	私的独占の禁止及び公正取引の確保に関する法律（昭和22年法律第54号）
独占禁止法施行令	私的独占の禁止及び公正取引の確保に関する法律施行令（昭和52年政令第317号）
企業結合ガイドライン	公正取引委員会「企業結合審査に関する独占禁止法の運用指針」（平成16年5月31日）
排除型私的独占ガイドライン	公正取引委員会「排除型私的独占に係る独占禁止法上の指針」（平成21年10月28日）
優越ガイドライン	公正取引委員会「優越的地位の濫用に関する独占禁止法上の考え方」（平成22年11月30日）

2 **判例集等**

民集／大民集	最高裁判所／大審院民事判例集
刑集	最高裁判所刑事判例集
行集	行政事件裁判例集
集民	最高裁判所裁判集民事
高民集	高等裁判所民事判例集
高刑集	高等裁判所刑事判例集
高刑時報	東京高等裁判所（刑事）判決時報
金商	金融・商事判例
ジュリ	ジュリスト
商事法務	旬刊商事法務
判時	判例時報
判タ	判例タイムズ
曹時	法曹時報

3 **文献等**

今村・独禁法	今村成和『独占禁止法〔新版〕』（有斐閣、1978）
今村ほか・注解〔上巻〕	今村成和＝丹宗昭信＝実方謙二＝厚谷襄児編『注解経済法〔上巻〕』（青林書院、1985）

伊従=矢部・Q&A	伊従寛=矢部丈太郎編『実務解説独禁法Q&A』（青林書院、2007）
金井ほか・独禁法	金井貴嗣=川濵昇=泉水文雄編著『独占禁止法〔第5版〕』（弘文堂、2015）
公取委・30年史	公正取引委員会事務局編『独占禁止政策30年史』（公正取引委員会事務局、1977）
白石・独禁法	白石忠志『独占禁止法〔第2版〕』（有斐閣、2009）
白石・独禁法講義	白石忠志『独禁法講義〔第7版〕』（有斐閣、2014）
神宮司・20講	神宮司史彦『経済法20講』（勁草書房、2011）
菅久・独禁法	菅久修一編著『独占禁止法〔第2版〕』（商事法務、2015）
根岸・注釈独禁法	根岸哲編『注釈独占禁止法』（有斐閣、2009）

執筆者一覧

［掲載順・敬称略。平成 28 年 11 月 1 日現在］

岩下　生知	公正取引委員会事務総局官房総務課審決訟務室長	
	—第 1 章担当	
品川　武	公正取引委員会事務総局経済取引局企業結合課長	
	—第 2 章担当	
南　雅晴	公正取引委員会事務総局審判官	
	—第 3 章担当	
大胡　勝	公正取引委員会事務総局審査局訟務官	
	—第 4 章担当	
奥村　豪	公正取引委員会事務総局官房総務課監査官	
	—第 5 章担当	
天田　弘人	公正取引委員会事務総局審査局上席審査専門官	
	—第 6 章担当	
小室　尚彦	公正取引委員会事務総局経済取引局総務課企画室長	
	—第 7 章担当	
土平　峰久	前公正取引委員会事務総局審査局訟務官付審査専門官	
	—第 7 章担当	
萩原　浩太	公正取引委員会事務総局審査局審査専門官（主査）	
	—第 8 章担当	
中里　浩	公正取引委員会事務総局審査局企画室長	
	—第 9 章担当	
山口　正行	公正取引委員会事務総局取引部取引調査室長	
	—第 10 章担当	
黒澤　莉沙	前公正取引委員会事務総局審査局訟務官付審査専門官	
	—第 10 章担当	
田中　久美子	公正取引委員会事務総局審査局第四審査長	
	—第 11 章担当	
塚田　益徳	公正取引委員会事務総局審査局第二審査長	
	—第 12 章担当	
稲熊　克紀	公正取引委員会事務総局犯則審査部第二特別審査長	
	—第 13 章担当	

第1章

独占禁止法の基本的考え方

> **設問**
> 　A市では、競争入札の方法により建設工事を発注している。A市が発注する建設工事の入札に参加する建設業者らは、十数年も前から、各工事の受注希望者が複数いる場合には、当該受注希望者同士で自社の事情等を話し合ってどの社が受注するかを決めており、その他の者は受注希望者の落札を妨害しないようにするという認識を共有し、互いに助け合ってきた。これはお互いにそれぞれの事情を尊重し合っているだけのことであり、各社はそれぞれの事情に基づいて自主的な判断による営業活動の一環としてこのような助け合いを行っているものであって、競争をまったくやめてしまったわけではないから、建設業者らによるこのような行為は独占禁止法違反には当たらないのではないか。

1　はじめに

　「私的独占の禁止及び公正取引の確保に関する法律」(昭和22年法律第54号)、すなわち独占禁止法は、終戦後間もない昭和22年3月31日、旧帝国議会最後の日に可決・成立し、同年7月に施行された。わが国における自由競争経済を支える基本法であり、「経済憲法」とも呼ばれる法律である(独占禁止法が施行された昭和22年は、日本国憲法が施行された年(同年5月施行)でもある)。

独占禁止法の対象は「複雑多様なしかも常に生成発展してやまない広汎な経済活動一般であるため」[1]、対象となる行為をあらかじめ具体的な類型として規定しておくことが困難であることから、その規定はいずれも抽象的なものとなっており、どのような行為が独占禁止法違反となるのか、各規定の要件への事実の当てはめがわかりにくいといわれている。そして、「この抽象的な法規を正しく運用し、個々の具体的な事件に本法の規定を適用して、これを具体的に実現し、本法の実効性を確保してゆく」ために、独占禁止法の解釈については、法の制定時から、公正取引委員会と裁判所による判例法の形成によることが期待されてきた[2]。

　本書は、独占禁止法による規制の3本柱とされる私的独占、不当な取引制限および不公正な取引方法を中心に、過去の裁判例や公正取引委員会の審決例において示された判断等を基に、独占禁止法の解釈・運用に係る実務の考え方について解説を試みるものである。本章においては、独占禁止法の目的を定める1条について解説するとともに、独占禁止法が規制対象とする主な行為について、その概要を紹介し、独占禁止法の基本的考え方を示すこととしたい。

2　1条（目的規定）

　独占禁止法1条は、その提案理由説明において「第1条の規定は、この法律の目的を明らかにいたしたものでありまして、公正取引委員会及び裁判所が、実際の事件にあたって具体的な判断を下すための根本精神を定めたものとして、重要な意義を有する規定であります」と述べられている[3]とおり、

---

1) 石井良三『独占禁止法・経済力集中排除法』（海口書店、1947）319頁。
2) 「……本法の運用にあたる機関は、公正取引委員会と裁判所であるが、我々は、この2つの機関がその具体的な活動を通じて、本法の抽象的にして一般的な規定に健やかな血肉を与え、高い識見に裏打ちされた立派な公権的解釈を示され、正しい判例法をうち建てて、本法制定の趣旨を見事に実現されんことを希望してやまない」（石井・前掲注1) 319頁）。
3) 昭和22年3月29日第92回帝国議会衆議院石油配給公団法外4件委員会における高瀬荘太郎国務大臣（経済安定本部長官）による提案理由説明。

「本法の立法目的を明らかにすると同時に、公正取引委員会の審決および裁判所の判決を定めてゆく尺度となるものであり、本法の解釈および運用に当り基準となるものであり、きわめて重要な作用を有する」とされている[4]。すでに述べたとおり、独占禁止法の各規定は抽象的な表現となっているため、その解釈・運用に際しては、独占禁止法1条が定める法目的をどのように考えるかということが重要となる。

1．1条の条文構成

1条は、大きく分けると前半部分と後半部分の2つに分けることができる。前半部分は独占禁止法の目的を達成するための方法（規制手段）について述べ、後半部分は独占禁止法の目的について述べている。さらに、前半部分は、①独占禁止法の規制の手段、②規制の趣旨の2つに分けることができ、後半部分は③直接的な法目的、④法目的の実現による政策的効用、⑤法目的の実現によって達成される究極の目的の3つに分けることができる。

〔図表 1-1〕 1条の条文構成

この法律は、		
前半 （規制手段）	①	私的独占、不当な取引制限及び不公正な取引方法を禁止し、事業支配力の過度の集中を防止して、
	②	結合、協定等の方法による生産、販売、価格、技術等の不当な制限その他一切の事業活動の不当な拘束を排除することにより、
後半 （目的）	③	公正且つ自由な競争を促進し、
	④	事業者の創意を発揮させ、事業活動を盛んにし、雇傭及び国民実所得の水準を高め、
	⑤	以て、一般消費者の利益を確保するとともに、国民経済の民主的で健全な発達を促進すること
を目的とする。		

---

[4] 田中誠二ほか『コンメンタール独占禁止法』（勁草書房、1981）46頁〔田中誠二〕。

1条を理解する上で重要な点は、独占禁止法は「公正且つ自由な競争を促進」することを直接の法目的としているということである。そして、直接の法目的である「公正かつ自由な競争の促進」を実現することこそが、ひいては「一般消費者の利益の確保」、「国民経済の民主的で健全な発達の促進」に帰着するという立場がとられているのである。

 したがって、独占禁止法の直接の目的（直接の保護法益）である「公正かつ自由な競争（の）促進」という文言が、1条の目的規定の中でもきわめて重要な意義を有している。

2．「公正かつ自由な競争の促進」

 独占禁止法1条にいう「公正かつ自由な競争の促進」とは、「市場のもつ価格形成機能（市場機能ともいう）が充分に働くような競争秩序」[5]を維持することである。市場の持つ価格形成機能とは、需要量と供給量との関係で価格が決まり、価格の変化を通じて需要と供給が調整されるという機能、すなわち市場における競争の機能のことであり、「市場メカニズム」と呼ばれる機能である。独占禁止法の裁判例・審決例では、「公正かつ自由な競争の促進」と同じ意味で「自由競争経済秩序の維持」という表現が用いられている[6]。そして、最高裁は、「独禁法は、『公正且つ自由な競争を促進し……一般消費者の利益を確保するとともに、国民経済の民主的で健全な発達を促進することを目的とする。』と規定し（1条）、公正な競争秩序の維持、すなわち公共の利益の実現を目的としているものであることが明らかである」（ジュース公正競争規約事件（最判昭和53年3月14日民集32巻2号211頁）。傍点は筆者）、「独禁法の立法の趣旨・目的及びその改正の経過などに照らすと、同法2条6項にいう『公共の利益に反して』とは、原則としては同法の直接の保護法益である自由競争経済秩序に反することを指す」（石油価格協定刑事事件（最判昭和59年2月24日刑集38巻4号1287頁）。傍点は筆者）と述べ、独占禁止法の直接の保護法益が「自由競争経済秩序」の維持にあるということを明らかにしている。

---

5) 今村ほか・注解〔上巻〕23頁〔今村成和〕。
6) 「自由競争秩序」と表現する裁判例・審決例も存在するが、意味するところは同じである。

(1) 市場メカニズムの機能

　経済活動に必要となる資源（労働力、資本、土地等）は有限である。市場メカニズムは、価格による需給調整を通じて、社会において有限な資源を最適に配分する（社会的に最も満足度の高い状態をもたらす）ことのできる仕組みである。ここで、単純な需要と供給の関係を思い起こすことにより、市場メカニズムの機能を確認しておくこととしたい。図表1-2は、自由な競争が行われている市場（以下「競争的市場」という）における需要と供給の関係を示すグラフである。

　通常、商品または役務の価格が高い場合にはこれを購入してもよいと考える需要者は少なく、価格が低いほどより多くの需要者がそれを購入したいと考える。価格を縦軸、需要量を横軸に置いて、このような買い手（需要者）における価格と需要量との関係を示したものが需要曲線であり、需要曲線は右下がりになる。一方、売り手（供給者）においては、商品または役務の価格が低い場合には、得られる利益が少ないためこれを供給したいと考える供給者は少なく、価格が高いほどより多くの供給者がそれを供給したいと考えるから、供給曲線は右上がりとなる。

　そして、市場に多数存在する需要者と同じく市場に多数存在する供給者の双方が、それぞれ個々の自主的な判断により最も高い満足を得ようと行動する（市場において互いに競争する[7]）結果、需給のバランスにより価格と数量が自然に調整され、「社会的に最も適正な価格と数量の水準」が一意的に定まる。このような適正な価格と数量の水準は、図表1-2においては需要曲線と供給曲線の交わる点（E^*）により表現され（これを経済学では「競争均衡点」という）、そこで定まる価格（P^*）は「市場価格」、「競争価格」などと呼ばれる。

　これが「市場における競争の機能」であり、「市場メカニズム」と呼ばれる機能である。

---

[7]　市場では、売り手（供給者）だけではなく買い手（需要者）も競争している。買い手（需要者）は、自らがその商品または役務に支出してもよいと考える価格および購入する数量について判断する。同様に、売り手（供給者）は、自らが商品・役務を販売してもよいと考える価格およびその数量について判断する。このように需要者と供給者がそれぞれ自らの判断で自由に意思決定する結果、「神の見えざる手」を通じて最適な均衡が導かれることになる。

〔図表1-2〕 競争的市場における需要と供給

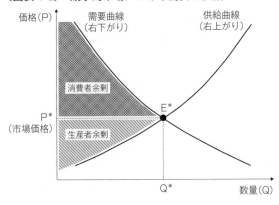

　このように、市場メカニズムは、市場において需要者と供給者の双方がそれぞれの自主的な判断により交渉し、意思決定をするという過程の中ではじめて機能するものであるが、その点について言及されている近時の裁判例として、ブラウン管事件に係る2つの東京高裁判決（（MT映像ディスプレイほか事件（東京高判平成28年4月13日判例集未登載）およびサムスンSDI事件（東京高判平成28年4月22日判例集未登載））がある。

　同事案は、日本、韓国および東南アジア諸国に所在するテレビ用ブラウン管の製造販売業者による価格カルテル事件であるが、同事件では、カルテルの対象商品であるテレビ用ブラウン管の需要者は誰なのか、という点が問題となった。すなわち、わが国ブラウン管テレビ製造販売業者は、東南アジアに所在する子会社等が製造販売するブラウン管テレビの設計、仕様を決定し、ブラウン管テレビの製造に係る事業を統括するとともに、テレビ用ブラウン管の製造販売業者との間で、テレビ用ブラウン管の購入価格、購入数量等の交渉を行った上で、テレビ用ブラウン管の購入先、購入価格、購入数量等を決定し、東南アジアに所在する子会社等に指示してテレビ用ブラウン管を購入させていた。そして、実際に代金を支払い、商品（テレビ用ブラウン管）の引渡しを受けていたのは、東南アジアに所在する子会社等であった。このため、同事件では、実際に代金を支払い、商品の引渡しを受けた者ではない「わが国ブラウン管テレビ製造販売業者」が需要者に該当するか否かが争われた。

この点について、前記MT映像ディスプレイほか事件に係る東京高裁判決は、「自由競争経済秩序の維持は、供給者と需要者の双方が、それぞれ自主的な判断により取引交渉をして意思決定をするという過程が、不当な行為により制限されないことが保障されることによって図られるものであり、自由競争経済秩序の維持を図る上で保護されるべき需要者の属性として重要なのは、意思決定者としての面と解せられる。」（傍点は筆者）と述べ、テレビ用ブラウン管の購入に係る意思決定者であるわが国ブラウン管テレビ製造販売業者についても需要者として認めることができる旨判示した。また、サムスンSDI事件に係る東京高裁判決も、「そもそも取引獲得に至るまでの過程こそが競争の本質であ〔る〕」（傍点は筆者）と述べ、本件のテレビ用ブラウン管を売る競争は「誰から供給を受けるか等につき実質的な決定権を有する決定権者に向けて行われるのであり、そこに独占禁止法が保護しようとしている『公正且つ自由な競争』（同法１条）、すなわち、自由競争経済秩序が成立する」として、決定権者であるわが国ブラウン管テレビ製造販売業者も需要者に当たると判示している。

(2) 市場メカニズムのメリット

市場メカニズムを通じて価格がP^*に定まることによって、「市場価格（P^*）よりも高い価格で買ってもよい」と考えていた需要者は、予定以上の満足を得ることができる。そのような個々の需要者の満足を合計したものを経済学では「消費者余剰」と呼び、図表1-2でいえば、需要曲線よりも下、市場価格（P^*）よりも上の三角形（網掛け部分）で表現される。反対に、「市場価格（P^*）よりも安い価格で売ってもよい」と考えていた供給者は、市場メカニズムを通じて価格がP^*に定まることによって、予定以上の満足を得ることができる。そのような個々の供給者の満足を合計したものを「生産者余剰」と呼び、図表1-2では供給曲線よりも上、市場価格（P^*）よりも下の三角形（斜線部分）で表現される[8]。この消費者余剰と生産者余剰の合計（網掛け部分と斜

---

[8] 供給曲線は、経済学上、供給者（企業）が利潤最大化行動を採った場合の限界費用（生産量を1単位増加させるときに追加的に要する費用）曲線に等しい。このため、生産者余剰とは、「価格マイナス限界費用」の総和となり、これは結局、供給者（企業）における利潤と固定費用の合計の総和に等しいものとなる。

線部分を合わせた面積）として表される社会全体の便益は、市場メカニズムが働くことにより競争均衡点において最大化されることとなる。この社会全体の便益は「社会的余剰」とか「総余剰」などと呼ばれる。

前記(1)において、競争均衡点における価格と数量の水準を「社会的に最も適正な価格と数量の水準」と表現したのは、競争均衡点においては社会的余剰が最大化され、限られた資源の配分が最も効率的に行われている状態（社会的に最も満足度が高い）にあるからである。言い換えれば、市場における競争により、社会全体が豊かさを実現し、発展を遂げることができると考えられるのである。これが市場メカニズムのメリットであり、市場における競争のメリットである。

なお、以上の議論は、さまざまな経済学上の仮定[9]の下に成り立つ「完全競争市場」の概念を前提としたもの[10]であるが、当然のことながら、現実の経済は、その前提となる各種の仮定が満たされない「不完全市場」であることが通常である。現実の市場が不完全市場となる原因には、経済学において「規模の経済性」と呼ばれる産業自体の特殊性や、政府による参入規制の存在など、独占禁止法により競争を維持するだけでは解決できない問題も少なくな

---

9) ①売り手も買い手も多数存在する、②商品の品質は完全に同質である（製品差別化は存在しない）、③個々の経済主体（売り手、買い手）は、いずれも規模が小さく、価格に対する影響力を持ち得ない「価格受容者（プライス・テイカー）」である、④商品の品質や価格に関する情報はすべての売り手および買い手に瞬時に、かつ、コストなしで伝わる（情報の完全性）、⑤参入・退出は自由である、などの仮定が置かれている。

10) 前掲注9)に掲げた各種の仮定のため、完全競争市場においては、需要者と供給者が価格を交渉することにより価格が変動しつつ均衡に向かっていくという途中経過が捨象されている（価格は市場において一意に定まるので、価格交渉の余地がない）。前述のとおり、実際には、市場メカニズムは、市場において需要者と供給者の双方がそれぞれの自主的な判断により交渉し、意思決定をするという過程の中ではじめて機能することになる。普段スーパーやコンビニで買い物をする一般消費者の立場からすると、「私は価格交渉などしていないけど？」と思われるかもしれないが、この交渉は、何も直接・相対で行われるものばかりではない。たとえば、一般消費者が複数の小売店を回って最も安い小売店を見つけることや、自宅の目の前にある自動販売機ではなく少し歩いたところにある安い自動販売機でジュースを購入しようとすることなども、需要者が供給者との間で交渉をしていることにほかならない（小売店やメーカーは、そのような一般消費者の行動を受けて、価格設定や商品展開などを工夫して自らの商品を購入してもらおうとすることになる）。このような個々の主体による交渉・判断という行為の集合が全体として機能する場が「市場」であるということができる。

いが、市場の参加者による作為的な行為（人為的な行為）により問題が引き起こされる場合も多々生ずる。

たとえば、完全競争市場が成立するための仮定の1つに「個々の経済主体（売り手、買い手）は、いずれも規模が小さく、価格に対する影響力を持ち得ない」（プライス・テイカー（価格受容者）の仮定）というものがある。市場における供給量の大部分を占めるような複数の大規模な供給者が存在し、価格カルテルを行うような場合には、供給者が共謀して価格に影響を与えているため、もはやプライス・テイカーの仮定は成立しない（カルテルが行われた場合の弊害については後記❸1．参照）。また、完全競争市場が成立するための他の仮定として「市場への参入・退出が自由である」というものがある。市場において独占的地位を占めるような供給者が存在し、当該独占的な供給者が他の事業者の市場への参入を妨害するような場合には、「参入・退出が自由」という仮定も成立しなくなる。これらは皆、人為的行為により市場メカニズムの機能が損なわれている状況であるといえる。

現実の経済は、そもそも経済学が想定するような完全競争市場ではないのだから、市場参加者の人為的行為だけを規制しても意味はないと考える人もいるかもしれない。しかし、たとえ現実の市場が不完全であっても、人為的な行為によって市場メカニズムの機能が損なわれているのであれば、そのような人為的行為（競争制限行為）を排除することにより、可能な限り競争機能を発揮させようとすることが重要なのである。言い換えれば、現実の経済は完全競争市場ではないからこそ、市場メカニズムの機能が損なわれるような人為的な競争制限行為そのものを排除しなければならないのであり、そこに独占禁止法の目的が見出されるのである。つまり、独占禁止法は、「『不完全市場』という経済の実態を十分に認識した上で自由かつ公正な競争という機能がもたらす経済的社会的効果を最大限に発揮させようとするもの」[11]であり、わが国が採用する資本主義経済体制の基盤の確保を図ろうとする法律なのである。

---

11) 公正取引委員会「昭和28年度年次報告」(1954) 1頁。

(3) 公益概念としての「自由競争経済秩序の維持」

　独占禁止法1条が直接的な保護法益としているのは前記**2.** で述べたように「自由競争経済秩序の維持」であるが、同条では、本法の究極目的として「一般消費者の利益の確保」が掲げられている。両者はどのような関係にあるのだろうか。

　これに関し、最高裁は、「〔独占禁止法は〕公正な競争秩序の維持、すなわち公共の利益の実現を目的としているものであることが明らか」であり、その特例を定めた不当景品類及び不当表示防止法（以下「景品表示法」という）[12]について「本来、同様の目的をもつものと解するのが相当である」とした上で、景品表示法の「目的とするところは公益の実現にあり、同法1条にいう一般消費者の利益の保護も……公益保護の一環としてのそれであるというべき」とし、一般消費者の受ける利益は、「公益保護の結果として生ずる反射的な利益ないし事実上の利益」である旨判示した（前記ジュース公正競争規約事件（前掲最判昭和53年3月14日））。

　このような考え方は、独占禁止法違反行為の被害者による損害賠償請求訴訟の位置づけにも反映されている。独占禁止法違反行為（自由競争経済秩序を侵害する行為）が行われると、消費者や関係する事業者（競争業者等）の私的な利益が侵害される場合がある。独占禁止法は、違反行為により損害をこうむった被害者による損害賠償の請求に関し、公正取引委員会の確定した審決（平成17年改正後は確定した排除措置命令）が存在する場合における特別規定（無過失損害賠償請求訴訟制度）を置いている（25条および26条）。そして、最高裁は、「〔独占禁止法の〕審判制度[13]」は、もともと公益保護の立場から同法違反の

[12) 昭和37年に制定された景品表示法は、制定時から平成21年9月の消費者庁設置に伴い同庁に移管されるまでの間、独占禁止法の特例法として位置づけられていた。その当時、同法の1条は、「この法律は、商品及び役務の取引に関連する不当な景品類及び表示による顧客の誘引を防止するため、私的独占の禁止及び公正取引の確保に関する法律（昭和22年法律第54号）の特例を定めることにより、公正な競争を確保し、もつて一般消費者の利益を保護することを目的とする」と定めていた。

13) 当時の審判制度は、行政処分の前に審判手続が行われる事前審判制度であり、審判手続を経た上で出される審決は、排除措置を命ずる行政処分であったところ、同判決は公正取引委員会が行う行政処分について述べたものである。このため、同判決の理は、審判制度が廃止された後においても、公正取引委員会が行う排除措置命令等の行政処分について当てはまるものであるといえる。

状態を是正することを主眼とするものであって、違反行為による被害者の個人的利益の救済を図ることを目的とするものではな〔い〕」とし、独占禁止法に定める無過失損害賠償請求訴訟制度は、「これによって個々の被害者の受けた損害の填補を容易ならしめることにより、審判において命ぜられる排除措置とあいまって同法違反の行為に対する抑止的効果を挙げようとする目的に出た附随的制度にすぎない」とした（石油価格協定損害賠償請求事件（鶴岡灯油訴訟）（最判平成元年12月8日民集43巻11号1259頁））。

　これらの最高裁判決からは、一般消費者の利益や救済される被害者の利益は、公益に属する利益、すなわち公正取引委員会の法執行によって自由競争経済秩序が維持される結果として生ずる二次的な利益であるということが確認できる。

3．法目的を達成するための方法（規制手段）

　独占禁止法は、いかなる方法により、「公正かつ自由な競争の促進」という法目的を達成しようとしているのか。これを述べているのが、1条の前半部分である。つまり、独占禁止法は、①「私的独占、不当な取引制限及び不公正な取引方法を禁止し、事業支配力の過度の集中を防止して」、②「一切の事業活動の不当な拘束を排除すること」により、公正かつ自由な競争を促進しようとしているのである。

　このうち、①は独占禁止法により規制される行為等（規制の手段）について述べたものである。ここに掲げられているとおり、独占禁止法において禁止される行為は、「私的独占」、「不当な取引制限」および「不公正な取引方法」であり、これらはいずれも事業者の市場行動についての規制（行為規制）である。これらの各行為に対する禁止規定は、独占禁止法3条（私的独占および不当な取引制限の禁止）および19条（不公正な取引方法の禁止）に定められている。これに関連して、独占禁止法には、一定の場合（一定の取引分野における競争を実質的に制限することとなる場合や不公正な取引方法による場合）における企業結合を禁止する市場集中規制といわれる規定〔10条等〕も置かれている。

　また、1条は、行為規制と並んで「事業支配力の過度の集中の防止」を規制

内容として掲げているところ、これを受けた具体的規定として、独占的状態に対する規制（第3章の2）や一般集中規制といわれる規定（9条等）が置かれている。これらは市場構造そのものを競争的に維持するための規制であり、「構造規制」と呼ばれる。また、市場集中規制と一般集中規制を合わせて「企業結合規制」と呼ばれる。

そして、②は、私的独占や不当な取引制限等を禁止する趣旨が「一切の事業活動の不当な拘束を排除すること」にある旨を述べたものである。独占禁止法の直接の保護法益である自由競争経済秩序の維持（市場メカニズムが十分に働くような経済的秩序の維持）のためには、市場経済における個々の経済主体の自由な活動を保障することが不可欠であるから、それを達成するための規制の趣旨は「一切の事業活動の不当な拘束を排除すること」にある。

4．独占禁止法の考え方

以上を敷衍すると、1条で示された独占禁止法の考え方は、次のようなものであるといえる。

① 競争的市場においては、「商品の供給者が他の供給者よりも一層良質廉価な商品を供給するように努力し、需要者がその中から最も良質廉価な商品を選択することによって、需要と供給の関係による弾力的な市場価格が商品ごとにあるいは全体として形成され、効率の良い供給者のみが存続し発展する。そこで供給者は効率の良い供給者となるため、経営合理化に努め、『創意を発揮』する。また市場への参加は自由であるから『事業活動が盛んに』なり、『雇傭』及び投資の水準は高められる。競争市場では不断にこのような圧力が事業者に加わるため、生産性が向上して、かつ価格が相対的に低下し、消費者は常に良質廉価な商品を豊富に供給され、『国民実所得の水準を高め』ることとなる」という効果（「ダイナミックな拡大均衡」）が期待され[14]、

② これが究極的には、消費者（国民）の利益確保と国民経済の民主的・健全な発達に結びつく。

---

[14] 公取委・30年史36頁。

③　したがって、独占禁止法は、「公正かつ自由な競争の促進」(「自由競争経済秩序の維持」) という公益の実現を直接の目的とし、この公益の実現のため、私的独占、不当な取引制限等、一切の事業活動の不当な拘束を排除する。

これが「本法全体の考え方であり、本法運用上の態度としても、この公正で自由な競争を維持し促進するという立場が貫かれなければ」ならず、独占禁止法の中で随所に用いられている「『不当な』『公共の利益』『不公正な』『実質的な制限』……というような抽象的な用語や弾力的規定の解釈については、常にこの第1条の目的によって吟味されることが必要」[15]となる。

3　独占禁止法による規制の3本柱

次に、1条において独占禁止法による行為規制の対象として掲げられている「私的独占」、「不当な取引制限」および「不公正な取引方法」の概要を説明する。条文の順番からいえば最初に「私的独占」を説明するべきであるが、ここでは、現実に最も頻繁に行われる典型的な独占禁止法違反行為である「不当な取引制限」を先に取り上げることとしたい。

なお、これらの各行為に係る規制内容の詳細については第2章以降の解説を参照していただくこととし、ここでは、各行為の構成要件として定義規定に用いられている抽象概念と目的規定とのかかわりについて例を示すにとどめる。

1．不当な取引制限

(1)　独占禁止法の目的と競争の実質的制限

典型的な独占禁止法違反行為として一般に広く知られているのは、いわゆるカルテルや入札談合といった、競争を回避するために複数の事業者が行う共同行為であろう。これらの行為は、独占禁止法上「不当な取引制限」と呼

---

[15]　公正取引委員会事務局編『改正独占禁止法解説』(日本経済新聞社、1954) 64頁〜65頁。

ばれ、その定義は2条6項に置かれている。

2条6項に定められた定義は、「事業者が、契約、協定その他何らの名義をもつてするかを問わず、他の事業者と共同して対価を決定し、維持し、若しくは引き上げ、又は数量、技術、製品、設備若しくは取引の相手方を制限する等相互にその事業活動を拘束し、又は遂行することにより、公共の利益に反して、一定の取引分野における競争を実質的に制限すること」というものである。また、3条には「事業者は、私的独占又は不当な取引制限をしてはならない」とする禁止規定が置かれている（同条中、私的独占を禁止している部分は「3条前段」と、不当な取引制限を禁止している部分は「3条後段」と呼ばれている）。

不当な取引制限の構成要件は、事業者が①「他の事業者と共同して……相互にその事業活動を拘束し、又は遂行することにより」、②「公共の利益に反して」、③「一定の取引分野における競争を実質的に制限すること」である。本章では、不当な取引制限の構成要件のうち③について、裁判所が独占禁止法の目的規定からその意味内容を導き出していることを紹介しておくこととしたい。

多摩談合事件（最判平成24年2月20日民集66巻2号796頁）において、最高裁は、「法が、公正かつ自由な競争を促進することなどにより、一般消費者の利益を確保するとともに、国民経済の民主的で健全な発達を促進することを目的としていること（1条）等に鑑みると、法2条6項にいう『一定の取引分野における競争を実質的に制限する』とは、当該取引に係る市場が有する競争機能を損なうことをいい、本件基本合意〔筆者注：談合の合意のこと〕のような一定の入札市場における受注調整の基本的な方法や手順等を取り決める行為によって競争制限が行われる場合には、当該取決めによって、その当事者である事業者らがその意思で当該入札市場における落札者及び落札価格をある程度自由に左右することができる状態をもたらすことをいうものと解される」と判示している（傍点は筆者）。これは、「一定の取引分野における競争を実質的に制限する」という抽象的な要件の意味が、「市場が有する競争機能を損なうこと」、すなわち、市場メカニズムが損なわれることである旨を明確に述べたもの（「事業者らが……ある程度自由に左右することができる状態をもたらすこと」は、「競争機能を損なうこと」の内容ないしは言い換えである）であり、

最高裁はこの解釈を独占禁止法1条に定める法目的から導き出しているのである。

なお、前記多摩談合事件は、不当な取引制限に係る「競争の実質的制限」の意味内容について最高裁が自ら判断を示した初めての事例であるが、「競争の実質的制限」に係る従来からの重要な裁判例として、「競争自体が減少して、特定の事業者または事業者集団が、その意思で、ある程度自由に、価格、品質、数量、その他各般の条件を左右することによつて、市場を支配することができる形態が現われているか、または少なくとも現われようとする程度に至っている状態をいう」（東宝・スバル事件（東京高判昭和26年9月19日高民集4巻14号497頁））、「競争自体が減少して、特定の事業者又は事業者集団がその意思で、ある程度自由に、価格、品質、数量、その他各般の条件を左右することによつて、市場を支配することができる状態をもたらすことをいう」（東宝・新東宝事件（東京高判昭和28年12月7日高民集6巻13号868頁）[16]）とするものがある（いずれも傍点は筆者）。これらの判例を基に、「競争の実質的制限」の意義について、「市場支配」、あるいは「市場支配力の形成・維持・強化」であるとするのが通説的見解となっている[17]。このような考え方を受けた私的独占に係る最高裁判例として、「『競争を実質的に制限すること』、すなわち市場支配力の形成、維持ないし強化という結果が生じていたものというべきである」（NTT東日本事件（最判平成22年12月17日民集64巻8号2067頁））とするものもある。

多摩談合事件最高裁判決も、「競争の実質的制限」については基本的に従来の考え方を採用したものであるとされている[18]が、前記東宝・スバル事件判決等とは異なり、「(……左右すること)によって、市場を支配する」、あるいは「市場支配力」という文言は用いられていない[19)20]。

前記多摩談合事件最高裁判決は入札談合事件に係るものであるが、2条6項の解釈は価格カルテルの場合であっても同じである。ブラウン管事件（サムスンSDIマレーシア事件（東京高判平成28年1月29日判時2303号105頁））で

---

[16] 東宝・新東宝事件は、元々は不当な取引制限として問疑された事案であるが、裁判所は不公正な取引方法（当時の不公正な競争方法）に係る事案であるとした。
[17] 根岸・注釈独禁法65頁〔川濵昇〕、金井ほか・独禁法30頁〔泉水文雄〕等。
[18] 古田孝夫「判解」曹時66巻11号（2014）307頁。

は、前記多摩談合事件最高裁判決を参照して「独占禁止法2条6項所定の『一定の取引分野における競争を実質的に制限する』とは、当該取引に係る市場が有する競争機能を損なうことをいい、本件のような価格カルテルの場合には、その当事者である事業者らが、その意思で、当該市場における価格をある程度自由に左右することができる状態をもたらすことをいうと解される」としている（前記サムスンSDI事件東京高裁判決も同旨）。

(2) 市場が有する競争機能が損なわれた場合の弊害

「市場が有する競争機能」が損なわれた場合にどのような問題が生ずるのか、再び図表を用いて確認してみたい。図表1-3は、カルテルが行われた場合における社会的な損失を図示したものである。

市場における商品供給量の大部分を占めるような複数の供給者が、互いに販売価格を一定の水準（P^n）にする取決め（価格カルテル）をした場合、価格カルテルを行っているこれらの供給者は、自らの意思により価格を決定することのできる「プライス・メイカー（価格決定者）」となる（これに対し、完全

---

[19] 東宝・スバル事件東京高裁判決等にいう「（……左右すること）によって」という表現（「取引条件を左右すること」が「市場支配」の手段であるかのような表現）については、従来から、「不正確な云い方で、『取引条件を左右すること』がまさに、市場支配を意味するのである」との指摘がなされていた（今村・独禁法66頁の注(3)）。丹宗暁信ほか『論争独占禁止法』（風行社、1994）45頁〔和田健夫〕も同旨を述べた上で、そこでいう市場支配とは「競争機能の侵害と同じ意味である」とする。多摩談合事件最高裁判決の「当該取引に係る市場が有する競争機能を損なうことをいい、……ある程度自由に左右することができる状態をもたらすことをいう」とする表現は、これらの見解と親和的であるといえる。

[20] なお、「市場支配」という文言からは、あたかも市場における取引条件を自由に設定することができるという程度に達していることが要件であるかのように誤解されることもあり得る（モディファイヤーカルテル事件（東京高判平成22年12月10日審決集57巻(2)222頁）では、『『一定の取引分野における競争の実質的制限』というためには、一定の取引分野における競争を完全に排除し、価格等を完全に支配することまで必要なく」と判示されている）。私的独占事例の場合、過去の規制事例では、いずれも違反行為者が市場支配的企業であり、「市場支配」という文言を用いることも適当であると考えられるが、「市場支配」という文言の持つ語感を踏まえると、不当な取引制限の場合にもそれを用いることが適当かどうかは慎重に考えるべきであろう。

この点、不当な取引制限に係る規範を示した多摩談合事件最高裁判決では「市場支配」の文言を用いていないことから、かかる誤解を生む心配もないものと考えられ、その意味においても適切な判示であったといえる。

〔図表1-3〕 カルテルが行われた場合における社会的な損失

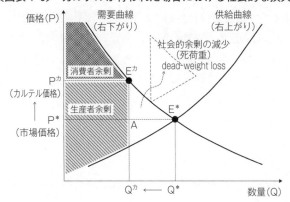

競争市場を前提とした図表1-2の場合には、各供給者は市場価格を受け入れるのみの「プライス・テイカー（価格受容者）」であった[21]。

カルテルが行われることにより、価格は図表1-2にみた市場価格（P^*）からカルテル価格（$P^カ$）へと上昇するとともに、市場における需要量（＝供給量）は Q^* から $Q^カ$ へと減少し、均衡点は、競争均衡点（E^*）から $E^カ$ へと変化することとなる。

カルテルが行われた場合における最もわかりやすい弊害は、需要者が高いカルテル価格で商品を購入することを余儀なくされるということであろう。カルテル価格で商品を買わされた需要者の逸失利益（損害）は、図表1-3の「$P^カ E^カ A P^*$」で囲まれる四角形部分に相当し、これは供給者が得る超過利潤（正常な利潤を超える利潤）となる。

カルテルの弊害はこれだけにとどまらない。商品価格が上昇し社会全体における商品の供給量が減少することにより、カルテルがなければ商品を購入していたはずの需要者は、商品の購入を断念せざるを得なくなる（商品を購

---

21) カルテル参加者は、完全競争市場の場合のような「プライス・テイカー」ではなく、自らの意思で価格を決めることのできる「プライス・メイカー」となるため、厳密にいえば、図表1-3の場合には、「与えられたさまざまな市場価格に応じて自らの最適な供給量を対応させる曲線」という意味での「供給曲線」は存在しない。ただし、このことは、カルテルによる社会的損失の理解に当たって重要ではないので、ここでは便宜的に、図表1-2と同様に右上がりの「供給曲線」を描いている。

入することができなかった需要者の逸失利益は図表1-3の「$E''AE^*$」で囲まれる三角形に相当する[22]）。供給者は社会的に最も効率的な水準の供給量（Q^*）まで商品を生産しなくなるため、資源の配分に非効率が発生する。これらの弊害は、高い価格で商品を買わされた需要者の損害とは異なり、具体的に誰かの損失として目にみえにくい社会的な損失となる。

　図表1-2の競争的市場の場合と見比べてみると、カルテルにより、消費者余剰（網掛け部分）が減少し、生産者余剰（斜線部分）が増加していることがわかる。そして、消費者余剰と生産者余剰との合計である社会的余剰（総余剰）は、競争的市場の場合と比べて、矢印で示した点線の三角形部分だけ減少することとなる。この社会的余剰の減少部分が社会的な損失[23]であり、経済学では「死荷重（dead-weight loss）」と呼ばれる。このような社会的損失が生ずるのは、自由競争経済秩序が侵害されたから、すなわち市場における競争機能が損なわれたからにほかならない。

(3) 市場が有する競争機能と入札談合

　以上のようにみると、独占禁止法1条に定める法目的を踏まえた上で、「『一定の取引分野における競争を実質的に制限する』とは、当該取引に係る市場が有する競争機能を損なうことをい〔う〕」とした前記多摩談合事件最高裁判決は、前記の経済学的説明と符合するものであることがわかる。

　同判決はさらに続けて、これが入札談合という形態により行われる場合には、「当該取決め〔筆者注：基本合意のこと〕によって、その当事者である事業

---

[22]　このため、競争的市場の場合と比べて、消費者余剰は、①実際に高い価格で商品を購入した需要者の逸失利益（損害）（「$P''E''AP^*$」で囲まれる四角形部分）と、②商品の購入を断念した需要者の逸失利益（「$E''AE^*$」で囲まれる三角形部分）との合計（「$P''E''E^*P^*$」で囲まれる台形部分）だけ減少することとなる。このうち、①の部分は、供給者の超過利潤（生産者余剰の増加）として供給者に移転されることとなる。

[23]　この社会的損失は、実際に高い価格で商品を購入した需要者（被害者）がこうむった損害（前掲注22）の①部分）とイコールではない（この需要者の損害は超過利潤として供給者に移転されるため、社会的な損失とはならない）。わが国独占禁止法を含む各国の競争法・競争政策の目的が社会的厚生の最大化にあるのか（社会的損失を問題とするのか）、それとも消費者の厚生の最大化にあるのか（消費者余剰の減少を問題とするのか）という点については議論がある（後藤晃『独占禁止法と日本経済』（NTT出版、2013）37頁）。

者らがその意思で当該入札市場における落札者及び落札価格をある程度自由に左右することができる状態をもたらすこと」をいうとした。この点も、「市場における競争により市場価格が形成され、その価格を媒介として市場経済が展開されるという自由競争経済体制のメカニズムを、市場価格を意図的に左右しうる力の結集により、歪めること」[24]を問題とする独占禁止法の法目的に合致する判示であるといえる。

　ここで大切なことは、「競争の実質的制限」は、事業者間の個々の具体的な競争関係が停止あるいは排除されることを要件としているのではなく、「市場が有する競争機能を損なうこと」を要件としているのだという点である。たとえば、仲間内では入札談合をしているが、談合仲間ではない業者（「アウトサイダー」といわれる）が入札に参加してきた場合には、アウトサイダーとの間では受注希望の調整や入札価格の調整をしない、というのはよくある話である。また、談合仲間との間で受注希望が重なった際に、たまたま自社の手が空いていなかったのでその物件については受注をあきらめて仲間に譲ることとした、というのもよくある話である。このような場合に、「少なくともアウトサイダーとの間で競争が行われたから競争関係が存在していた（つまり競争制限はなかった）」とか「受注をあきらめたことについて事業上の理由が存在したから、競争が行われなかったのは談合の合意によるものとはいえない」などと評価し、個別具体的な受注における競争関係の存否に着目して「競争の実質的制限」とまではいえないと判断してしまうことは適当ではない[25]。そうではなく、「市場が有する競争機能」の発揮が妨げられているかどうかが問題なのであって、この観点からは、談合仲間同士で「お互いに協力し合っていこう」とした時点で「市場が有する競争機能」が損なわれるのであり、競争の実質的制限となるのである。

---

24) 今村成和『私的独占禁止法の研究(6)』（有斐閣、1993）103 頁。
25) 多摩談合事件の原審である東京高裁判決（東京高判平成 22 年 3 月 19 日民集 66 巻 2 号 861 頁）ではこのような解釈が示されていたところ、最高裁がこれを破棄した。同東京高裁判決の問題点を詳述したものとして、林秀弥「競争『関係』の制限と競争『機能』の制限──多摩談合事件東京高裁平成 22 年 3 月 19 日判決批判」法政論集（名古屋大学）236 号（2010）49 頁を参照。

2．私的独占

　独占禁止法の正式名称が「私的独占の禁止」といった文言に始まることから、また、その略称が「独占禁止法」であることから、ともすれば市場を独占することそれ自体が禁止されているかのように受け取られるかもしれないが、そうではない。当然のことながら、事業者が良質・廉価な商品・役務を提供する努力を通じて、つまり市場における競争の結果として独占的な地位を占めるに至るのであれば、そのことが独占禁止法違反とされることはない。

　独占禁止法が禁止する「私的独占」とは、「事業者が、単独に、又は他の事業者と結合し、若しくは通謀し、その他いかなる方法をもつてするかを問わず、他の事業者の事業活動を排除し、又は支配することにより、公共の利益に反して、一定の取引分野における競争を実質的に制限すること」（2条5項）であり、その禁止規定は3条（3条前段）に定められている。

　なお、他の事業者の事業活動を「排除」することにより競争を実質的に制限する行為は「排除型私的独占」と、他の事業者の事業活動を「支配」することにより競争を実質的に制限する行為は「支配型私的独占」と呼ばれている。

　2条5項に定める私的独占の構成要件には、「排除」、「支配」、「公共の利益に反して」、「一定の取引分野」、「競争の実質的制限」といった抽象概念が用いられている。このうち「公共の利益に反して、一定の取引分野における競争を実質的に制限すること」という要件は前記1．で述べた不当な取引制限と共通しているので、ここでは、いわゆる排除型私的独占に固有の要件である「排除」という概念と目的規定とのかかわりについて紹介しておくこととしたい。

　2条5項に定める「排除」とは、「他の事業者の事業活動を継続困難にさせたり、新規参入を困難にさせたりする行為である」とされている[26]。しかしながら、より効率的な事業者が、より品質の高い商品をより安い価格で提供すれば、他の事業者の事業活動が継続困難となったり、新規参入が困難にな

---

[26]　今村ほか・注解〔上巻〕50頁〔根岸哲〕。

ることは起こり得る。このように、「そもそも競争自体が他の事業者の事業活動を排除する過程である」[27]ことから、かかる能率競争により他の事業者を排除する行為を「私的独占」の構成要件である「排除」に当たるとすることは適当ではない（競争自体の否定となる）。したがって、競争的な事業活動としての競争者排除と独占禁止法上問題となる「排除」とは区別する必要がある。

そして、最高裁は、1条の趣旨から、独占禁止法上問題とすべき「排除」行為を定義している。NTT東日本事件（前記最判平成22年12月17日）において、最高裁は、「独禁法は、公正かつ自由な競争を促進し、事業者の創意を発揮させて事業活動を盛んにすることなどによって、一般消費者の利益を確保するとともに、国民経済の民主的で健全な発達を促進することを目的（1条）とし、事業者の競争的行動を制限する人為的制約の除去と事業者の自由な活動の保障を旨とする」と述べ、「その趣旨にかんがみれば」、「『排除行為』……に該当するか否かは、本件行為の単独かつ一方的な取引拒絶ないし廉売としての側面が、自らの市場支配力の形成、維持ないし強化という観点からみて正常な競争手段の範囲を逸脱するような人為性を有するものであり、競業者のFTTHサービス市場への参入を著しく困難にするなどの効果を持つものといえるか否かによって決すべきものである」と判示した。

同判決にある「〔独禁法は〕事業者の競争的行動を制限する人為的制約の除去と事業者の自由な活動の保障を旨とする」との表現は、1条に定める私的独占等の行為規制の趣旨（「一切の事業活動の不当な拘束を排除すること」）、そしてそれと表裏一体となる経済主体の自主性に関する考え方、すなわち、市場メカニズムが機能するためには各経済主体が自らの自主的な判断により活動する（自由に活動する）ことが不可欠であるという考え方を踏まえたものであると考えられる。このように、最高裁は、2条5項の「排除」要件の認定について、1条の趣旨から「正常な競争手段の範囲を逸脱するような人為性」という基準を導き、正常な競争の結果として他の事業者の事業活動を排除し独占的地位を占めることを問題とするものではないことを明らかにしている。

---

27) 根岸・注釈独禁法38頁〔川濱昇〕。

3．不公正な取引方法

「不公正な取引方法」の定義は独占禁止法2条9項に置かれている。不公正な取引方法には、同項1号～5号において直接掲げる5つの類型（共同の供給拒絶（1号）、差別対価（2号）、不当廉売（3号）、再販売価格の拘束（4号）、優越的地位の濫用（5号））と、同項6号に基づき公正取引委員会が告示により指定するものとがある。不公正な取引方法の禁止規定は19条に置かれている。

私的独占および不当な取引制限が「競争の実質的制限」を問題とする規制であるのに対し、不公正な取引方法が問題とするのは「公正な競争を阻害するおそれ」（公正競争阻害性（2条9項6号参照））である。2条9項各号では、「正当な理由がないのに」（1号・3号および4号）、「不当に」（2号）、「正常な商慣習に照らして不当に」（5号）という抽象概念が用いられているが、これらはいずれも公正競争阻害性を意味し、同項6号にいう「公正な競争を阻害するおそれがある」と同義であると考えられている。

公正競争阻害性の内容には、①自由競争の減殺、②競争手段の不公正さ、③自由競争基盤の侵害の3つがあるといわれており、不公正な取引方法とされる各行為類型は、少なくともこれらのうちいずれかの要素を満たすものであるとされている。公正競争阻害性の具体的な内容や競争の実質的制限との関係（私的独占および不当な取引制限と不公正な取引方法との関係）については、第6章の解説を参照していただくこととし、本章では、公正競争阻害性と目的規定との関係について述べた裁判例を紹介し、公正競争阻害性の解釈に当たっても、自由競争経済秩序の維持という法目的を念頭に置かなければならないという点を指摘しておくこととしたい。

不公正な取引方法の定義において用いられている「不当に」、「正当な理由がないのに」といった語は、その文言だけをみればさまざまな意味合いに解釈することが可能であるが、最高裁は、これらの語の意味合いについては独占禁止法の目的に照らして解釈する必要があることを明確に述べている。

第1次育児用粉ミルク（和光堂）事件（最判昭和50年7月10日民集29巻6号888頁）において、最高裁は、「法が不公正な取引方法を禁止した趣旨は、公正な競争秩序を維持することにあるから、法2条7項4号[28]の『不当に』とは、

かかる法の趣旨に照らして判断すべきものであり、また右4号の規定を具体化した一般指定8[29]は、拘束条件付取引が相手方の事業活動における競争を阻害することとなる点に右の不当性を認め、具体的な場合に右の不当性がないものを除外する趣旨で『正当な理由がないのに』との限定を付したものと解すべきである。したがつて、右の『正当な理由』とは、専ら公正な競争秩序維持の見地からみた観念であつて、当該拘束条件か〔ママ〕相手方の事業活動における自由な競争を阻害するおそれがないことをいうものであり、単に通常の意味において正当のごとくみえる場合すなわち競争秩序の維持とは直接関係のない事業経営上又は取引上の観点等からみて合理性ないし必要性があるにすぎない場合などは、ここにいう『正当な理由』があるとすることはできない」と判示した。

同判決は「競争秩序の維持とは直接関係のない」事業上の合理性については「正当な理由」の判断要素とはならない旨を述べたものであるところ、競争秩序の維持に関係する事業上の合理性もあり得るため、事業上の合理性が公正競争阻害性の判断に一切関係しないということまで含意するものではないと考えられる[30]。この点に関し、都営芝浦と畜場事件（最判平成元年12月14日民集43巻12号2078頁）では、独占禁止法における不当廉売規制について、「不当廉売規制がされているのは、自由競争経済は、需給の調整を市場機

---

28) 当時の不公正な取引方法の定義は2条7項に置かれ、本件で問題となった拘束条件付取引については、以下のとおり定められていた。
　「⑦　この法律において不公正な取引方法とは、左の各号の一に該当する行為であつて、<u>公正な競争を阻害するおそれがあるもの</u>のうち、公正取引委員会が指定するものをいう。
　　一〜三　（略）
　　四　相手方の事業活動を<u>不当に拘束する</u>条件をもって取引すること。
　　五・六　（略）」〔傍線筆者〕。
29) 拘束条件付取引については、不公正な取引方法の定義規定である2条7項（当時）に基づく公正取引委員会の告示（昭和28年公正取引委員会告示第11号）の8項において、以下のとおり定められていた。
　「八　<u>正当な理由がないのに</u>、相手方とこれに物資、資金その他の経済上の利益を供給する者との取引、もしくは相手方とこれから物資、資金その他の経済上の利益の供給を受ける者との取引または相手方とその競争者との関係を拘束する条件をつけて、当該相手方と取引すること」〔傍線筆者〕。
30) 金井ほか・独禁法267頁〔川濵昇〕。

構に委ね、事業者が市場の需給関係に適応しつつ価格決定を行う自由を有することを前提とするものであり、企業努力による価格引下げ競争は、本来、競争政策が維持・促進しようとする能率競争の中核をなすものであるが、原価を著しく下回る対価で継続して商品又は役務の供給を行うことは、企業努力又は正常な競争過程を反映せず、競争事業者の事業活動を困難にさせるなど公正な競争秩序に悪影響を及ぼすおそれが多いとみられるため、原則としてこれを禁止し、具体的な場合に右の不当性がないものを除外する趣旨で、旧指定の5にいう『不当に』ないし一般指定の6にいう『正当な理由がないのに』との限定を付したものであると考えられる。そして、その根拠規定である独占禁止法19条の趣旨も、公正な競争秩序を維持することにあるのであるから、右の『不当に』ないし『正当な理由がないのに』なる要件に当たるかどうか、換言すれば、不当廉売規制に違反するかどうかは、専ら公正な競争秩序維持の見地に立ち、具体的な場合における行為の意図・目的、態様、競争関係の実態及び市場の状況等を総合考慮して判断すべきものである」と判示した。同判決では、行為の意図・目的や行為の態様、競争関係の実態、市場の状況等を総合考慮する必要があるとしているが、これらの点についても「公正な競争秩序維持の見地」に立って判断する必要があるとされている点に注意が必要である。

4 独占禁止法の基本概念──「事業者」と「競争」

本章の最後に、独占禁止法の基本概念のうち、各行為類型に共通して用いられる用語である「事業者」の定義および「競争」の定義について、概説することとしたい。

1.「事業者」(2条1項)

私的独占、不当な取引制限および不公正な取引方法の行為主体は、いずれも「事業者」である。事業者の定義は「商業、工業、金融業その他の事業を行う者をいう」とされている(2条1)。「事業」を行う者であればよく、営利

性の有無や法人・個人の別は問わない。同項に定める「事業」について、判例は「なんらかの経済的利益の供給に対応し反対給付を反復継続して受ける経済活動を指し、その主体の法的性格は問うところではない」としている（前記都営芝浦と畜場事件（前掲最判平成元年12月14日））。

　株式会社等の企業が「事業者」に該当するのはもちろんのこと、国や地方公共団体、営利追求を目的としない学校や公益法人等の公法人等が「事業」を行う場合にも独占禁止法上の「事業者」に該当し得る。また、医師や弁護士、会計士等の専門職業従事者も「事業者」に該当する。

　なお、不当な取引制限は「事業者が、……他の事業者と共同して」行う共同行為であるところ、過去にはこの共同行為の相手方となるべき「事業者」の解釈について、「競争関係にある事業者」に限定して解釈した裁判例が存在する（新聞販路協定事件（東京高判昭和28年3月9日高民集6巻9号435頁））が、現在ではそのような考え方は否定されており、異なる取引段階にある（したがって直接の競争関係にない）事業者も含めて不当な取引制限の主体となり得ることが確認されている（シール談合刑事事件（東京高判平成5年12月14日高刑集46巻3号322頁））。

2．「競争」（2条4項）

　独占禁止法2条4項は「競争」の定義を定めている。この定義は、私的独占および不当な取引制限における「競争の実質的制限」や不公正な取引方法における「公正な競争を阻害するおそれ」の解釈との関係で混乱をもたらすことがあるため、注意が必要である。

　2条4項は、「二以上の事業者がその通常の事業活動の範囲内において、かつ、当該事業活動の施設又は態様に重要な変更を加えることなく次に掲げる行為をし、又はすることができる状態をいう」とし、「同一の需要者に同種又は類似の商品又は役務を供給すること」（1号）および「同一の供給者から同種又は類似の商品又は役務の供給を受けること」（2号）と定める。

　2条4項1号は供給者（売り手）間の競争関係を、同項2号は需要者（買い手）間の競争関係をそれぞれ規定したものであるが、同項は実は「競争関係」にあるということの意味を説明しているにとどまるとの指摘もなされてい

る[31]）。

これに対し、「競争の実質的制限」や「公正な競争を阻害するおそれ」にいう「競争」とは、前記 **3** 1．(3)で述べたように、単なる事業者間の個々の競争関係を指すのではなく、市場全体の競争機能のことを指している[32]）。そこでは、事業者の行為が市場の持つ競争機能にどのような影響を及ぼすかを問題としなければならないのであり、「競争の量的減少ではなく、質的変化が問題」[33]）となる。この違いを理解しておかないと、「競争の実質的制限」の意味について、個々の競争関係を減少あるいは消滅させることであるかのように考えてしまい、「市場が有する競争機能を損なうこと」という解釈にたどり着けなくなる[34]）。

5　設問に対する回答

以上を踏まえた上で、本章冒頭の設問に戻ると、回答は次のとおりとなる。独占禁止法は、自由競争経済秩序の維持を目的とした法律であり、市場メ

----

[31]　2 条 4 項に定める「競争」の定義が、「競争関係」にあることの説明となってしまっているのは、沿革的理由によるとされている（根岸・注釈独禁法 16 頁〔根岸哲〕）。

[32]　今村・独禁法 44 頁以下。

[33]　今村ほか・注解〔上巻〕61 頁。なお、前記多摩談合事件最高裁判決では、「競争の実質的制限」の意味に関し、東宝・スバル事件東京高裁判決等にみられた「競争自体が減少して」という文言を用いていない。その意図は必ずしも明らかではないが、原審である東京高裁判決では「建設業者が自由で自主的な営業活動を行うことを停止され又は排除されたというような、その結果競争が実質的に減少したと評価できるだけの事実も認定されなければならない」としていたところ、原審判決を破棄した同最高裁判決においては、意識的に当該文言を用いなかったものと推察される。少なくとも「競争自体が減少して」という文言は、競争の「量的減少」を想起させる可能性があるところ、同最高裁判決が当該文言を用いなかったことは適切であると考えられる。

[34]　前記多摩談合事件では、原審である東京高裁判決が 2 条 4 項の「競争」の定義を引いて 2 条 6 項の不当な取引制限について解釈したのに対して、最高裁判決では 2 条 4 項を引くことなく不当な取引制限の解釈を導いている。もちろん、2 条 4 項の定義規定が「競争関係」を説明したものにとどまるとしても、「競争の実質的制限」や「公正な競争を阻害するおそれ」の有無を判断する前提としての競争関係の成立や競争の存否を考える上でまったく無意味なものであるとまではいえない。しかし、同時に、それ以上の積極的意義を持つものではないという点を理解しておく必要がある。

カニズムの機能、すなわち市場における競争機能を発揮させることにより経済社会の発展を目指す法律である。このような法の趣旨を踏まえれば、独占禁止法2条6項に定める「一定の取引分野における競争の実質的制限」とは、「市場における競争機能を損なうこと」を意味するのであるから、各物件の入札ごとにみて事業者間の競争関係が多少なりとも残っているかどうか（個々の競い合いがなくなったかどうか）という点は「競争の実質的制限」の成否には関係がなく、競い合う行為の集合体である「市場」が全体として有する競争機能が損なわれているかどうかが問題となる。

したがって、設問にあるような、受注希望者同士で自社の事情等を話し合ってどの社が受注するかを決め、その他の者は受注希望者の落札を妨害しないようにするという認識を共有し、その認識に沿って互いに助け合おうという行為それ自体が「競争の実質的制限」に該当し、独占禁止法違反になると考えなければならない。

〔いわした たかとし〕

第 2 章

不当な取引制限の要件事実

設問 1

以下のような行為は、独占禁止法2条6項にいう「事業者が、……、他の事業者と共同して……相互にその事業活動を拘束し、又は遂行すること」に当たるか。

① 同業各社で構成する業界団体の営業責任者の会合に参加し、出席者の間で雑談をしていたところ、原材料価格が高騰していたこともあり、各社が共通して販売する商品の値上げの話になった。自社ではすでに原材料価格の高騰を受けて商品の値上げが不可避であると考えており、値上幅についても具体的な案を検討していたところ、過去には業界で同内容の値上げを行ったことがあるものの今回は各社の考え方がわからなかったことから各社に値上げの予定を尋ねたところ、各社の担当者の発言から、各社が自社が検討していた値上幅とおおむね同様の値上幅で値上げを実施しようと考えていることがわかったため、自社の値上げの予定についても発言し、社内では当初検討していた具体的な値上案をそのまま実施することとした。他社も同様に会合で発言していたとおり、自社とおおむね同様の値上幅で同時期に値上げを実施した。

② ある自治体が発注する建設工事については、古くから、入札に参加する事業者の間で、受注を希望する事業者は発注物件が公示された段階で入札参加資格を有する他の事業者に電話で自分が受注を希望していることを伝え、他社からも受注を希望する旨の表明があった場合には希望を表明した者同士で話し合うなどしてその物件を受注すべき者を決定し、その事業者は他の入札参加者から入札を辞退する、高い価格で入札する

等の協力を得て受注することが続けられてきた。希望を表明した者同士の話合いにおいては、当該物件の近くで関連する物件を受注した実績があるか、類似の工事を受注しており低いコストで施工できるかといった点が重視されていた。行為は古くから続いており、いつごろどのような経緯で始まったものかは不明である。

設問 2

以下のような事実があった際、独占禁止法2条6項にいう「一定の取引分野における競争を実質的に制限すること」に該当するか。

(ⅰ) 設問1①の会合に参加した事業者の各社が共通して販売する商品の合計シェアは50％にも満たない程度であったところ、会合には業界の主だった事業者はすべて参加しており、参加していない事業者はいずれも小規模な事業者であり、業界の主だった事業者の価格動向をみながら自社の販売価格を決定している事業者であった。値上げは設問1①の会合に参加した事業者を含め多くの事業者が同時期に発表し、取引先との交渉に入ったが、取引先からの反発も強く、結果としては当初各社が打ち出した値上幅どおりの値上げを行うことはできず、原材料価格の高騰等によるコスト上昇分をすべてこの値上げによりカバーすることはできなかった。

(ⅱ) 設問1②の自治体には設問1②の行為に参加しない事業者が複数社存在し、1年間に当該自治体が発注した工事の総件数のうち、年によっては半数以上をこのような事業者が受注していたこともあった。ただし、このような事業者はそれほど多くはなく、工事を受注できる量にも限りがあるため、設問1②の行為に参加している多くの事業者はこのような事業者が存在することを前提として、このような事業者が関連性のある工事を受注した実績があるような場合には入札参加を辞退したり、あえて低価格で入札に参加して受注を妨害するなどしてこうした事業者を牽制しながら長くこのような行為を続けてきた。

1 不当な取引制限の要件事実についての考え方

1．はじめに

　独占禁止法は、「経済憲法」とも呼ばれるように、わが国における事業者の経済活動の基本ルールを定めているものであるが、一方で、取り扱う商品・役務や事業形態等によって千差万別である事業者の経済活動について基本ルールを定めるものであるがゆえに、その規定ぶりはときに抽象的なものとなりがちであり、その規定の具体的な意味内容や立証に必要な要件事実が何であるのかについては数々の裁判例や公正取引委員会が審判手続[1]を経て行う審決等によって形成されてきているのが実態である。

　本章は独占禁止法3条後段が禁止する不当な取引制限について、その主な要件事実を明らかにしようとするものであるが、不当な取引制限は、主にいわゆるカルテル、談合等と呼ばれる行為がこれに該当し、独占禁止法の禁止規定のいわば中核をなす規定の1つであって、その適用事例も多いが、後述するようにその規定の文言は非常にシンプルなものとなっているため、最高裁判決を含め多くの裁判例や審決例が出されているにもかかわらず、その解釈については未だに多くの論者がさまざまな見解を述べている状況にある。

　不当な取引制限の主要な要件事実を明らかにするに当たっては、前記のとおりシンプルな規定についてこれまで積み重ねられてきたさまざまな事例における具体的な適用を踏まえることが不可欠であることから、本章においては、独占禁止法の趣旨・目的や事業者の活動についての経験則等を踏まえ、過去の主要な裁判例・審決例を概観しつつ、その基本的な考え方を整理していくこととしたい。

---

[1] 公正取引委員会が行う行政処分に対する異議申立てを受けて、公正取引委員会が行う事後審査（平成17年独占禁止法改正前は行政処分に先立って行う事前審査）手続。公正取引委員会が指定する審判官が主宰し、審判廷において審査官と被審人に主張立証を行わせ、その結果に基づき審判官が作成する審決案を踏まえて公正取引委員会が審決を行う。平成25年独占禁止法改正により廃止された。

2．不当な取引制限の条文の構成

　独占禁止法3条は、「私的独占又は不当な取引制限は、これをしてはならない」と定めており、3条は「私的独占」と「不当な取引制限」の2つの行為を禁止している。このため、3条のうち私的独占[2]を禁じている部分を「3条前段」、不当な取引制限を禁じている部分を「3条後段」と呼ぶ。
　不当な取引制限の定義は独占禁止法2条6項に定められており、同項において不当な取引制限は、「事業者が、契約、協定その他何らの名義をもつてするかを問わず、他の事業者と共同して対価を決定し、維持し、若しくは引き上げ、又は数量、技術、製品、設備若しくは取引の相手方を制限する等相互にその事業活動を拘束し、又は遂行することにより、公共の利益に反して、一定の取引分野における競争を実質的に制限すること」であるとされている。

3．構成要件間の関係

　行為の主体は「事業者」であることが必要である[3]が、これ以外の構成要件である、「共同して……相互にその事業活動を拘束し、又は遂行すること」の部分と、「公共の利益に反して」および「一定の取引分野における競争を実質的に制限すること」は原因と結果の関係にあるため、両者は法文上独立の要件ではあるものの、後述のとおり両者は不可分の関係にあり、解釈に当たっても双方の関係を常に意識する必要がある（なお、これらの要件について一般に論じられている文言との関係でいえば、「共同して……相互にその事業活動を拘束し、又は遂行すること」の部分については行為要件と呼ばれることがあり、「公共の利益に反して」[4]および「一定の取引分野における競争を実質的に制限すること」の部分は効果要件、市場効果要件あるいは弊害要件と呼ばれることがある）。

----

[2] 私的独占については第5章■参照。
[3] 事業者の意義については第1章■1．参照。
[4] 「公共の利益に反して」については、第4章で論じる。なお、「一定の取引分野における競争を実質的に制限すること」については後記5．において論じる。

4．「共同して……相互にその事業活動を拘束し、又は遂行すること」

(1) 要件の中心部分

「契約、協定その他何らの名義をもつてするかを問わず、他の事業者と共同して①対価を決定し、維持し、若しくは引き上げ、又は数量、技術、製品、設備若しくは取引の相手方を制限する等②相互にその事業活動を拘束し、又は遂行すること」〔傍点筆者〕のうち、①の部分は、これに続く②の文言を修飾しており、昭和28年の独占禁止法改正において追加された文言である。したがって、条文としては「〔他の事業者と〕共同して……相互にその事業活動を拘束し、又は遂行すること」が要件の中心部分であるということになる。

この要件は、「共同して……相互にその事業活動を拘束」することと、「共同して……〔その事業活動を〕遂行すること」に分解することができる（前者は「相互拘束」、後者は「共同遂行」と呼ばれることが多いため、以下この呼称を用いる）。

(2) 要件の解釈に当たって留意すべき点

不当な取引制限の禁止は、本来であれば市場において個々の独立した事業者が独自の判断に基づいて供給者または需要者として事業活動を行うことにより、市場メカニズムに基づき資源の効率的な分配が達成されることが期待されているところ[5]、市場において複数の事業者が共同することにより、市場メカニズムの機能が十全に発揮されることを阻害しようとする行為を禁止することにその趣旨があるので、この相互拘束と共同遂行について検討するに当たってはこの趣旨に立ち返って考える必要がある。この趣旨を踏まえると、一定の取引分野における競争を実質的に制限する行為がどのような行為であるのか、言い換えると一定の取引分野における競争を実質的に制限できる行為としてどのような行為であればよいかが重要であり、その観点から要件の中身を検討していくことが適当である。

---

[5] 供給者、需要者、市場メカニズム等については第1章❷2．参照。

特に、後記(4)ア(ア)で詳しく述べるように、「共同して」という要件を満たすためには市場における事業者の行動についての「意思の連絡」が必要であるとされているところ、この意思の連絡について、具体的な事案における事実認定としては「合意」という用語が用いられていることが多い。しかし、この「合意」は私法契約でいう合意とは異なるものであることに注意が必要である。私法契約でいう合意は、「申込み」、「承諾」といった意思表示がなされ、その意思が合致した場合に、法がそれを保護し、法律効果としてその意思内容に即した権利義務を発生させるというものであるから、合意形成の当事者、日時、場所、内容等が具体的に特定されていなければならないが、不当な取引制限でいわれる「合意」はそこまでの特定は必要なく、市場における事業者の行動を事実上拘束するような意思の連絡が形成されていることで足りるのである（この点については改めて後述する）。

(3) 経済学的アプローチ

ところで、事業者はなぜカルテル・談合のような共同行為を行うのであろうか。これについては経済学の知見が参考となる。いわゆる、「囚人のジレンマ」と呼ばれるものである。すなわち、同じ犯罪行為の共犯者であるAとBについて、①双方ともに黙秘を貫けば双方とも懲役1年、②一方のみが自供し一方が黙秘すれば自供したほうは懲役なし（0年）、黙秘したほうは懲役5年、③双方とも自供すれば双方とも懲役3年となるという条件が示された状況下で、囚人がどのような選択をするかを考察したものである。この状況においては、AはBが黙秘すると信じることができれば自供するのが一番得であり、黙秘しても1年という短い刑期で済むが、AからはBの行動はわからない（ここがポイントである）。仮に自分が黙秘してBが自供してしまえば自分の懲役は5年となって最悪の結果になる。そうだとすると一番安全なのは自供することだということになる（図表2-1参照）。これはBにとっても同じである。

この状態は、顧客をめぐる事業者間の競争においても、同様のモデルを用いて説明が可能である。たとえば互いに意思の連絡がない（したがって互いの行動が予見できない）同じ市場で事業活動を行う事業者であるC社とD社について、(i)双方ともに値上げすれば双方とも10の利得を得ることができ[6]、

〔図表 2-1〕 A、B が自供または黙秘した場合の A と B の懲役刑の年数を示した利得表

	B（自供）	B（黙秘）
A（自供）	（3年、3年）	（0年、5年）
A（黙秘）	（5年、0年）	（1年、1年）

＊ 上記の利得表においては（ ）内の「、」の左側がAの懲役年数、右側がBの懲役年数を著している。

(ⅱ)一方のみが値上げし他方が価格を据え置けば値上げしたほうが3、価格を据え置いたほうが15の利得を得ることができ[7]、(ⅲ)双方ともに価格を据え置けば双方とも5の利得を得ることができる[8]、という状況（図表2-2参照）においては、前記ABのモデルと同様に、「囚人のジレンマ」が発生し、C社にとってはD社が値上げすると信じられない限り、価格を据え置く（場合によってはコストを削減して値下げをする）ほうが企業経営上安全であり、得策である。これはD社にとっても同様である。現実の取引の場においてもこのような状況が存在しているからこそ経済合理的に行動している個々の事業者は、相手の行動を予測しつつ自己の行動を決定し、実際に広く競争を行っているわけであるが、一方で、この当事者が最大の利得を得ようとするならば、相手と共同して意思決定を行う（互いを裏切らない旨の拘束力のある合意をする）ことにより、このような競争に陥ることを回避し、両者がともに高い価格を設定する（利得表の例であれば双方が10の利得を得る）ことができることになる。

そのため、市場において事業者は常に共同して意思決定を行うことについての誘惑があり、誘因を有しているということになる[9]。また、一度このような共同の意思決定を行った場合、仮に共同の意思決定から離脱して値上げを

----

[6] 双方ともに値上げすれば、需要者はC社またはD社の言い値で買わざるを得ないので両者とも高い利得を得ることができる。

[7] 一方が値上げを行い他方が価格を据え置いた場合、需要者は値上げする者からの購入を減らし、価格を据え置いた者からの購入を増やすので、価格を据え置いた者が多くの利得を得、値上げした者は利得を失うことになる。

[8] 双方が価格を据え置くと、双方とも値上げする場合に比べて利得は減少するが、一方で他社が値上げを行う中で価格を据え置くほうが利得は大きい。

〔図表2-2〕 C社、D社が値上げまたは価格を据え置いた場合のC社とD社の得る利益を示した利得表

	D社（価格据置き）	D社（値上げ）
C社（価格据置き）	（5、5）	（15、3）
C社（値上げ）	（3、15）	（10、10）

＊上記の利得表においては（　）内の「、」の左側がC社の利得、右側がD社の利得を表している。

回避すること等により一時的には多くの利得が得られる（利得表（図表2-2）の15を狙う）としてもその後は相手方が競争価格に値下げしてくることが見込まれるので、長期的な視点で判断を行う企業にとってこうした共同の意思決定から離脱することは合理的な選択ではないということになる。

(4) 要件ごとの検討

ア 「共同して」

㋐ 意義

① 意思の連絡

「共同して……相互にその事業活動を拘束」する行為であるというためには、「共同して」行われる必要があるので、その行為が単独の行為ではないことが必要である。共同の行為であるというためには、事業者間で何らかのコミュニケーションが存在することが要件となる。他社の出方がわからない状態および他社が値上げをしないとわかっている状態で事業者が選択を行う場合、通常は価格の据置きか値下げを選択することとなる（経験則上もそうなるであ

---

9) アダム・スミス『国富論』（Book1, Chapter10, para82）においても "People of the same trade seldom meet together, even for merriment and diversion, but the conversation ends in a conspiracy against the public or in some contrivance to raise prices."（同業者というものは、歓楽や気晴らしのために会合するときでさえ、その会話は最後には多くの場合公衆に対する陰謀、つまり価格を引き上げるためのもくろみになってしまうものである）と述べられており、同業者が集まる場では本来は秘密情報である値上げの内容について話合いが行われることとなり、それが価格を引き上げることにつながっていくということが経験則として18世紀から認識されていたことが窺われる。

ろう）ところ、「自分が値上げを選択すれば相手も値上げを選択すると互いに認識している」場合には、双方は安心して値上げを行うこととなるが、この「自分が値上げを選択すれば相手も値上げを選択すると互いに認識している」状況が、事業者間のコミュニケーションを契機として形成され、あるいはそのような状況が維持・強化されている場合には、実質的に独立した意思決定が制約されているのであり（前記の囚人のジレンマ参照）、これは共同して行う行為といってよい。これに対し、外形的にみてたまたま複数の事業者の事業活動が揃う（たとえばたまたま値上げの幅やタイミングが一致する）というようなことが起こり得るが、このようなケースはたまたま外形的に結果が揃っているだけであって、共同の行為であるというには足りないものであり、これと前記の事業者間のコミュニケーションにより共同して行う行為とは区別することが必要である[10]。

　このような事業者間のコミュニケーションはこれまでの裁判例・審決例においては「意思の連絡」と表現されており、たとえば商品の販売価格を引き上げる旨の合意や、入札物件について受注すべき者を決めてその者が受注できるようにする旨の合意等が意思の連絡に当たるとされてきているところ、この意思の連絡は、自分が相手の利益を害するような選択をしなければ相手も自分の利益を害するような選択をすることはないと考えられるだけのコミュニケーションが存在すれば十分である。すなわち、条文上も明記されているとおり、契約、協定等何らの名義をもってするかを問わないし、解釈としても、明示的に行われる必要すらないことは明らかである。刑事上の共同正犯を認める上で必要とされる意思の連絡は黙示のもので足りるとされている（最決平成15年5月1日刑集57巻5号507頁[11]）ところ、独占禁止法における意思の連絡に係る議論は、この刑事法の議論に近い関係にあると考えられる。

---
10) 金井ほか・独禁法47頁〜48頁〔宮井雅明〕、白石・独禁法講義79頁参照。
11) 広域暴力団の組長が自身の警護に当たる組員が拳銃等を携行していることを把握しつつ、拳銃を持たないよう指示できる立場にありながらそのような警護を容認し組員もそのような意思を察していた事案において黙示的な意思の連絡が存在するとし共謀共同正犯の成立を認めている。

② 意思の連絡の態様・程度

　意思の連絡とはこのようなものであるので、市場における競争の機能が十全に発揮されることが阻害される状態を生じさせ、あるいはその状態を維持・強化させるために必要なレベルの共同の行為が存在することが要件であり、かつそれで足りる点に留意が必要である。

　この点について、東芝ケミカル審決取消請求事件（差戻審）（東京高判平成7年9月25日判夕906号136頁）は、「法3条において禁止されている『不当な取引制限』すなわち『事業者が、他の事業者と共同して対価を引き上げる等相互に事業活動を拘束し、又は遂行することにより、一定の取引分野における競争を実質的に制限すること』（法2条6項）にいう『共同して』に該当するというためには、複数事業者が対価を引き上げるに当たって、相互の間に『意思の連絡』があったと認められることが必要であると解される。しかし、ここにいう『意思の連絡』とは、複数事業者間で相互に同内容又は同種の対価の引上げを実施することを認識ないし予測し、これと歩調をそろえる意思があることを意味し、一方の対価引上げを他方が単に認識、認容するのみでは足りないが、事業者間相互で拘束し合うことを明示して合意することまでは必要でなく、相互に他の事業者の対価の引上げ行為を認識して、暗黙のうちに認容することで足りると解するのが相当である（黙示による『意思の連絡』といわれるのがこれに当たる。）。」と述べており、値上げカルテルの事例であった本件について、相互拘束の要件である「共同して」に該当するために必要とされる「意思の連絡」は、相互に他の事業者が対価の引上げ行為を認識して、暗黙のうちに認容することで足りると解するのが相当であるとしている。また、入札談合事件について判断した多摩談合事件（最判平成24年2月20日民集66巻2号796頁）は、原審の東京高裁判決が、「本件審決において認定する本件基本合意とは、本件33社において、公社の発注するAランク以上の土木工事は受注希望を有する者が受注すればよい、受注希望者が複数いれば当該受注希望者同士で自社の条件等を話し合えばよい、その他の者は受注希望者から工事希望票の提出依頼や入札価格の連絡等がされた場合にはこれに従い受注希望者の落札を妨害する行為はしない、という共通認識があったという程度のものにすぎず、この程度の認識を建設業者らが有していたことをもって直ちに自由で自主的な営業活動上の意思決定を将来にわたって拘束す

るほどの合意の成立があったと断ずることはできない」として公正取引委員会の審決を取り消したのに対し、「本件基本合意は、……のとおり、各社が、話合い等によって入札における落札予定者及び落札予定価格をあらかじめ決定し、落札予定者の落札に協力するという内容の取決めであり、入札参加業者又は入札参加JVのメインとなった各社は、本来的には自由に入札価格を決めることができるはずのところを、このような取決めがされたときは、これに制約されて意思決定を行うことになるという意味において、各社の事業活動が事実上拘束される結果となることは明らかであるから、本件基本合意は、法2条6項にいう『その事業活動を拘束し』の要件を充足するものということができる。そして、本件基本合意の成立により、各社の間に、上記の取決めに基づいた行動をとることを互いに認識し認容して歩調を合わせるという意思の連絡が形成されたものといえるから、本件基本合意は、同項にいう『共同して……相互に』の要件[12]も充足するものということができる」として原審を破棄し、相互拘束の成立を認めている[13]。

③ 意思の連絡の形成過程等

また、意思の連絡については、契約等の私法行為における合意のように当事者間に申込みや承諾などの意思の合致を特定する必要はない。すなわち、その成立の経緯、具体的には動機や目的、成立の場所や日時等の特定は必須の要件ではなく、意思の連絡が存在していることが要件事実であり、遅くともどの時点以降はそのような意思の連絡が存在していたといえるかが問題であることになる。この点について、大石組入札談合事件（東京高判平成18年

---

[12] 本件最高裁判決は、「共同して」と「相互に」をまとめて「共同して……相互に」の要件として表現しているところ、本件事案を含め通常は共同して行われている行為であれば互いに何らかのメリットがあって行われており「相互に」が問題となることはないことから、このような表現が採られているのではないかと考えられる（「相互に」については後記イ参照）。

[13] 古田孝夫「判解」曹時66巻11号（2014）315頁〜316頁においても、事業者相互間で拘束しあうことを明示して合意することまでは必要なく、「意思の連絡」、すなわち、一定の競争回避行動をすることを互いに認識・認容し、これに歩調を合わせるという意思が相互に形成されることで足りることや、抽象的・包括的な合意であってもよいことや、基本合意はその存在が認定できれば足りるとする従来の基本的な考え方について、入札談合に係る基本合意の多くが、秘密裏に、競争事業者による自発的な自己拘束を相互に認識・認容することで形成されるという事柄の本質を的確にとらえたものと評価できるとしている。

12月15日審決集53巻1000頁）においては、「原告は、被告が、原告と他の28名との間で、本件違反行為を行うこと等につき認識を共有するための意思連絡をした日時、場所、担当者等を特定していないと主張をし、確かに当裁判所に顕出された被告の本件一件記録においても、その点についての直接証拠を見い出すことはできない。しかしながら、独占禁止法の規制対象たる不当な取引制限における意思の連絡とは、入札に先だって各事業者間で相互にその行動に事実上の拘束を生じさせ、一定の取引分野において実質的に競争を制限する効果をもたらすものであることを意味するのであるから、その意思の連絡があるとは、各事業者がかかる意思を有しており、相互に拘束する意思が形成されていることが認められればよく、その形成過程について日時、場所等をもって具体的に特定することまでを要するものではない」と判示しており、合意の形成過程を特定する日時、場所等は要件事実ではないことを明らかにしている。

　同様の点についてカルテル事案についても、元詰種子カルテル事件（東京高判平成20年4月4日審決集55巻791頁）において、相互拘束の成立に合意の形成過程や成立時期についての立証が必要であるとする原告の主張に対して「不当な取引制限において必要とされる意思の連絡とは、複数事業者間で相互に同内容又は同種の対価の引上げを実施することを認識し、ないしは予測し、これと歩調をそろえる意思があることをもって足りるものというべきである（東京高裁平成7年9月25日判決・判例タイムズ906号136頁[14]）から、このような意思が形成されるに至った経過や動機について具体的に特定されることまでを要するものではなく、本件合意の徴表や、その成立時期、本件合意をする動機や意図についても認定することが必要であることを前提とする原告らの上記主張は、その余の点について判断するまでもなく理由がない」と判示しており、合意の形成過程や成立時期は意思の連絡を認定するための要件事実ではないことを明示している。

　　④　意思の連絡の主体となる事業者の範囲

　意思の連絡の主体となる事業者の範囲についても、合意に参加している事業者全員を正確に認識している必要はなく、市場に影響を与え得る範囲の事

---

[14]　前記東芝ケミカル審決取消請求事件（差戻審）を指す。

業者が合意に参加しているものと当事者に認識されていれば十分である。この点について、前記元詰種子カルテル事件では、原告は、「不当な取引制限にいう『他の事業者と共同して』とは『事業者間の事前の意思の連絡』を要するところ、相互に事業活動を拘束することの前提として『個別認識（意思の連絡をしているのは誰か）』と共に『相互認識』を要するものというべきである。本件審決は、32社に『本件合意の主体であるという概括的認識』があったとしており、これをもって相互認識として足りるとするもののようであるが、概括的認識では相互認識は有り得ない」として、意思の連絡の相手方を相互に認識していることが「他の事業者と共同して」の前提であるとの主張を行ったが、これに対して判決は、「本件においては、毎年3月に開催される討議研究会に出席する元詰業者すなわち32社が相互に本件合意の主体であると認識されていたことは明らかであるから、32社が本件合意の主体であることの相互認識に欠けるところはない。」としつつ、「意思の連絡における相互的認識・認容の相手方は、常に個々具体的に特定されている必要はなく、多数の合意参加者のうち一部に離脱者や途中参加者があったとしてもそれを逐一把握している必要はない。要は、各参加者に大体どの範囲のものという程度の共通認識があれば意思の連絡としては十分であり、これをもって各社が共通の認識を持つことは可能であるから、概括的認識で足りるとする本件審決に誤りはない。」と述べている。

⑤　個人の行為と事業者としての意思の連絡

　不当な取引制限が事業者の禁止行為である以上、共同する主体は事業者である必要がある。実際の生の行為として意思の連絡を行うのは従業員等の個人であるため、私法上の権利義務が会社に帰属するか否かの場合のように、意思表示者に明確な権限が必要であるかのようにも考えられるが、独占禁止法は従業員の行為の結果（法的な権利義務関係）を法人たる事業者に帰属させることが適当であるか否かを判断しようとするものではなく、あくまで事業者による競争制限を防止しようとするものである以上、この個人は事業者の事業活動について事実上の影響を及ぼすことができる立場の者であることをもって足り、事業者の代表権を有する者である必要がないことはもちろん、社内で何らかの事業活動について判断を行うことについての正式な決定権限を有している必要すらないことになる。

過去の裁判例においても、ポリプロピレンカルテル事件（東京高判平成21年9月25日審決集56巻(2)326頁）においては、同業者との会合に出席した個人が事業者において値上げを決定する権限を有していなかったとする原告の主張に対して、「『意思の連絡』の趣旨からすれば、会合に出席した者が、値上げについて自ら決定する権限を有している者でなければならないとはいえず、そのような会合に出席して、値上げについての情報交換をして共通認識を形成し、その結果を持ち帰ることを任されているならば、その者を通じて『意思の連絡』は行われ得るということができる」と判示している。

　なお、この裁判例では「出席して、……その結果を持ち帰ることを任されている」というような表現が用いられているが、正式な値上げの権限を有しない者の行った合意が事業者の意思の連絡として評価される場合が、「出席して、その結果を持ち帰って報告することを上司が部下に指示した」ようなケースに限られるわけではない。最終的な決定権限を持つ者が同業者との会合について認識していないような場合であっても、たとえば正式の権限を持つ上司からその営業上の判断を普段から実質的に委ねられているような場合における当該部下や、部下が作成した営業上の方針案の相談・合議にあずかる立場にあり最終決定権者に諮る案の作成に影響力を行使できる者であれば、これらの者のした意思の連絡をもって事業者の意思の連絡として評価できるものである。

　さらに、燃油サーチャージカルテル事件（東京高判平成24年10月26日審決集59巻(2)15頁）では、原告が、会合に出席した個人を審決において特定することなく原告の担当者の誰かが出席していたとのみ認定して原告に対して公正取引委員会が行政処分を行うことは許されないと主張したのに対し、「なお、原告は、本件各審決が14.9役員会における原告の出席者の氏名を特定しないで原告が本件荷主向け燃油サーチャージ合意に参加したことを認定していることは許されないと主張するが、事業者における具体的な自然人としての行為者の氏名等が特定できなくても、当該事業者の意思を表明する者が不当な取引制限に該当する合意（意思の連絡）をすれば、当該事業者が不当な取引制限をしたものと解するのが相当であって、原告の上記主張は採用できない」と判示し、不当な取引制限を認定して行政処分を行うに当たって個人を特定することは要件ではないとしている。

⑥ 基本的な合意と個別的な合意

　意思の連絡は、前記②のとおりその内容が市場における競争の機能を阻害する可能性のあるものであればよいので、意思の連絡により、競争に影響を与える価格や販売数量、販売先等の要素について一意的に定めている必要はそもそもなく、意思の連絡の当事者が自主的にこれらの要素について判断するのではなく、各事業者が自らの方針を決定する際には話合い等の方法により足並みを揃えて行うことが了解できていればよい。

　このため、意思の連絡（合意）はそれによって合意の当事者が市場においてとる具体的な行動が直ちに決定されることもあれば、基本的な合意（「基本合意」などと呼ばれることがある）に基づいて、合意の当事者がとるべき具体的な選択の内容を定める行為（「個別合意」などと呼ばれることがある）が継続的に重ねて行われる形をとることもあるが、このような基本的な合意が行われていればそれによって以後の事業活動が制約され、市場における競争の機能が阻害されることとなるので、不当な取引制限における意思の連絡としてはこの基本的な合意をもって足りるのであり、現実にも多くの具体的な事案において、この基本的な合意自体が意思の連絡として認定されている。

　たとえば、前記元詰種子カルテル事件においては、基本的な合意に基づいて行われる具体的な販売価格の決定があってはじめて競争は制限されるのであり、基本的な合意のみでは各事業者による具体的な販売価格の設定について目安となり影響を与え得るような内容は一切含まれておらず相互拘束は認められないとした原告の主張に対して、「本来、商品・役務の価格は、市場において、公正かつ自由な競争の結果決定されるべきものであるから、具体的な販売価格の設定が可能となるような合意をしていなくても、4種類の元詰種子について、いずれも9割以上のシェアを有する32社の元詰業者らが、本来、公正かつ自由な競争により決定されるべき価格表価格及び販売価格を、継続的に、同業者団体である日種協元詰部会の討議研究会において決定した基準価格に基づいて定めると合意すること自体が競争を制限する行為にほかならないものというべきである。すなわち、価格の設定に当たっては、本来、各社が自ら市場動向に関する情報を収集し、競合他社の販売状況や需要者の動向を判断して、判断の結果としてのリスクを負担すべきであるところ、本件合意の存在により、自社の価格表価格を基準価格に基づいて定めるものと

し、他の事業者も同様の方法で価格表価格を定めることを認識し得るのであるから、基準価格に基づいて自社の価格表価格及び販売価格を定めても競争上不利となることがないものとして価格設定に係るリスクを回避し、減少させることができるものといえ、これをもって価格表価格及び販売価格の設定に係る事業者間の競争が弱められているといえるのである。本件においては、32社は、自社が基準価格に基づいて価格表価格及び販売価格を定めると共に、他社も基準価格に基づいて価格表価格及び販売価格を定めるものとの認識を有していたものというべきであることは……のとおりであり、上記の限度で事業者相互の競争制限行動を予測することが可能であったものといえるのであって、不当な取引制限にいう相互拘束性の前提となる相互予測としては[15]、上記の程度で足りるものと解するのが相当である」と判示し、基本的な合意について当該合意をしたのみでは一意的に合意の当事者の販売価格が定まるものではないことを前提にそれでも当該合意自体が相互拘束に該当することを認めている。

　入札談合事件においても、協和エクシオ事件（東京高判平成8年3月29日判時1581号37頁）において、基本合意が成立しているとしてもその内容が具体的ではなく規範性はおろか拘束力もないとする原告の主張に対して、「注文者が競争入札等の競争的方法によって請負人を決定しようとしている場合において、その注文に係る工事又は役務等の取引分野に属する請負業者が、その受注をするに当たり、受注予定者[16]を協議して定める旨の合意をし、又はかかる合意とともに、受注予定者とならない者は受注予定者が受注できるように入札価格等の点で協力することを約する旨の合意をすること（いわゆる受注調整カルテル）は、独占禁止法2条6項、3条、7条の2第1項にいう不当

---

[15] 「不当な取引制限にいう相互拘束性の前提となる相互予測としては」と述べているが、この判示は基本合意では相互拘束性の前提となる相互予測として足りないものであるとする原告の主張に答えたものであって、基本合意が意思の連絡に該当する上で基本合意に加えて別の何かが要件事実として必要となることを述べているものではないと考えられる。

[16] 複数の事業者が競合して受注者を決定する入札や見積合わせにおいて、入札や見積合わせの前にあらかじめ受注すべき者を話合い等により決定することを「受注調整」と呼び（いわゆる「入札談合」という言葉の定義は厳密なものではないが、「受注調整」と同義またはこの一形態である）、当該受注調整において受注すべき者とされた事業者のことを「受注予定者」と呼ぶ。

な取引制限に該当する共同行為というべきである。そして、特定の注文者が継続的に発注する工事又は役務等につき、その取引分野に属する請負業者が、受注予定者を協議して定める旨の抽象的・包括的な内容の協定をするとともに、個々の工事又は役務等の受注に当たって、右の協定に基づいて別途協議をして特定の受注予定者を定める旨を約することは、右の抽象的・包括的な内容の協定のみによっては、特定の受注予定者が直ちに定まるものではなく、また、個々の工事又は役務等の受注に当たっての協議において、特定の受注予定者を決定することのできないことがあり得ることを考慮しても、なお右のような目的をもって受注を希望する者の間で話合いをすること自体に相当な競争を制限する効果があるというべきであるから、当該協定は、前記合意に該当するものと解すべきである」と判示し、基本合意のみによっては特定の受注予定者が直ちに決まるものではないとしても基本合意が不当な取引制限に該当することを認めている。

前記多摩談合事件においても、前記②で引用したとおり判示し、個別の物件ごとの調整行為そのものではなく、個別の調整行為を行う前提として存在する当事者間の基本的な合意をもって違反行為（意思の連絡）として認定している。

⑦ 間接的な連絡による意思の連絡

さらに、この関係が生じるためには、当然のことであるが、意思の連絡の主体となる事業者間の接触が直接行われる必要はなく、たとえばこれらの事業者の元従業員や、業界団体の事務局担当者、あるいは発注者の事務担当者といった者を介して接触が行われる場合であっても競争を減殺する効果としてはまったく同じことを行うことが可能である（多数の事例が存在するが、たとえば特定の事業者のOBが調整役を務めていた例として大気自動計測器談合事件（公取委排除措置命令平成20年11月12日審決集55巻701頁）がある）。

また、意思の連絡の主体となる事業者が一堂に会して接触を行う必要はなく、たとえば2社ずつの会合をいくつか繰り返す、あるいは会合の結果を会合の参加者の1人が会合に参加しなかった他社に個別に伝えるといったことにより、こうした複数の会合に加わった3社以上の事業者の間でも意思の連絡が成立することはもちろんである（多数の事例が存在するが、たとえば事業者の1社が他の2社の仲介役をしていた例として溶融メタル談合事件（公取委排除措

置命令平成20年10月17日審決集55巻692頁）があるほか、会合の欠席者に会合の内容が伝達されていたことを認定して欠席した事業者との意思の連絡を認めた例として溶融亜鉛めっき鋼板カルテル事件（東京高判平成25年12月13日審決集60巻(2)71頁）がある）。

(イ) 「意思の連絡」の立証

① 立証に当たっての基本的な考え方

意思の連絡の立証に当たっては、カルテル・談合においてはこれに参加する者は証拠を残さないように、あるいは証拠を隠匿しようとするのが一般的であり、こうした事案においては直接証拠がほとんど収集できないため、要件事実についての前記の理解を前提とし、それに応じてさまざまな間接事実をもって意思の連絡が存在することを立証していくことになる。

具体的には、前記東芝ケミカル審決取消請求事件（差戻審）において、「もともと『不当な取引制限』とされるような合意については、これを外部に明らかになるような形で形成することは避けようとの配慮が働くのがむしろ通常であり、外部的にも明らかな形による合意が認められなければならないと解すると、法の規制を容易に潜脱することを許す結果になるのは見易い道理であるから、このような解釈では実情に対応し得ないことは明らかである。したがって、対価引上げがなされるに至った前後の諸事情を勘案して事業者の認識及び意思がどのようなものであったかを検討し、事業者相互間に共同の認識、認容があるかどうかを判断すべきである。そして、右のような観点からすると、特定の事業者が、他の事業者との間で対価引上げ行為に関する情報交換をして、同一又はこれに準ずる行動に出たような場合には、右行動が他の事業者の行動と無関係に、取引市場における対価の競争に耐え得るとの独自の判断によって行われたことを示す特段の事情が認められない限り、これらの事業者の間に、協調的行動をとることを期待し合う関係があり、右の『意思の連絡』があるものと推認されるのもやむを得ないというべきである」と判示されており、値上げ行為に係る事前の情報交換とその後の結果の一致があれば、意思の連絡の存在は推認できることとされている[17]。値上げという行為は利得を大きく失うリスクを有する行為であると考えられること

---

[17] 根岸・注釈独禁法78頁～81頁〔稗貫俊文〕、金井ほか・独禁法50頁～52頁〔宮井〕参照。

から、通常は意思の連絡なくしてその時期、幅、対象等の値上げの打出し内容が一致することは考えにくいほか、仮に値上げの内容が一致すること自体が不自然ではないような客観的な事情があったとしても、事前の接触を通じて、当事者間で互いがとることとなる今後の事業活動について予測可能な状態が形成され、またはそのような状態が維持・強化されており、双方がそれについて認識を有している以上は、そのような認識を有していない場合に比べて当事者は安心して値上げを実施することができる[18]のであり、すなわち市場が本来予定している競争の機能が制限される状態が生じるのであるから、「意思の連絡」の立証としてはこの範囲をもって足りる。

また、このような事前の情報交換が直接立証できない場合にも、意思の連絡の存在を前提としなければ起こるとは思われないような不自然な事実（たとえば、値上げの時期、幅等の不自然な一致、取引先ごとの値上げや取引価格の状況についての頻繁な事後的情報交換、過去の対応との大きな差異、取引先への価格提示の仕方の異同等）が存在すれば、そのような事実の積重ねにより意思の連絡の存在を推認することも可能といえよう。

② 実施行為の存在を間接事実とする基本合意の立証

また、前述のような基本的な合意の形をとる意思の連絡については、この基本的な合意に基づき個々の実施行為が行われる関係にあるところ、前記(ア)のとおり合意の形成過程は要件事実ではないため、継続的に、一定の範囲の商品や役務を対象として実施行為が行われていることをもって、基本合意の存在を推認することも行われている[19]。

---

[18] 他社の事業活動について予測可能な状態が形成等される場合に、他社が値上げ等をしないことが予測可能となるだけの場合もあるのではないかといった反論も考えられるが、自社の販売価格等に関する継続した情報交換が何らかの意思の連絡を推認させる間接事実となることは後記③のとおりである。また、仮に一方の値上げ情報を入手して他方が値上げを見送ったとしても、値上げを見送ったことが明らかになれば値上げを行った事業者は値上げを事実上撤回するなどの対応を採ることが通常であると考えられ、その場合値上げを見送ったことによって得られる一時的な利益は協調して値上げを行うことによって得られる利益よりも小さくなると考えられるため、このような経験が繰り返されることを考えれば、予測が可能となる他の事業者の活動は通常は協調的なものとなることが見込まれる。

[19] 古田・前掲注13) 313頁においても、営業担当者の供述等の直接証拠がない事案において個別の調整行為が行われていること等の事実が基本合意の存在を推認させる重要な間接事実となるとしている。

具体的には前記大石組入札談合事件において、意思の連絡があるとは、各事業者がかかる意思を有しており、相互に拘束する意思が形成されていることが認められればよく、その形成過程について日時、場所等をもって具体的に特定することまでを要するものではないとした上で、「したがって、本件の場合も、本件審決摘示にかかる前記23名の事業者やその担当者の各供述調書によれば、基本合意にかかわる事業者らの認識内容や個別物件において事業者の認識に沿った行動が採られていたことが認められ、これらの認定した諸事情から意思の連絡を認定したものであり、立証がされているというべきである」とされ、基本合意にかかわる事業者らの認識内容や個別の入札物件において当該認識に従った行動がとられていたことをもって基本合意の成立を立証できるとしている。

③ 情報収集・交換と意思の連絡の立証

意思の連絡に関しては、当事者は単に同業他社の動向について情報収集をしていただけである、あるいは単に情報交換をしていただけであって、これは意思の連絡には当たらないとの主張がなされることがある。企業が事業活動を行うに当たって競合他社の裏をかくために、あるいは競合他社から顧客を奪うために競合他社の情報を入手したいと考えるのは当然であり、そのための情報収集や情報交換をしていたのみであって、何ら合意をしたわけではないので共同の行為であるといえるだけの意思の連絡には当たらないというわけであるが、現実にはこのような情報収集や情報交換と呼ばれるような行為が競合他社との間で行われる場合、それが共同の行為としての意思の連絡に該当しないことはほとんどなく、むしろそのような情報収集や情報交換と称されるものが行われていることが意思の連絡の存在を推認させることとなると考えられる。

なぜなら、ある事業者が競合他社から入手したいと考える情報は他社が提示する販売価格や他社の技術提案の内容等であり、それを競合他社に知られれば競合他社がそれより少しだけ有利な取引条件を提示することにより容易に取引を奪われてしまうような情報であるということがあり、このことはそのような情報が事業者の中でも通常は秘密情報として取り扱われていることからも明らかである。

そのため、競合他社との間でこのような情報収集あるいは情報交換が成立

する場合、これはそのような情報を提供する側にとって、それに見合うだけのメリットがあるために行われるのであり、そのようなメリットがある場合としては、相手方からも同様の情報が入手でき、しかも互いにその情報を使って相手の裏をかくことはしないことが期待できる場合が考えられる。具体的には、情報を伝える相手が自分の予定している価格より高い価格を提示してくれることが期待できる場合や、値上げを予定している場合にこれに追随してくれることが期待できる場合、あるいは互いに情報を開示しあうことによって互いに相手の出方がわからないために低すぎる価格を提示してしまうリスクを回避することができる場合等が考えられる。

　さらに、このような情報収集・交換はそれが継続して行われていればそのような行為を継続的に行っても互いに損失が生じないような基本的な合意がすでに存在することを推認させる間接事実となるし、そのような行為が行われた上で特に相手の裏をかくような意思決定をしていない以上は、そのような行為が行われたこと自体が情報交換にとどまらない意思の連絡が存在することを推認させる間接事実となると考えられる（各社が会合で発表していたのは不確かな数字であること、すでに値上げを決定して取引先に通知していた者もいること等を述べ単なる情報交換であるとする主張に対して、会合は継続して行われていること等から裏をかくようなことが頻繁に行われていたわけではないこと、値上げに着手した者がいても情報交換には実施状況を把握する等の意味があること等を踏まえ違反行為を認定した例として京都プロパンガスカルテル事件（公取委審判審決平成12年3月27日審決集46巻155頁）がある）。

　なお、従業員を通じた何らかの接触があったことは認めた上で、にもかかわらず、自社の方針はそれとは無関係に決定したものであり、共同して行われたものではない（「意思の連絡」に該当しない、または「拘束」を受けていない）との主張がなされることがある。これについては、合意したとされる時点より前から社内で何らかの検討を行っていたことを理由とする主張であることが多いが、そもそも合意より前の時点で何らかの検討を行っていたこと自体は合意の存在と矛盾する事実ではなく、また、仮に意思の連絡の前の時点で何らかの方針の決定を社内で行っていたとしても、その後に事業者間で値上情報に係る直接または間接の接触を行うことにより競合他社がともに同内容の値上げを行うことが互いに把握できれば、そのような接触がない場合に比

べて安心して値上げを進めることが可能であり（そうであるからこそあらかじめ値上げを内部的に決めていたような事業者であっても値上げを実施する前に競合他社の動向を知ろうとするものと考えられる）、互いに値上げに向けて共通の行動をとることについての認識は少なくとも強化されるのであるから、このような接触の時点で何らかの決定が社内で行われていた事実があったとしてもそのこと自体は意思の連絡の成立を否定することにはならないと考えられる（各社は情報交換にかかわらず独自の判断によって荷主に対して燃油サーチャージを請求したことを示す特段の事情があるとする原告の主張を認めなかった事例として前記燃油サーチャージカルテル事件がある）。

イ 「相互に」

「相互に」の要件については、これは条文上も単に「相互に」とあるのみであり、共同の行為により市場の機能が阻害されることを防止するという不当な取引制限の禁止の趣旨からしても、拘束される事業活動の内容が共通のものであるとか、同じ流通段階の事業を拘束するものであるといったことは必要ではなく、要件事実としては複数の事業者がいずれも事業者間の合意を認識・認容し、それに伴い何らかの拘束を受けている状態にあれば足りるものと考えられる。

(ア) 事業者の取引段階

まず、複数の事業者が同一の取引段階にあることが必要かについて、新聞販路協定事件（東京高判昭和28年3月9日高民集6巻9号435頁）においては、相互拘束の主体となり得る「事業者」の範囲を同一の取引段階にある者同士に限定しているかのようにみられる解釈が示されたこともあるが、シール談合刑事事件（東京高判平成5年12月14日高刑集46巻3号322頁）は、「はたして右判例のように『事業者』を競争関係にある事業者に限定して解釈すべきか疑問があり、少なくとも、ここにいう『事業者』を弁護人の主張するような意味における競争関係に限定して解釈するのは適当ではない。独禁法2条1項は、『事業者』の定義として『商業、工業、金融業その他の事業を行う者をいう。』と規定するのみであるが、事業者の行う共同行為は『一定の取引分野における競争を実質的に制限する』内容のものであることが必要であるから、共同行為の主体となる者がそのような行為をなし得る立場にある者に限

られることは理の当然であり、その限りでここにいう『事業者』は無限定ではないことになる。しかし、A社は、……のとおり自社が指名業者に選定されなかったため、指名業者であるB社に代わって談合に参加し、指名業者3社もそれを認め共同して談合を繰り返していたもので、A社の同意なくしては本件入札の談合が成立しない関係にあったのであるから、A社もその限りでは他の指名業者3社と実質的には競争関係にあったのであり、立場の相違があったとしてもここにいう『事業者』というに差し支えがない」として、一定の取引分野における競争を実質的に制限し得る立場にある事業者同士の行為であれば、取引段階が異なること自体は不当な取引制限の成立を妨げるものではないとしている。この事例は、流通段階は異なるものの実質的には競争関係にあるとみられる者について、不当な取引制限の成立を認めた事例であるが、この事件以外にも、流通段階が必ずしも一致しない者が不当な取引制限の主体として認定されている事例（親会社が子会社の販売価格をカルテルで合意している例等）は数多く存在する。ただし、実際にもまったく競争関係にない事業者（カルテル・談合の対象となる商品・役務の供給に直接・間接に一切携わっていない純粋なカルテル・談合の調整役を務める事業者等）を不当な取引制限の当事者としたり、実質的にみても競争関係にない者同士のみの合意を相互拘束ととらえて適用を行った事例はこれまでのところ存在していない[20]。

(イ) 事業者の事業活動の内容

次に、取引段階に限らず、拘束される事業活動の内容についてもそれが共通のものであることが必要か否かという点が論点となることがある。たとえば、あらかじめ受注予定者を決定し、受注予定者以外の者は受注予定者が受注できるように協力する合意の下で受注調整を行う場合に、調整の対象となる種類の物件について受注することを希望している事業者の間では、各事業者がとる具体的な行為の態様は「指名を受けた場合は登録する」、「希望する物件があれば希望を表明する」、「希望を表明した者が複数いた場合には話し合う」、「話合いで決まった受注予定者が受注できるように協力する」といった共通の内容となることが多いが、基本的にその種類の物件については受注

---

[20] 発注機関の担当者等を、刑事事件において不当な取引制限の幇助犯または共同正犯として取扱ったものは存在する。

するつもりがない事業者については、「入札を辞退する」、「受注予定者から入札してほしい価格の連絡があったらその価格で入札する」といった態様となることがあり、そのような場合に「相互性」を欠いているのではないかという指摘も考えられる。

しかしながら、「その種類の物件について受注するつもりがない」事業者が受注する意欲を表明した事業者が受注できるように入札を辞退したり高い価格で入札したりするのは、将来的に自分が受注したい物件が出てきたときに協力が得られやすいとか、自社が中心的に受注を狙っている種類の物件について入札が行われる際に、別の種類の物件の入札で「貸し」を作っておけば協力が得られる可能性が高い、といった動機から行われることが往々にして見受けられるのであり、そのような場合には、たまたまある種類の物件についてのみ違反行為が認定された場合であっても、相互性というものをその範囲の物件の受注をめぐる貸し借りに限定する理由は何もなく、そのことのみから、相互性の要件を欠くものであると考える必要はない。現実にも、違反行為が認定された期間中にたまたま受注実績がなかった者を違反行為者と認定した例は多数ある（前記協和エクシオ事件）ほか、競争が制限されたと認定された範囲の物件において事業者間の合意のルール上受注の機会が与えられていない者が基本合意の主体として認定されている例も存在する。たとえば国際カルテルにおいて国際市場分割カルテルが行われ、当該カルテルに参加した外国事業者は日本では受注せず、日本事業者は外国では受注しない旨の取決めがある場合には、外国事業者は合意の内容からして日本で受注することはないことになるが、この場合日本以外で日本事業者が受注を控えることを前提に、外国事業者は日本で受注することを回避しているのであるから、外国事業者についても違反行為者として認定している（マリンホース・カルテル事件（公取委排除措置命令平成20年2月20日審決集54巻512頁）参照）[21)22)]。

ウ 「拘束」

「拘束」という文言についても、当事者が事実上取決めに従って行動することとなるものであれば足り、それに違反した場合に何らかの制裁が用意されている等、強制的な拘束行為や意思の抑圧といったものは必要ではない。

この点、石油価格協定刑事事件（最判昭和59年2月24日刑集38巻4号1287

頁)は、何ら制裁措置等の定めがない「紳士協定」といわれるようなものについて、不当な取引制限が行われたといえるためには、その違反を防止する有効な手段を伴った拘束力ある価格協定が締結される必要があるとする被告人の主張に対して、「原判決の認定したところによれば、被告人らは、それぞれその所属する被告会社の業務に関し、その内容の実施に向けて努力する意思をもち、かつ、他の被告会社もこれに従うものと考えて、石油製品価格を各社いっせいに一定の幅で引き上げる旨の協定を締結したというのであり、右事実認定はさきに説示した意味において当審としても是認しうるところ、かかる協定を締結したときは、各被告会社の事業活動がこれにより事実上相互に拘束される結果となることは明らかであるから、右協定は、独禁法2条6項にいう『相互にその事業活動を拘束し』の要件を充足し同項及び同法3条所定の『不当な取引制限』行為にあたると解すべきであり、その実効性を担保するための制裁等の定めがなかつたことなど所論指摘の事情は、右結論を左右するものではない」として、制裁を伴わない合意の拘束性を認めている[23]。

そもそも、競争を回避する合意が行われた際に、ある合意の当事者が合意に反した行動をとった場合、他の当事者は合意に従っていると、競争に負けて予定していた利益を得ることはできない。そのため合意に反する行動をす

---

[21] 「相互に」の要件が、競争が制限されたと認定された種類の物件において合意のルール上すべての合意の当事者に受注の可能性があることを必要としているわけではないことは当然のことながら国際カルテル事件に限ったことではない。国内の事案である四国ロードサービス事件(公取委勧告審決平成14年12月4日審決集49巻243頁)は、競争が制限されたと認定された四国地区の物件について1社がすべてを受注することとした合意を相互拘束と認定しているが、この合意も実際には他地区における同様の事業(隣接市場)において当該1社が受注のための活動を行わないことが前提となっていたものとみられる。

[22] 白石・独禁法講義84頁〜85頁参照。

[23] 木谷明「判解」『最高裁判所判例解説刑事篇(昭和59年度)』(法曹会、1988) 125頁〜126頁は、「被告人らが、本件関係各共同行為をし、これに従って事業活動をすることがそれぞれ所属する被告会社に有利であると考え、その内容の実施に向けて努力する意思を持ち、かつ他の被告会社らにおいてもこれに従うものと考えて本件各共同行為をしたことが明らかに認められるのであるから」、拘束性の要件は満たされるとした本最高裁判決の原判決に言及した上で、この原判決は学説による圧倒的支持を受けており、本判決の判旨も基本的に原判決のそれと同旨であり、原判決の認定したような協定を締結した場合には、その実効性を担保すべき制裁等の定めがなくとも「相互拘束」の要件を満たす旨を明快に判示した点に意義があるとする。

る者が現れると合意が崩壊し再び当事者間で自由に意思決定が行われることとなる可能性がある。これは正常な競争状態といえるが、他方、このようなことになれば結局合意の当事者はいずれも長期的には合意を維持した場合に比べて低い利益しか得ることができなくなる。したがって、いったん競争を回避する合意を行った事業者は、それを維持するほうがメリットがあるため、通常は拘束を維持することとなるのであり、制裁が用意されているか否かは問題ではないのである（自社が合意に反する行動をとっても他社が合意を遵守し続けるということが想定されるような状況であれば、合意に反する行動をとることは経済合理的な選択であるが、他社も経済合理的に行動することが通常であるから、そのような事態が容易には想定し得ないことは明らかであろう）[24]。

(5) 共同遂行

後段部分である「共同して……〔その事業活動を〕遂行すること」は、前記のとおり前段の「相互拘束」と区別して「共同遂行」と呼ばれることがある。文言上、前段との関係が「又は」で結ばれている以上、「相互にその事業活動を拘束」することとは別の、共同の行為であるということになり、過去には一方的な拘束行為について、この共同遂行に当たるとして公正取引委員会が不当な取引制限を適用した事例もみられるところであるが、東宝・新東宝事件（東京高判昭和28年12月7日高民集6巻13号868頁）では、一方が他方を拘束するような行為については不公正な取引方法や私的独占に該当することはあっても不当な取引制限に該当することはないとしており、それ以来共同遂行は相互拘束との関係で補完的な位置づけを与えられてきている（刑事事件においては、受注調整事件において、継続して受注調整を行っていく旨の基本的な合意が相互拘束、当該合意に基づいて行われる個別の入札物件における受注予定者の決定行為を共同遂行として位置づけ、基本的な合意がなされた時点からみると時効となっているような場合でも基本的な合意に基づいて重ねて行われる調整行為を共同遂行ととらえて不当な取引制限として問擬する可能性を示した裁判例も存在する（東京都水道メーター談合（第1次）刑事事件（東京高判平成9年12月24日高刑集50巻3号181頁））。

---

24) 根岸・注釈独禁法81頁〜83頁〔稗貫〕参照。

5.「一定の取引分野における競争を実質的に制限すること」

(1) 要件の意義

「一定の取引分野における競争を実質的に制限すること」のうち、「一定の取引分野」とは競争が受ける影響を評価することとなる検討の場であり、この一定の取引分野の画定自体についても多くの論点が存在するところであるが、一定の取引分野の画定をめぐる論点については章を改めて論じる[25]こととし、ここでは「競争を実質的に制限すること」について検討することとする。

ア 競争の実質的制限の本質

「競争を実質的に制限すること」については、「実質的に制限」という文言が抽象的であることから、幅広い解釈を生む余地があるが、不当な取引制限の禁止の目的が、「市場の機能が有効に発揮されること」を確保することにあることを踏まえれば、「競争を実質的に制限すること」とは、「市場における競争の機能が有効に発揮されることを害されること」そのものをいうものと解すべきである。市場の機能とは、すなわち市場において事業者が自らが供給する商品の価格や品質によって競い合うことにより、資源の効率的な分配が実現されること（それを通じて需要者がよりよい商品をより低価格で購入することができるようになるが、それは結果であって市場の機能そのものではない）にあり、そのためには、事業者が他の事業者の行動について予見できない状態で自己の行動を選択し、決定する状態が確保されることが必要であるので、このような状態が確保できなくなること自体が競争を実質的に制限することであるということができる。そして、このように市場における競争の機能が有効に発揮できないこととなれば、その市場においては特定の事業者等が、その意思で、ある程度自由に、価格、品質、数量、その他各般の条件を左右することができることとなる[26]。

---

25) 一定の取引分野の画定については第3章 1 2．参照。

イ 現実に競争活動を停止した具体的事実が必要か

一定の取引分野における競争は市場において事業者によって行われるものであるので、「競争が実質的に制限」というと、市場における個々の事業者がそれまで行っていた競争に向けた具体的な活動を停止したことが要件事実であるようにみえるかもしれないが、競争を制限する旨の合意が成立すればそれ以降の合意の当事者の選択は、他の事業者の行動について予見し得る状態でその合意を踏まえて行われることとなり、その結果市場の機能が損なわれることは明らかである。したがって、競争の制限自体は、当該合意の時点で生じているということができ、個々の具体的な活動を停止したという事実や当該合意を実施に移したことは、競争を実質的に制限することの要件ではない。

ウ 入札談合事件で、受注希望を表明した者が1社のみであった場合

入札談合事件においては、個々の物件の受注調整の場面で受注の希望を表明した者がたまたま1社であったというような場合のように、一見最初から競争が存在していなかったかのようにみえる状況が存在することもあるが、このような場合というのは、受注の希望を表明しなかった者はこれまでの合意に基づく受注調整の経緯を踏まえているため競争を挑んでいないだけのことが多い。また仮に他社に受注の希望がなかったとしても、合意が存在する状況下で、受注を希望する者が入札において他社が合意に沿って行動するということを把握した上で自らの選択を行うことができる状態にあれば、入札というものが想定する市場における競争の機能[27]は害されることとなるので、個々の物件の受注の場面において、複数の事業者が積極的に受注を希望して

....
26) 後述の東宝・スバル事件やモディファイヤーカルテル事件の判示においては、このような状態を指して「市場を支配」「市場支配的状態」といった文言が用いられており、学説においても同様の内容を「市場支配力」と表現してこの概念を用いて説明が行われることが多いが、後述の多摩談合事件の判示にもあるように、このような状態は市場が有する競争機能が損なわれることによって生じるものであって、「市場支配力」という用語は、特定の事業者または事業者集団が市場が定める価格等を受け入れる存在（プライス・テイカー（第1章❷2.(2)参照））ではなくなっていることを示していると理解することが適当であると考えられる。

いたことは要件ではないと考えられる。

　エ　他の競争手段が存在している場合

　さらに、競争は価格、品質、付帯サービス、リベート等さまざまな手段を通じて行われるものであるところ、前記のような市場の機能が損なわれることが問題であるので、たとえば合意によって価格競争が制限されている以上、リベートによる競争は維持されていたり、合意後も何らかの競争の余地が残されているとしても、そのことによって競争を実質的に制限することとならなくなるわけではないと考えられる。

　オ　裁判例

　これまでの裁判例では、東宝・スバル事件（東京高判昭和26年9月19日高民集4巻14号497頁）において、競争が実質的に制限されているというためには料金の引上げを来たすであろうといった具体的な個々の行為を示す必要があるとした原告の主張に対して、「原告のいうような個々の行為そのものをいうのではなく、競争自体が減少して、特定の事業者または事業者集団が、その意思で、ある程度自由に、価格、品質、数量、その他各般の条件を左右することによつて、市場を支配することができる形態が現われているか、または少くとも現われようとする程度に至つている状態をいう」と判示している。この判示については、「市場を支配することができる形態が現われているか、または少くとも現われようとする程度に至つている状態をいう」という文言から、事実上市場における価格設定を自由に行うことができる状態に達していることが前提とされるものと誤解される余地があったが、モディファイヤーカルテル事件（東京高判平成22年12月10日審決集57巻(2)222頁）においては「独占禁止法2条6項における『一定の取引分野における競争の実質的制限』というためには、一定の取引分野における競争を完全に排除し、価

---

27)　公共調達等の入札においては、他社が入札する札の内容がわからない状況で入札を行うことが一般的であり、これは他社が入札する札の内容がわからないようにすることで入札可能な最低の価格を入札するようになることを期待しているものであるが、他者の入札する札の内容がわかればそれを踏まえて自分が落札できる最も高い価格で入札することになるので、この制度が期待している競争の機能が損なわれることとなる。

格等を完全に支配することまで必要なく、一定の取引分野における競争自体を減少させ、特定の事業者又は事業者集団がその意思で、ある程度自由に、価格、品質、数量、その他各般の条件を左右することによつて、市場を支配することができる状態をもたらすことで足り、このような趣旨における市場支配的状態を形成・維持・強化することをいうものと解される（前掲東京高等裁判所昭和28年12月7日判決等参照）」と判示しており、競争を完全に排除することが要件ではないことを確認しており、前記元詰種子カルテル事件においては、「一般に、価格は生産コストや市場の情勢等の今後の販売の見通しなど様々な要因を総合考慮して定められるべきものであり、その価格の設定に当たっては同業他社の動向が不明であるため、どのように設定するかにより各事業者はかなりのリスクを負うのが通常であるところ、本件合意の存在により、基準価格が決定され、シェアのほとんど大半を占める同業他社が基準価格に基づいて価格表価格を設定することを認識し、基準価格に基づいて価格表価格を設定しても自らが競争上不利になることはなくなっているという事態は、とりもなおさず公正かつ自由な競争が阻害されている状況であるといえる」と判示した上で競争は実質的に制限されていると認定しており、事業者が他社の動向がわからない中で選択を行うことにより負うべきリスクが失われていることが公正かつ自由な競争が阻害された状況であると評価している。

さらに、前記多摩談合事件においては、原審が、「建設業者が自由で自主的な営業活動を行うことを停止され又は排除されたというような、その結果競争が実質的に減少したと評価できるだけの事実も認定されなければならない」との立場に立って不当な取引制限の成立を否定したのに対し、「法が、公正かつ自由な競争を促進することなどにより、一般消費者の利益を確保するとともに、国民経済の民主的で健全な発達を促進することを目的としていること（1条）等に鑑みると、法2条6項にいう『一定の取引分野における競争を実質的に制限する』とは、当該取引に係る市場が有する競争機能を損なうことをいい、本件基本合意のような一定の入札市場における受注調整の基本的な方法や手順等を取り決める行為によって競争制限が行われる場合には、当該取決めによって、その当事者である事業者らがその意思で当該入札市場における落札者及び落札価格をある程度自由に左右することができる状態を

もたらすことをいうものと解される」と判示して不当な取引制限の成立を認めている。つまり、独占禁止法の目的から、一定の取引分野における競争を実質的に制限することとは、市場が有する競争機能を損なうことであり、個々の事業者間の具体的な競争が消滅することを指しているわけではないことを明言し、他社の受注意欲を確認したり他社と話し合うことにより営業対象物件を自主的に絞り込んでいるだけで外形的には自由で自主的な事業活動が維持されているようにみえる場合であっても、受注調整の基本的な方法や手順を取り決めることによって事業者の事業活動は事実上の拘束を受け、それにより市場における競争の機能が害されればそのことをもって競争の実質的制限に当たるとしているのである。

(2) 「競争の実質的制限」の立証

意思の連絡が行われた場合、当該意思の連絡が市場メカニズムが有効に機能することを阻害する効果を有するか否かを判断する上では、当該意思の連絡を行った事業者の市場における地位、意思の連絡に参加していない事業者の有無、その振舞い等の事情が考慮要素となる。

ア 意思の連絡を行った事業者の市場における地位

たとえば、事業者が4社存在する市場において、3社が値上げを実施する旨の合意をした場合について考えると、その3社で市場において多くのシェアを有しているような場合であれば、残りの1社は通常その競争力や供給余力が大きくないこと等を反映した結果そのような市場における地位に甘んじていると考えられるし、そのような事業者にとっては低価格で他社のシェアを取りにいくことは3社から報復を受ける可能性があることを考えれば得策ではなく、結局3社に追随して値上げを行うことが合理的な選択となることを踏まえれば、3社によるその意思の連絡は市場における競争を実質的に制限するものであるという推認を行うことが可能である。

イ 意思の連絡に参加していない事業者の有無、その振舞い

意思の連絡に参加していない事業者の存在や需要者の持つ交渉力が競争の実質的制限に対する牽制力として機能することは一般論としては考えられ

る[28]）が、仮に残りの1社がきわめて強い競争力や供給余力を有しており、自らは値上げに追随せず、その結果値上げした3社から多くの顧客を奪うことにより結局合意の成果が失われるような事情や、需要者の強い競争力が合意の効果を失わせてしまうような事情があれば、仮に3社で合意が行われたとしても合意どおりに値上げ活動を実施して利益を得ることは事実上不可能であると考えられる。しかしそもそもそのようなことが見込まれれば当事者はそのような合意をしないであろうことからすれば、合意の当事者は合意に参加していない事業者がいることを承知した上で合意をしている以上、その拘束力のある合意が存在すること自体が当該合意が市場における競争を実質的に制限するものであることを推認させる間接事実[29]であるということができる[30]。つまり、仮に合意に参加していない事業者が市場に存在するとしても、市場における事業者の能力や事業活動の姿勢といったものについては、実際にその市場で長く事業を営んでいる事業者が最もよく把握しており、その事業者が限られたメンバーで合意を行っている以上、それは当然にそのメンバーで合意をすれば、市場において他社の出方がわからないまま選択を行うことで競争に陥るリスクを軽減することができるという前提で合意をしているものと考えられるので、市場に合意に参加していない事業者（以下「アウトサイダー」という）が存在すること自体は前記の推認を破る要素とはならないのである。逆に、アウトサイダーが存在するにもかかわらず長期間にわたり合意が維持されている場合には、アウトサイダーがいるために自由に競争をしている場合に比べて低い利益しか得られないのであれば合意を破棄することが容易であるにもかかわらず合意を維持しているのであるから、その事実は競争が実質的に制限されていることを推認させる間接事実となるものである。

ウ　市場シェアの位置づけ

合意の当事者の市場における地位やアウトサイダーの競争力は、一般的に

---

[28]　白石・独禁法講義41頁〜47頁参照。
[29]　あくまで推認させる間接事実であるので、推認を打ち破る特段の事情が存在すれば別である。
[30]　根岸・注釈独禁法86頁〜87頁〔稗貫〕、金井ほか・独禁法68頁〜69頁〔宮井〕参照。

はこれらの事業者の市場シェアが有効な判断材料となるが、合意の参加者の市場シェアが低いとしても、アウトサイダーのそれまでの値上げにおける価格設定の状況（業界の主導的事業者に追随しているか否か等）、供給余力（合意に参加せず低価格で販売することで販売量を増やして大きな利益を得ることが可能か否か）、合意に参加している事業者との関係（出資関係、取引関係等）、合意に乗じて低価格で販売を拡大した場合に合意に参加している事業者から報復を受ける可能性等も踏まえれば、市場における競争を当該合意により実質的に制限することが可能である場合は当然存在するので、市場シェアが高いことそれ自体は競争の実質的制限の必須の要件ではない。

エ　受注調整事件における考え方

　受注調整事件においても、競争の実質的制限の立証に関する基本的な考え方に違いがあるわけではないので、合意の当事者の市場における地位や、アウトサイダーの有無、アウトサイダーが存在する場合の対応等を考慮して認定が行われることになるが、受注調整事件においては、個別の入札あるいは見積り合わせの都度、受注者および受注価格が決定される機会が発生するため、個別の入札あるいは見積り合わせの過程や結果が判断材料の1つとなる。たとえば、受注予定者が受注している物件がどの程度存在するか、受注者の落札率（発注者が定める落札予定価格に対する実際の落札額の割合）はどうなっているか、基本合意の対象となる物件のうちどの程度の物件で実際に基本合意に沿った行動がとられているか、アウトサイダーは入札参加者のうちどの程度を占めているか、アウトサイダーはどのような入札行動をとっていたか、といった点などであるが、競争の実質的制限の意義はあくまで前述のとおり市場メカニズムが有効に機能することが害されている点にあるので、かなりの数のアウトサイダーが存在する、あるいは一定の取引分野に含まれる物件のうち受注予定者が受注している物件の割合が必ずしも多数を占めていない、というような場合であっても、一定の取引分野に含まれる物件のうち相当数を受注予定者が受注している、あるいはアウトサイダーは通常あまり競争的な入札行動をとっていない、落札率が高い、といった間接事実により競争の実質的制限を推認することが可能である。前記多摩談合事件においても、行為の期間中に発注された物件の過半数をアウトサイダーが受注していたにも

かかわらず、「本件基本合意の当事者及びその対象となった工事の規模、内容や、……のとおり、公社では、予定価格が500万円以上の工事の発注について工事希望型指名競争入札と称する方式を採用し、規模の大きい工事や高度な施工技術が求められる工事については、入札参加希望者の中から原則として格付順位の上位の者が優先して指名業者に選定されていたためその上位に格付けされていたゼネコンが指名業者に選定されることが多かったことから、Aランク以上の土木工事については、入札参加を希望する事業者ランクがAの事業者の中でも、本件33社及びその他47社が指名業者に選定される可能性が高かったものと認められることに加え、本件基本合意に基づく個別の受注調整においては、……のとおり、その他47社からの協力が一般的に期待でき、地元業者の協力又は競争回避行動も相応に期待できる状況の下にあったものと認められることなども併せ考慮すれば、本件基本合意は、それによって上記の状態をもたらし得るものであったということができる。しかも、……のとおり、本件対象期間中に発注された公社発注の特定土木工事のうち相当数の工事において本件基本合意に基づく個別の受注調整が現に行われ、そのほとんど全ての工事において受注予定者とされた者又はJVが落札し、その大部分における落札率も97％を超える極めて高いものであったことからすると、本件基本合意は、本件対象期間中、公社発注の特定土木工事を含むAランク以上の土木工事に係る入札市場の相当部分において、事実上の拘束力をもって有効に機能し、上記の状態をもたらしていたものということができる。そうすると、本件基本合意は、法2条6項にいう『一定の取引分野における競争を実質的に制限する』の要件を充足するものというべきである」として、アウトサイダーからの協力が期待できる状態にあったことや多くの物件で高い落札率であったこと等を踏まえ競争の実質的制限を認定している。

オ　合意の実効性

なお、競争の実質的制限の反証事実として、合意の実効性の有無が争点として主張されることがあり、その場合の実効性の有無にかかわる事情として主張される事実としては、値上げカルテルであれば実際に値上げが実施できたか、あるいは値上げカルテルにかかわらずどれだけ当該行為がなかったであろう場合に比べて利益が増えているか（不当な利得がどれだけ生じているか）

といった事実が問題とされることがあるが、合意の実効性の有無はあくまでそれが意思の連絡として認められる内実を備えているか、つまり共同の行為であるか否かの問題として意味を有することはあるものの、競争の実質的制限はあくまで前記のように市場における競争の機能が阻害されているか否かが問題であるので、当該行為の結果として実際にどれだけ値上げが実現できているか、あるいはどれだけ不当な利得を得ているかといった事情は、合意が行われた後における客観的な状況を示す事実となることはあるものの、要件を満たしているか否かを判断する上での要件事実ではないということになると考えられる。

　裁判例でも、たとえば、前記石油価格協定刑事事件では、「事業者が他の事業者と共同して対価を協議・決定する等相互にその事業活動を拘束すべき合意をした場合において、右合意により、公共の利益に反して、一定の取引分野における競争が実質的に制限されたものと認められるときは、独禁法89条1項1号の罪は直ちに既遂に達し、右決定された内容が各事業者によって実施に移されたことや決定された実施時期が現実に到来することなどは、同罪の成立に必要でないと解すべきである」と判示し、合意の内容が実施に移されることや実施時期が到来することは競争の実質的制限の要件ではないとした上で合意の時点での不当な取引制限の成立を認定している。前記のとおり一定の市場環境において当事者の間で拘束力のある合意がなされている場合には、事業活動の拘束が生じて市場における競争の機能が損なわれることになるので、そのような場合は通常は最高裁判決がいうように合意の時点で競争の実質的制限の成立を認定することとなると考えられる[31]。また、前記モディファイヤーカルテル事件では、原告は値上げ活動とその結果生じた価格との間に相関関係が低いとする経済分析を証拠として提出したが、これに対して「本件では、……に認定のとおり（当裁判所も、本件審決の前記認定事実は実質的証拠に基づくもので、その認定は相当なものであると判断する。）、3社の

---

31) この点に関し、木谷・前掲注23) 134頁は、「相当の市場占拠率を占める事業者が共同して価格協定を結べば、そのこと自体により、潜在的には競争の実質的制限が生じているとみることは、合意時説の指摘するとおりと思われ、かかる事態が生じたときは、可及的速やかに右競争制限を排除し、競争の自由を回復させるのが、独禁法の精神に忠実な解釈であると思われる」としている。

合計の市場シェアは、塩化ビニル樹脂向けモディファイヤーの種類別にみて91.8パーセントないし100パーセントであることが認められるところ、このように市場におけるシェアの大半を占める3社が、販売価格引上げの合意を行い、需要者に対して販売価格の引上げを打ち出した上、それぞれの需要者との価格引上げ交渉の状況を確認するための会合を開催するなどしていたのであり、平成11年及び平成12年の販売価格引上げについては……で認定した販売価格引上げの状況がそれぞれ認められるから、これらによれば、3社の共同行為により……の趣旨における市場支配的状態が形成されていたこと、すなわち国内の塩化ビニル樹脂向けモディファイヤーの市場における競争の実質的制限がもたらされていたことは明らかというべきである」とした上で、「そもそも『競争の実質的制限』を認定するためには、……で述べたような[32]市場支配的状態がもたらされていれば足りるのであって、原告……の主張する合意による値上げ活動とその結果生じた価格との間の相関関係は問題とならない。また、上記分析（……）が指摘するように原料価格の上昇等が価格上昇の要因であるとしても、それによって、……で述べた合意による市場支配的状態がもたらされ、実質的競争制限が生じたとの認定が左右されるものではない」と判示しており、前記(1)で述べたとおり合意によって事業活動が拘束され市場における競争の機能が損なわれたか否かを認定する上で合意による値上げ活動とその結果生じた価格との間の相関関係は要件ではないことを明示している。

　このように、カルテルにおいて競争の実質的制限が合意の当事者の市場における地位等によって推認されるのは、その合意の内容が競争の主たる手段である価格や提供する商品の量、内容等を制限したり、販売先を制限したりするものであるからである。

---

[32] 「独占禁止法2条6項における『一定の取引分野における競争の実質的制限』というためには、一定の取引分野における競争を完全に排除し、価格等を完全に支配することまで必要なく、一定の取引分野における競争自体を減少させ、特定の事業者又は事業者集団がその意思で、ある程度自由に、価格、品質、数量、その他各般の条件を左右することによつて、市場を支配することができる状態をもたらすことで足り、このような趣旨における市場支配的状態を形成・維持・強化することをいうものと解される（前掲東京高等裁判所昭和28年12月7日判決等参照）」と述べている箇所を指す。

(3) 価格や販売先を直接制限しないカルテルにおける競争の実質的制限

　一方、現実に行われる合意の中には、たとえば一定期間における当事者間のシェアを合意するなど、価格や販売先を直接制限しない形態のものが存在する。シェアそのものは合意の当事者の競争の手段ではないから、それによって市場における競争の機能が阻害されているといい得るのかとの疑問が呈されることがある。

　しかしながら、ある一定の期間（具体的には1年間といった期間が定められることが多い）における販売量、販売金額等について目標となるシェアを定める場合、当該期間の終了時点で当事者のシェアが目標どおりとなっているためには、各社が1年間自由に営業活動を行っているだけでこれを実現することは不可能であり（そもそも目標を定める意味もない）、何らかの形で人為的にシェアを管理することが必要になることは明らかである。具体的には、一定の期間を細分化した期間を設け、その時点での当事者間のシェアの状況を報告しあったり、前年度までの過去の実績と比較し、現状のままで事業活動を行った場合自社のシェアがどの程度になりそうかを把握するなどした上で、目標となるシェアに近づくよう、特定の当事者が営業活動を自粛したり、他の当事者に受注を譲るといったことが行われることとなる。むろんこのような目標シェアに近づけるための具体的な個々の行為自体はそれ自体競争回避的な行為であるものの、それらの行為はいずれも一定の期間の当事者間のシェアを合意していることに基づき行われている行為であり、いわばシェアの合意の実現のための手段・方法であるにすぎないが、このような行為を発生させるシェアの合意自体が市場における競争の機能を害しており、競争を実質的に制限しているということができる。

　ダクタイル鋳鉄管シェアカルテル刑事事件（東京高判平成12年2月23日東高刑時報51巻1～12号23頁）では、全体の8割を占める間需市場においては自由な競争が行われており競争の実質的制限はなかったとの被告人の主張に対して、「右弁護側の主張も、本件シェア協定が、それまで各年度に存在したシェア協定と同様、直需、間需を区別することなく、本件製品の取引の総体に関して結ばれたものであり、直需市場で行った『名義決め』による受注調整が、本件製品の取引総量につき、被告3社のシェアを調整しようとするも

のであったことを否定するものではない。そして、被告3社間にシェア協定が存続し、これに基づく受注調整が行われることにより、被告3社が事実上寡占する本件製品の市場において、被告3社の立場はそれぞれに安定したものとなり、自社の本件製品の標準価格を、他社よりも一方的に値下げするなどの事業活動は、自社製品の売上げ増をもたらし、勢いシェア協定で合意された他社の受注シェアを蚕食することになって、シェア協定違反を招来するであろうから、事実上、実行困難となることは自明の理である。その意味において、本件シェア協定は、直需だけでなく、間需についても、市場における被告各社の事業活動を相互に牽制し、競争を実質的に制限するものであったことは明らかであるといわなければならない。したがって、本件シェア協定が作用するのは、直需市場に限られ、間需市場での競争を制限する効果はなかったとはいえない」と判示するとともに、年度配分シェアに相応するための受注の調整は、主として行われていた直需市場のみならず、間需市場についても一部の大口受注等について行われていたことを認定し、直需市場と間需市場を合わせて1つの市場について競争の実質的制限の成立を認めており、シェア協定においてもそれが存在することにより一方的な値下げ等の事業活動が事実上実行困難となり、被告各社の事業活動が相互にけん制されることをもって競争の実質的制限であるとしている。

(4) 公共の利益に反して

競争の実質的制限には、「公共の利益に反して」という文言が法文上付されているところ、この文言については、独占禁止法および不当な取引制限の規制の趣旨に照らして考えれば、公共の利益とは第一義的には独占禁止法が守ろうとしている市場の機能が有効に維持されることであると考えられる。「公共の利益」という文言からは幅広い解釈を生む余地があるが、独占禁止法の目的規定は自由競争経済秩序を維持することを目的とし、この実現が当然に一般消費者の利益を確保すると同時に国民経済の健全で民主的な発達を促進することにもなるという理解の下に、一般消費者の利益や国民経済の健全で民主的な発達の促進を究極の目的としているものとみられる。これを、特定の産業の保護や育成といった特定の範囲の者に何らかの具体的な利益が期待されるものを広く含むものと解し、当該利益と市場の機能を維持すること に

よる利益をそれぞれ具体的に特定し、その比較考量を行うこととした場合、これらの利益はその利益が及ぶ範囲も利益の内容もさまざまであり、これらを客観的に比較することは事実上不可能であるため、わが国が市場における競争の機能を維持することにより国民経済の民主的な発達を促し、それによって幅広く国民全体に利益をもたらそうとする市場経済システムを採用しているにもかかわらず、その市場経済システムはきわめて不安定なものとなることは明らかである[33]。このため、「公共の利益に反して」とは原則として自由競争経済秩序に反することとした上で、あくまで例外的な場合にのみ正当化される場合があり得ることを示していると解すべきである[34]。

　この点について、裁判例では、前記石油価格協定刑事事件において、公共の利益に反して、とは独占禁止法の定める趣旨・目的を超えた「生産者・消費者の双方を含めた国民経済全般の利益に反した場合」をいうと解すべきであるとする上告人の主張に対して、独占禁止法の立法の趣旨・目的およびその改正の経過などに照らすと「公共の利益に反して」とは原則として独占禁止法の直接の保護法益である自由競争経済秩序に反することであるとした上で、独占禁止法の究極の目的である「一般消費者の利益を確保するとともに、国民経済の民主的で健全な発達を促進する」ことに実質的に反しないと認められるような例外的な場合に限り、「公共の利益」に反しないとされる余地があるとしている。現実に、訴訟・審判において、国家的プロジェクトを達成するために行われたことや、行政指導に従った行為であること等を理由に、「公共の利益」に反しないことが主張された事例は少なくないが、「公共の利益」に適合するとして不当な取引制限の成立を否定した例はない。むしろ、一般的に、日本の経済システムの根幹である自由競争経済秩序に明確に反する行為であるにもかかわらず、それが公共の利益に反しないという主張をする場合、このような主張をする側が、そうした行為以外に、より自由競争経済秩序に影響を与えない他のとるべき手段が存在しない等の具体的な事実に

---

[33] 木谷・前掲注23) 128頁〜129頁においても、後記で詳述する石油価格協定刑事事件の判示について、公共の利益には国民経済的利益を広く含むとする見解について、その概念がはなはだ曖昧であるために、安易にその主張を採用すると、独占禁止政策の根底が揺るがされることにもなりかねない、としている。
[34] 根岸・注釈独禁法87頁〔稗貫〕、白石・独禁法講義85頁〜89頁参照。

ついて、説得的に反論・反証を行うことが必要であると考えられる。なお、郵便区分機談合事件（東京高判平成20年12月19日審決集55巻974頁）では、「原告ら2社は郵政省の区分機類の発注のおおむね半分ずつを安定的、継続的かつ確実に受注する目的をもって本件行為を行っていたと認められるから、原告ら2社の本件違反行為が「公共の利益」に反していることは明らかであ」るとしている。また、この事件の課徴金納付命令を不服としてされた審判請求に対する審決（郵便区分機課徴金事件（公取委審判審決平成22年10月25日審決集57巻(1)267頁））ではこの点について、「不当な取引制限に該当する価格カルテルや入札談合は、原則として、それ自体で公共の利益に反するというべきである。そして、独占禁止法の趣旨目的に照らせば、同法違反行為に該当する行為でありながら、公共の利益に反しないとするためには、単に、当該違法行為によって国家的プロジェクトが推進されたというだけでは足りず、当該国家プロジェクトの達成によって確保される一般消費者の利益の内容、当該プロジェクトの達成によって促進される国民経済の民主的で健全な発達の内容、当該国家プロジェクト達成のために当該違法行為を行う以外に他に採るべき手段がなかったか否か、当該違反行為の違反の程度はどのようなものか、などについて慎重な検討を経た上で、本件合意が正当化事由を有すること及び公共の利益に反しないことを被審人の側で、説得的な反論及び反証をすることが必要である」としている[35]。

　なお、競争の実質的制限について何らかの公益性があるといった事情を理由に違法性がないことが主張される場合、こうした事情が、「公共の利益に反して」という要件に該当するか否かの問題としてではなく、「競争を実質的に制限すること」という要件の該当性の問題として主張されることがあるが、この点については第4章■5．に譲ることとしたい。

---

[35]　本審決については取消訴訟が提起されたが（郵便区分機課徴金事件（東京高判平成24年2月17日審決集58巻(2)127頁）、この点について明示的に争点となっておらず、原告の請求は棄却されている。

2 設問に対する回答

1．設問1

　設問1は、これらの行為が「共同して」に該当するか否かを問うものである。「共同して」に当たるというためには、意思の連絡が必要であるが、意思の連絡は事業者間相互で拘束しあうことを明示して合意することまでは必要ではなく、相互に他の事業者の対価の引上げ行為を認識して、暗黙のうちに認容することで足りると解されている。

　①では、同業者との会合の場では値上げの内容を全社とも同内容にすることについて誰かが提案したり、値上げの内容を話し合って変更したり、会合の場で話した内容で実際に全社が値上げを実施することについて確認をしたり、値上げの結果が会合で話した内容と異なった場合の制裁措置を取り決めたりといったことは行われていない。しかしながら、同業他社との間で値上げについて情報交換を行い、その結果他社が同様の値上げを計画していることを互いに把握した上で、各社が会合で表明した予定どおり同内容の値上げを行っており、過去にも同内容の値上げを行っていることも踏まえれば、会合に参加した事業者にとっては、他社が同内容の値上げを計画していることがわかれば、他社の裏をかいて他社と激しい競争に陥るよりは、他社と歩調を合わせればより高い利益を上げることができるのであるから、他社とむしろ歩調を合わせて値上げを実施するほうを選択する動機があり、これにより各社が同内容の値上げを実施することについて互いに認識・認容することとなる結果、明示的な値上内容や何らかの制裁や監視のスキームといったものが取り決められていないとしても、会合に参加した事業者は事実上これに従って行動することとなるので、この行為は「共同して」に該当すると考えられる。

　同様に②では、入札参加資格者の間で受注調整が行われているが、入札の都度受注予定者を決定し、受注予定者が受注できるようにする旨の基本的な合意自体については、それが成立した場所、日時、経緯やこれにかかわった

個人等は特定されておらず、見方によっては合意の存在自体が疑わしいようにみえなくもない。また、その内容についても、習慣的に受注を希望する者が他の入札参加者に連絡して、受注希望を表明する者が他にいれば話し合うという内容であり、過去の類似工事の実績等により単に価格面で元々有利な入札参加者がどこであるかを念のため確認し、自社より有利な入札参加者がいれば他の事業者は受注を諦めているのみにすぎず受注意欲がある事業者が拘束を受けてやむなく受注を断念することで競争の余地が排除されているわけではないようにもみえる。しかしながら、前記の基本的な合意は、個々の入札物件における受注予定者の決定等に係る事実からその存在を認定することが可能であり、その基本合意が存在する以上、そのような基本合意がどこかの時点で成立していることは疑いなく、このような基本合意の成立によって各社の間に暗黙のルールに基づいた行動をとることを互いに認識し認容して歩調を合わせるという意思の連絡が形成されているということができる。また、その内容についても個々の事業者のコストや必要な利益はさまざまな要素によって異なり、他社のこのような事情は互いに把握不可能であるが、互いに相手の出方がわからないからこそそこに競争が生まれているところ、互いに相手の出方をあらかじめ把握することにより、競争に伴う不確実性を減殺することができ、かつ本件行為がその起源すらわからないほど古くから行われていることに鑑みても、本件行為は互いの出方を知った上でその裏をかくことはしない前提で行われていることが窺われるので、この行為が市場メカニズムが有効に機能することを妨げるだけの事業活動への制約を作り出しているということできる。よって、②についてもこのような基本合意は、相互拘束に該当すると考えられる。

2．設問2

設問2は、これらの行為が一定の取引分野における競争の実質的制限に当たるかどうかを問うものである。競争の実質的制限は、前記のとおり、市場が有する競争機能を損なうことをいうのであり（前記多摩談合新井組事件最高裁判決）、競争の余地が完全に排除されることや、合意の当事者が完全に市場における価格や供給数量を支配できる状態になっていることを必要とするも

のではない。

　(i)については、会合に参加していた事業者の合計市場シェアは50％に満たないものの、会合に参加していない事業者はいずれも小規模の事業者であり、値上げを行う大手事業者に対する需要を低価格販売で代替できるだけの供給余力を有していることは期待できないこと、実際にも大手事業者の動きに追随することが見込まれる事業者であること等を踏まえれば、業界の中心的立場にある大手事業者が値上げについて意思の連絡を行うことにより、市場の有効な機能が害されることは明らかであり、意思の連絡に参加していない事業者が一定数存在し、その合計市場シェアが仮に50％を超えるような場合であっても、競争は実質的に制限されていると認定することができる。なお、値上げが当初計画していた値上幅に結果として追いついていないこと、原材料価格の高騰によるコスト上昇分をカバーできていないことといった事実が存在するとしても、前記のとおり、競争の実質的制限はあくまで市場メカニズムが有効に機能することが害されているところにあるのであって、業界の中心的立場にある大手事業者各社が意思の連絡に基づき同内容の値上げを実施している状態にある以上、その時点で市場メカニズムが有効に機能することは妨げられており、こうした事実が存在すること自体は競争の実質的制限を否定する根拠とはならないと考えられる。

　(ii)については、入札の都度受注すべき業者を決定し、他の事業者はこれに協力するという行為が行われており、実際にも多くの事業者がこれに従って活動し、一定の物件について受注すべき者とされた事業者が他社の協力を得て受注している以上、各社が自由に他社の動きを把握することなく自社の入札価格を決定するという市場メカニズムの機能が発揮されることが妨げられているということができ、競争は実質的に制限されているということができる。なおこの行為に参加していない事業者が複数存在し、年によってはこうした事業者が件数ベースで半分以上を受注することもあるといった事実が窺われるが、これについても、こうした事業者が受注できる工事の量には限界があり、この行為に参加している事業者の側もそれを前提として、こうした事業者に受注させたり受注を妨害したりといった「アメとムチ」を使い分けることで、いわばこうした事業者を長年にわたり「手なずけて」おり、こうした対策が効果を発揮しているからこそ長年にわたりこの行為が崩れること

なく続いているのであり、毎年一定の工事が受注調整により受注されていることも踏まえれば、この行為に参加しない事業者が存在することや、こうした事業者の受注がかなりの割合に上るとしても、そのこと自体は競争の実質的制限を否定する根拠となるものではないと考えられる。

〔しながわ　たけし〕

第3章

不当な取引制限における一定の取引分野

設問

① 官公庁による指名競争入札の場合で、以下のように、指名業者と指名業者ではない者（需要者と直接取引しない者。たとえば、落札業者から仕事を請け負う事業者）との間で入札談合の合意がなされた場合の「一定の取引分野」は、どのように画定されるのか。

　S庁は、商品Xを指名競争入札の方法により発注している。S庁による指名業者は、A、B、C、Dの4社である。このほかに商品Xに関する事業者としてEがいる。Eは、落札業者から仕事を受注してS庁の定めた仕様に基づき商品Xの原材料製造業者等に仕事を発注する中間事業者としての事業をもっぱら行っている。指名業者であるDは、Eの専属工場のような存在であり、その営業活動はすべてEが担当していた。その後、D独自に営業活動をするようになってからも、Eの指示等に従い、指名業者として必要な入札等の事務的な手続を行っていて、対外的にも商品Xの入札に関する交渉等の営業活動を全面的にEに任せることを表明し、A、B、Cもこれを了承していた。そのような中、商品Xの入札に関し、A、B、CおよびEは、落札業者をA、B、Cのいずれかとし、その仕事はすべて落札業者からEに発注するとともに、その間の発・受注価格を調整することなどにより4社間の利益を均等にすることを合意した。

② また、以下のように、製造業者による価格カルテルが、需要者に直接販売する販売価格と中間流通業者向けの販売価格を対象に行われた場合の「一定の取引分野」はどのように画定されるのか。

商品Yの製造業者各社は、商品Yを需要者に直接販売するほか、それぞれ取引のある卸売業者、小売業者を通じて販売していた。また、製造業者各社は、それぞれ需要者、卸売業者、小売業者ごとの価格を設定し、これを記載した価格表を需要者、卸売業者、小売業者に配布した上、自社の価格表に記載された価格に基づき販売価格を定めて需要者、卸売業者、小売業者に販売していた。そのような中、製造業者各社は、販売価格の低落防止等を図るため、各社が販売価格を定める際の基準価格を毎年決定し、各社の価格表価格および販売価格は、決定された基準価格に沿って定める旨の合意を行った。

1 不当な取引制限における「一定の取引分野」についての考え方

1．はじめに

　独占禁止法は、「公正且つ自由な競争を促進」することを直接の法目的[1]としており、競争を制限する事業者の行為を禁止している。そして、事業者の行為によって制限されるかどうかの競争は「一定の取引分野」におけるそれが対象となる。すなわち、「一定の取引分野」は、事業者の行為によって競争制限という効果が発生しているかどうかを判断する前提をなす概念である。論理的にはその画定次第によって競争が実質的に制限されているかどうかも変わり得る可能性があることから、独占禁止法においては、非常に重要な概念である。しかし、独占禁止法上「一定の取引分野」の定義規定は置かれていない。したがって、どのように「一定の取引分野」が画定されるかについては、禁止規定ごとに、個別事案ごとに、独占禁止法の法目的を踏まえながら、判断されることになる[2]。

---
[1] 独占禁止法の目的については、第1章 2 参照。
[2] 独占禁止法の各規定の解釈と法目的との関係については、第1章 2 参照。

本章では、独占禁止法で禁止される競争制限行為のうち、不当な取引制限（独占禁止法2条6項）における「一定の取引分野」について、その解釈のほか、どのような事実に基づき、どのように画定されるのか等を紹介することとしたい[3]。

2．「一定の取引分野」の解釈

(1) 市場について

　独占禁止法において禁止される不当な取引制限は、「事業者が……他の事業者と共同して……相互にその事業活動を拘束し、又は遂行すること」により、「一定の取引分野における競争を実質的に制限すること」である。すなわち、一定の取引分野における競争を実質的に制限するような事業者の共同行為である[4]。「競争を実質的に制限する」[5]とは、「当該取引に係る市場が有する競争機能を損なうこと」（多摩談合事件（最判平成24年2月20日民集66巻2号796頁））である。不当な取引制限における「一定の取引分野」とは、共同行為により競争機能[6]が損なわれる範囲はどこまでかを画する概念である。

　ところで、「一定の取引分野」の一般的な意味内容は、「市場」[7]と呼ばれるものである[8]。市場とは、需要者群と供給者群によって取引がなされる場である。需要者とは、「ある商品」（以下「商品」といった場合、役務を含む）を欲する者たち（その商品によって満足を得る者たち。経済学では、この満足のことを「効用」という）であり、供給者とは、そのような需要者に対してその「ある商品」を供給する者たちである。同じ効用が得られるのであれば、需要者は、より質の高いものを、より価格の安いものを選択する（需要者は、限られた予算でできるだけ自らの効用を高めるよう行動（選択）するからである）。一般的に、

---

3) 国際カルテルにおける一定の取引分野については、第13章２２．(4)参照。
4) 不当な取引制限の構成要件全体については、第2章❶参照。
5) 「競争の実質的制限」については、第1章❸1．および第2章❶5．参照。
6) 市場メカニズムの機能、メリットについては、第1章❷2．参照。
7) 今村・独禁法46頁、59頁。
8) 判例においても、「法2条6項にいう『一定の取引分野における競争を実質的に制限する』とは、当該取引に係る市場が有する競争機能を損なうことをいい」（前記多摩談合事件。〔傍点筆者〕）とされており、「一定の取引分野」を（当該取引に係る）「市場」としている。

同程度の効用が得られること、すなわち需要者にとって十分な代替性があること（需要者にとって十分な選択肢が存在すること）が競争の存在の前提であり、市場の成立の前提である。したがって、基本的に、市場は、需要者にとっての十分な代替性のある一群の商品ごと（すなわちその一群の商品の需要者ごと）に成立する。商品間に需要者にとって十分な代替性がないときに、それぞれの商品について市場が成立する。たとえば、パンと鞄があれば、「パンの市場」と「鞄の市場」のそれぞれの市場が成立する。パンと鞄では、需要者の得られる満足（効用）は同程度ではない、すなわちパンと鞄には需要者にとって十分な代替性がないからである。

　市場は、1つきりとは限らない。需要者の範囲によって重層的に成立する。たとえば、ビールと発泡酒は、いずれも「発泡性酒類」とされるが、ビールしか飲まない消費者には「ビールの市場」のみが存在するし、ビールも発泡酒もどちらも飲む消費者には「ビールの市場」も「発泡酒の市場」も、さらには両方を包含した「発泡性酒類の市場」が成立する。いざ不当な取引制限として問題となるような行為が発生した場合に、需要者ごとに成立する市場、さらには重層的に成立する市場を前提として、どの範囲の市場にその行為による競争制限が及ぶのかを検討して決定（実務上「画定」という用語で呼ばれている）することになる。この検討によって画定される市場が「一定の取引分野」である。

(2) 不当な取引制限における「一定の取引分野」に係る裁判例

　裁判例においては、「独禁法2条6項にいう『一定の取引分野』は、特定の行為によって競争の実質的制限がもたらされる範囲をいうものであり、その成立する範囲は、具体的な行為や取引の対象・地域・態様等に応じて相対的に決定されるべきものである」（石灰石供給制限事件（東京高判昭和61年6月13日行集37巻6号765頁））とされている。

　刑事事件の裁判例においては、「公正で自由な競争を促進するなどして、一般消費者の利益を確保するとともに、国民経済の民主的で健全な発達を促進するために、一定の行為を規制し処罰の対象としている独禁法の趣旨、及び社会・経済的取引が複雑化し、その流通過程も多様化している現状を考えると、『一定の取引分野』を判断するに当たっては、主張のように『取引段階

等既定の概念によって固定的にこれを理解するのは適当でなく、取引の対象・地域・態様等に応じて、違反者のした共同行為が対象としている取引及びそれにより影響を受ける範囲を検討し、その競争が実質的に制限される範囲を画定して『一定の取引分野』を決定するのが相当である」とされている（シール談合刑事事件（東京高判平成5年12月14日高刑集46巻3号322頁））。

比較的最近の裁判例でも「一定の取引分野の決定においては、違反者のした共同行為が対象としている取引及びそれにより影響を受ける範囲を検討し、その競争が実質的に制限される範囲を画定して決定するのが相当である」（元詰種子カルテル事件（東京高判平成20年4月4日審決集55巻791頁））、「『一定の取引分野』とは、そこにおける競争が共同行為によって実質的に制限されているか否かを判断するために画定されるものであるが、……通常の場合には、その共同行為が対象としている取引及びそれにより影響を受ける範囲を検討して、一定の取引分野を画定すれば足りるものと解される」（エアセパレートガスカルテル（日本エア・リキード）事件（東京高判平成28年5月25日判例集未登載））とされている。

これらの判決（特にシール談合刑事事件判決）は、不当な取引制限における一定の取引分野の画定についての考え方を示した先例とされ、公正取引委員会の実務もこれに従って運用されていると思われる。

(3) 行為が先か、市場が先か（企業結合規制における考え方との異同）

ア 問題意識

ここで1つの疑問が生じるかもしれない。問題となる共同行為によって競争の実質的制限がもたらされる範囲をもって一定の取引分野と画定するということは、あたかも「共同行為が対象としている取引」＝「競争が実質的に制限される範囲」であってそれが「一定の取引分野」だというに等しく、結論を先取りした議論ではないか。それは、本来「一定の取引分野」の画定が、当該市場において競争が実質的に制限されているか否かを判定するための前提として行われるものであることからすると、論理が逆ではないかと。

確かにこれは、不当な取引制限として問題となる「共同行為」を先に認定して、そこから一定の取引分野を自動的に画定しているようにもみえるので、

そのような疑問が生じるかもしれない。これを考えるについては、共同行為が存在していない場合である企業結合審査における「一定の取引分野」の画定と対比してみることが参考になる。

イ　企業結合審査における一定の取引分野の画定のアプローチ

　株式保有、合併等の企業結合は、一般的には事業経営上のさまざまな理由により行われるニュートラルなものであり、それ自体競争制限を目的とした共同行為ではない。企業結合が禁止されるのは、あくまで当該企業結合によって「一定の取引分野における競争を実質的に制限することとなる」場合である（独占禁止法10条、13条～16条。（傍点筆者））。

　「一定の取引分野」は、企業結合規制にも規定されている要件であるところ、同規制における「一定の取引分野」は、「企業結合により競争が制限されることとなるか否かを判断するための範囲を示すもの」[9]とされている。

　そして、同規制においては、一定の取引分野は、取引の対象となる商品の範囲（商品範囲）、取引の地域の範囲（地理的範囲）等に関し、基本的には「需要者にとっての代替性」の程度という観点から判断される[10]。このうち、商品の代替性の程度は、その商品の効用等の同種性の程度である。たとえば、普段特定の銘柄のビールを愛飲している消費者がそのビールの値段が上がった場合に、別の銘柄のビールに切り替えるか、はたまた発泡酒に切り替えるかというのが「商品範囲」の問題である。地理的範囲も基本的に、需要者からみた各地域で供給される商品の代替性という観点から判断される。普段使っているコンビニで普段飲んでいる特定の銘柄のビールの値段が上がった場合に、消費者が遠くの隣町のコンビニまでそのビールを買いに行くかどうかが「地理的範囲」の問題である。

　そして、このようにして画定された「一定の取引分野」を前提として、当該企業結合が「競争を実質的に制限することとなる」か否かの検討に進むことになる。同規制においては、まさに「一定の取引分野」の画定は、競争が実質的に制限されることとなるか否かを判定するための前提として、それに先行して別途行われている。

---

[9]　企業結合ガイドライン第2の1。
[10]　企業結合ガイドライン第2。

ウ 不当な取引制限における一定の取引分野の画定のアプローチ

　しかし、不当な取引制限の場合には、必ずしもこのようなアプローチによる必要はないと考えられる。

　不当な取引制限として問題となる事業者の共同行為として実際に取り上げられることが多いのは、いわゆる価格カルテル、数量制限カルテル、あるいは入札市場においてあらかじめ受注予定者を決定し、受注予定者が受注できるようにするいわゆる入札談合などである（このようなものは、競争制限目的でなされるもので、違法性が高いものであるためハードコアカルテル[11]と呼ばれたりする）。ところで、なぜ事業者が価格カルテル等の競争制限行為を行うのかというと、競争状態では得られない超過利潤を得たいため[12]であり[13]、それは価格等の取引条件を人為的に制限することによってもたらされるものである。そして、日々市場での競争に直面している事業者は、自社商品について競争を回避して超過利潤を得たいと考えた場合、関連するどの範囲までの商品について、かつ、どの範囲の事業者との間でカルテル（合意）を行えば、カルテルに参加しない事業者の低価格攻勢があったとしても供給量を減らすことなく超過利潤を得られるのかを最もよくわかっていると考えられる。逆にいうと、平常時には、事業者は常に競争にさらされているわけで、どの商品範囲について、誰がライバルで、どのような品質のレベル・価格設定であれば、ライバルよりも供給量を増やすことができるか、あるいはライバルに顧客を奪われないで済むかをよくわかっており、だからこそ、その競争を制限するためには、どのような相手と、どのような商品範囲を選択すればよいのかをわかった上で、カルテル合意を行っていると考えられる。

　不当な取引制限の場合、ある複数の事業者がカルテル合意の対象として選

---

[11]　国際的には「競争関係にある事業者間の反競争的協定、協調行為及び申合せであって、価格決定、入札談合、数量制限・割当て、顧客・供給者・地域・商品分割の割当てによる市場の共有又は分割」と定義する例がある（神宮司・20講49頁）。

[12]　第1章3 1．(2)参照。

[13]　超過利潤が得られるということは、競争に耐えられる事業者がそれを手にするのみならず、競争状態ではいずれは淘汰されるかもしれない、低品質な商品を競争価格よりも高価格でしか提供できない非効率な事業者もそれによって存続できるようになることを意味する。

択した商品の範囲については、通常は、その行為によってその範囲の競争を制限し得るものと推定できると考えられる（仮に、この合意の範囲では、およそ競争を制限し得ないということであれば、その合意はそもそも維持できない[14]）。

このため、特段の事情（合意が維持されていないこと等）がない限り、先例の考え方に従って、取引の対象・地域・態様等に応じて、当該共同行為が対象としている取引（商品の範囲、地理的範囲、ひいては需要者）が一定の取引分野を画定する手がかりとしてまず検討され、さらに当該共同行為によって影響を受ける範囲が検討され（この際、アウトサイダーの存在やその行動も踏まえた上で影響を受ける範囲が検討される）、その結果に基づいて最終的に競争の実質的制限が及ぶ範囲を「一定の取引分野」として画定することで足りるということである[15)16)]。

このように、価格カルテル等の場合には、それが維持されているのであれば、その行為により競争に与える影響が及ぶ範囲である「一定の取引分野」の画定（競争に与える影響が及ぶ「範囲」の画定）と「競争を実質的に制限」しているか否か（「範囲」における競争に与える影響の有無）は、同時・一体的に判断されることになると考えられる。

以上をまとめると「すでになされた共同行為（それも競争制限を目的とした）を手がかりにその行為が競争制限をもたらしたかを判断する」のか、「何の手

---

14) すなわち、カルテルに参加していない者が安値であることにより、顧客を奪われ、売上が減少する結果、カルテル参加者も競争価格に戻さざるを得ない。

15) 共同行為が対象としている取引範囲は、一定の取引分野の画定の手がかりとなるものであり、そのコアとなるものである。通常は、その範囲と一定の取引分野は一致することが多い。しかし、あくまで「通常は」、「足りる」というだけで、必ずしも共同行為の対象としている取引範囲が常に一定の取引分野となるというわけではない。先例の考え方に従い取引の対象・地域・態様等に応じて、当該共同行為が対象としている取引およびそれによって影響を受ける範囲が検討された結果、その共同行為の対象を超える取引範囲を、一定の取引分野として画定することは、何ら妨げられるものではない。たとえば、商品 X の中で圧倒的なブランド力を誇る X_1 があって、X_1 よりブランド力で劣る X_2、X_3 は、X_1 の価格が引き上げられると、ブランド力維持のためそれに追随して価格を引き上げざるを得ない状況があったとする。そのような状況を前提に X_1 の販売業者が X_1 の価格カルテルを行った場合には、X_2、X_3 の販売業者もその価格を引き上げざるを得なくなることから、この場合、一定の取引分野は、カルテルの対象である X_1 の販売分野ではなく、X_2、X_3 を含めた商品 X の販売分野と画定されることになると考えられる（私的独占ではあるが、そのような事例として、野田醤油事件（東京高判昭和 32 年 12 月 25 日高民集 10 巻 12 号 743 頁）がある）。

がかりもなしに、これからなされる企業結合により（競争制限が生じることとなるかを検討すべき市場が成立するのか、成立するとして）競争制限の蓋然性を判断する」のかという禁止規定のあり方（規制の性質）の違いがあり、そのため両者の「一定の取引分野」の画定のアプローチが違っているだけにすぎないといえる。

　この点、裁判例も、「独占禁止法2条6項における『一定の取引分野』は、そこにおける競争が共同行為によって実質的に制限されているか否かを判断するために画定するものであるところ、不当な取引制限における共同行為は、特定の取引分野における競争の実質的制限をもたらすことを目的及び内容としているのであるから、通常の場合、その共同行為が対象としている取引及びそれにより影響を受ける範囲を検討して、一定の取引分野を画定すれば足りると解される一方、企業結合規制においては、企業結合が通常それ自体で直ちに特定の取引分野における競争を実質的に制限するとはいえない上、特定の商品又は役務を対象とした具体的な行為があるわけではないから、企業結合による市場への影響等を検討する際には、商品又は役務の代替性等の客観的な要素に基づいて一定の取引分野を画定するのが一般的となっていることが

---

16) 　不当な取引制限でも、合意の対象範囲を含みそれよりも広い範囲での競争の実質的制限を認めたものがある。前掲多摩談合事件では、合意の対象は、「公社発注の特定土木工事」すなわち、公社発注のAランク以上の土木工事であって「本件33社及びその他47社のうちの複数の者又はこれらのいずれかの者をメインとする複数のJVを入札参加業者又は入札参加JVの全部又は一部とするもの」であり、審決はこの「公社発注の特定土木工事」を一定の取引分野と画定した。「本件33社及びその他47社」は、いわゆるゼネコンであり、Aランク格付け事業者であった。ゼネコン以外の多摩地区で建設業を営む事業者として地元業者165社等がおり、地元業者でAランク格付け事業者であった者は、74社あった。審決では、公社発注のAランク以上の土木工事であって、地元業者のみを入札参加者とする工事または入札参加者のうちゼネコンが1社だけである工事等を一定の取引分野に含めていなかった。最高裁は、「本件基本合意は、本件対象期間中、公社発注の特定土木工事を含むAランク以上の土木工事に係る入札市場の相当部分において、事実上の拘束力をもって有効に機能し、上記の状態をもたらしていたものということができる」と判示し〔傍点筆者〕、審決が認定した「公社発注の特定土木工事」を含むそれよりも広い「Aランク以上の土木工事に係る入札市場」においても競争の実質的制限が生じたとして、これを「一定の取引分野」としたと考えられる。この最高裁判決も「具体的な行為や取引」、すなわち合意の対象となる取引を前提に、その「の対象・地域・態様等に応じて」、すなわち地元業者の協力等の状況等を踏まえた上で、競争が制限されるかどうかおよびその範囲を検討している。前記シール談合刑事事件をはじめとする先例の考え方に沿った判断をしていると考えられる。

とに照らすと、企業結合規制と不当な取引制限とでは性質上の違いがあることは明らかであって、両者において認定される一定の取引分野が原則として同一のものになるはずであるという原告の主張は、前提を欠くものである。」（サムスンSDIマレーシア事件（東京高判平成28年1月29日判時2303号105頁））とされている。

エ 不当な取引制限における「需要者にとっての代替性」の検討

不当な取引制限における「一定の取引分野」の画定においては、「需要者にとっての代替性」は一切見ないのか。

前述したとおり、不当な取引制限における「一定の取引分野」の画定は、共同行為によって影響を受ける範囲を検討して行うものである。しかし、この場合においても、合意の内容やそれにより影響を受ける範囲等を明らかにすることを通じて、実質的には商品の範囲、取引の地域の範囲等に関して、企業結合規制ほどの厳密な検証ではないにしても「需要者にとっての代替性」という観点から検討し、判断していると考えられる。企業結合規制の場合には、特定の商品を対象とした具体的な競争制限行為があるわけではなく、これからなされる行為を前提に競争制限が生じる蓋然性を判断することになるという、いわば何の手がかりもない状態であるため、客観的な事実のみから「需要者にとっての代替性」を厳密に検証・考慮して一定の取引分野の画定を行うしかない。これに対し、不当な取引制限の場合は、手がかりとしてすでになされた行為が存在する。しかもそれは特定の商品の競争制限を目的とした共同行為であり、その行為が競争制限をもたらす範囲はどれかを画定するものである。共同行為たる合意の内容を明らかにし、それが実効性をもって維持されていることを確認することができれば、それはすなわち、カルテル参加者の商品以外に需要者にとって十分な代替性のあるものが存在しないということになるので、ここで「需要者にとっての代替性」の検討も行っていることになると言えよう。逆に言えば、不当な取引制限における一定の取引分野は、上記の程度で足り、共同行為の対象外の商品との代替性や対象商品の相互の代替性等について厳密な検証を行う実益は乏しいと言える。この点、裁判例でも「『一定の取引分野』とは、そこにおける競争が共同行為によって実質的に制限されているか否かを判断するために画定されるものであるが、

価格カルテル等の不当な取引制限における共同行為は、特定の取引分野における競争の実質的制限をもたらすことを目的及び内容としていることや、行政処分の対象として必要な範囲で市場を画定するという観点からは、共同行為の対象外の商品役務との代替性や対象である商品役務の相互の代替性等について厳密な検証を行う実益は乏しいことからすれば、通常の場合には、その共同行為が対象としている取引及びそれにより影響を受ける範囲を検討して、一定の取引分野を画定すれば足りるものと解される」(エアセパレートガスカルテル(日本エア・リキード)事件(前記平成28年5月25日東京高裁判決)とされている[17])。

(4) 「一定の取引分野」の画定に用いられる事実

では、実務上、「一定の取引分野」を画定するためには、どのような事実が用いられるのであろうか。

前掲シール談合刑事事件などの先例の考え方に従い、事業者間の共同行為、事業者の事業活動を「相互に」「拘束する」[18]合意、すなわち実効性ある合意の存在を認定することに用いられた事実によって「一定の取引分野」を画定することになる。具体的には、まず合意が対象としている取引の内容(どのような事業者との間の、どのような商品についての取引が合意の対象であるのか)を明らかにすることになる[19]。そして、特段の事情のない限り、それにより影響を受ける範囲を検討して、その競争が実質的に制限される範囲を「一定の取引分野」として画定することになる。このように、実務上、実効性ある合意の存在を基礎づける事実は、そのまま「一定の取引分野」の画定にも用いられると考えられる[20)21)]。

前述したように不当な取引制限においても、合意の内容を明らかにすることを通じて、実質的には企業結合規制における一定の取引分野の画定と同様の考慮をしている[22]。

3．その他の論点

(1) いわゆるアウトサイダーの存在

事業者の合意による競争制限の影響を受ける範囲を前提に検討されること

から、当該範囲に合意参加者以外の事業者（いわゆるアウトサイダー）が存在することは、一定の取引分野の画定の妨げにはならない（アウトサイダーの存在は、競争を実質的に制限するかどうかにおける問題である[23]）。

17） したがって、たまたまある事件で画定した一定の取引分野が唯一絶対のものというわけではない。理論的には、それよりも広い一定の取引分野での競争の実質的制限が認められることなどもあり得る（前掲注15）、注16））。また、複数の商品を対象とする合意が存在する場合であって、それぞれの商品ごとに需要者が異なるとしても、複数の商品を対象とする一定の取引分野が画定されることもあり得る。

上記エアセパレートガスカルテル（日本エア・リキード）事件では、一定のエアセパレートガス（酸素、窒素およびアルゴンの総称）の販売分野が一定の取引分野と画定されている。しかし、酸素、窒素およびアルゴンは、それぞれ需要者が異なっており、厳密にはこれら相互には需要者にとっての十分な代替性が存在しなかった。このため原告は「液化酸素、液化窒素及び液化アルゴンは、需要者を異にするので、相互の間に需要の代替性がなく、競争関係が存在しないから、これらを合わせた特定エアセパレートガスという1個の取引分野は成立し得ない旨」の主張を行った。これに対し、東京高裁は、「本件において、4社は、いずれも液化酸素、液化窒素及び液化アルゴンの製造及び販売を営む者としてその立場を共通していることに加え、証拠（略）によれば、平成20年度において、我が国における特定エアセパレートガス全体についても、それぞれのガス種のいずれについても、90パーセント弱の高い市場占有率を有していたことが認められるというのである。（原文改行）このような4社が、これらのガスの製造費用のうち大きな比率を占めている電気料金、重油価格及び軽油価格の高騰を背景に、タンクローリーによる輸送によって供給される液化酸素、液化窒素及び液化アルゴンの販売価格を引き上げる旨の本件合意を行ったことに鑑みれば、上記各産業ガスの総称である特定エアセパレートガスの全体を1個の取引分野として画定することについて、特に不都合は見当たらない。かえって、そのように取引分野を画定することは、液化酸素、液化窒素及び液化アルゴンに共通する値上げ要因である電気料金、重油価格及び軽油価格の高騰を背景にして、いずれのガス種についても高い市場占有率を有する4社により本件合意が行われた、という本件の社会的実態に即した形で、取引の実質的制限の判断が可能になるものである。（原文改行）したがって、特定エアセパレートガスの販売分野という1個の取引分野は成立し得るものと解するのが相当である」として、原告の主張を退けた。

思うに、独占禁止法の目的は、何より競争制限的な行為を排除することである。需要者の異なる商品の市場は経済学的にはきちんと2つに分けるべきだとしても、需要者の異なる商品についてのカルテルがなされた場合、当該カルテルによる競争の実質的制限を判断することが社会的実態に即しているのであれば（前掲の事件では、いずれのガス種も値上げ要因が同じであり、いずれのガス種においても違反行為者が高い市場占有率を有していたことが認定されている）、そのようなまとめた一定の取引分野を画定することも許されるものと解される。

(2) 入札談合における「一定の取引分野」

　いわゆる入札談合においては、ある発注者が入札により発注する物件について複数事業者間で受注予定者を決定し受注予定者が受注することができるようにする旨の「基本合意」[24]がなされており、この「基本合意」に基づいてその参加者の間でその後に入札に付される個々の物件について受注予定者が決定され受注予定者が受注できるように受注予定者以外の者が協力するとされている場合が多い。この場合の一定の取引分野は、どのように画定されるのだろうか。個々の発注物件に係る取引が「一定の取引分野」とされるのではなく、当該「基本合意」が対象としている当該発注者による一連の発注に

---

18) 「相互に」「拘束」については、第2章■4．参照。
19) 合意の参加者が誰かを明らかにすることは、当然アウトサイダー（第2章■5．(2)参照）の存在も明らかにすることになる。アウトサイダーの存在を明らかにすることは、合意の参加者のシェアも明らかにすることになる。当該商品のシェアが明らかになるということは、この時点ですでに当該商品の市場が観念されている。そして、当然その取引の対象となる商品・地域・態様等に係る事実（取引の対象たる需要者の範囲も含まれる）を明らかにすることになる。
20) 「典型カルテル……の場合、拘束力ある合意の立証が重要な課題であり、それが示されれば競争の実質的制限も推認されるから、重ねて競争制限効果を測るために『一定の取引分野』の画定を行うものではないであろう」とする論者もいる（根岸・注釈独禁法90頁〔稗貫俊文〕）。
21) 拘束力ある合意が存在すること自体当該合意が市場における競争を実質的に制限するものであることを推認させる間接事実であることについて、第2章■5．(2)参照。また、合意と一定の取引分野の関係について、「本件合意は、タンクローリーによって供給される液化酸素、液化窒素及び液化アルゴンの総称である特定エアセパレートガスの販売価格の引上げに関するものであることからすれば、本件合意において、特定エアセパレートガスの販売分野という一定の取引分野が画定され、このような取引分野において競争が実質的に制限されているかを検討することが相当であり、かつ、それで足りるというべきである。」とする判決がある（前掲エアセパレートガスカルテル（日本エア・リキード）事件東京高裁判決）。
22) たとえば、合意の対象商品以外の商品が需要者にとって代替し得るものか（代替し得るのであれば、需要者はそちらに流れる可能性があるので合意維持を否定する方向に働く事情になり、代替し得ないのであれば、需要者は合意対象商品以外で需要を満たせないことから合意維持を肯定する方向に働く事情になる）などを確認することになる。結局、このような確認作業は、「需要者にとっての代替性」という観点を考慮していることと同じであり、市場は多層的に成立し得るところ、周辺市場との関係も考慮していることになる。
23) 第2章■5．(2)参照。
24) 基本的な合意について、第2章■4．(4)参照。

係る取引全体が「一定の取引分野」と画定される。前述したとおり、一定の取引分野は、「違反者のした共同行為が対象としている取引及びそれにより影響を受ける範囲を検討し、その競争が実質的に制限される範囲を画定して」（前掲シール談合刑事事件）決定するのであるから、共同行為が個々の物件ではなく、ある発注者が発注する物件全体を対象としているのであれば、それにより影響を受ける範囲は、個々の物件ではなく、当該発注者が発注する物件全体となるからである。したがって、共同行為の対象が複数の発注者が発注する工事であれば、複数の発注者が発注する当該工事が一定の取引分野と画定されることになると考えられる[25]。

もっとも、共同行為の対象が1回限りの個別の発注であれば、1回限りの個別の発注が「一定の取引分野」とされることもあり得ると考えられる[26]。

(3) 潜在的な需要者を対象とする一定の取引分野

現時点では存在しない、潜在的な需要者をも対象とする共同行為があった場合、一定の取引分野は、どのように画定されるのだろうか。

前掲石灰石供給制限事件では、セメント製造販売業者であるA社と石灰石粉末の製造販売業者であるB社は、共同して、両社が福島県田村郡の地域において有する石灰石鉱業権の処分の相手方および同地域で採掘または取得した石灰石の供給の相手方を制限することによって、同地域における石灰石の供給分野における競争を実質的に制限しているものと判断されている。石灰石は、石灰石粉末およびセメントの原材料となるものであり、その場合の

---

[25] そのような事件としてごみ焼却炉談合事件（東京高判平成20年9月26日審決集55巻910頁）がある。この事件では、共同行為たる基本合意の対象は、地方公共団体が指名競争入札等の方法により発注する全連および准連のストーカ炉（ストーカ式燃焼装置を採用する全連続燃焼式および准連続燃焼式ごみ焼却施設（当該ごみ焼却施設と一体として発注されるその他のごみ処理施設を含む））の建設工事であったところ、一定の取引分野は、地方公共団体が指名競争入札等の方法により発注する全連および准連のストーカ炉の建設工事の取引分野とされている。

[26] 参考事例として勧告審決ではあるが弘前大学発注B重油談合事件（公取委勧告審決昭和59年8月20日審決集31巻22頁）。この事件では、A大学が昭和58年度に発注するB重油が受注調整の対象とされている。ただし、法令の適用では、一定の取引分野を「A大学へのB重油の販売分野」としており、「昭和58年度の」との限定を付していない。1回限りの個別の発注分野を「一定の取引分野」と画定したわけではないともいえる。

需要者は、石灰石粉末製造業者とセメント製造業者である。福島県田村郡の地域において、B社は、自ら採掘した石灰石を石灰石粉末製造業者に供給し、A社は、自ら採掘した石灰石を用い、セメントの製造販売を行っていた。福島県田村郡の地域におけるセメント製造業者は、A社1社だけであり、A社は、石灰石を自ら採掘していることから、この時点でB社が石灰石を供給していたのは、石灰石粉末製造業者に対してのみだった。つまり、この事件では、「一定の取引分野」を、①福島県田村郡の地域における石灰石粉末製造業者（現在の石灰石の需要者）向けの供給だけでなく、②同地域におけるセメント製造業者（将来の石灰石の需要者）向けの供給をも含めて「同地域における石灰石の供給分野」としていると考えられる。

このため、原告たるB社からは、福島県田村郡の地域においてA社以外のセメント製造業者に対する石灰石供給（前記②）を含む取引分野を認めたのは実質的証拠[27]を欠くとの主張がなされている。これに対し、判決は、「（審決は、）原告及びA社の各所有鉱区内の石灰石の品質及び埋蔵量からすれば、両社が採掘する石灰石は、石灰石粉末製造用のほかに、セメント製造用としても相当長期にわたり継続的に供給できる状態にあるものであり、田村郡の地域において両社に代わるべき供給業者は存在しないこと、以上の各事実を認定しているのであり、右認定は、前掲各証拠に照らし合理的なものとして首肯することができる」旨判断した上で、「右事実と、後記のとおり田村郡の地域にA社以外のセメント製造業者が進出する可能性を否定することができないことを総合して判断すれば、田村郡で採掘される石灰石については、現在のところ石灰石粉末製造用として供給取引が行われているにとどまるものの、セメント製造用としても需給の対象となりうるものであり、原告及びA社はその所有鉱量の点からこれに応じうる立場にあるといえるのであり、もし両社の石灰石の供給先が制限されるときは、田村郡の地域で右石灰石について成立しうべき右両用途からの需給関係全般に対して競争制限的影響を及

---

[27] 平成25年改正法施行前の80条1項において、審決取消訴訟については、公正取引委員会の認定した事実は、これを立証する実質的な証拠があるときには、裁判所を拘束すると規定されていた。公正取引委員会が審判手続で取り調べた証拠に基づき認定した事実について、その認定が合理性を欠くといえない場合には、裁判所は公正取引委員会の認定事実に拘束されるということである。「実質的証拠の原則」、「実質的証拠法則」と呼ばれていた。

ぼすことになるものと推認される。そうであるとすると、本件審決が、右事実から、田村郡の地域にはセメント製造業者に対する潜在的供給を含む石灰石供給の取引分野が存在すると認めたことに不合理はないというべきであり、その認定が実質的証拠を欠くものとすることはできない」と判断している。

　両社の行為は、石灰石粉末製造業者向けとセメント製造業者向けのいずれかを問わず、石灰石供給の制限を内容とするものであった。行為時点では、現実にはセメント製造業者向けの供給がなかったとしても、両社が石灰石粉末製造用だけでなくセメント製造用にも石灰石を供給できる状態にあり、A社以外のセメント製造業者が同地域に進出する可能性を否定することはできないことから、そのような両社の行為により影響を受ける範囲を検討した結果、その競争が実質的に制限される範囲は、石灰石粉末製造業者向けとセメント製造業者向けのいずれをも含む石灰石供給分野であり、それが一定の取引分野と画定されたと考えられる。

(4) 官公庁による指名競争入札の場合に、指名業者と指名業者から仕事を請け負う中間業者など「取引段階」が異なる事業者との間における合意に係る一定の取引分野

　官公庁による指名競争入札の場合に、指名業者と指名業者ではない者との間で合意がなされた場合に「一定の取引分野」はどのように成立するのだろうか。

　前掲シール談合刑事事件において、判決は、罪となるべき事実として「被告会社4社は、共同して、社会保険庁が発注する平成4年度以降の本件シール[28]の受注・販売に関し、被告会社らの事業活動を相互に拘束することにより、公共の利益に反して、社会保険庁が発注する本件シールの受注・販売にかかる取引分野における競争を実質的に制限し、不当な取引制限をしたものである」と判断している。この事件において、社会保険庁は、本件シールを指名競争入札の方法により発注しているところ、指名業者とされたのは、A

---

28) この事件における「本件シール」とは、厚生年金等の支払通知書等の葉書の支払額や振込額欄に貼付するものである。一度剥がすと再貼付できない機能を有することから、第三者がその金額をみることを間接的に防止し、受給者等のプライバシーを保護する目的で、社会保険庁が平成元年から導入したものである。

社、B社、C社およびD社であった。被告会社は、A社、B社、C社およびE社であり、いずれも本件シールの印刷・販売等に関する事業を行う事業者であった。被告会社であるが指名業者ではないE社は、落札業者から仕事を受注して社会保険庁の定めた仕様に従った印刷加工の仕事を原反業者[29]等に発注するいわゆる仕事業者[30]であった。指名業者であるD社は、E社が受注・販売するビジネス・フォーム紙等を製造して同社に納入することなどの目的で設立された会社で、E社がその営業のすべてを担当し、E社の専属工場のような存在であった。その後独自に営業活動をするようになった後もE社との競合を避ける方針であった。指名業者であるD社は、本件シールの入札に関する交渉等の営業活動を全面的にE社に任せることを表明し、他の3社もこれを了承していた（D社は、E社の指示等に従い、指名業者として必要な入札等の事務的な手続を行っていた）。

判決は、「一定の取引分野」を「社会保険庁が発注する本件シールの受注・販売にかかる取引分野」と画定しているところ、これについては、前記2.(2)の引用部分を述べた上で、「この様な合意の対象とした取引及びこれによって競争の自由が制限される範囲は……社会保険庁の発注にかかる本件シールが落札業者、仕事業者、原反業者等を経て製造され、社会保険庁に納入される間の一連の取引のうち、社会保険庁から仕事業者に至るまでの間の受注・販売に関する取引であって、これを本件における『一定の取引分野』として把握すべきものであり、現に本件談合・合意によってその取引分野の競争が実質的に制限されたのである」と判断している。本件における「一定の取引分野」は、社会保険庁の発注に落札・受注する取引だけではなく、「社会保険庁から仕事業者に至るまでの間の受注・販売に関する取引」であるとして、E社は、「仕事業者」の立場として[31]本件の違反行為に関与したこと（「E社は、仕事業者として『事業者』の立場にあることが明らかであるうえ、……D社に代わっ

---

[29] 本件シールの原材料となる原反を製造する事業者のこと。

[30] 本件談合の際関係者が使用していた名称で、現実にシールの印刷加工をして製造するものではなく、その仕事を原反業者等に取り次ぐ中間業者のこと。

[31] 「相互に」の要件に関して、立場の相違があったとしても、一定の取引分野における競争を実質的に制限し得る立場にある事業者同士の行為であれば、取引段階が異なること自体は不当な取引制限の成立を妨げるものではないことについて、第2章■4.(4)参照。

て指名業者3社との談合に参加し、落札業者、落札価格の決定に関与している」）が認定されている[32]。

(5) 複数の取引段階を対象とした合意における一定の取引分野

商品は流通する。流通とは、一般的には、生産者から最終需要者（消費財であれば消費者）までの一連の商品の流れのことである。流通には、商流機能[33]、物流機能[34]等のさまざまな機能があり、生産者は、最終需要者に対し、直接販売する場合もあるだろうし、卸売業者に販売することもある。卸売業者同士の取引もある（一次卸、二次卸等）。最終需要者もそのような流通が担う機能も踏まえ、流通業者経由で商品を購入するのか、生産者から直接購入するのかを判断することになる。ある商品について、同じ取引段階での流通業者間に競争が存在するのはもちろんのこと、取引段階を異にする事業者間の競争も存在する。ある商品についてのカルテルが、需要者に直接販売する取引と中間流通業者向けの取引を対象に行われた場合、一定の取引分野はどのように画定されるのであろうか。

前掲元詰種子カルテル事件において、4種類の元詰種子の需要者は、野菜栽培農家および一般消費者である。そして、元詰業者は、4種類の元詰種子をこれらの需要者に直接販売するほか、卸売業者、小売業者、農業協同組合またはその連合会を通じて販売（野菜栽培農家において共同購入を行う場合の販売を含む）していた。原告らは、「一定の取引分野は、売り手側と買い手側の競争の及ぶ範囲により画定され、不当な取引制限は基本的に競争関係にある売り手側の競争の及ぶ場であるから、原則的に単一の取引段階であり、これを超えて一定の取引分野を画定するにはそれなりの特段の状況が必要である。……基準価格は主に農協向けと大卸向けに決定されているから、取引分野は

---

[32] この事案においては、異なる取引段階にあったE社が、他の事業者と同じ取引段階にあって社会保険庁の入札に参加していたD社を自己の手足として利用していたという実態があり、裁判所は、このような取引の実態も踏まえて、前記の「一定の取引分野」を画定したと考えられる。

[33] 一般的には、取引に流通業者が介在することによって、生産者と最終需要者を結ぶ機能のことである。

[34] 一般的には、保管であれば、生産時と消費時という時間のずれを結ぶ機能であり、輸送（包装等を含む）であれば、生産地と消費地という場所を結ぶ機能のことである。

農協及び大卸によりそれぞれ画定されるべきもの」と主張した。市場とは、需要者と供給者が取引する場だから、売り手とその「直接の」買い手ごとに市場は成立するべきという趣旨であると考えられる。これに対し、判決は、「一定の取引分野は、不当な取引制限が対象とする取引及びこれにより影響を受ける範囲を検討した上で、その競争が実質的に制限される範囲を画定することをもって決定されるべきであ」るとの先例の考え方を述べた上で、「本件合意では、討議研究会で決定した基準価格に基づいて、各事業者が価格表価格を設定することとされているところ、討議研究会では、農協、小売業者、卸売業者のそれぞれに対応した基準価格が決定され、各事業者の側でそれぞれ取引先の取引段階に応じた価格表価格を設定し、そのいずれとも直接取引が行われていることは……認定のとおりであるから、本件合意による競争制限効果は、元詰業者が直接取引を行う各取引先に及ぶものであり、その全体をもって本件合意による競争制限効果が及ぶ一定の取引分野というべきであって、その分野をその取引先の取引段階のうち主たるもののみに限定すべき理由は見当たらない」としている。元詰業者は、各取引段階ともに直接取引を行っているのであるし、合意が農協向けおよび大卸向けのみを対象としたものではない以上、当然の判断であると考えられる。また、そもそも前記のとおり、生産者は、最終需要者に対し、直接販売する場合もあるだろうし、卸売業者に販売することもあることから、生産者と最終需要者との取引市場、生産者と卸売業者との取引市場が成立するのは、そのとおりであるが、各取引段階の市場がそれぞれ独立しているわけでもなく、他の取引段階からの影響が一切遮断されているわけでもない。それまで中間流通業者経由で商品を購入していた需要者は、中間流通業者経由で購入することのメリットを踏まえてもなお生産者から直接購入するほうが利益が上がると判断すれば、直接取引に切り替えると考えられる。現在取引している中間流通業者を別の中間流通業者に切り替えることもあると考えられる。そして、ある商品についてのカルテルが、需要者に直接販売する取引と中間流通業者向けの取引を対象に行われた場合、カルテルによる競争制限効果（競争機能が損なわれた状態で形成された価格等の取引条件）が、需要者に直接販売する場合のみならず、中間流通業者向けの取引に対しても及ぶのは、明らかである。もちろん、中間流通業者向けの取引においては当該カルテルによる競争制限効果が一切及ば

ず、当該カルテルがなかった場合と同様の価格等取引条件が形成される状況にある（すなわち完全な競争状態にある）といった特段の事情があれば、別であるが、これはなかなか想定しがたい。同様に「特定エアセパレートガスの販売経路は、製造業者が直接需要者に販売する場合のほか、製造業者がディーラーに販売し、ディーラーがそれを需要者に販売する場合、製造業者がグループ会社に販売し、グループ会社が需要者に販売する場合、製造業者がディーラーポジションになり、他の製造業者から特定エアセパレートガスを購入し、それを直接又はディーラーを通じて需要者に販売する場合など様々なものがある」場合に「本件合意は、4社の取引先に対する特定エアセパレートガスの販売価格を引き上げる旨の合意である」ところ、「本件合意は、ディーラー又はグループ会社から需要者への販売価格まで制限するものではないが、4社による特定エアセパレートガスの総販売金額は、我が国における大手のガス製造業者13社による特定エアセパレートガスの総販売金額の約9割を占めているのであるから、4社の取引先に対する特定エアセパレートガスの販売価格が引き上げられれば、ディーラー又はグループ会社から需要者への販売価格にも影響を与えることは明らかである。したがって、本件審決が、本件における一定の取引分野を、製造業者による出荷から需要者の購入に至るまでの特定エアセパレートガスの販売分野全体として判断したことは相当である。」とする判決[35]がある。商品が流通する以上、直接の取引先に対してなされたカルテルによる競争制限効果（競争機能が損なわれた状態で形成された価格等の取引条件）は、通常は、当該商品の流通全体に広がるということである。

2 設問に対する回答

1．設問①

設問①は前記**1** 3．(4)の事件を前提としており、詳細は前記**1** 3．(4)で記

---

[35] 前掲エアセパレートガスカルテル事件東京高裁判決。

載したとおりである。

　発注者と直接取引していない事業者が合意に参加している場合、発注者と直接取引する事業者との間の取引だけが一定の取引分野と画定されるものではなく、取引の対象・地域のみならず、合意に参加した発注者と直接取引していない事業者のかかわり等を含めた取引の態様等に応じて、その合意が対象としている取引およびそれにより影響を受ける範囲を検討して、その競争が実質的に制限される範囲を画定して「一定の取引分野」と決定されることになると考えられる。発注者と直接取引していない事業者は、そのように画定される「一定の取引分野」における競争を実質的に制限し得る立場にあるからこそ、競争制限を目的として合意に参加していると考えられる。

2．設問②

　設問②は前記❶3．(5)の事件を前提としており、詳細は前記❶3．(5)で記載したとおりである。

　取引段階ごとの競争・市場も存在すると考えられるのだから、カルテルが取引段階全体を対象としているのであれば、それによって影響を受ける範囲は、取引段階全体、すなわち特定の取引段階を問わず、生産者から需要者に至るまでの販売分野であり、これが「一定の取引分野」と画定されることになると考えられる。一般的に、流通の取引段階に関して、生産者側を「川上市場」、最終需要者側を「川下市場」などと川の流れに例えることがある。市場は取引段階ごとに独立しているものではなく、まさに川の流れのごとく流動的かつ連続的に相互に関連し合っている点を言い表しているといえよう。

〔みなみ　まさはる〕

第4章

不当な取引制限における正当化事由

設問

① 独占禁止法の直接の保護法益は自由競争経済秩序の維持といわれている。

以下のようなケースで事業者が価格カルテルを締結した場合に不当な取引制限の要件である「公共の利益に反して」いないとして、正当化されることがあるのか。また、これら全社が中小事業者である場合にこれらの行為が正当化される余地はあるか。

商品Xは、原材料Yを精製加工した上で製造し販売されているものである。日本国内で商品Xの製造を行い、販売する業者はA、B、C、D、Eの5社である。日本国内において、商品Xの販売に係る取引分野におけるシェアはこれらの5社で9割を超え、輸入品はあるものの全体の数％にすぎない状態にあった。原材料Yは海外からの輸入に100％依存していたところ、新興国の台頭により世界的に原材料Yの需要が増す中、取引価格が値上がりしていた。商品Xの製造業者各社は、このままであると原材料価格の高騰から商品Xの製造・販売事業が大きな赤字となり、倒産に至る可能性も高いなど経営に大きな影響を与えると考え、商品Xの販売価格を引き上げることを検討した。しかしながら、各社の経営判断・状況は各々異なり、一部の会社が値上げを決めて需要者と交渉しても、他社が追随せずに逆にシェアを奪われる可能性があった。このため、A社が呼びかけて、各社が当該事業の赤字からの脱却または赤字化を回避するため、A、B、C、D、Eの5社が商品Xの価格を原材料価格の高騰分に当たる約10％引き上げることに合意し、各社はこれに基づき順次、

需要者と価格交渉を実施した。この結果、各社はおおむね原材料価格の高騰分の値上げを実施することができ、各社が当該事業の赤字からの脱却または赤字化を回避することができた。

② ある発注機関の発注する工事の競争入札において、以下のように関係事業者が発注機関の指示に基づき、入札ごとに受注予定者の決定等を行い、落札していた。このような発注機関の指示に基づき、対応した場合、競争がそもそもないため、競争の実質的制限が生じておらず、正当化されるとして違法とならない余地があるのか。

　公的資金によって発注を行っているＡ発注機関は、新たな大規模な国家プロジェクトに係る設備の完成のために、6件にわたるＸ工事の発注を予定しており、一定の参加条件と等級を満たすものであれば、いずれの事業者も参加できるいわゆる条件付一般競争入札の方法により発注を計画していた。これらは会計法が適用されるものである。もっとも実際に当該工事に対応できる技術能力を有し、入札に参加可能な事業者は、日本国内ではＢ、Ｃ、Ｄ、Ｅ、Ｆ、Ｇの6社であり、各社それぞれ応札を検討していた。この国家プロジェクトは翌年度末までに完成させることが予定されており、また、Ｂ、Ｃ、Ｄ、Ｅ、Ｆ、Ｇの6社にはＡ発注機関出身のＯＢもそれぞれ所属していた。このため、Ａ発注機関の担当者は、実施される入札が確実に落札され、また、各社均等に受注できるように各物件を各社に1物件ずつ割り振り、各社の担当者それぞれに連絡した。6社の担当者は会合を行い、Ａ発注機関の担当者から連絡がきたとおり、物件を受注することを了解した。そして、各社は、応札価格の連絡を行う、または入札を辞退することにより、それぞれの物件について受注予定事業者が予定どおり受注できるように協力した。

1 不当な取引制限における正当化事由についての考え方

1．はじめに

　独占禁止法は、「公正且つ自由な競争を促進」することを直接の法目的[1]としており、事業者の行為によって競争を制限する行為を禁止している。価格カルテル、談合等に適用される不当な取引制限については、条文上、「公共の利益に反して」と明示されており、古くはこの解釈について議論があった。また、ある行為が形式上不当な取引制限に該当していたとしても、これが正当化されることがあり得るか、あり得るとしてもその考え方はどのようなものかについてはこれまでも議論があった（以下、行為が形式上違反の構成要件に該当しても一定の事由が備われば、それが正当化されることになる場合、その一定の事由を「正当化事由」と呼ぶことにする）。

　本章では、独占禁止法で禁止される競争制限行為のうち、不当な取引制限（独占禁止法2条6項）における正当化事由について、紹介することとしたい。

　基本的には不当な取引制限の要件が形式的には満たされている場合を前提にそれを正当化する事由の有無等について説明することとする[2]。

　なお、本章中、意見にわたる部分は執筆者の個人的な見解であって、執筆者が属する組織の意見ではないことをお断りしておく。

2．「公共の利益に反して」の解釈

(1) 基本的な考え方

　独占禁止法において禁止される不当な取引制限の定義は独占禁止法2条6

---

[1] 独占禁止法の目的については、第1章 2 参照。
[2] この正当化事由がないことが違法性を肯定するための要件なのか、正当化事由があることが違法性阻却事由なのか、刑事事件と行政事件で差はあるのか等、議論の余地はあるが、ここではさておき最終的に不当な取引制限の成否に影響を及ぼす正当化事由自体について説明を行うこととしたい。

項に定められており、同項において不当な取引制限は、「事業者が、契約、協定その他何らの名義をもつてするかを問わず、他の事業者と共同して対価を決定し、維持し、若しくは引き上げ、又は数量、技術、製品、設備若しくは取引の相手方を制限する等相互にその事業活動を拘束し、又は遂行することにより、公共の利益に反して、一定の取引分野における競争を実質的に制限すること」であるとされている[3]。

このように不当な取引制限の定義においては、「公共の利益に反して」という文言が付されているため、「公共の利益に反して」いないという形で正当化事由が主張されたことが多かった。そして、この「公共の利益」という文言については、古くは、大まかに二分すれば、自由競争を基盤とする経済秩序そのものに反することと理解する立場と自由競争経済秩序に反することにとどまらず、広く国民一般の利益に反すること等、この文言により積極的意義を持たせようとする立場に分かれていた。

しかし、「公共の利益」を特定の産業の保護や育成その他自由競争経済秩序の維持とは異なる何らかの具体的な利益を安易に広く含むものと解し、あらゆる場合に当該利益と市場の機能を維持することによる利益の比較衡量を行って判断するものとした場合、その具体的な優劣を決めることは非常に煩雑で困難なものとなり、ひいては独占禁止法が機能しなくなり[4]、「一般消費者の利益を確保するとともに、国民経済の民主的で健全な発達を促進」しようとする独占禁止法の究極の目的が達成できなくなるおそれが高くなる。したがって「公共の利益に反して」とは原則として自由競争経済秩序に反することとした上で、あくまで緊急避難的な行動を要するような事態が発生しているなどといった例外的な場合にのみ[5]、かつ、独占禁止法の究極の目的に反しない場合にのみ正当化される場合があり得ることを示していると解すべ

---

[3] 不当な取引制限の構成要件全体については、第2章 1 を参照。すでにこの中で「公共の利益」の解釈等の概略を示しており、今回の説明において重複する部分もあるが、全体の理解を進めるためにあえて記載している。

[4] 木谷明「判解」『最高裁判所判例解説刑事篇（昭和59年度）』（法曹会、1988）128頁〜129頁においても、後掲石油価格協定刑事事件の判示について、公共の利益には国民経済的利益を広く含むとする見解について、「その概念がはなはだ曖昧であるために、安易にその主張を採用すると、独占禁止政策の根底が揺るがされることにもなりかねない」とされている。

きである[6]。

　この点について、裁判例では、石油価格協定刑事事件（最判昭和59年2月24日刑集38巻4号1287頁）において、独占禁止法2条6項にいう「公共の利益に反して」とは、同法の定める趣旨・目的を超えた「生産者・消費者の双方を含めた国民経済全般の利益に反した場合」をいうと解すべきであるから、これと異なる見解に依拠した原判決は、法令の解釈を誤ったものであるという被告人の主張に対して次のように述べている。

　「独禁法の立法の趣旨・目的及びその改正の経過などに照らすと、同法2条6項にいう『公共の利益に反して』とは、原則としては同法の直接の保護法益である自由競争経済秩序に反することを指すが、現に行われた行為が形式的に右に該当する場合であつても、右法益と当該行為によつて守られる利益とを比較して、『一般消費者の利益を確保するとともに、国民経済の民主的で健全な発達を促進する』という同法の究極の目的（同法1条参照）に実質的に反しないと認められる例外的な場合を右規定にいう『不当な取引制限』行為から除外する趣旨と解すべきであり、これと同旨の原判断は、正当として是認することができる」。

　このように前記の最高裁判決においては、公共の利益に反してとは自由競争経済秩序に反することを原則とすることを明示しながら、独占禁止法の究極の目的に実質的に反しない場合には例外が存在することを明らかにしている。

　そして、例外的な場合とは、独占禁止法の直接の保護法益である自由競争経済秩序の維持と他の利益を単純に比較衡量して判断するというのではなく、「一般消費者の利益を確保するとともに、国民経済の民主的で健全な発達を促進する」という独占禁止法の究極の目的（独占禁止法1条参照）に実質的に

5）　例外に該当する可能性があるものとして緊急避難的な共同行為が考えられるものの、具体的な緊急必要性がないにもかかわらず、事業者自らが「緊急避難」であると称して共同行為を行ってもそれは正当化事由とはならない。また、たとえば、発注機関が競争入札の方法により発注しながら、事業者側が工事を期限までに終了させるための「緊急避難」的措置として必要と称して談合等を行ったとしても正当化事由にならないことも当然である。

6）　根岸・注釈独禁法91頁～93頁〔稗貫俊文〕、金井ほか・独禁法32頁～36頁〔泉水文雄〕、122頁～125頁〔宮井雅明〕参照。

反しないと認められるという基準の上に判断することとされ、あくまでも独占禁止法の枠組みの中で判断されるとされたものである。この判旨を踏まえて考えてみても、現実には自由競争経済秩序に反しておきながら、「一般消費者の利益を確保するとともに、国民経済の民主的で健全な発達を促進する」という独占禁止法の究極の目的に実質的に反しないケースというのは、通常は想定しにくく、不当な取引制限に該当する価格カルテル、談合の行為がこの例外に入る場合はきわめて限定されたものであると考えられる。

なお、前記の最高裁判決においては「独禁法の立法の趣旨・目的及びその改正の経過などに照らすと」と記載して、前記の考え方を示しており、昭和28年の独占禁止法改正によって、独占禁止法に多くの適用除外規定が導入され、独占禁止法の究極の目的を達成するためには独占禁止政策に反する事態の容認されることのあり得ることを、独占禁止法自体が認めているとして、このことを例外が認められることの論拠の一部としているようである[7]。しかし、その後、規制改革の推進とともに競争政策を積極的に展開するとの流れの中で、昭和28年の独占禁止法改正によって導入された適用除外規定である不況に対処するための共同行為（旧24条の3・いわゆる不況カルテル）や企業合理化のための共同行為（旧24条の4・いわゆる合理化カルテル）は廃止され、その他の適用除外規定も縮減等されており、その意味においては当該判決が出た際の状況とは若干異なってきている。したがって、前記の最高裁判決で示された基本的な考え方が明確に変更される理由はないと考えられるものの、少なくとも独占禁止法の究極の目的に実質的に反しない場合に例外的に存在する正当化事由の範囲は、本来その根拠の1つとされていた適用除外規定が独占禁止法からすでに大幅に縮減されていること[8]を考えると、現

---

[7] 木谷・前掲注4）128頁～129頁は次の説明を行っている。「昭和28年の大改正により、〔独占禁止〕法24条の2ないし4という、同法の立法趣旨とは明らかに矛盾・抵触すると思われる多くの適用除外規定が置かれるに至ったが、このことは、消費者の利益や国民経済の健全な発展という究極の目的を達成するためには、場合によっては、独占禁止政策に反する事態の容認されることのありうることを、独禁法自体が認めたものというべきであろう。……従って、独占禁止政策の貫徹のみを金科玉条として『公共の利益に反して』の意義を……独占禁止政策に反することと同意義に解することは、少なくとも、現在の独禁法と相容れない解釈であろうと思われる」。

[8] 平成7年度末に30法律89制度存在した適用除外は、平成25年度末現在17法律24制度にまで縮減されている（公正取引委員会「平成25年度年次報告」137頁）。

在さらに拡大しているという情況にはないと考えられる。

(2) 具体的な判断要素

「公共の利益」に反するかどうかの検討に当たっては、目的の正当性のほか、用いられた手段が、自由競争経済秩序の維持の方法とどの程度乖離するのか、また目的価値を実現するために妥当な手段であるかどうかなど手段の側面からも判断されることとなると考えられる[9]。

以下、「公共の利益」に反していないと主張された事例に基づき検討する。

ア 赤字回避等の経営上の必要性

カルテル行為において、従来から赤字が続いていたのでやむを得ず他社と共同して行ったものであり、適正な利潤の回復を図ろうとしたものであるから、公共の利益に反するものではないなどと主張されることがあったが、自由競争経済秩序の維持を図ろうとする独占禁止法の目的からして個々の事業者の経営が赤字か否かは関係がなく、事業者間の活発な創意工夫による競争を阻害し、民主的で健全な経済の発達を損なったこと自体が問題である。また、いずれにせよ、少しでも事業者の経済的利益を不正に図るために行った行為であることに変わりがない。さらに、競争政策的には、当該分野で十分な利益をあげられない事業者は当該分野から撤退して新たな分野に収益源を求めることが、全体の健全な競争や発展につながるものとも考えられており、低収益体質ゆえに利益をあげられない事業者をカルテル行為によって延命させて需要者の利益を害することが「公共の利益に反して」いないとは考えら

---

[9] 山口雅高「判解」『最高裁判所判例解説刑事篇（平成12年度）』（法曹会、2003) 200頁においては、「このように『公共の利益』に反しないとして不当な取引制限に当たらないと判断されるのは、違法性阻却事由の手法を用いて、自由競争経済秩序の維持以外の方法による独占禁止法の究極の目的の実現を容認するものであるから、『公共の利益』に反するかどうかは、目的の正当性のほか、とられた手段が自由競争経済秩序の維持の方法とかい離する程度によっても、判断されるべきものと考えられる。すなわち、『公共の利益』に反するかどうかは、独占禁止法の究極の目的との関係で、当該行為により実現する価値が自由競争経済秩序を維持する価値より優越するかどうかによって判断されるべきであるが、それにとどまらず、用いられた手段が、自由競争経済秩序の維持との関係で、目的とする価値を実現するために妥当な手段であるかどうかによっても、判断されるべきものと考えられる」としている。

れない。

　裁判例として、ラップ価格カルテル刑事事件（東京高判平成5年5月21日高刑集46巻2号108頁）においては、「各社製品の差別化が困難であること、これを購入するユーザーの側の価格交渉力が強いこと、需要の伸びが鈍ったこと等の事情から、業務用ストレッチフィルムの販売価格が下落し、販売損益が赤字に追い込まれる事態になったことが認められ、それだけに、被告会社らのその部門の利益責任者あるいは営業責任者の立場にあった被告人らの苦悩が大きかったことは容易に想像し得る」としながらも、事件の実際の経過等を踏まえれば、「もともと業務用ストレッチフィルム全体の生産能力はその販売実績に比して著しく過剰の状況にあったと推認され、販売価格の低落は自ら招いた面が大きかったと考えられること、被告会社 A_7 を除くその他の被告会社では、総売上高のうち業務用ストレッチフィルムの売上高の占める割合は高くなく、本件各協調値上げ以外に各社の企業維持ないし製品供給の安定確保が弁護人らが主張するほどに困難であったとは認められないこと、（編中略）なお被告会社における採算是正には工夫の余地があったのではないか思われること、その他（編中略）の事実が認められ、これらの事実からすれば、本件各協調値上げ協定が公共の利益に反するものではないとして、独禁法89条1項1号（95条1項、3条）の構成要件に該当しないとか、本件各協調値上げ協定について被告人らの違法性が阻却されるとか、被告人らに期待可能性がなかったなどといい得るものでないことは明らかである。」として被告人の主張を否定している[10]。

---

[10] 東京地判平成26年10月6日審決集61巻488頁（北陸新幹線談合刑事事件事業者）においては、情状面での主張ではあるが、被告人の「被告会社は赤字幅を減らすために本件談合に及んだものであり、不正な利益を得る目的ではなかった」との主張に対して、判決では「独占禁止法は、公正かつ自由な競争を促進し、事業者の創意を発揮させ、事業活動を盛んにすること等をもって、国民経済の民主的で健全な発達を促進すること等を目的としている（同法1条）ところ、本件談合で受注本命業者を決定して参加業者の共存共栄を図ったことによって、事業者間の活発な創意工夫による競争を阻害し、民主的で健全な経済を損なったこと自体が強い非難に値する。……被告人aは、少しでも被告会社の経済的利益を不正に図るため本件談合を行い、その結果、公正で自由な競争によらない受注業者と価格の決定が行われ、被告会社も前記のとおり高い落札率により工事を受注したのであるから、不正な利益を目的としたものであることは明らかであり、被告会社もこれによる非難を免れない」としている。

イ 中小企業保護の目的・必要性

また、価格カルテル、談合について、中小企業を保護するために行ったものであるとして公共の利益に反しない旨を主張されることもある。しかしながら、確かに中小企業単独では有効な競争単位となり得ない場合があったとしてもそれは中小企業等協同組合法を通じて独占禁止法の適用が除外される協同組合を作り、改善する等の手段を選択するなど法律等により認められる中小企業に対する諸方策に基づき対応するべきであり、単に中小企業者を保護するために価格カルテル、談合を行ったなどの理由づけが公共の利益に反していないとして認められることはないと考える。裁判例においても、東京都水道メーター談合（第1次）刑事事件（東京高判平成9年12月24日高刑集50巻3号181頁）においては、被告人は本件に係る談合は中小企業者を保護するために行ったものであり、公共の利益に反しない旨を主張した。これに対して、東京高裁判決は、中小企業保護の施策は国または地方公共団体が講ずるものであって、事業関係者が代替して講ずべきものではないなどとして被告人の主張を否定した。さらに、同事件に係る最高裁決定（最決平成12年9月25日刑集54巻7号689頁）においては、「このような本件合意の目的、内容等に徴すると、本件合意は、競争によって受注会社、受注価格を決定するという指名競争入札等の機能を全く失わせるものである上、中小企業の事業活動の不利を補正するために本件当時の中小企業基本法、中小企業団体の組織に関する法律等により認められることのある諸方策とはかけ離れたものであることも明らかである。したがって、本件合意は、『一般消費者の利益を確保するとともに、国民経済の民主的で健全な発達を促進する』という私的独占の禁止及び公正取引の確保に関する法律の目的（同法1条参照）に実質的に反しないと認められる例外的なものには当たらず、同法2条6項の定める『公共の利益に反して』の要件に当たるとした原判断は、正当である」として、中小企業の保護に資するとして公共の利益に反していないという被告人の主張を明確に否定している。

ウ 国防や災害救助等の目的・利益

国防や災害救助等に資するものであるとして公共の利益に反しないと主張

された事例もある。しかし、確かに前掲石油価格協定刑事事件の際のオイル・ショック等のような緊急事態においては、この公共の利益に反しないとして違法性が阻却される事態が可能性としては残るものの、特段の具体的な緊急性などもない中、単に国防や災害救助等に資するなどという理由が主張されたからといって価格カルテルや談合を是認することは相当でないと考えられる。裁判例として、ジェット燃料談合東燃ゼネラル石油事件（東京高判平成18年2月24日審決集52巻744頁）においては、同事件において行われていた受注調整行為が国防や災害救助等につながり公共の利益に反しないという原告の主張について「原告が公共の利益に反しない理由として挙げる国防や災害救助等の利益については、それが指名競争入札によって達成できないとする合理的理由はなく、むしろ会計法が競争入札制度を採用していることは、その対象である本件石油製品の調達が健全な競争に付す方法で達成できることを前提としているものであり、調達者ではない販売者の立場にある原告が指名競争入札の選択を一方的に否定することはできないことからも、この点を理由にすることはできないというべきである」としてその原告の主張を否定している。ここでも単に国防や災害救助等に資すると主張しても、それが競争入札によって達成し得ないとする理由はなく、正当化事由にならないことを明確にしている。

エ　国家的プロジェクト

国家的プロジェクトを確実に実現するためには競争を制限して達成する必要がある場合もあり、公共の利益に反しないと主張された事例もある。しかしながら、仮に国家プロジェクトに基づき計画されている事業であろうとも、それが競争を排してでないと達成できない事由はほとんどのケースにおいてなく、かえって効率的かつ効果的に国家プロジェクトを推進していくため競争を促進することこそ目的達成に大きく貢献するものであると考えられる。裁判例として、郵便区分機談合事件（東京高判平成20年12月19日審決集55巻974頁）においては、原告は「郵便処理機械化による効率性の向上、経費の削減等を目的とする郵便事業の大改革及びこれによる消費者利益の確保という国家的プロジェクトを確実に実現するために、郵便処理機械化のための区分機類の製造販売業者（売主・受注者）側の立場にある原告ら2社のそれぞれに

協力を求めた事案であって」公共の利益に反しない旨主張した。これに対して東京高裁は、「原告らの指摘する最高裁昭和59年2月24日第二小法廷判決の基準に従い本件違反行為が独禁法2条6項にいう『公共の利益に反して』との要件を満たすか否かを判断するとしても、本件審決案が認定した別紙に記載の事実によれば、原告ら2社は郵政省の区分機類の発注のおおむね半分ずつを安定的、継続的かつ確実に受注する目的を持って本件違反行為を行っていたものと認められるから、原告ら2社の本件違反行為が『公共の利益に反して』いることは明らかであり、原告らの上記主張は採用することができない」とした。

(3) その他証明責任等

そのほかにも審決の段階等で公共の利益が議論されている事例はあるが、これまで「公共の利益に反して」いないとされた事例は1つもない。しかも、公共の利益に反していないという主張においては、その前提となる事実が否定されてそもそも正当化事由の議論に該当しないと考えられるものもある。このことからすれば、価格カルテルや入札談合事案において、それを正当化し、公共の利益に反しないとされる事案は現実的にも非常に稀なものと考えられる。

したがって、不当な取引制限等の違反行為の一要件である「公共の利益に反」することについては摘発した側に最終的な証明責任があるとしても、「公共の利益に反」する例外的事情が存在しないことを摘発した側が最初から主張立証する責任はないと考えられ、少なくとも行為者側に争点形成責任はあると考えられる。審決例では、郵便区分機課徴金事件（公取委審判審決平成22年10月25日審決集57巻(1)267頁）において「不当な取引制限に該当する価格カルテルや入札談合は、原則として、それ自体で公共の利益に反するというべきである。そして、独占禁止法の趣旨目的に照らせば、同法違反行為に該当する行為でありながら、公共の利益に反しないとするためには、単に、当該違法行為によって国家的プロジェクトが推進されたというだけでは足りず、当該国家プロジェクトの達成によって確保される一般消費者の利益の内容、当該プロジェクトの達成によって促進される国民経済の民主的で健全な発達の内容、当該国家プロジェクト達成のために当該違法行為を行う以外に他に

採るべき手段がなかったか否か、当該違反行為の違反の程度はどのようなものか、などについて慎重な検討を経た上で、本件合意が正当化事由を有すること及び公共の利益に反しないことを被審人の側で、説得的な反論及び反証をすることが必要である」と述べて、正当化事由を有することおよび公共の利益に反しないことを「被審人」の側で、説得的な反論および反証をすることが必要であることを明示したものがある。

3．不当な取引制限等に関する適用除外規定

　独占禁止法に違反する行為の適用除外の規定は「一般消費者の利益の確保」と「国民経済の民主的で健全な発達を促進する」目的を実現するため、自由競争経済秩序の維持とは別の価値を優先させることを容認し、そのための妥当な手段として、法律により必要な範囲で自由競争を制限できる制度を設けているものと考えられる[11]。

　昭和 28 年の独占禁止法改正においては、不況カルテル、合理化カルテルなどが独占禁止法の適用除外を規定するものとして制定され、不当な取引制限に該当する行為であったとしても当該適用除外規定によって行為が正当化される場合があった。また、そのほかにも、独占禁止法適用除外法、個別の事業法等において適用除外規定が定められていた。もっともこれらの多くはすでにその後の改正において廃止等され、大幅に縮減している[12]。

　現存する共同行為に関する適用除外規定の例について述べると、まず独占禁止法は、その 22 条において一定の組合行為を適用除外としている。これは小規模の事業者の相互扶助を目的として法律の規定に基づいて設立された組合が一定の要件を満たす場合には独占禁止法の適用を除外するものである。

---

[11] 山口・前掲注 9) 201 頁においては、「また、独占禁止法に違反する行為の適用除外の規定は『一般消費者の利益の確保』と『国民経済の民主的で健全な発達を促進する』目的を実現するため、自由競争経済秩序の維持とは別の価値を優先させることを容認し、そのための妥当な手段として、必要な範囲で自由競争を制限できる制度を設けているものと考えられる。そうすると、適用除外規定は、独占禁止法に形式的に違反する行為の違法性が否定される要件を定めたものであるから、当該適用除外の規定が目指す利益を実現するためには、適用除外が定める方法か、それに準じた方法によらない限り、その違法性が否定されことにはならないと考えられる」としている。

[12] 金井ほか・独禁法 464 頁〔土田和博〕参照。

また、個別法において特定の事業者等の行為について独占禁止法の適用除外を定めている例としては、保険業法101条、損害保険料率算出団体に関する法律7条の3、著作権法95条、道路運送法18条、航空法110条、海上運送法28条、内航海運組合法18条がある。これらは、個別に事業官庁において認可される場合などがあり、多くの場合には公正取引委員会の同意やあるいは協議等の関与規定が設けられている。

これらに基づき、不当な取引制限等に該当する行為が正当化され違法とされていない場合があるが、逆にいえば、本来的には適用除外制度の適用がない行為について安易に正当化事由が認められるべきではなく、その意味においても前記の「公共の利益」についてもむやみに拡大解釈されるべきものではないと考えられる。

さらにいえば、法律に基づく適用除外制度がないのに独占禁止法違反行為が安易に正当化されるのであれば、そもそも適用除外制度という法制度自体が必要ないということにもなりかねないと考える。

4．正当化事由と行政指導

わが国においては、広範な分野においてさまざまな形で行政指導が実施されており、行政指導は、行政の中で大きな比重を占めている。このような行政指導は、行政需要への機敏な対応、行政の弾力性の確保、行政目的の円滑な達成等のために行われている。一方、行政運営の公正の確保と透明性の向上を図るため、行政手続法（平成5年法律第88号）が制定され、同法において、行政指導の濫用を防止するとともに、行政指導の明確性および公平性を確保する観点から、行政機関が行政指導を行う場合に遵守すべき事項について一定の規定が設けられている。行政手続法では、「行政指導」について、行政機関がその任務または所掌事務の範囲内において一定の行政目的を実現するため特定の者に一定の作為または不作為を求める指導、勧告、助言その他の行為であって処分に該当しないものとされている（行政手続法2条6号）。また、行政指導は拘束力を有するものではなく、相手方の任意の協力によってのみ実現されるべきものとされる（同法32条1項）。

行政指導は、行政機関が多様な目的のために行っているが、その中で、事

業者の参入・退出、商品または役務の価格、数量、設備等に直接・間接に影響を及ぼすような行政指導は、その目的、内容、方法等によっては、事業者による公正かつ自由な競争を制限し、または阻害するとともに、独占禁止法違反行為を誘発する場合がある。

　事業者または事業者団体の行為については、たとえそれが行政機関の行政指導により誘発されたり、行政指導に基づく行為であったりしても、当該行政指導により独占禁止法による保護の対象となる一定の取引分野における競争が当然に消滅するものではないのであり、別に適用除外規定がなく、独占禁止法違反行為の要件に該当する場合には本来的に当該行為に対する独占禁止法の適用が妨げられるものでない[13]。

　しかしながら、やむを得ずそれを必要とする緊急の場合に相当な方法で行われ、かつ、独占禁止法の目的に反しない行政指導は法令上の根拠を持たないものであっても適法とされ、これに従い協力して行われる行為については、適用除外規定がないとしても、正当化事由があるとされる場合がないわけではない。

　この点について、裁判例では、前掲石油価格協定刑事事件においては「物の価格が市場における自由な競争によつて決定されるべきことは、独禁法の最大の眼目とするところであつて、価格形成に行政がみだりに介入すべきでないことは、同法の趣旨・目的に照らして明らかなところである」とした上で、「流動する事態に対する円滑・柔軟な行政の対応の必要性にかんがみると、石油業法に直接の根拠を持たない価格に関する行政指導であつても、これを必要とする事情がある場合に、これに対処するため社会通念上相当と認められる方法によつて行われ、『一般消費者の利益を確保するとともに、国民経済の民主的で健全な発達を促進する』という独禁法の究極の目的に実質的に抵触しないものである限り、これを違法とすべき理由はない。そして、価格に関する事業者間の合意が形式的に独禁法に違反するようにみえる場合であつても、それが適法な行政指導に従い、これに協力して行われたものであるときは、その違法性が阻却されると解するのが相当である」としており、きわめて例外的に「適法な」行政指導に従い、事業者が協力して共同行為を行っ

---

[13] 公正取引委員会「行政指導に関する独占禁止法上の考え方」(平成22年1月1日改正)参照。

ている場合は、違法性が阻却される場合があるとしている[14]。

つまり、行政指導に従った共同行為であれば常に正当化されるというものではなく、相当な手段によって緊急時において特に行われた独占禁止法の究極の目的に反しない「適法な」行政指導に従った共同行為には認められるものと解される。本来は物の価格等という最も重要な競争条件について何らかの制約を行うことは、基本的には法律によるべきであり、結局のところ、正当化事由があるとされるケースに該当すると判断されるのは前掲石油価格協定刑事事件の際のオイル・ショック等のように緊急事態とされるような、きわめて例外的な場合における行政指導に従った共同行為に限られると解され、理由のない拡大解釈はとるべきではないと考えられる[15][16]。

ところで、前掲石油価格協定刑事事件においては、被告人は①同事件における被告人の共同行為が「公共の利益に反して」おらず違反が成立しないこ

---

[14] もっとも、同判決は、本件当時における通商産業省の行政指導が違法なものであったということはできないとした上で、「値上げの上限に関する通産省の了承を得るために、各社の資料を持ち寄り価格に関する話合いを行つて一定の合意に達することは、それがあくまで値上げの上限についての業界の希望に関する合意に止まり、通産省の了承が得られた場合の各社の値上げに関する意思決定……をなんら拘束するものでない限り、独禁法3条、2条6項の禁止する不当な取引制限にあたらない」が、「被告人らは、油種別の値上げの上限に関する業界の希望案について合意するに止まらず、右希望案に対する通産省の了承の得られることを前提として、一定の期日から、右了承の限度一杯まで石油製品価格を各社いつせいに引き上げる旨の合意をした」ものであるから、これは不当な取引制限に当たるとしている。これは逆にいえば、適法な行政指導に従った一定限度内の合意であれば、不当な取引制限に該当しない場合があることも示唆していると思われる。

[15] 木谷・前掲注4) 142頁においても、前掲石油価格協定刑事事件の判示について、「右のような行政指導は、『オペック及びオアペック等のあい次ぐ大幅な原油値上げによる原油価格の異常な高騰という緊急事態』により、『標準価格制度等石油業法上正式に認知された行政指導によっては、同法の所期する行政目的を達成することが困難であった』というきわめて強い必要性のもとにおいて、『価格の抑制と民生の安定』を目的とし、本件のように、基本的に『価格に関する積極的・直接的な介入をできる限り回避しようとする態度』で行われたときにはじめて適法性を取得すると考えるべきであろう。その意味では、本件判決は、本件における行政指導を一種の緊急措置として是認したものと解するのが相当であり、判旨の拡大解釈は、厳に慎むべきである」としている。

[16] 「適法」な行政指導に従った共同行為であるか否かについては摘発した側に最終的な証明責任があることは当然としても、前記の「公共の利益に反して」と同様にこのような例外的事情が存在しないことを摘発した側が最初から主張立証する責任はないと考えられ、少なくとも行為者側に争点形成責任はあると考えられる。

と、②通産省による行政指導による共同行為は法秩序に反せざるものとして違法性が阻却されること、との主張を別々に行い、同最高裁判決においても別々に判断がなされている。いずれにおいても一定の要件の下に正当化事由が認められるケースがあることを判示している。もっともいずれの判断も基本的な基盤は独占禁止法の究極の目的に反していないか否かという点であるなど判断基準は事実上共通である。この点からすると、同最高裁判決の述べる「適法な」行政指導に従った共同行為はそれ自体において違法性が阻却されるものであるが、同時に「公共の利益に反して」いないものであるともほぼいえると考えられる[17]。

まとめれば、「公共の利益に反して」の要件に該当しないとする場合においても、あるいは適法な行政指導に従った共同行為であるとして違法性が阻却される場合でも、基本的な判断基準として、以下のようなものが考えられる。

(ⅰ) 必要とする事情があるか（必要性）（共同行為により対応せざるを得ない具体的に急迫した事情などがあるか。たとえば、オイル・ショック時のような緊急の経済状況にある場合など）。

(ⅱ) これに対処するため社会通念上相当と認められる手段・方法によって行われているか（手段・方法の相当性。可能な限り、競争制限的な手段を回避する方法がとられているかなど）。

(ⅲ) 独占禁止法の直接の保護法益である自由競争経済秩序に形式的に反するが、現に行われた行為が形式的に該当する場合であっても、前記法益と当該行為によって守られる利益とを比較衡量して、「一般消費者の利益を確保するとともに、国民経済の民主的で健全な発達を促進する」という独占禁止法の究極の目的に実質的に反しないと認められるものか（目的の正当性）[18]。

---

[17] 木谷・前掲注4) 145頁においては「本判決の判旨6が、『公共の利益に反して』の意義につき、一種の違法性阻却説に立つものと理解すべきことは前述したが、右違法性阻却の要件にも、適法な行政指導の要件にも、共通して、独禁法1条所定の同法の究極の目的に実質的に抵触しないという点が掲げられており、適法な行政指導に従いこれに協力して行われた行為は、おおむね、『公共の利益に反して』の要件を欠く（すなわち、違法性を阻却される。）結果になると思われる」としている。このことからすると、この適法な行政指導に従った共同行為に関する問題は、「公共の利益に反して」の要件の中で検討することもできると考えられる。

これらを踏まえて検討し、正当化事由があると判断される場合には、違反行為は成立しないと考えられる。

5．正当化事由と「競争の実質的制限」

(1) 「公共の利益」等の正当化事由と「競争の実質的制限」

前記のとおり、不当な取引制限は、「公共の利益」に反することをその要件としており、過去には「公共の利益」に反しないとし、共同行為について正当化事由を主張された事案も多い。

もっとも価格カルテルや談合は事業者間で行われる場合には、不当な取引制限が適用されるが、事業者団体の行為と判断される場合（独占禁止法8条参照）には、事業者団体が一定の取引分野の競争を実質的に制限することを禁止する独占禁止法8条1号[19]の規定が適用されるところ[20]、この8条1号においては、事業者団体の禁止行為の要件として「公共の利益に反して」との文言はない。

しかし、前掲石油価格協定刑事事件において明らかにされた考え方、つまり前記の「公共の利益に反して」とは自由競争経済秩序に反することを原則とすることを明示しながら、独占禁止法の究極の目的に実質的に反しない場

---

[18] 木谷・前掲注4) 141頁においては、直接の根拠を有しない行政指導について、「本判決は、①『これを必要とする事情がある場合に』（必要性）、②『これに対処するため社会通念上相当と認められる方法によって』行われるもの（手段・方法の相当性）で、③『一般消費者の利益を確保するとともに、国民経済の民主的で健全な発達を促進する』という同法の究極の目的に実質的に抵触しない』ものである限り（目的の正当性）、違法といえないと判示することにより、この問題に関する一応の判断基準を示したものと思われる」としている。

[19] 事業者団体規制の条文は平成21年改正によって、条文番号が変更され、「8条1項1号」は「8条1号」に改正されている。本章において引用する判審決において、「8条1項1号」とあるのは現在の「8条1号」のことである。

[20] 前掲石油価格協定刑事事件においては「独禁法上処罰の対象とされる不当な取引制限行為が事業者団体によつて行われた場合であつても、これが同時に右事業者団体を構成する各事業者の従業者等によりその業務に関して行われたと観念しうる事情のあるときは、右行為を行つたことの刑責を事業者団体のほか各事業者に対して問うことも許され、そのいずれに対し刑責を問うかは、公取委ないし検察官の合理的裁量に委ねられていると解すべきである」としている。

合には違反行為とならない例外が存在するという考え方が、価格カルテルや談合を行う形態がたまたま事業者団体において行われた場合において適用されないと考える理由はないと思われ、仮に前記の判決で述べる例外的な状態が存在する場合には、独占禁止法8条1号の適用事案であったとしても正当化事由があると考えるのが妥当であろう。

この観点からすれば、例外的に正当化される事由、場合とは、単に不当な取引制限における「公共の利益に反して」という文言のみから導き出されるものではなく、独占禁止法の趣旨・目的を踏まえた同法に規定する違反行為全体の成否に係るものとも考えられる。したがって、実際には不当な取引制限と事業者団体規制の独占禁止法8条1号において共通の要件である「競争の実質的制限」の中で検討されるものとも考えられる。

また前記4．で述べた適法な行政指導に従ってなされた共同行為について違法性が阻却される場合があることも、不当な取引制限のみに適用されるという理由はなく、事業者団体の行為として価格カルテルや談合等が行われ、独占禁止法8条1号の規定が適用される場合においても、違法性の阻却事由になる場合があると考えられる。

これらの観点からみれば、前記の公共の利益に反していないとする主張も、適法な行政指導に従い共同行為を行ったものであり、違法性が阻却されるとする主張も、競争の実質的制限が生じていないと主張しているものと考え、独占禁止法の究極の目的を介して、競争の実質的制限に至っているか否かという問題に置き換えて判断していくことも可能であると考えられる。すなわち正当化事由として主張される内容については、競争の実質的制限の構成要件が満たされるか否かという問題の中で検討することも可能であると考えられる[21]。

実際に、民事判決の下級審（損害賠償請求事件）および公正取引委員会の審決において、前掲石油価格協定刑事事件において示唆するところの正当化事由を競争の実質的制限の中で検討する試みが示されている。

日本遊戯銃協同組合事件（東京地判平成9年4月9日審決集44巻635頁）では、「本件妨害行為は、不公正な取引方法の勧奨ないしは不当な競争制限とい

---

21) 根岸・注釈独禁法93頁～95頁〔稗貫〕、197頁～200頁〔和田健夫〕。

う前記独禁法の構成要件に形式的に該当すると認められる」とした上で「形式的には『一定の取引分野における競争を実質的に制限する行為』に該当する場合であっても、独禁法の保護法益である自由競争経済秩序の維持と当該行為によって守られる利益とを比較衡量して、『一般消費者の利益を確保するとともに、国民経済の民主的で健全な発展を促進する』という同法の究極の目的（同法1条）に実質的に反しないと認められる例外的な場合には、当該行為は、公共の利益に反さず、結局、実質的には『一定の取引分野における競争を実質的に制限する行為』に当たらないものというべきである（最高裁第二小法廷昭和59年2月24日判決・刑集38巻4号1287頁参照）」としている[22]。

また、大阪バス協会価格カルテル事件（公取委審判審決平成7年7月10日審決集42巻3頁）においても「最高裁判所昭和59年2月24日第二小法廷判決・刑集38巻4号1287頁は、行政指導に関連してではあるが、同法の趣旨、目的から、行政は価格形成にみだりに介入すべきではないとしつつ、価格に関する行政指導も、当該行為の必要性、手段、方法の相当性が肯定される場合において、なおかつ、『一般消費者の利益を確保するとともに、国民経済の民主的で健全な発達を促進する』という同法の究極の目的に実質的に抵触しないときに厳格に限定して、一種の緊急措置として是認され、価格に関する事業者間の合意も、適法な行政指導に従い、これに協力して行われた場合に限り、違法性が失われ得ると判断している。このように、意識的に同法の立法の趣旨、目的に照らして判断することを要する場面は、当然極めて限定された場合に限られてくるということができる。しかし、特に限定された場合に限られるとはいっても、判例法によれば、独占禁止法の立法の趣旨、目的と対比して判断すべき場面が生じ得ることは否めず、本件のように違法な取引条件に係る競争が独占禁止法第8条第1項第1号等に定められた『競争』の構成要件に該当するかどうかの判断に限っては、同法の趣旨、殊に同法第1条の目的規定の趣旨を考えに入れる必要があることを否定することはできな

---

[22] 判決自体は最終的に「また、本件妨害行為は、自由競争経済秩序の維持という独禁法の保護法益を犠牲にしてまで、消費者及びその周辺社会の安全という法益を守るために必要不可欠なやむを得ない措置としてされたものであるとは到底認められないから、前記独禁法の究極の目的に実質的に反しない例外的な場合であるとは認められず、ひいては公共の利益に反しないものとはいえないから、本件妨害行為は独禁法が禁止している前記『不当な取引制限』に該当するというべきである」としている。

い」としている。

(2) 「競争の実質的制限」における正当化事由の検討

　前記(1)の審判決例の射程は必ずしも明確ではないが、正当化事由の問題を「競争の実質的制限」の中で解釈して処理するとするならば、「公共の利益に反して」の要件に該当しないと判断される場合の射程よりも、その射程が拡大するという理由はなく、前記4．で記載したような「公共の利益に反して」の要件に該当しないとする場合の基本的な判断基準と同様のアプローチを加えた上で主張される正当化事由を踏まえて「競争の実質的制限」が成立しうるか否かを検討することになると思われる。

　また、証明責任についても、違反行為については摘発した側に最終的な証明責任があるとしても、前記2．(3)で述べた「公共の利益に反して」の証明責任についての考え方と同様に、正当化事由とされる内容が欠けることによって競争の実質的制限が成立することを摘発した側が最初から主張立証する必要はないと考えられ、少なくとも行為者側に正当化事由が存在することおよびその内容を明らかにすべき争点形成責任はあると考えられる。審決例において前掲大阪バス協会価格カルテル事件では、最終的な証明責任は審査官側にあることは認めつつも、「なお、ここで価格協定が制限しようとしている競争が他の法律により刑事罰等をもって禁止されている違法な取引又は違法な取引条件に係るものであることの証明責任についても検討しておくと、これらの事実は通常の事態との関係では例外に属するから、審査官の主張自体から明らかでない限り、被審人の側からこれらの点を指摘する主張がなければ、これらの点をあえて審判において考慮する必要がない（その意味では、指摘ないし特定の負担が被審人の側にあるといってもよい。）と思われる」としており、ここでも少なくとも行為者の側に争点形成責任があることを明らかにしている。

6．正当化事由が「競争の実質的制限」の成否検討の中で判断された事例

「競争の実質的制限」において正当化事由が検討される場合があることは前記のとおりであり、その観点から、料金規制や発注機関との関係において、正当化事由が主張されている事例等を述べる[23]。

(1) 認可料金規制と保護されるべき競争

事業によっては社会的あるいは経済的な目的によって法令によって顧客に提供する料金等について行政機関の認可等を必要とするなど取引に公的規制がある場合がある。

このような場合、たとえば、認可料金制などが採用されていても、事業者間の共同行為について独占禁止法を適用除外する立法が何らかの形式でとられていない限り、本来は直接、独占禁止法の適用が除外されるものではない。

しかし、認可されているより低い運賃について価格カルテルを行った場合に競争の実質的制限が成立するか否か議論となった審決例として、前掲大阪バス協会価格カルテル事件がある。同事件は、貸切バスの運賃が道路運送法上で認可された料金よりも低い料金つまり刑事罰をもって禁止されている料金によって顧客に提供されていた状態において、大阪バス協会が料金を認可料金に近づけるために行った運賃引上げカルテルについて、独占禁止法の究極の目的に照らして、不当な取引制限の要件を満たさないとしたものである。具体的に同事件の審決では、「その価格協定が制限しようとしている競争が刑事法典、事業法等他の法律により刑事罰等をもって禁止されている違法な

---

23) 前記￭1．に記載のとおり、「行為が形式上違反の構成要件に該当しても一定の事由が備われば、それが正当化されることになる場合、その一定の事由を『正当化事由』と呼ぶ」として本章は論じてきているが、正当化事由とされる内容を「競争の実質的制限」の構成要件該当性の問題としてとらえることになると、これは前記の「正当化事由」の定義と異なるものとなり、このようなものを「正当化事由」と呼ぶこと自体にも議論があり得るとも考えられる（なお、「公共の利益に反して」も不当な取引制限の構成要件の1つであるが、これまでの最高裁判決および調査官解説からすれば違法性阻却事由的に考えられたことは明らかであり、本章で定義する「正当化事由」といって問題はないと考える）。

取引（典型的事例として阿片煙の取引の場合）又は違法な取引条件（例えば価格が法定の幅又は認可の幅を外れている場合）に係るものである場合に限っては、別の考慮をする必要があり、このような価格協定行為は、特段の事情のない限り、独占禁止法第2条第6項、第8条第1項第1号所定の『競争を実質的に制限すること』という構成要件に該当せず、したがって同法による排除措置命令を受ける対象とはならない、というべきである。」とした。

このように大阪バス協会価格カルテル事件の審決では、大阪バス協会が認可料金以下で行った運賃引上げカルテルについて、保護に値する競争を制限するものではないとして、構成要件に該当せず、競争の実質的制限の成立を否定している。この審決については議論もあるところであるが[24]、いずれにせよ、同事件の考え方にそって、競争の実質的制限に該当するか否かを検討していくにしても、具体的にどのような事実関係が現実に存在するのか確定した上で判断する必要があることは当然である。単に運賃規制がある、あるいはそれに係る行政指導があるからといって、単純に競争の実質的制限の構成要件が満たされず、「競争の実質的制限」は成立しないなどとされるものではないと考えられる。そしてこのような料金規制が絡む案件について正当化事由が検討される場合にも、本来的に前記に述べている①共同行為が行われる必要性、②手段・方法の相当性、③独占禁止法の究極の目的に実質的に反していないか、を踏まえて厳正に検討されるべきなのは当然であり、極めて特殊なケースである同審決の考え方を不当に拡大解釈するべきではないであろう。

(2) 入札における公的発注機関の指示

過去の事件においては、入札を実施している発注機関から関係事業者に対して受注予定者の決定等の指示があったため、裁判において事業者側から発注機関の指示に基づき、受注しただけであり、そもそも発注者側が競争を消滅させており、「競争の実質的制限」は成立せず、不当な取引制限とはならないなどの主張がこれまでもなされてきた事例がある。

しかしながら、本来、発注機関において競争入札等を実施して工事の発注

---

[24] 例えば、岸井大太郎「規制改革と独占禁止法(上)事業法による規制と『正当化事由』」公正取引788号（2016）33頁～36頁。

や商品の調達等が行われている中、発注機関の担当者等の勝手な意向により、本来の競争を恣意的に消滅させてよいわけではない。また、事業者もそのような指示に従う必要はなく、多くの場合、事業者にとっても都合がよいことから受け入れているものであり、発注者と事業者が一体となって、本来の競争を制限しているものであると考えられる。

　裁判例では、ジェット燃料談合事件（東京高判平成21年4月24日審決集56巻(2)231頁）においては、原告が、本件では形式的に競争入札が行われているが、発注者が受注調整を助長しており、そもそも競争自体がなかった旨を主張したことに対して、「国の各省庁が売買及び請負等の契約を締結する場合においては、会計法上、原則として、競争に付さなければならないところ、その方法として競争入札の方法を選んだ以上、これにより競争市場が形成されるとともに、これを阻害する行為を行うことはこれに応札する業者はもとより、発注者である国においても許されず、仮に、発注者である国がそのような行為等を行ったとしても、業者においてこれに応ずる義務はないのであって、これによって法による保護の対象となる一定の取引分野における競争が消滅するものではないというべきである」と述べている。これによれば、会計法に基づく入札において発注機関がその競争を阻害することは許されず、事業者は競争を阻害する指示にそもそも従う必要がない。そして、発注機関のこのような行為があったとしても、独占禁止法の保護対象である一定の取引分野の競争が消滅することはないとしている。つまり、発注機関の指示による受注予定者等の決定などがあったとしても、不当な取引制限の成立を妨げないことを明らかにしている。

　また、前掲郵便区分機談合事件においては、原告は入札前に郵政省の発出する内示に従って落札していただけであるとの原告の主張に対して、「いわば競争不能状況は原告ら2社がそれを認識認容して自ら招いた事態ということができ、そうとすれば、今になって郵政省内示及びそれを前提とする措置を批難して、郵政省内示があったために他社と競争することができない競争不能状況が出来したものであると主張することは、禁反言の法理からしても、許されるものではないというべきである。この点からも、原告らの上記主張は採用することができない」としている。この判決でも競争入札の前に発注者が落札者について内示をしていたとしても、事業者自身がそれを受け入れ

て入札に臨んでいたものであり、郵政省が事前に内示したことをもって正当化することはできないことを明らかにしている。

さらにこの判決では、「なお、もとより、このことは、本件違反行為の発生について入札執行者である郵政省に全く責任がないことを意味するものではないが（ただし、本件は、入札談合等関与行為の排除及び防止並びに職員による入札等の公正を害すべき行為の処罰に関する法律（平成14年7月31日法律第101号）の施行前の事件である。）、しかし、逆にそれによって原告ら2社の責任が免除されるわけでもない」として、発注者にも責任があったとしても、事業者の責任が免除されるものではないことを明らかにしている。

ジェット燃料談合事件および郵便区分機談合事件は入札談合等関与行為防止法の施行前の事案であり、その後、公務員等が談合等を助長する行為等を禁止する入札談合等関与行為防止法が平成14年に制定されている。同法2条4項において「入札談合等」とは、「国、地方公共団体又は特定法人（以下「国等」という。）が入札、競り売りその他競争により相手方を選定する方法（以下「入札等」という。）により行う売買、貸借、請負その他の契約の締結に関し、当該入札に参加しようとする事業者が他の事業者と共同して落札すべき者若しくは落札すべき価格を決定し、又は事業者団体が当該入札に参加しようとする事業者に当該行為を行わせること等により」、独占禁止法の「第3条又は第8条第1項の規定に違反する行為をいう」とされている。そして、入札談合等関与行為防止法においては、公務員等が「事業者又は事業者団体に入札談合等を行わせること」は「入札談合等関与行為」の1つとして禁止されている（入札談合等関与行為防止法2条5項）。つまり、入札談合等関与行為防止法は発注機関側が「入札談合等」つまり不当な取引制限行為等を事業者に行わせる行為を禁止するものであり、その前提として当然、発注機関側の働きかけ等があったとしても不当な取引制限が成立すると判断していることは明らかである。このように入札談合等関与行為防止法の見地からも、発注者の関与が競争の実質的制限の成立を否定するものではないことは明らかである[25]。

もっとも、事業者の担当者が談合を行いたくないことを明確にし、発注機関の担当者からの指示を明示的に拒否しているにもかかわらず、発注機関の担当者から具体的な脅迫等があり、事業者の担当者の自由な意思を完全に

奪って、談合等を強制した場合などに、特に刑事事件においては事業者の担当者の刑事責任を問えるか議論の余地はあると思える。しかしながら、これまでの事例からしても、いわゆる官製談合に係る独占禁止法の事件においてそのような状況になる場合は現実にはほとんど考えにくく、発注機関の主導であるか否かにかかわらず、結局のところ、事業者側は発注者側とともに競争を消滅させていたものであり、競争の実質的制限を生じさせ、独占禁止法違反等の成立を免れることはできないと考えられる。

2 設問に対する回答

1．設問①

「公共の利益に反して」とは、原則としては独占禁止法の直接の保護法益である自由競争経済秩序に反することを指し、「公共の利益に反し」ない場合とは、現に行われた行為が形式的には該当する場合であっても、前記の法益と当該行為によって守られる利益とを比較衡量して、「一般消費者の利益を確保するとともに、国民経済の民主的で健全な発達を促進する」という独占禁止法の究極の目的（独占禁止法1条参照）に実質的に反しないと認められる例外的な場合をいう。

設問①の価格カルテルにおいて、関係事業者は、製品の製造に使用する原材料の価格が高騰したから、やむを得ず値上げを行ったものであり、不当な

---

25) 発注機関に対しては、事業者でないため、独占禁止法上の排除措置命令や課徴金納付命令はなく、入札談合等関与行為防止法上の改善措置請求が公正取引委員会からなされる場合がある。刑事法上は、発注機関の担当者が独占禁止法の共同正犯に問われて有罪となった事例（旧道路公団鋼橋工事談合刑事事件（東京高判平成19年12月7日判時1991号30頁）、緑資源機構談合刑事事件（東京地判平成19年11月1日審決集54巻799頁））や従犯（幇助）として有罪になった事例（下水道事業団談合刑事事件（東京高判平成8年5月31日高刑集49巻2号320頁））がある。また、事業者およびその従業員が独占禁止法違反の罪に問われ、有罪となった一方で、発注機関に所属する職員が入札談合等関与行為防止法8条の罪に問われ、有罪となった事例として北陸新幹線談合刑事事件（鉄道運輸機構職員：東京地判平成26年7月9日判例集未登載）がある。

利得を得ようとしたものではないと主張するかもしれないが、各社の経営状況は当然それぞれ異なり、商品を製造するに当たってのコスト構造も当然違う中、各社が競争を行っているところ、このように関係各社が同時に値上げすること自体が独占禁止法の直接の保護法益である自由競争経済秩序に反することは明らかであり、前記の「公共の利益」の解釈を踏まえても、「一般消費者の利益を確保するとともに、国民経済の民主的で健全な発達を促進する」ともいえず、一般国民からみて具体的な大きな緊急性等もないことから「公共の利益」にも該当することはなく、これらの行為が正当化されることはない[26]。また、これらの事業者が中小企業であったとしても、このような価格カルテルは、中小企業保護育成のために認められている中小企業協同組合法その他中小企業関連の法制に定める諸方策ともかけ離れているものであり、独占禁止法の究極の目的にも反し、不当な取引制限における「公共の利益に反して」の要件の例外とはならない。

2．設問②

設問のような発注機関の指示により事業者が受注調整を行い、受注予定者を決定して落札させていた場合にも不当な取引制限の成立が妨げられることはなく、発注者の指示を理由として元々、競争がなかったなどの主張は認められない。会計法に基づく入札において発注機関がその競争を阻害することは許されず、事業者は競争を阻害する指示にそもそも従う必要がない。本件の場合においては、本来、競争が行われるところを発注者と事業者が共同し

---

[26] 東京都水道メーター談合（第2次）刑事事件（東京高判平成16年3月26日審決集50巻972頁）においては、原価を割った落札単価（赤字）を回復させるために談合が行われたとの被告人からの主張に対して、判決は次のように言及している。「ところで、落札単価が大幅に原価を割った状態を解消させたいとの意図から犯行に及んだと窺われるものの、本件は自ら入札に参加しながら価格操作を行うことによりこの入札制度を否定する行動を採ろうとするものであって、その面のみからみてもそのような意図を特段考慮に値するものと解するのは相当でない。もとより、被告会社は、かねて赤字であった3小口径の水道メーターの入札金額の動向は容易に把握し得るにも関わらず、営業実務責任者を委ねてその監督を懈怠したものであって、その程度が軽いものであるなどとはいえない。これらの事情並びに各被告人の果たした役割等を総合すると、被告会社及び被告人両名の責任は軽くないといわなければならない」。

て競争を消滅させたものであり、発注機関のこのような行為があったとしても、独占禁止法の保護対象である一定の取引分野の競争が消滅することはないとされている。つまり、設問のような発注機関の指示により受注予定者等の決定などがあったとしても、発注者の指示がその必要性、手段・方法、独占禁止法の究極の目的からの検討を加えても正当化事由になり得ないことは明らかであり、競争の実質的制限が生じ、不当な取引制限の成立は妨げられない。

〔おおご まさる〕

第 5 章

私的独占

設問

① 以下のような行為は、独占禁止法2条5項にいう「他の事業者の事業活動を排除し、又は支配する」行為に当たるか。

　ある製品甲を製造するために用いられる特定部品乙については、部品Aのほか、別の製品に主に用いられている部品Bが部品Aの代替品として存在しているところ、部品Aおよび部品Bの製品甲向けの合計販売数量に占める部品Aの割合は8割を超えていた。また、部品Aについて独占的に販売を行っている販売業者としてXが存在しているところ、Xは、四半期ごとに取引先事業者との間で取引条件を定め、自らと継続的な取引関係にある事業者を中心に広く販売を行っていた。しかし、20X1年4月、別の製造業者Yが、長年の研究を実らせ、部品Aと代替性があり品質的に優れた部品Cの製造を開始し、販売業者Zを介して販売を開始したことにより、Xにおける部品Aに係る売上額が大きく減少した。一方で、部品Cの製造業者Yの製造能力は限定的であり、部品の安定調達の観点から、特定部品乙を利用する事業者は引き続き部品Aの購入を継続する必要があった。Xは、20X2年4月、部品Aの売上額を回復させ、製造業者Yにおける工場新設等の製造能力強化への誘因を取り除くため、継続的な取引関係にある事業者に対し、Zを含む他の販売業者から特定部品乙の購入をやめ部品AのみをXから購入するよう要請し、また、当該要請を受け入れた事業者に対しては、20X2年度以降、前の四半期における部品Aの取引額に応じた割戻金を四半期ごとに提供する旨を伝達し、これを実施した。この結果、20X2年度以降、Xにおける部

品Aの売上額は、部品Cの販売前の水準を下回るものの大きく回復した。
② 以下のような事実があった場合、前記①の行為は、独占禁止法2条5項にいう「一定の取引分野における競争を実質的に制限すること」に該当するか。

前記①のとおり、20X1年4月に部品Aに代替する部品Cが新たに市場に投入されたが、これまで部品Aの代替商品として部品Bも市場に存在していた（特定部品乙としては部品A、部品Bおよび部品Cのみが存在）。しかし、部品Bの主要な用途は別にあり、部品Bを部品Aに代替するものとして使用する場合には一定のコストを要する改変を施す必要があった。このため、部品Bについては、当該製品を製造するための特定部品乙としての利用は限定的であった。

〔図表5-1〕 製品甲向けの各部品に係る売上額

特定部品乙	20X0年度	20X1年度	20X2年度	20X3年度
部品A	560	440	490	530
部品B	40	20	10	10
部品C	—	140	100	60

(単位：億円)

1 私的独占についての考え方

1．はじめに

私的独占の禁止及び公正取引の確保に関する法律（昭和22年法律第54号）（以下「独占禁止法」という）は、その名称からも明らかなように、「私的独占の禁止」に関する規定を含む法律であるが、良質廉価な商品・サービスを提供することによって市場を独占する行為を禁止するものではない。

「私的独占」の定義は、「事業者が、単独に、又は他の事業者と結合し、若しくは通謀し、その他いかなる方法をもつてするかを問わず、他の事業者の

事業活動を排除し、又は支配することにより、公共の利益に反して、一定の取引分野における競争を実質的に制限すること」(独占禁止法2条5項)である。「排除」、「支配」をはじめ、抽象的な概念が用いられているが、これまで、公正取引委員会が「私的独占」として取り上げた事例は、不当な取引制限と比べて少なく、裁判例についても多いとはいえない状況にある。特に「排除」に関しては、条文上その態様に限定がないことから、通常の競争行為の結果として競争事業者が市場から排除されることとの違いが問題となってきた。このことは、私的独占の運用によっては、通常の競争行為を萎縮させるなど、独占禁止法が目的とする「公正かつ自由な競争の促進」に逆行する事態をもたらしかねないため、どのような行為を「私的独占」として規制するのか、その解釈は明確なものであるべきということを示唆する。

本章においては、過去における裁判例・審決例を取り上げながら、また、特に排除行為については通常の競争行為との違いを意識しながら、私的独占に関する基本的な考え方について整理する。

2．私的独占となる行為の性格

事業者は、通常、顧客に対し、他の事業者よりも優れた品質の商品またはサービスをより低い価格で提供する、いわゆる品質や価格による能率競争を行うことにより、他の事業者の顧客を奪取し、より多くの利益[1]を獲得するべく事業活動を行う。

このような能率競争によって競争事業者の顧客を奪取するといった行為は、競争事業者の事業活動の継続や新規参入を困難にするなどの効果をもたらし得る性格を有するといえ、最終的に「競争自体が減少して、特定の事業者又は事業者団体がその意思で、ある程度自由に、価格、品質、数量、その他各般の条件を左右することによって、市場を支配することができる」[2]、いわゆ

---

[1] 当該利益には、独占を形成し価格等の取引条件を左右することによって得られる、いわゆる超過利潤も含まれ得る。なお、品質や価格による能率競争を前提とする市場メカニズムや超過利潤に関しては第1章❸1．参照。
[2] NTT東日本事件東京高裁判決（東京高判平成21年5月29日審決集56巻(2)262頁）を参照。

る市場支配力を形成することにつながる可能性がないとはいえない（特に、代替技術の開発困難性等による技術的優位の持続性がみられるなど参入障壁がきわめて高いといった例外的な場合には、当該事態を招く可能性があるといえよう）。また、このような市場支配力をすでに有する事業者が、品質や価格に基づく能率競争を行うことにより、競争事業者の商品またはサービスを市場から追いやり、その市場支配力を維持・強化することも可能であろう[3)4)]。

　しかし、品質や価格に基づく能率競争によって前記のような事態が生じたからといって、当該行為が独占禁止法の禁ずる私的独占となることはない。

　それでは、私的独占として問題となる行為は何であろうか[5)]。

　最高裁は、NTT東日本事件（最判平成22年12月17日民集64巻8号2067頁）において、「独禁法は、公正かつ自由な競争を促進し、事業者の創意を発揮させて事業活動を盛んにすることなどによって、一般消費者の利益を確保するとともに、国民経済の民主的で健全な発達を促進することを目的（1条）とし、事業者の競争的行為を制限する人為的制約の除去と事業者の自由な活動の保障を旨とする」と判示し、このような独占禁止法の目的を踏まえ、私的独占であるか否かを判断する1つの基準として、「自らの市場支配力の形成、維持ないし強化という観点からみて正常な競争手段の範囲を逸脱するような人為性を有するもの」であるか否かを挙げる[6)]。

――――――――――
3) 　川濵昇「競争者排除型行為規制の理論的根拠――不公正な取引方法を中心に」公正取引671号（2006）10頁は、「他の事業者の事業活動を困難にすることを排除と呼ぶならば、それは正常な競争であっても起こり得ることです。その結果、競争相手であるプレーヤーの力が減殺したり、あるいは市場から退出したりすることによって、市場支配力の形成・維持・強化があるという事態は正常な競争であっても起こり得るわけです」とする。また、上杉秋則『独禁法による独占行為規制の理論と実務――わが国の実務のどこに問題があるか』（商事法務、2013）106頁〜107頁は、「市場支配力は優れた競争力の発揮により形成されることがある以上、いかなる理由を用いるにせよ、市場支配的地位にある事業者がより効率的になることを阻止してはならない」とする。
4) 　競争の実質的制限の認定における市場支配力の形成・維持・強化の位置づけについては後記5．(1)を参照。
5) 　川濵・前掲注3）10頁は、「『望ましい競争は促進した上で結果として市場支配力がもたらされようが、それは許容範囲である』ということを基本とするならば、排除の中でも妥当な排除と妥当でない排除とを識別するという問題に直面します」とする。
6) 　独占禁止法1条の趣旨から「正常な競争手段の範囲を逸脱するような人為性」の基準が導かれる点については第1章❷2．参照。

この判決における「正常な競争手段の範囲を逸脱するような人為性」については、「みずからの商品役務の優秀さなど、その市場での本来の実力によって排除効果がもたらされたのであれば、『排除行為』とは呼ばない。NTT東日本FTTHサービス最高裁判決は、同じことを裏から表現しようとして『正常な競争手段の範囲を逸脱するような人為性』と述べている」[7]との見解がみられるほか、「人為性」に関しては、「一見正常な競争活動にみえる行為のうち、排除とすべきものを識別するための要素である」とし、正常な競争手段と区別される排除について、「排除が公正かつ自由な競争を侵害するとは、能率競争 (competition on the merits) 以外の手段で排除を行った場合ということになる」[8]とする見解がみられる[9]。

　特に、市場メカニズムの下では、「商品の供給者が他の供給者よりも一層良質廉価な商品を供給するよう努力し、需要者がその中から最も良質廉価な商品を選択することによって、需要と供給の関係による弾力的な市場価格が商品ごとにあるいは全体として形成」[10]される。つまり、品質や価格による能率競争は市場メカニズムが機能する前提となるものであることに鑑みれば、能率競争と相容れない行為は、通常、当該行為自体によって、または当該行為が需要者の選択を歪めることによって、市場メカニズムを損なう結果をもたらし得る。

　このような点に鑑みると、当該判決は、私的独占として問題となる行為が、品質や価格による能率競争を行うといった「正常な競争手段の範囲」に収まる行為ではなく、当該範囲を逸脱するような、能率競争とは相容れない行為であることを示しているものと考えられる。

　したがって、前記のような「人為性」を有する「排除」または「支配」によって（いずれかまたは両方によって）、「一定の取引分野における競争を実質的に制限する」場合に、当該行為は私的独占規制の対象となるものと考えられる。

---

[7] 白石・独禁法講義130頁を参照。
[8] 根岸・注釈独禁法39頁〜40頁〔川濵昇〕を参照。
[9] 能率競争以外の手段による排除を「効率性によらない排除」とする見解（川濵昇「独占禁止法2条5項（私的独占）の再検討」『京都大学法学部創立百周年記念論文集第3巻』（有斐閣、1999）354頁）について、効率性をいわゆる弊害要件論において正当化理由として考慮するべきとの見解もある（白石・独禁法296頁）。
[10] 公取委・30年史36頁を参照。

3．私的独占行為の主体

(1) 行為者の市場における地位

過去、私的独占規制の対象となった事業者の市場における地位は、問題となった行為によって高い市場シェアを獲得するなどした事業者による事例がほとんどである。

このような状況を踏まえ、「排除型私的独占ガイドライン」[11]は、「公正取引委員会は、排除型私的独占として事件の審査を行うか否かの判断に当たり、行為開始後において行為者が供給する商品のシェアがおおむね2分の1を超える」などの事案について優先的に審査を行うとしている。

ここで着目するべきは、当該シェアは行為開始後のものであり、行為開始時点においてすでに市場支配力を有すること[12]が私的独占規制の前提となるものではないこと、また、当該シェア基準は、あくまで優先的に審査の対象とする事案を選別するための1つの基準であって、当該シェア基準に該当しなければ私的独占規制の適用はないとするセーフハーバーではないこと[13]である。

つまり、私的独占規制は、市場支配力を維持・強化する行為のみならず、これを形成する行為についても適用され得るものであり、行為開始時点においてすでに市場支配力を有する事業者による行為であることが、必ずしも私的独占規制を適用する前提となるものではない。

(2) 単独か複数か

私的独占の行為主体については、独占禁止法2条5項において「事業者が、単独に、又は他の事業者と結合し、若しくは通謀し、その他いかなる方法をもつてするかを問わ」ないと規定されていることから、単独の事業者が行為

---

[11] 排除型私的独占ガイドラインについては、公正取引委員会HP (http://www.jftc.go.jp/hourei.files/haijyogata.pdf) を参照。

[12] 行為者が供給する商品のシェアが2分の1超であることが市場支配力を有することを意味するものではない。

[13] 佐久間正哉「『排除型私的独占に係る独占禁止法上の指針』について」公正取引710号 (2009) 4頁を参照。

主体となる場合のほか、結合、通謀等によって複数の事業者が行為主体となる場合が想定される。

過去において複数の事業者が行為主体となった事例として、パチンコ機特許プール事件（公取委勧告審決平成9年8月6日審決集44巻238頁）が挙げられる。

この事例では、11の事業者が新規参入希望者に対して特許権の実施を許諾しないことなどを決定し、当該決定を実施することによって新規参入が排除されていたことが私的独占に該当するとされ、これらの事業者（うち1社については、他の事業者が発行済株式の過半数を所有し、取締役も兼任するなどしていた）が会合等を通じ当該決定を行い、これに基づく行為を共に実施していたことをもって、これら事業者間の結合または通謀の存在を認定している。

4．私的独占となる行為

独占禁止法は、2条5項において、「事業者が、単独に、又は他の事業者と結合し、若しくは通謀し、その他いかなる方法をもつてするかを問わず、他の事業者の事業活動を排除し、又は支配することにより、公共の利益に反して、一定の取引分野における競争を実質的に制限すること」を私的独占とし、3条により、当該行為を禁止している。

私的独占行為については、一般に、他の事業者の事業活動を「排除」する、いわゆる排除行為によって一定の取引分野における競争を実質的に制限する行為を「排除型私的独占」と呼び、他の事業者の事業活動を「支配」する、いわゆる支配行為によって一定の取引分野における競争を実質的に制限する行為を「支配型私的独占」と呼んでいる。

なお、ここでいう「他の事業者」については、行為者とは直接の競争関係にない事業者（たとえば、行為者とは異なる取引段階にある事業者等）や行為者との間に直接の取引関係のない事業者も該当し得る。

(1) 排除行為

「排除」については「他の事業者の事業活動を継続困難にさせたり、新規参入を困難にしたりする行為」[14]であるとされ、排除型私的独占ガイドライン

（第2の1「基本的考え方」(1)）も「他の事業者の事業活動の継続を困難にさせたり、新規参入者の事業開始を困難にさせたりする行為であって、一定の取引分野における競争を実質的に制限することにつながる様々な行為をいう」としている。

　このような排除行為の認定について、最高裁は、前掲 NTT 東日本事件において、「自らの市場支配力の形成、維持ないし強化という観点からみて正常な競争手段の範囲を逸脱するような人為性を有するものであり、競業者のFTTH サービス市場への参入を著しく困難にするなどの効果を持つものといえるか否かによって決すべきものである」とし、排除行為の該当性について、「正常な競争手段の範囲を逸脱するような人為性を有する」か否か、また、「参入を著しく困難にするなどの効果を持つ」か否かを判断基準として挙げる。

　NTT 東日本事件では、東日本電信電話（以下「NH 社」という）が、その競争事業者が消費者に FTTH サービス（光ファイバ設備を用いた戸建て住宅向けの通信サービス）を提供するため NH 社の有する光ファイバ設備に接続するに当たり、その接続料金を、NH 社が自ら当該設備を用いて消費者に提供するFTTH サービスの料金よりも高い価格に設定し、競争事業者の FTTH サービスの提供を困難にさせていたことが認定されているところ、本件における最高裁判決に関する調査官解説[15]は、前記判断基準に関し、「いかに能率的な経営を行おうとも絶対に黒字となることはないから、上記方法によってFTTH サービス市場への参入を行う可能性は事実上封じられるという考え方に立って、本件行為を、新電電に対する実質的な供給拒絶（取引拒絶）と評価したものと解される」とし、そして、「一般に、市場において支配的地位を占める企業であっても競争相手との取引の拒絶は通常は違法ではないから、……これを違法とするには例外的な状況（人為的ないし濫用的要素）がなければならない」とする。これは、このような「例外的な状況」の有無を判断するに当たり、「正常な競争手段の範囲を逸脱するような人為性」および「参入を著しく困難にするなどの効果」の存在について判断する必要があることを示しているものと考えられる[16][17]。

　その上で、最高裁は、NTT 東日本事件において、排除行為に該当するか否

---

14) 今村ほか・注解〔上巻〕50頁〔根岸哲〕。
15) 岡田幸人「判解」曹時64巻11号（2012）277頁〜279頁を参照。

か、つまり、「正常な競争手段の範囲を逸脱するような人為性」および「参入を著しく困難にするなどの効果」を判断するに当たり、両者を別々に判断するのではなく、取引の代替性、商品または役務の特性、行為の態様、行為者および競争事業者の地位、行為の継続期間等の「諸要素を総合的に考慮して判断すべきものと解される」とし、そして、「上告人〔筆者注：NH社〕が、……加入者光ファイバ設備接続市場における事実上唯一の供給者としての地位を利用して、当該競業者が経済的合理性の見地から受け入れることのできない接続条件を設定し提示したもので、その単独かつ一方的な取引拒絶ないし廉売としての側面が、自らの市場支配力の形成、維持ないし強化という観点からみて正常な競争手段の範囲を逸脱するような人為性を有するものであり、当該競業者のFTTHサービス市場への参入を著しく困難にする効果を持つものといえるから、同市場における排除行為に該当するというべきである」と結論づけている。

つまり、NTT東日本事件においては、排除型私的独占ガイドライン（第2の5「供給拒絶・差別的取扱い」(2)）に判断要素として記載されている「川上市場及び川下市場全体の状況」、「川上市場における行為者及びその競争者の地位」、「川下市場における供給先事業者の地位」、「行為の期間」および「行為の態様」を総合的に考慮することによって[18]、「正常な競争手段の範囲を逸脱するような人為性」および「参入を著しく困難にするなどの効果」について、同時に判断を行っているものといえる。

他方、JASRAC事件（最判平成27年4月28日民集69巻3号518頁）において

---

[16] 上杉秋則「JASRAC事件上告棄却判決について」NBL1051号（2015）30頁は、「人為性要件を区別して論ずるのは、排除効果を生む行為であってもそれが競争の結果と見るべき場合を規制対象から除外するためである」とする。

[17] 一方で、「正常な競争手段の範囲を逸脱するような人為性」を有するか否かについては、前記2．のとおり、能率競争との関係が問題となる。この点、能率競争か否かを「人為性」の基準とすることに関しては、「それ自体が基準として機能するものではない」（根岸・注釈独禁法40頁〔川濵〕）とする見解があるほか、「何が『正常な競争手段の範囲を逸脱するような人為性』なのか。このことを具体的事例に即して考えることが求められている」（白石・独禁法講義131頁）とする見解がある。

[18] NTT東日本事件に関する調査官解説（岡田・前掲注15）279頁）は、同事件の最高裁判決について「基本的には本件指針〔筆者注：排除型私的独占ガイドライン〕を参考に『本件行為が違法な取引拒絶としての排除行為に当たるか否か』という見地から判断しているものと推察される」とする。

最高裁は、「本件行為が独占禁止法2条5項にいう『他の事業者の事業活動を排除』する行為に該当するか否かは、本件行為につき、自らの市場支配力の形成、維持ないし強化という観点からみて正常な競争手段の範囲を逸脱するような人為性を有するものであり、他の管理事業者の本件市場への参入を著しく困難にするなどの効果を有するものといえるか否かによって決すべきものである」と判示し、排除行為の認定要件についてNTT東日本事件と同じ要件を提示する一方で、「本件行為が上記の効果を有するものといえるか否かについては、本件市場を含む音楽著作権管理事業に係る市場の状況、参加人及び他の管理事業者の上記市場における地位及び競争条件の差異、放送利用における音楽著作物の特性、本件行為の態様や継続期間等の諸要素を総合的に考慮して判断されるべきものと解される」とし、特に「参入を著しく困難にするなどの効果」についてまず判断している。

これは、上告受理申立て理由のうち、原審である東京高裁判決（東京高判平成25年11月1日判時2206号37頁）が「他の管理事業者の事業活動を排除する効果を有するものと認められることから、この点が認められないことを理由として、本件行為が独占禁止法2条5項に定める排除型私的独占に該当しないとした本件審決〔筆者注：審判審決平成24年6月12日審決集59巻(1)59頁〕の認定、判断には、誤りがある」とした点について上告人が上告受理申立を行い、この点に限って上告審として受理されたこと[19]によるものと考えられる。また、最高裁は、次いで、「本件行為は、別異に解すべき特段の事情のない限り、自らの市場支配力の形成、維持ないし強化という観点からみて正常な競争手段の範囲を逸脱するような人為性を有するものと解するのが相当である」と判示し、事実上、「参入を著しく困難にするなどの効果」の判断根拠とした事実を基に「正常な競争手段の範囲を逸脱するような人為性を有する」と判断していることから、実質的には、「参入を著しく困難にするなどの効果」および「正常な競争手段の範囲を逸脱するような人為性」について同時に判断した前掲NTT東日本事件と異なる考え方を示したとはいえないと考えられる[20]。

---

19) 最高裁決定（最決平成27年4月14日）は、本件を上告審として受理するに当たり、「上告受理申立て理由のうち私的独占の禁止及び公正取引の確保に関する法律2条5項の解釈適用の誤りをいう部分以外の部分をいずれも排除する」としている。

そして、「参入を著しく困難にするなどの効果」があるか否かに関して、前掲JASRAC事件では、音楽著作権を有する者から委託を受け、音楽著作物の利用許諾等に係る音楽著作権の管理を営む事業者（以下「管理事業者」という）である日本音楽著作権協会（以下「J協会」という）が、ほとんどすべての放送事業者との間で、その管理する音楽著作物を包括的に許諾し、その放送使用料を「年度ごとの放送事業収入に所定の率を乗じて得られる金額又は所定の金額」によって徴収（以下「包括徴収」という）する行為について、排除行為該当性が争われたところ、最高裁は、主に、①J協会は「事実上の独占状態にあった」こと、②音楽著作権の管理においては多額の費用を要することなどから、市場参入の困難性が認められること、③放送利用において膨大な数の楽曲が利用されることから、放送事業者は、大部分の音楽著作物について管理委託を受けているJ協会から包括許諾を受け、包括徴収によって放送使用料を支払う利用許諾契約を締結することなく、「他の管理事業者との間でのみ利用許諾契約を締結することはおよそ想定し難い状況にあったものといえる」こと、④「楽曲は放送利用において基本的に代替的な性格を有するものといえる」こと、⑤「放送事業者において、他の管理事業者の管理楽曲を有料で利用する場合には、本件包括徴収による利用許諾契約に基づき参加人〔筆者注：J協会〕に対して支払う放送使用料とは別に追加の放送使用料の負担が生ずることとなり、利用した楽曲全体につき支払うべき放送使用料の総額が増加することとなる」ことから、「放送事業者としては、当該放送番組に適する複数の楽曲の中に参加人の管理楽曲が含まれていれば、経済合理性の観点

---

20) この点について上杉・前掲注16) 29頁〜30頁は、原審が「参入を著しく困難にするなどの効果を有する」ことのみを認定し、「正常な競争手段の範囲を逸脱するような人為性」等その他の要件の認定を公正取引委員会に委ねる判断を行った点について、「最判はこの判断を斥け、本件行為は『正常な競争手段の範囲を逸脱するような人為性を有するものと解するのが相当である』とし、2条5項の要件である『排除する』という要件を充足する旨を認定した。しかし、これでは原審による事実認定を超える事実を認定したとの外観を呈することになる。そこで、原審の事実認定の範囲にとどめるため、本件行為の人為性要件につき『別異に解すべき特段の事情』があるかどうかさらに審理する余地を残したものと解される」とする。そして、当該「特段の事情」について、「人為性要件は、排除効果を識別できる事案につきそれを正当化する『特段の事情』を考慮するための要件であり、そこにさらなる『特段の事情』などあり得ないのである（『特段の事情』があれば、人為性要件として考慮済みの問題である）」とする。

から上記のような放送使用料の追加負担が生じない参加人の管理楽曲を選択することとなるものということができ、これにより放送事業者による他の管理事業者の管理楽曲の利用は抑制されるものということができる」とし、「その抑制の範囲がほとんど全ての放送事業者に及び、その継続期間も相当の長期間〔筆者注：7年余と認定されている〕にわたるものであることなどに照らせば、他の管理事業者の本件市場への参入を著しく困難にする効果を有するものというべきである」としている。これは、「参入を著しく困難にするなどの効果」について、排除型私的独占ガイドライン（第2の3「排他的取引」(2)）に掲げられた判断要素と同様[21]、当該行為の性格、本件市場の状況、行為者および競争者の市場における地位、競争条件の差異等の諸要素を総合的に考慮して判断することを示すとともに、当該判断に当たっては、経済上の経験則を駆使し、合理的な経済人において当該事業活動の継続や新規参入のインセンティブを失わせる性格のものであるか否かという観点から判断することを示しているものと考えられる。この点は、NTT東日本事件において最高裁が、「当該競業者が経済的合理性の見地から受け入れることのできない接続条件を設定し提示した」ことが「当該競業者のFTTHサービス市場への参入を著しく困難にする効果を持つもの」と判断していることからもうかがわれる。このような最高裁の判断は、実際に排除されたか否かといった可視的な事実を立証して「参入を著しく困難にするなどの効果」を推認させるという立証手法ではなく、経済的知見や経験則をもって、経済合理性の観点から当該効果を推認させる立証手法が有用であることを示すものといえる[22]ほか、排除型私的独占ガイドライン第2の1「基本的考え方」(1)が「事業者の行為が排除行為に該当するためには、他の事業者の事業活動が市場から完全に駆逐されたり、新規参入が完全に阻止されたりする結果が現実に発生していることま

---

[21] 排除型私的独占ガイドラインは、過去に問題となった行為を基に、排除行為を「商品を供給しなければ発生しない費用を下回る対価設定」、「排他的取引」、「抱き合わせ」、「供給拒絶・差別的取扱い」の4類型に分類し、それぞれの類型に関して総合考慮される判断要素を示している。

[22] 神垣清水『競争政策概論』（立花書房、2012）82頁は、「シェアの減少や新規参入阻害は、競争制限効果の蓋然性を超えた結果の発生であり、当該行為が排除行為に該当することを推認させる間接事実ではあるが、こうした結果発生の有無に拘泥すると弊害要件に関する立証の在り方を混乱させるおそれを生じさせる」とする。

でが必要とされるわけではない。すなわち、他の事業者の事業活動の継続を困難にさせたり、新規参入者の事業開始を困難にさせたりする蓋然性の高い行為は、排除行為に該当する」としていることと整合するものと思料される。

なお、行為者における他の事業者の事業活動を排除する意図が問題となることがあるが、排除型私的独占ガイドライン（第2の1「基本的考え方」(1)）は、当該意図について、排除行為の要件事実ではないとしているものの、当該行為が排除行為であることを推認する重要な間接事実となり得るとしているほか、排除の意図の下における複数の行為については、これらの行為を一体のものとしてみて、排除の意図を実現するための行為と認定され得るとしている[23]。

(2) 支配行為

「支配」については「原則としてなんらかの意味において他の事業者に制約を加えその事業活動における自由なる決定を奪うことをいう」[24]とされている。ここでいう「自由」については、自主的な判断という意味も含み得ることから、支配行為の認定に関し、行為者の提示する条件等に対して他の事業者が自らの判断で自主的に従った場合は支配行為に当たらない、という誤解を与えかねないが、他の事業者が自主的に従ったとしても、行為者の意思に沿って事業活動が行われている以上、「支配」に該当し得るとされている[25]。

これは、後述するパラマウントベッド事件（公取委勧告審決平成10年3月31日審決集44巻362頁）や福井県経済農業協同組合連合会事件（公取委排除措置命令平成27年1月16日審決集61巻142頁）といった事例にみられるように、被支配事業者が行為者の意思に従うことで被支配事業者間での競争を避けることができるような場合においては、被支配事業者がこれを利益とみて、行為者の意思に従うという自主的な判断をした可能性は否定できないものの、結局、このような判断は行為者が自らの意思に従わせることを目的に被支配事業者に対して条件等の提示をした結果なされたものであることなどを踏ま

---

[23] 当該部分に関する解説として、菅久・独禁法82頁〜83頁〔伊永大輔〕を参照。
[24] 野田醤油事件（東京高判昭和32年12月25日高民集10巻12号743頁）。
[25] たとえば、白石・独禁法297頁は、「『支配』に該当するか否かを考えるに際し、『他の事業者』がやむなく従っているか進んで従っているかは、関係がない」とする。

えれば、「事業活動における自由なる決定」を実質的に奪われているものと評価することが適当と考えられることによるものと思料される。

また、野田醬油事件（東京高判昭和32年12月25日高民集10巻12号743頁）では、単に行為者の設定した価格に他の事業者が追随したことをもって他の事業者の事業活動が支配されたとしているのではなく、行為者が、特定の市場環境の下で他の事業者が行為者の行為に追随せざるを得ないことを分かった上で、再販売価格維持行為を行い、他の事業者が当該行為に追随せざるをえなかったことをもって支配行為としている[26]。これは、特定の市場環境において他の事業者が行為者の特定の行為に追随せざるを得ない中で、行為者が当該行為を行ったことで他の事業者の「自由なる決定」を奪ったものと評価されたものと考えられる。

なお、他の事業者が自らの活動が制約されていると認識している、また、行為者が他の事業者の活動を制約する意図を有している、などの主観的な側面については、「支配」の要件事実ではないものの、当該行為によって他の事業者が何らかの制約を受け、「自由なる決定」を奪われ、その事業活動を行為者の意思に沿ったものとしていることを推認する重要な間接事実となり得る。

ただ、「事業活動における自由なる決定」を奪う行為が「支配」に該当するか否かは、前掲NTT東日本事件において最高裁が排除行為の要件として挙げた「正常な競争手段の範囲を逸脱するような人為性を有するもの」であるか否かを考慮する必要がある。これは、「人為性」の要件が独占禁止法1条の趣旨から導かれるものと考えられることによる。たとえば、当該行為が他の事業者の自由な活動に制約を加える性格のものである場合には、当該行為自体が能率競争と相容れないものであることに加え、他の事業者による能率競争を歪めるものであるといえることから、「人為性」の要件を満たすこととなろう。他方、前掲野田醬油事件のように、特定の市場環境の下で特定の事業者の行為に他の事業者が追随せざるを得ない場合、仮に当該行為が能率競争

---

[26] たとえば、伊従＝矢部・Q＆A127頁〔松山隆英〕は、「野田醬油が定めた生産者価格に3社の生産者価格が追随したケースでは、私的独占の支配には該当しないというのが審決・判決の考え方であり、自社の製品を販売する小売業者に対し、不公正な取引方法に該当する再販売価格維持行為を行ったことが、支配という反競争性のある行為と評価されたものと考えられる」とする。

によるものであれば「人為性」の要件を満たすことはないため、支配行為と認定されることはないものと考えられるが、再販売価格維持行為のような能率競争と相容れない行為である場合には、「人為性」の要件を満たすこととなり、支配行為と認定されることとなるものと考えられる。つまり、排除行為の場合と同様、当該行為が「人為性」を有するか否かが規制対象となる支配行為の範囲を形成するものと考えられる。

　これらの点について、パラマウントベッド事件を例にみる。本件は、医療用ベッドの製造業者であるパラマウントベッド（以下「P社」という）が、同ベッドの販売業者のみに参加資格がある都立病院向け医療用ベッドの入札において、落札予定者および落札予定価格を決め、当該落札予定者が当該落札予定価格で落札できるようにするため、入札に参加する販売業者に入札すべき価格を指示するなどした行為を支配行為とした事案である[27]。

　本件においてP社は、入札に参加する販売業者に対して入札価格を指示していたほか、当該指示に従わせるため、これらの販売業者に帳票類上の取引に参加させることなどにより利益の提供を行うなどしていたところ、当該行為については、販売業者が売上げおよび利益の確保という観点から不確実性の大きい入札よりも一定の売上げおよび利益を確実に確保することができるという点を踏まえてP社の指示に販売業者自らの判断で従ったとの主張もあり得るものと考えられる。しかし、仮に販売業者の行為が自主的な判断によるものであったとしても、P社の行為がなければ、販売業者は本件とは異なる活動、つまり、品質や価格に基づく能率競争を行っていたことは明らかであろう。このため、P社の一連の行為によって、他の事業者がこれに従うことにより一定の売上げおよび利益が確保できるなどの理由からその事業活動をP社の意思に沿ったものとしている、つまり、「なんらかの意味において他の事業者に制約を加えその事業活動における自由なる決定を奪」ったと評価されたものと考えられる。また、このような行為は、本来、入札に参加する販売業者が品質や仕入価格、需給等を基に決めるべき価格を差配するものであり、当該販売業者による能率競争を否定する性格のものであることから、「人為性」を有するものと考えられる。

---

[27] 本件では、支配行為のほか、排除行為が認定されている。

福井県経済農業協同組合連合会事件では、福井県経済農業協同組合連合会（以下「F経連」という）が、福井県の補助事業の対象工事の施主となる農協の発注業務（指名競争入札）を代行して行うに当たり、受注予定者を定め当該受注予定者に入札価格を指示するとともに、他の入札参加者の入札すべき価格を指示していたことが認定されているところ、本件では、F経連が入札参加者となる事業者の指名を行う状況下において、入札参加者が、F経連による受注予定者の選定、入札価格の指示といった仕切りに従わない場合、入札参加に必要な指名を受けられないなどの不利益をこうむることを理由として、その事業活動をF経連の意思に沿ったものとしていることがうかがわれる。このため、本件行為についても「なんらかの意味において他の事業者に制約を加えその事業活動における自由なる決定を奪」ったと評価されたものと考えられる。また、当該仕切りについては、パラマウントベッド事件と同様のものであり、「人為性」を有するものであることから、本件行為について支配行為と認定されたものと考えられる。

5．一定の取引分野における競争の実質的制限

(1)　競争の実質的制限の意義[28]

　競争の実質的制限の該当性については、その行為が結果として競争機能にどのような影響をもたらしたかが評価される。

　この点、最高裁は、前掲NTT東日本事件において、「『競争を実質的に制限すること』、すなわち市場支配力の形成、維持ないし強化という結果が生じていた」と判示し、このような市場支配力の形成・維持・強化について、その原審である東京高裁判決（東京高判平成21年5月29日審決集56巻(2)262頁）は、「独占禁止法2条5項に規定する『一定の取引分野における競争を実質的に制限する』とは、競争自体が減少して、特定の事業者又は事業者団体がその意思で、ある程度自由に、価格、品質、数量、その他各般の条件を左右することによって、市場を支配することができる状態を形成、維持、強化することをいうものと解される」と判示している[29]。

----

[28]　「公共の利益に反して」の要件については、第2章Ⅰ5．(4)参照。

当該判決における記述は、私的独占においても、不当な取引制限における競争の実質的制限の考え方と同じであることを示すものであり、排除行為または支配行為によって、ある程度自由に価格等の条件を左右することができる状態をもたらす、つまり、市場が有する競争機能を害する結果を生じさせたか否かによって競争の実質的制限の該当性が判断されることとなる[30]。

たとえば、インテル事件（公取委勧告審決平成17年4月13日審決集52巻341頁）を例に挙げるとすれば、すでに市場支配的状態にあったインテルがリベートを提供する条件として国内パソコンメーカーに競争事業者製CPUを取り扱わせないようにするなどした行為は、実際に競争事業者による競争事業者製CPUからインテル製CPUへの切替えを現に生じさせ、市場における競争機能を害する結果を生じさせたことから、競争を実質的に制限したものといえる。

なお、不当な取引制限における競争の実質的制限に関し、最高裁は、多摩談合事件（最判平成24年2月20日民集66巻2号796頁）において、「法2条6項にいう『一定の取引分野における競争を実質的に制限する』とは、当該取引に係る市場が有する競争機能を損なうことをいい、本件基本合意のような一定の入札市場における受注調整の基本的な方法や手順等を取り決める行為によって競争制限が行われる場合には、当該取決めによって、その当事者である事業者らがその意思で当該入札市場における落札者及び落札価格をある程度自由に左右することができる状態をもたらすことをいうものと解される」と判示し、前掲NTT東日本事件において最高裁が示した「市場支配力の形成、維持ないし強化」といった文言を用いていない。これは、「市場が有する競争機能を損なうこと」、つまり、価格等を「ある程度自由に左右することができる状態をもたらすこと」によって、「『競争を実質的に制限すること』、すなわち市場支配力の形成、維持ないし強化という結果が生じていた」ということであり、市場支配力の形成・維持・強化という文言の有無が、競争機能が害されることが競争の実質的制限を意味するという関係に影響を与える

---

29) 排除型私的独占ガイドライン（第3の2「競争の実質的制限」(1)）も当該判決を基に「一定の取引分野における競争を実質的に制限する」の意義について記載している。
30) 不当な取引制限における競争の実質的制限については、第2章■5．および第4章■5．を参照。

ものではないと考えられる。

　また、当該行為によって競争が実質的に制限されたか否か、つまり、競争機能が害されたか否かを判断するに当たり、前掲NTT東日本事件において最高裁は、「競業者のFTTHサービス提供地域が限定されていたことやFTTHサービスの特性等に照らすと、本件行為期間において、先行する事業者である上告人〔筆者注：NH社〕に対するFTTHサービス市場における既存の競業者による牽制力が十分に生じていたものとはいえない状況にあるので、本件行為により、同項にいう『競争を実質的に制限すること』、すなわち市場支配力の形成、維持ないし強化という結果が生じていたものというべきである」と判示し、競争の実質的制限の該当性を判断するに当たって総合的に考慮される要素として排除型私的独占ガイドライン（第3の2「競争の実質的制限」(2)）において挙げられている、行為者の地位および競争事業者の状況、参入障壁、商品の代替性、需要者の対抗的な交渉力等が競争の実質的制限の該当性判断において重要な要素となることを示唆する[31]。

　この点、たとえば、行為者の地位に関しては、一般的に、行為者の市場シェアが高く、その順位も高い場合、競争事業者による牽制力は弱いと考えられるところ、このような状態の下で、仮に、排除行為または支配行為によって行為者の市場シェアがさらに大きくなった場合、競争事業者による牽制力は弱まり、市場における競争機能が弱体化したということが推測される。しかし、当該行為前後の行為者の地位の変化だけで、当該行為によって競争が実質的に制限されたか否かを認定することはできない。あくまで、行為者の地位の変化は、当該行為によって競争の実質的制限がもたらされたことを推認するための間接事実の1つでしかない。このため、他の判断要素についても検討し、間接事実を積み上げていくことが必要となる。

　一方で、たとえば、需要者の対抗的な交渉力について、排除型私的独占ガイドライン（第3の2「競争の実質的制限」(2)ウ）は、「需要者が供給先を切り替えることが容易である場合……のように、……需要者の価格交渉力が強い場合は、そうでない場合と比較して、行為者が価格等をある程度自由に左右す

---

[31] NTT東日本事件に関する調査官解説（岡田・前掲注15）288頁）は、排除型私的独占ガイドラインが、その示す判断要素を考慮して競争の実質的制限の該当性を判断するとしている点について、「本件においても参考になる」とする。

ることをある程度妨げる要因となる」としている。これは、仮に、需要者の交渉力が強い場合、行為者が価格等の条件を左右することが難しい、つまり、競争が機能していることの示唆を与えるため、当該交渉力が強いとの事実は、当該行為による競争の実質的制限の推認を反証するための間接事実として位置づけられることとなる。

このように、これらの判断要素は、当該行為による競争の実質的制限の推認または反証において重要な役割を演じることとなる。

また、前掲NTT東日本事件の調査官解説[32]は、「東京高判昭和26年9月19日〔東宝スバル事件〕が、競争の実質的制限は、『競争自体が減少して、』行為者がある程度自由に価格等を左右することによってもたらされるとしているとおり、競業者が排除されて競争が減少すれば、通常は市場支配力を維持・形成・強化することにつながるものと解される(逆にいえば、そうであるからこそ行為者は競業者を排除するし、供給者の数が減れば通常は供給余力も減り、行為者に対する市場内の牽制力は低下する。)。よって、他者排除事案においては、経験則上、通常であれば競争の実質的制限の状態が生じているものと推認することが許されよう。特に、市場シェアが高い行為者が競業者排除を行った場合には、このように事実上の推定をすることにはより合理性が高いと考えられる」とし、このような「推認」を覆すことができるかどうかが競争の実質的制限の争点になり得ることについて示唆する。

(2) 一定の取引分野の画定

私的独占事件における一定の取引分野の画定に係る考え方について排除型私的独占ガイドライン(第3の1「一定の取引分野」(1))は、「一定の取引分野とは、排除行為によって競争の実質的制限がもたらされる範囲をいい、その成立する範囲は、具体的な行為や取引の対象・地域・態様等に応じて相対的に決定されるべきものである。したがって、一定の取引分野は、不当な取引制限と同様、具体的行為や取引の対象・地域・態様等に応じて、当該行為に係る取引及びそれにより影響を受ける範囲を検討し、その競争が実質的に制限される範囲を画定して決定されるのが原則である」とし、不当な取引制限

---

[32] 岡田・前掲注15) 288頁〜289頁。

と同様の考え方により一定の取引分野が画定されるとしている。

　また、排除型私的独占ガイドライン（第3の1「一定の取引分野」(1)）は、排除行為が異なる複数の商品等に係る取引においてなされることがあるなどのケースを念頭に、「一定の取引分野の画定については、排除行為に係る取引及びそれにより影響を受ける範囲を検討する際に、必要に応じて、需要者（又は供給者）にとって取引対象商品……と代替性のある商品の範囲……又は地理的範囲……がどの程度広いものであるかとの観点を考慮する」〔傍点筆者〕とし、当該行為の影響が及ぶ範囲の検討に当たって商品の代替性等を考慮するとしている。これは、競争の実質的制限の判断とは別に、商品の代替性等をもって一定の取引分野の画定を行うことを意味するものではなく、複数の商品を対象とした行為が行われるなどのケースにおいて、競争の実質的制限の及ぶ範囲、つまり、競争機能が害されている範囲を検討するに当たって商品の代替性等を考慮することを示したものと考えられる。

　たとえば、複数の商品を対象とした排除行為に関し、ある商品については当該商品に係る需要の代替性等から競争機能が害されるという事態が生じているとはいえない場合、当該商品に係る取引については、当該行為による競争の実質的制限が及んでおらず、一定の取引分野には含まれないこととなる。また、地理的範囲によっては、商品の代替性等において相違があり、競争機能が害されている範囲が地理的に異なることも想定される。

　このように、私的独占における一定の取引分野の画定については、不当な取引制限と同様[33]、商品の代替性等を踏まえた上で、当該行為によって競争機能が害されている範囲を画定するものであり、一定の取引分野の画定と競争の実質的制限の判断は同時・一体的に行われることとなる。

　他方、前掲NTT東日本事件において最高裁は、FTTHサービスとADSLサービス等との需要の代替性がほとんど生じていなかったことをもってFTTHサービス市場を「一定の取引分野」と評価した上で、当該取引分野における競争の実質的制限について判断しているが、仮に、これらの間に需要の代替性があったとすれば、そもそも、本件行為によって競争機能が害される事態、つまり、競争の実質的制限は生じていなかったであろう。つまり、

---

[33]　不当な取引制限における一定の取引分野の画定については、第3章❶2．参照。

商品の代替性等によって競争機能が維持されているのであれば、当該行為の影響が及ぶ範囲としての一定の取引分野は観念できないこととなる。

この点、本件の調査官解説[34]は、ADSLサービス等からFTTHサービスに移行するユーザーは多いものの、逆はほとんどないとの本判決の事実認定を前提として、「既にFTTHサービスを利用しているユーザーを需要者とするFTTHサービス市場を、ADSLやCATVインターネットとの競争からはある程度独立した本件行為の影響の及ぶ範囲、すなわち『一定の取引分野』と観念することは可能であると考えられる」と整理し、本件においても一定の取引分野の画定と競争の実質的制限の判断が同時・一体的に行われたことを示唆する。

このため、本判決では、原告（NH社）側がFTTHサービスだけではなくADSLサービス等も一定の取引分野に含まれるとして当該分野における競争の実質的制限は生じていないとする主張に答えるに当たり、両者に需要の代替性がほとんどないことをもってADSLサービス等が一定の取引分野に含まれない旨判示しているが、これは実質的には競争の実質的制限の成否を判断するに当たって需要の代替性を考慮したことにほかならないとみるべきであろう。

なお、企業結合事案では、排除行為や支配行為といった具体的な行為が存在しない中で、商品の代替性等を踏まえて一定の取引分野を画定し、当該企業結合が実施された場合に当該分野における競争が実質的に制限されることとなるか否かを判断することとなる。このため、具体的な行為の存在を前提とする私的独占や不当な取引制限における一定の取引分野の画定とはアプローチが異なる[35]。

---

34) 岡田・前掲注15) 287頁〜288頁。
35) 企業結合規制における一定の取引分野の画定に係るアプローチとの相違については、第3章■2．(3)参照。

2 設問に対する回答

1．設問①

　Xは、部品Aに関して自らと継続的な取引関係にある事業者を対象に部品Bおよび部品Cを購入しないよう要請し、当該要請を受け入れた事業者に対して割戻金の提供を行っている。当該割戻金の提供は、特定部品乙を利用する事業者において部品の安定的な調達を確保する観点から部品Aの供給を受ける必要があり（部品Cの供給能力が限定的）、部品Aを独占的に販売しているXに代わる取引先が容易に見出せないといった市場環境の下、Xにおける部品Aの売上額の回復やYにおける部品Cの供給能力増強の誘因を殺ぐことを目的として、競争事業者の製品を購入しないことを条件に行われている。また、本件提供は、四半期ごとに取引条件が定まる中、20X2年度以降、継続して実施されている。

　これらの事実は、特に、部品Aの供給を継続して受けることが不可欠であり商品および取引先について代替性があるとはいえないこと、当該割戻金提供の排他性は、品質や価格に基づく能率競争によるものではなく、能率競争とは相容れない提供条件の設定によるものであること、本件行為がXの市場支配的地位の維持・強化を目的としていることなどを示唆する。

　このため、本件行為は、その性格において、取引の代替性、商品または役務の特性、行為の態様、行為者および競争事業者の地位、行為の継続期間等の諸要素に関する総合的考慮から、「自らの市場支配力の形成、維持ないし強化という観点からみて正常な競争手段の範囲を逸脱するような人為性を有するもの」であり、部品Cおよび特定部品乙として利用される部品Bの製造業者および販売業者における特定部品乙に係る事業活動を困難にする高い蓋然性を有するといえ、「参入を著しく困難にするなどの効果」を有するものといえる。したがって、本件行為は排除行為に該当することとなる。

2．設問②

　本件行為が開始される前の段階において、部品Aは、部品Bとの競合関係が認められるものの、部品Bが特定部品乙として使用されるためには一定のコストを要する改変を施す必要があり、実際に部品Bの特定部品乙としての活用が少額であることから、部品Bによる競争圧力はきわめて限定的であるものとみられる。また、特定部品乙の開発には相当の期間を要するとみられることから、新規参入の困難性が認められる。このため、部品Aを独占的に販売しているXに対する牽制力は弱く、同社は、本件行為前の段階において、すでに市場支配力を有していたものと考えられる。

　一方で、20X1年4月の部品Cの新規参入は、各特定部品乙における売上額等の推移から、Xにおける、取引条件を左右することのできる能力を低下させた、つまり、部品Cの安定供給能力の欠如によって引き続き部品Aを購入する必要がある部分にXの当該能力の及ぶ範囲を狭めたものとみられる。しかし、部品Aと部品Cの売上額や市場シェア、安定供給能力の相違から、Xに対する牽制力に有意な変化はなく、前記の市場支配的状態が解消されたとはいえないものといえる。

　このような中で、本件行為は、他の販売業者が取り扱う特定部品乙を取り扱わないことを条件に割戻金を提供するものであり、当該条件に従った商品選択が現になされ、競争機能を害する結果を生じさせている。このため、本件行為は、競争を実質的に制限したものといえる。

　また、本件行為による競争の実質的制限は、Xが取引先事業者に対して設定した割戻金提供に係る条件から、部品Aおよび部品Cだけではなく、製品甲に用いられる部品Bの取引にも及んでいる。

　この点、部品Bについては部品Aと一定の代替性を有するとの観点から、部品Bの全体（特定部品乙として用いられるものに加え、他の用途に用いられるものも含めた全体）を一定の取引分野に含めるべきとの考え方もあるものと思われる。

　しかし、部品Aの代替品として用いるためには一定のコストを要し、実際に過去において一部の部品Bのみが部品Aの代替品として用いられている

にすぎないことから、その代替性は限定的であり、部品Aの代替品として用いられない部品Bに関しては、競争の実質的制限が及んでいないものとみて、一定の取引分野には含まれないとすることが適当と考えられる。

　また、本件行為の影響は、Xと同じ取引段階にあるZを含む販売業者に加え、Xとは別の取引段階にあるY等の製造業者の事業活動にも及んでいる。

　このため、本件における一定の取引分野は、特定部品乙に係る取引分野とし、本件行為は特定部品乙に係る取引分野における競争を実質的に制限したものと認めることが適当と考えられる。

〔おくむら　つよし〕

第6章

不公正な取引方法における公正競争阻害性

設問

① 玩具メーカーA社は、一般消費者からの人気が圧倒的に高いゲーム機器Xについて、メーカー希望小売価格を設定しており、ほとんどすべての販売業者がメーカー希望小売価格の近傍の価格で販売していたところ、大手量販店3社が、大幅な安売りを行い始めたことから、A社は、他の販売業者に安売りの動きが波及することを防ぐため、当該大手量販店3社に対し、小売価格をメーカー希望小売価格から10％以上値引きした水準にしないよう要請した。

当該大手量販店3社は、全国に店舗を有し、A社の取引先販売業者の中で、ゲーム機器Xの売上額が上位5位以内であったことから、他の販売業者の販売価格の設定に大きな影響を及ぼし得る者であった。

A社による再三の要請にもかかわらず、大手量販店3社は、要請した下限を大幅に下回る小売価格での販売を続けたため、A社は、当該大手量販店3社に対し、ゲーム機器Xの出荷停止措置をとった。

その結果、大手量販店3社ではゲーム機器Xが販売できなくなり、他の販売業者によるゲーム機器Xの小売価格は、メーカー希望小売価格の近傍で維持された。

A社による一連の行為は、独占禁止法違反となるか。

② B社は、健康食品Yのメーカーであり、健康食品Yの製造販売分野におけるシェアは約20％（第2位）である。

健康商品Yを製造する競争事業者として、シェア約25％（第1位）を有するC社、シェア約10％（第3位）を有するD社のほかに複数のメー

カーが存在するところ、健康食品Yは各メーカー間の品質差が小さく、価格競争が活発である。

B社は、販売代理店を通じて一般消費者に健康食品Yを販売しているところ、同じ都道府県内に複数の販売代理店がある地域もあれば、一店舗も販売代理店がない地域もあり、効率的な販売を行えていなかったため、販売代理店ごとに販売地域を指定し、指定地域外での販売を禁止する規定を代理店契約に設けた。

B社による販売代理店への地域制限は、独占禁止法違反となるか。

1 不公正な取引方法と公正競争阻害性

1．はじめに

前章までにおいて、独占禁止法の行為規制の対象のうち、文言がきわめて抽象的な「不当な取引制限」と「私的独占」の行為要件の内容については、効果要件とされる「競争の実質的制限」との関係を意識して解釈すべきことを述べた[1]。すなわち、「不当な取引制限」における「共同して……相互にその事業活動を拘束」するとは、事業者間で「競争の実質的制限」の成立に必要な程度で、相互に競争回避的な行動をとる予測が可能となっていれば足りるものであり、また、「私的独占」における「排除」は、「競争の実質的制限」という観点からみて正常な競争手段の範囲を逸脱するような人為性を有するか否かにより評価されるものである。

本章で取り扱う「不公正な取引方法」は、禁止される行為類型自体は、独占禁止法2条9項1号〜5号の規定および同項6号に基づく公正取引委員会告示の文言上、比較的具体的に規定されているものの、効果要件とされる「公正な競争を阻害するおそれ」（以下「公正競争阻害性」という）は抽象的な概念

---

[1] 「不当な取引制限」と「私的独占」の行為要件と効果要件の関係については、それぞれ、第2章❶4．、第5章❶2．および5．参照。

となっている。

　本章では、主として、個別具体的な訴訟で問題となりやすいと思われる類型の1つである、取引の相手方の事業活動に条件を付す行為を問題とする「事業活動の不当拘束」について取り扱う[2]。

　市場における経済活動としての取引は、原則として自由であり、取引の条件も、取引の当事者が、経済効率を重視して自由な判断に基づき決定することが原則であるから、当事者間で合意された条件は、基本的に尊重されるべきである。それにもかかわらず、独占禁止法が、公正な競争を維持する観点から規制するのは、どのような趣旨に基づき、競争上どのような状態をもたらす場合なのか、整理しつつ公正競争阻害性の意義を明らかにしていくこととしたい。

2．「不公正な取引方法」の規定体系

　「不公正な取引方法」の禁止規定は、独占禁止法19条に置かれている。
　「不公正な取引方法」の定義は、独占禁止法2条9項1号〜5号で直接規定されるものと、同項6号イ〜ヘのうち「公正な競争を阻害するおそれがあるもの」として公正取引委員会が告示により指定するものとに分けられる。
　独占禁止法2条9項6号に基づく公正取引委員会による指定には、事業分野を問わず適用される「一般指定」[3]と呼ばれるものと、特定の事業分野に対してのみ適用される「特殊指定」[4]と呼ばれるものがある。
　平成21年の独占禁止法改正前は、2条9項6号に相当する規定のみが置かれており、「不公正な取引方法」は、すべて、「公正な競争を阻害するおそれがあるもののうち、公正取引委員会が指定するもの」であったが、「不公正な取引方法」の一部に課徴金制度を導入することに伴い、一般指定の中から、課徴金対象となる5つの行為類型を切り出す形で、2条9項1号〜5号まで

---

[2] 「不公正な取引方法」のうち、「取引上の地位の不当利用」（いわゆる、優越的地位の濫用行為）については、次章で取り扱う。
[3] 昭和57年公正取引委員会告示第15号により指定されたもの。
[4] 現在は、大規模小売業（平成17年公正取引委員会告示第11号）、物流業（平成16年公正取引委員会告示第1号）および新聞業（平成11年公正取引委員会告示第9号）の3つの事業分野について指定がなされている。

に直接規定することとなった。すなわち、共同の供給拒絶（1号）、差別対価（2号）、不当廉売（3号）、再販売価格の拘束（4号）および優越的地位の濫用（5号）である。

ところで、これら2条9項1号～5号には、改正前と異なり、「公正な競争を阻害するおそれ」との文言がないものとなっている。しかし、2条9項1号～5号は、「公正な競争を阻害するおそれがあるもののうち、公正取引委員会が指定する」一般指定の中から切り出した行為類型であるから、「公正な競争を阻害するおそれ」がある行為に変わりはなく、各号における「正当な理由がないのに」、「不当に」、「正常な商慣習に照らして不当に」の各文言が、「公正な競争を阻害するおそれ」を意味するものとして解されており、これら行為類型についても公正競争阻害性が効果要件として必要と解されている[5]。

また、独占禁止法2条9項6号イ～へがカバーしている6つの類型（①事業者の差別的取扱い、②不当な対価取引、③不当な顧客誘引・取引強制、④事業活動の不当拘束、⑤取引上の地位の不当利用、⑥競争者に対する不当な取引妨害・内部干渉）については、平成21年に改正された公正取引委員会告示[6]により、一般指定として、15の多様な行為（共同の取引拒絶（共同の供給を受けることの拒絶）、その他の取引拒絶、差別対価、取引条件等の差別取扱い、事業者団体における差別取扱い等、不当廉売、不当高価購入、ぎまん的顧客誘引、不当な利益による顧客誘引、抱き合わせ販売等、排他条件付取引、拘束条件付取引、取引の相手方の役員選任への不当干渉、競争者に対する取引妨害および競争会社に対する内部干渉）が「公正な競争を阻害するおそれがあるもの」として指定されている。

したがって、公正競争阻害性とは、「不公正な取引方法」として禁止される行為の範囲を画するものである。

3．公正競争阻害性の解釈

(1) 3つの側面

独占禁止法が「不公正な取引方法」を禁止する趣旨は、競争を「公正かつ

---

[5] 金井ほか・独禁法258頁および261頁〔川濵昇〕および根岸・注釈独禁法877頁〔根岸哲〕参照。
[6] 平成21年公正取引委員会告示第18号。

〔図表6-1〕 公正競争阻害性の分類と行為類型

公正競争阻害性の分類	行為類型	独占禁止法2条9項	一般指定
主として①競争の減殺	共同の取引拒絶	1号	1項
	その他の取引拒絶		2項
	差別対価	2号	3項
	取引条件等の差別取扱い		4項
	事業者団体における差別取扱い等		5項
	不当廉売	3号	6項
	不当高価購入		7項
	排他条件付取引		11項
	再販売価格の拘束	4号	
	拘束条件付取引		12項
①競争の減殺と②競争手段の不公正さのいずれかまたは両方	抱き合わせ販売等		10項
	競争者に対する取引妨害		14項
	競争会社に対する内部干渉		15項
主として②競争手段の不公正さ	ぎまん的顧客誘引		8項
	不当な利益による顧客誘引		9項
③競争基盤の侵害	優越的地位の濫用	5号	
	取引の相手方の役員選任への不当干渉		13項

自由」なものに秩序づけることにある。独占禁止法1条から導かれる公正かつ自由な競争秩序とは、市場のもつ価格形成機能が充分に働くような競争秩序であること[7]から、公正取引委員会は、公正競争阻害性には、①競争の減殺、②競争手段の不公正さ、③競争基盤の侵害の3つの側面があり、①〜③のいずれかまたはいくつかを同時に侵害する場合に公正競争阻害性が認められるとして解釈・運用してきている（なお、①〜③の分類を各行為類型に当てはめれば、おおむね図表6-1のとおりと考えられる）[8]。

これは、昭和57年7月に公表された独占禁止法研究会報告書「不公正な取

---

[7] 第1章２２．参照。
[8] 公正競争阻害性の内容については、第1章３３．参照。

引方法に関する基本的な考え方」[9]を踏まえたものであり[10]、学説上も通説となっている[11]。

①の競争の減殺として通常想定される態様は、独占禁止法1条で保護しようとする公正かつ自由な競争秩序、つまり、市場のもつ価格形成機能が充分に働くための経済学上の前提（仮定）となる、個々の経済主体が「価格に対する影響力を持ち得ない」、「市場への参入・退出は自由」から導かれるものである[12]。すなわち、行為を通じて、価格設定等における事業者相互間の自由な競争が妨げられるおそれがある場合、または、事業者がその競争に参加することが妨げられる（取引機会を減少させ、他に代わり得る取引先を容易に見い出すことができなくなるか、事業活動を困難にする）おそれがある場合に公正競争阻害性が認められることとなり、前掲図表6-1で競争の減殺に分類された行為類型については、行為がもたらす影響・効果として、いずれかのおそれを満たす場合に違法となる[13]。

行為を通じた競争の減殺という影響・効果に着目することから、「不当な取引制限」や「私的独占」の効果要件である「競争の実質的制限」との差異が問題となるが、確定した審決例では、排他条件付取引が問題となった大正製薬事件（公取委審判審決昭和28年3月28日審決集4巻119頁）において、「競争の制限が、一定の取引分野における競争を実質的に制限するものと認められる程度のものである必要はなく、ある程度において公正な自由競争を妨げる

---

9) 当時の公正取引委員会事務局に置かれた経済法学者、経済学者らから成る研究会の報告書である。報告書全文は、田中寿編著『不公正な取引方法――新一般指定の解説』別冊NBL9号（商事法務研究会、1982）100頁参照。
10) 田中編著・前掲注9) 10頁参照。
11) 金井ほか・独禁法264頁〔川濱〕参照。
12) 第1章参照。
13) たとえば、2条9項3号で規定する不当廉売は、価格が安いこと自体を独占禁止法上問題にするのではなく、廉売行為者が、自らの効率性によらず、商品の供給が増大するにつれ損失が拡大するような、供給に要する費用を著しく下回る対価設定により、廉売行為者と同等またはそれ以上に効率的な競争者の事業活動を困難にするおそれがある場合を違法としようとする。また、一般指定10項で規定する抱き合わせ販売は、「他の商品」を抱き合わせて販売すること自体を独占禁止法上問題にするのではなく、抱き合わせ販売を通じて、「他の商品」の市場における競争者の取引の機会が減少し、他に代わり得る取引先を容易に見いだすことができなくなるおそれがあると認められる場合を違法としようとする。

ものと認められる場合で足りるものと解すべき」としているほか、拘束条件付取引が問題となったマイクロソフト事件（公取委審判審決平成20年9月16日審決集55巻380頁）において、「独占禁止法第19条が『公正な競争を阻害するおそれがある』場合を不公正な取引方法として違法とするのは、競争制限の弊害が現実に生じる萌芽の段階において、不公正な取引方法を規制し、よって実質的な競争制限に発展する可能性を阻止する等の趣旨を有するものであるから、その認定に当たって、公正な競争を阻害することの立証まで要するものではなく、公正な競争を阻害するおそれの段階をもって、不公正な取引方法に該当するか否かが判断されるべきである」としている。

このように、公正競争阻害性は、「競争の実質的制限」に至らない段階で認められるものであるから、行為要件が備わっていれば、「不当な取引制限」や「私的独占」のいわば予備・未遂段階のものを「不公正な取引方法」として規制することが可能である。

②の競争手段の不公正さとは、競争手段が価格・品質・サービスを中心としたものであることにより競争が秩序づけられていることが必要であり、かかる観点からみて競争手段として不公正であることをいう。

具体的には、自らの商品の価格・品質等の情報を歪めて伝え、顧客の合理的な選択を歪めることや、誹謗中傷等による競争者の取引の妨害などが当たる。

このような非難に値する競争手段の行使も「不公正な取引方法」に含まれているのは、市場のもつ価格形成機能が充分に働くための根幹ともいうべき、顧客が良質廉価な商品を適正かつ自由に選択することを歪める行為であるからである。

不正手段の行使を問題とするものであるが、公正競争阻害性の判断に当たっては、独占禁止法1条に照らし、市場全体における競争秩序の維持という観点から、行為の相手方の数、行為の継続性・反復性、伝播性等の量的な影響を考慮することとなる。

③の競争基盤の侵害とは、取引主体の自由かつ自主的な判断により取引が行われるという自由な競争の基盤が侵害されることをいう。

具体的には、取引上の優越的な地位を利用して、競争が機能していれば受け容れることがないであろう不利益を取引の相手方に対して課すことである。

このような、いわゆる優越的地位の濫用行為は、直接的に、前記①でいう競争の減殺をもたらすものではないが、公正取引委員会は、(i)取引主体の自由かつ自主的な判断による取引の阻害とともに、(ii)当該取引の相手方はその競争者との関係において競争上不利となる一方で、行為者はその競争者との関係において、価格や品質による競争とは別の要因によって競争上有利となるおそれがあることに公正競争阻害性を求めている（日本トイザらス事件（公取委審判審決平成27年6月4日審決集未登載））。

公正競争阻害性の判断に当たっては、独占禁止法1条に照らし、市場全体における競争秩序の維持という観点から、行為の相手方の数、行為の継続性・反復性、伝播性、不利益の程度等の量的な影響を考慮し、当該濫用行為がある程度の継続性・反復性等を有していれば、(ii)は当然に生じるものと考えられる。

不公正な取引方法の禁止は、公正な競争を阻害する「おそれ」を防ぐものである。したがって、前記①～③の分類いずれについても、競争を阻害する具体的な結果が発生することは必要でなく、その可能性・蓋然性があれば足りるものとして考えられている[14]。競争を阻害する可能性・蓋然性を判断するに当たっては、必要に応じて、機能・効用が同様で、地理的条件等から相互に代替関係にあると認められる商品や役務の市場の範囲を画定する。

(2) 正当化事由

公正競争阻害性の判断において、行為がもたらす影響・効果として、競争の回避または競争者の排除のおそれが認められるとしても、行為者が、安全、健康、文化、環境等の、社会公共目的等を理由として、当該行為には合理性や正当性があり、公正競争阻害性がないことを主張する場合がある。

第1次育児用粉ミルク（和光堂）事件（最判昭和50年7月10日民集29巻6号888頁）で、最高裁は、「『正当な理由』とは、専ら公正な競争秩序維持の見地

---

[14] たとえば、金井ほか・独禁法266頁〔川濱〕および前掲注9）独占禁止法研究会報告書（田中編著・前掲注9）101頁）参照。金井ほか・独禁法266頁では、「具体的に競争を阻害する効果が発生することやその高度の蓋然性があることまでは要件となっておらず、抽象的な危険性があれば足りる。手段の不当性や自由競争基盤に関わるものの場合、特に具体的に競争秩序への害を示すことなく、行為がその危険性を胚胎していれば足りると解される」〔傍点筆者〕とされている。

からみた観念であつて、……競争秩序の維持とは直接関係のない事業経営上又は取引上の観点等からみて合理性ないし必要性があるにすぎない場合などは、ここにいう『正当な理由』があるとすることはできない」としている。

ただし、事業上の合理性や必要性を一切考慮しないというものではなく、競争秩序の維持と関係する場合には考慮することは排除されないから、社会的に正当な目的に基づく行為の合理性や必要性の主張は、独占禁止法1条の究極目的である「一般消費者の利益を確保するとともに、国民経済の民主的で健全な発達を促進」に照らして判断し、行為の目的を実現する上で必要な手段であるか、より競争を制限しない適当な手段が他にないかを考慮することとなる。その結果、逆に、行為に競争制限の目的や効果があることが明らかになることもある[15]。

なお、「不公正な取引方法」のうち、行為類型の規定に「正当な理由がないのに」の文言があるものは、行為要件を満たすと、原則として公正競争阻害性が認められるものについて例外的に公正競争阻害性がない場合があることを表す趣旨とされる[16]。この場合、行為に公正競争阻害性があることの最終的な主張・立証責任は公正取引委員会にあると考えられるが、「正当な理由がない」ことを基礎づける事実を公正取引委員会がすべて想定して立証するのは現実的でなく、行為の意図・目的を一番知っている行為者の側が「正当な理由」があることを基礎づける事実を積極的に主張すべき争点形成責任を負い、それに対し公正取引委員会側が反証を行うことが訴訟経済上合理的であると考えられる。

2 事業活動の不当拘束

行為者自らが行う事業活動を相互に拘束し合うのが「不当な取引制限」で

---

[15] 東芝昇降機サービス事件（大阪高判平成5年7月30日審決集40巻651頁）では、エレベータの独立系保守業者に対し、取替え調整工事込みでなければ部品の供給に応じないとしたメーカー子会社が、当該行為の正当化事由として、「安全性の確保」を主張したが、取換え調整工事込みでなければ部品供給に応じないことが安全性を確保するために必要な手段であることが証拠上認められなかった。

[16] 田中編著・前掲注9) 9頁。

あるのに対し、「不公正な取引方法」における事業活動の不当拘束は、行為者の取引の相手方の事業活動を拘束するものである。

　独占禁止法で事業活動の不当拘束に該当する行為は、再販売価格拘束（独占禁止法2条9項4号）、排他条件付取引（一般指定11項）および拘束条件付取引（一般指定12項）があり、拘束条件付取引は、再販売価格拘束と排他条件付取引以外のさまざまな拘束条件の一般条項である。

　事業活動の拘束は、価格のほか、価格以外の条件である競争品の取扱い、取引先、取引地域、販売方法の拘束などさまざまなものがあるが、相手方の事業活動の拘束それ自体が問題となるのではなく、独占禁止法上違法となるのは、拘束を通じて、競争の減殺、すなわち、事業者相互間の自由な競争が妨げられる（これを「競争回避」という）おそれ、または、事業者がその競争に参加することが妨げられる（取引機会を減少させ、他に代わり得る取引先を容易に見い出すことができなくなるか、事業活動を困難にする。これを「競争者排除」という）おそれが生じる場合である。

　価格の拘束は、拘束を受けた事業者間での自由な価格競争が消滅する効果をもたらすおそれがあることから、原則として公正競争阻害性のある行為として考えられている。

　一方、価格以外の拘束については、当該拘束行為を通じて、競争者の取引機会を減少させ、他に代わり得る取引先を容易に見い出すことができなくなるか、事業活動を困難にするおそれ、または、拘束を受けた事業者間での自由な競争が弱まり、価格の維持・引上げがなされるおそれがある場合が、公正競争阻害性があるものとして考えられている。

　取引の相手方の事業活動を拘束する行為は、メーカーが、自らの商品の流通・販売政策の一環として、流通業者の事業活動に条件・制約を課す行為でみられることが多いことから、以下では、メーカーによる流通・販売政策の実施の中でみられる事業活動の不当拘束を中心に公正競争阻害性のとらえ方を整理しておく[17]。

---

[17] 公正取引委員会は、流通分野におけるいかなる場合に独占禁止法上問題となるのかについて、「流通・取引慣行に関する独占禁止法上の指針」（平成28年5月27日改正）を策定して事業者の予見可能性を高めている（http://www.jftc.go.jp/dk/guideline/unyoukijun/ryutsutorihiki.html）。

1. 価格制限（再販売価格拘束）

(1) 規制の趣旨

　独占禁止法2条9項4号は、「自己の供給する商品を購入する相手方に、正当な理由がないのに」、「当該商品の販売価格を定めてこれを維持させることその他相手方の当該商品の販売価格の自由な決定を拘束する」などの条件を付けて、当該商品を販売することを、不公正な取引方法とする（再販売価格拘束）。

　公正かつ自由な競争を機能させることを目的とする独占禁止法は、個々の事業者が自由に価格を決定することを中核に据えている。

　メーカーなどから商品の供給を受けた販売業者が他に転売する際の価格を、メーカーなど商品を供給した者が制限する、いわゆる再販売価格拘束は、販売業者の事業活動において最も基本的な事項である販売価格の自由な決定を拘束することで販売業者間の価格競争を消滅させる効果を有するものであり、取引の相手方が良質廉価な商品・役務を提供するという形で行われるべき競争を人為的に妨げることから、事業活動の不当拘束の中では、唯一、「正当な理由がないのに」との文言が付されており、正当化理由のない限り、原則として違法なものと位置づけられている。

(2) 行為要件

　再販売価格拘束は、自らの商品を購入する相手方に対し、当該相手方の販売価格を指示してその価格で販売させる行為（独占禁止法2条9項4号イ）および当該相手方をして、さらにその下の取引段階の事業者の販売価格を指示してその価格で販売させるようにする行為（同号ロ）である。

　対象とした商品について、流通業者間の価格競争を直接制約することから、それが実効性をもって行われていたか、すなわち「拘束」の有無が問題となる。

　メーカーが、流通業者に対し、「希望価格」や「推奨価格」を、単なる参考として設定するだけで、流通業者が自由に価格を決定できる限りは「拘束」には当たらないが、前掲第1次育児用粉ミルク（和光堂）事件において、最高

裁は、「拘束」があるというためには、「その取引条件に従うことが契約上の義務として定められていることを要せず、それに従わない場合に経済上なんらかの不利益を伴うことにより現実にその実効性が確保されていれば足りる」としている。経済上の「不利益」は、たとえば、出荷停止、出荷量削減、出荷価格の引上げのほか、優先的に人気商品の供給を受けられる特約店登録からの抹消[18]等が挙げられる。

　この最高裁判決は、何らかの手段によって、流通業者がメーカーの示した価格で販売することについての実効性が確保されているのであれば、「拘束」が認められるという趣旨のものと考えられることから、経済上の「不利益」という手段に限らず、メーカーの示した価格で販売する場合にリベートの供与や販売促進支援[19]等の経済上の「利益」を供与することでも「拘束」として足りると考えられる。さらに、これらの手段は、実際に講じられる必要はなく、これを通知・示唆することで実効性が担保されてさえいれば、「拘束」として足りると考えられる。

　独占禁止法2条9項4号の文言上は、行為者が、相手方に対し、価格を維持「させる」ことや「自由な決定を拘束する」など、一方的な拘束を念頭に置いているようにも読めるが、メーカーと流通業者が「合意」するなど、一方的に拘束しているものではないとみられるような場合はどうであろうか。

　実態としてみた場合、再販売価格拘束は、価格競争を緩和したい流通業者とメーカーとの「合意」として現れることが多い。流通業者の側からメーカーに対し、価格拘束をするよう働きかけることさえある。逆に、価格競争を志向する流通業者に対しては、メーカーから、一方的に経済上の不利益を課す等の人為的手段を伴って現れる。いずれの場合であっても、流通業者の価格決定が拘束されていることに変わりはない以上、メーカーが「拘束」するものとして評価することに問題ないと考えられる。

　再販売価格拘束が原則として違法となることは広く認識されているため、

----

[18] ナイキジャパン事件（公取委勧告審決平成10年7月28日審決集45巻130頁）では、特約店登録されていれば、人気の高い商品を優先的に販売できたため、希望小売価格で販売しないことにより登録抹消された小売業者は、人気の高い商品を販売できなくなった。

[19] 後掲資生堂事件では、量販店に対し、試供品提供や販売促進支援により割引販売を断念させていた。

近年、公正取引委員会が違反とした事例で、契約書で具体的な販売価格を明記して拘束したものはなく、行為者が小売店の価格監視を行っていた事実、それに基づき安売りを理由とする出荷停止を示唆した等の具体的行為事実、大多数の販売業者の価格が維持されている事実、拘束対象商品の有力性を示す事実等の間接事実から「拘束」を認定している[20]。

ソニー・コンピュータエンタテインメント事件（公取委審判審決平成13年8月1日審決集48巻3頁）では、行為の終期の認定についてのくだりではあるが、「拘束の手段・方法とされた具体的行為が取りやめられたり、当該具体的行為を打ち消すような積極的な措置が採られたか否かという拘束者の観点からの検討に加え、拘束行為の対象とされた販売業者が制約を受けずに価格決定等の事業活動をすることができるようになっているかという被拘束者の観点からの検討が必要である。さらに、これを補うものとして、当該商品の一般的な価格動向等の検討も有用」としているとおり、「拘束」は、多面的な事実から判断することとなる。

なお、独占禁止法2条9項4号は、「販売価格を定めてこれを維持させること」としているが、「その他相手方の当該商品の販売価格の自由な決定を拘束すること」とも規定しているとおり、確定した価格の拘束に限らない。たとえば、「メーカー希望小売価格の○％引き以内の価格」、「□円以上△円以下」などの一定の範囲内の価格、近隣店の価格を下回らない価格、一定の価格を下回って販売した場合には警告を行うことなどにより、メーカーが流通業者に対し暗に下限として示す価格であっても、規制対象となることに注意する必要がある。

(3) 公正競争阻害性のとらえ方

メーカーが、販売業者の販売価格に干渉する動機は、自らの商品について販売業者間で価格競争が行われることで、高級なブランドイメージが毀損さ

---

[20] たとえば、ハマナカ毛糸事件（東京高判平成23年4月22日審決集58巻(2)1頁）では、大手小売業者3社に出荷停止を示唆することより値引き限度額以上での販売要請に応じた事実、要請に応じなかった大手小売業者1社に対しては商品の買上げや出荷停止を決行した事実、小売業者にとって行為者の毛糸を取り扱うことが重要であること等から拘束を認定している。

れるのを避けることや、販売業者間の価格競争の激化が、仕切価格の引下げ圧力として自らに波及してくることを防ぐためなどである。

再販売価格拘束を行うことで、拘束の対象となった自らの商品の価格競争は必然的に制限されるので、当該商品についてみれば、販売業者間の価格カルテルと同様の効果をもたらすこととなる。

本来は販売業者が自由に決定すべき価格決定を拘束することは、再販売価格拘束がもたらす公正競争阻害性を考える上での出発点となるものではあるが、それ自体に公正競争阻害性があるのではなく、公正競争阻害性の有無は、あくまで、販売業者間の価格競争に対する影響から判断することとなる。

前掲第1次育児用粉ミルク（和光堂）事件の最高裁調査官解説[21]でも、再販売価格拘束の公正競争阻害性は、「取引が相手方の自主的な競争機能を制限することにより、相手方の事業分野における市場全体の競争秩序に悪影響を及ぼす点」〔傍点筆者〕とし、「この意味の競争阻害性のおそれ（抽象的危険）のあることが拘束条件付取引の違法性の実質である」としている。

よって、メーカーによる拘束の対象となる販売業者の範囲は、販売業者間での価格競争が制限されるおそれが認められる程度の広がりが必要となる。

たとえば、販売業者が、数百社存在する中で、拘束の相手方は、市場シェアの小さい一業者に限られる場合には、公正競争阻害性は認められないであろう。一方で、拘束の対象となる販売業者が少数であっても、他の販売業者の価格設定に影響を及ぼす力を有する者を拘束する場合には、公正競争阻害性が認められる。資生堂事件（公取委同意審決平成7年11月30日審決集42巻97頁）では、メーカーの取引の相手方のうち、拘束の対象とされたのは大手量販店2社であったが、当該量販店2社が設定する販売価格が、他の販売業者の価格設定に大きな影響を及ぼし得る状況にあったことを勘案して、公正競争阻害性を認めている。

他方で、他のメーカーも同種の商品を製造している場合には、他のメーカーの同種の商品を含めた市場を観念した上での販売価格競争（＝ブランド間競争）は存在し得る。

この点、近年、経済学的な議論を根拠として、たとえば、メーカーの供給

---

21) 佐藤繁「判解」『最高裁判所判例解説民事篇（昭和50年度）』（法曹会、1979）292頁。

する商品が、販売時に特別の情報提供サービスを行うことによって需要が喚起される場合に、当該サービスを実施して、そのコストを含めた価格で販売する小売業者が存在する一方で、当該サービスを行わず、コストをかけずに安値で販売する小売業者が存在する状況下において、消費者が商品の購入は、安値で販売する小売業者から行う結果、必要なサービスがいずれの小売業者からも消費者に提供されなくなる問題（＝いわゆる「フリーライダー問題」）を防ぐために、当該サービスのコストを含めた価格で販売するようすべての小売業者を拘束することによって、必要なサービスが提供されるようになり、その結果、ブランド間競争が促進されるという主張等が行為者側からなされることがある。

　前掲第1次育児用粉ミルク（和光堂）事件で、最高裁は、「再販売価格維持行為により、行為者とその競争者との間における競争関係が強化されるとしても、それが、必ずしも相手方たる当該商品の販売業者間において自由な価格競争が行われた場合と同様な経済上の効果をもたらすものでない以上、競争阻害性のあることを否定することはできない」と判示しているが、ブランド間競争について何ら考慮する必要なく違法とするという趣旨ではないと思われる。

　経済的な経験則上、再販売価格拘束が実効性をもって成功するのは、対象商品について製品差別化が強力に作用していたり、市場支配的なメーカーが行っていて価格競争が有効に働いていない場合であるから、拘束が実効性をもって成功している事実自体が、ユーザーによる他のブランドへの乗り換えが起きにくい（他のブランドとの価格競争を回避できる）商品であることを示すことが多い。公正取引委員会がこれまで違反としてきた事例でも、拘束の対象商品の知名度や継続的に購入するユーザーがいること等を認定しているとおり、ブランド間競争について何ら考慮しないのではなく、拘束の対象商品に対する強い需要が存在し、他のブランドへの乗り換えが起きにくい市場が形成されていることが、実効性ある再販売価格拘束が行われる前提となっていると考えられる[22]。

　その上で、「フリーライダー問題」の防止について検討すれば、この問題が生じるのは、使用方法が複雑など、消費者の商品に対する情報が限られている場合であり、情報提供サービスを実施する小売業者から商品を購入せずに、

当該サービスを実施しない小売業者から商品を購入したほうが、費用節約効果が大きい場合である。そして、必要な情報が消費者に提供されなくなる結果、商品の供給が十分にされなくなる蓋然性がある場合に、これを防止して、はじめて、競争促進的な効果が生じる可能性が生まれることとなる。

しかし、そもそも再販売価格拘束を行うことによって「フリーライダー問題」を防止することができるのか（あるいは、再販売価格拘束以外の手段で防止することができないのか）が現実には明らかでない。加えて、小売業者が情報提供サービスを提供することが、ブランド間競争を促進するか否かは、それが購入量の増大につながることが大前提である必要があるところ、現実にはその立証も容易ではない。

したがって、取引の相手方の販売価格について実効性をもって拘束できていながら、公正な競争を阻害するおそれがない（ブランド間競争を促進するので「正当な理由」があると認められる）ケースは、現実には、きわめて限られたものになると思われる。

2．非価格制限

(1) 排他条件付取引

ア　規制の趣旨

一般指定11項は、「不当に、相手方が競争者と取引しないことを条件として当該相手方と取引し、競争者の取引の機会を減少させるおそれがあること」を不公正な取引方法とする（排他条件付取引）。

現実の経済取引では、メーカーと販売業者間で、継続的な取引関係を形成していくのが通常であり、取り扱う商品についてアフターサービス等の専門的能力の発揮や安定した販路の確保のため、メーカーと販売業者間で、特約

---

22) 前掲第1次育児用粉ミルク（和光堂）事件の前掲注21）最高裁調査官解説では、「拘束が競争の中核をなす価格について行われる場合には、それ自体競争政策と全く相容れないものとして『正当な理由』を認めうる場合はほとんどない」としているところ、その理由として「ブランド間競争が対消費者の価格競争を主体とするものではないとするならば」との前提を置き、また「ほとんどない」としていることからも、ブランド間競争を何ら考慮しないという立場には立っていない。

店契約や総代理店契約などにより、競争者に対し排他的な関係を形成することは、しばしばみられるものである。

したがって、取引の相手方に対し、自らの競争者の商品の取扱いを制限すること自体が違法なのではない。

北海道新聞事件（東京高判昭和29年12月23日審決集6巻89頁）において、「一般に相手方が自己の競争者から物資等の供給を受けないことを条件としてこれと取引することは、それ自体は違法ではない。ある事業者Ａがかかる競争方法をとつても、その競争者たる別の事業者Ｂにとって、Ａと取引あるものを除外してこれに代るべき取引の相手方を容易に求めることができる限り、……その市場への進出は少しも妨げられない……。しかしそうでない限り、Ｂはその競争の条件においてすでに不利益を受け、本来の競争による市場進出はＡによつて人為的に妨げられることとなるわけであるから、Ａのかかる競争方法は不当なものとならざるを得ない」としているとおり、独占禁止法が排他条件付取引を規制するのは、競争者の取引の機会が減少するおそれがある場合であって、良質廉価な商品の提供という形で行われるべき競争が、取引先の「囲い込み」という人為的手段によって妨げられることを問題とするものである。

イ　行為要件

「競争者」は、現に競争関係にある者のほか、潜在的な競争者も含む。また、競争者一般を指すものと解されており、特定の競争者を排他的に取り扱う場合には、拘束条件付取引を適用することが多い。

「取引をしないこと」は、相手方に対し、直接的に競争者との取引を禁止し、または制限するという形だけでなく、競争品の取扱いを禁止しまたは制限するという形をとるものも含む。

また、競争者と従来は取引をしていた既存取引をやめさせる場合だけでなく、新規取引に当たって競争者と取引をしないことを条件とする場合も含まれる。

一般指定11項は、独占禁止法2条9項6号ニに基づいて指定されたものであるから、相手方の事業活動を拘束することが必要である。

「拘束」については、前記1．(2)で述べたとおり、自らの競争者と取引しな

いことを明示的な契約上の義務として定めている場合だけが問題となるものではなく、自らの競争者と取引をした場合に、出荷停止等の経済上の何らかの不利益を課したり、あるいは、自らのみと取引する場合にはリベート等の経済上の利益を与えるなどの手段により、実効性を担保できていれば足りる。

ウ 公正競争阻害性のとらえ方

前記アのとおり、排他条件付取引が独占禁止法上問題となるのは、競争者の取引の機会が減少し、他に代わり得る取引先を容易に見いだすことができなくなるおそれがある場合である。

東洋精米機製作所事件（東京高判昭和59年2月17日審決集30巻136頁）では、「行為者のする排他条件付取引によつて行為者と競争関係にある事業者の利用しうる流通経路がどの程度閉鎖的な状態におかれることとなるかによつて決定されるべきであり、一般に一定の取引の分野において有力な立場にある事業者がその製品について販売業者の中の相当数の者との間で排他条件付取引を行う場合には、その取引には原則的に公正競争阻害性が認められるものとみて差し支えない」としているとおり、行為者の市場における地位（シェア、順位、ブランド力等）および行為の相手方の数や市場における地位等から判断することとなる。競争者の流通経路が閉鎖されるおそれがあるほどに排他的な取引が実効性を持つのは、行為者の相手方にとって、競争者の商品を取り扱わなくとも利益になる（逆にいえば、行為者の商品を取り扱えなくなることが不利益になる）ためであるから、行為者の商品の市場における地位の有力性は重要である[23]。

どの程度の閉鎖状態に置かれれば、公正競争阻害性があるとされるかは、排他条件を付される相手方事業者の数、取引の量・金額等が重要となるが、定量的な基準を設定できるものではなく、複数の事業者が並行的に自らの競争者との取引の制限を行う場合には、自らが閉鎖する割合・数が小さくとも、

---

[23] 公正取引委員会は、前掲「流通・取引慣行に関する独占禁止法上の指針」第1部第4の2（注7）において、行為の対象となる市場におけるシェアが20％以下である事業者や新規参入者が当該行う場合には、通常、競争者の取引の機会が減少し、他に代わり得る取引先を容易に見いだすことが困難となるおそれはなく、違法とはならないことを明らかにしている。

競争者の取引の機会が減少し、他に代わり得る取引先を容易に見いだすことができなくなるおそれは強まることとなる。

前掲大正製薬事件では、行為者が、自己の競争者と取引しないことを条件とした相手方（連鎖加盟店）は、全国に数万店ある薬局のうちの 4,245 店で、取引金額のシェアは 1〜2 割程度であったところ、「競争制限的作用が問題とするに足らない程度のものであるなどということは到底いい得ない」とし、公正競争阻害性を認めている。そして、行為の影響がより甚大で、「競争の実質的制限」をもたらすと認められる場合には、「私的独占」に該当することとなる。

(2) 拘束条件付取引

ア　規制の趣旨

一般指定 12 項は、「相手方とその取引の相手方との取引その他相手方の事業活動を不当に拘束する条件をつけて、当該相手方と取引すること」を不公正な取引方法とする（拘束条件付取引）。異なる取引段階にある者の間で行われるあらゆる不当な「拘束」を規制する一般条項である。

よって、多様な条件付取引が含まれることになるが、「拘束」の意義は、再販売価格拘束で述べたことと共通であり、取引の内容や拘束の程度等に応じて、競争秩序に与える影響、すなわち、公正な競争を阻害するおそれを判断し、それが認められたものが「不当に」拘束するものとなる。

イ　公正競争阻害性のとらえ方

公正競争阻害性の判断に当たっては、「取引の相手方の自由な事業活動に対する制約」を出発点とするものであるが、拘束それ自体が違法なのではなく、拘束により、相手方事業者間の競争が減殺されるおそれがある場合を違法とする。

そして、多様な拘束条件付取引がもたらす競争減殺効果を判断するため、競争への質的・量的な影響を個別に考慮して公正競争阻害性を判断することとなるが、以下では、独占禁止法上の問題となりやすい販売方法の拘束、販売先の拘束および販売地域の拘束について整理しておくこととする。

(ア) 販売方法の拘束

　メーカーが、自らの商品の品質・安全性の確保、ブランドイメージの維持等の目的を実現するために、小売業者に対し、顧客への説明販売、品質管理方法、陳列方法など販売方法を制限することは多くみられる。小売業者による、このような販売サービスは、それが必要なものであるほど、一般消費者の利益に資することになる。

　販売業者に対し、顧客に対し商品の使用方法等を説明する義務（いわゆる対面販売義務）に同意した者のみと特約店契約を締結していた化粧品メーカーが、当該義務に違反した販売業者との契約を解除したことが争われた資生堂東京販売事件（最判平成10年12月18日民集52巻9号1866頁）で、最高裁は、「メーカーや卸売業者が販売政策や販売方法について有する選択の自由は原則として尊重されるべきことにかんがみると、これらの者が、小売業者に対して、商品の販売に当たり顧客に商品の説明をすることを義務付けたり、……販売方法に関する制限を課することは、それが当該商品の販売のためのそれなりの合理的な理由に基づくものと認められ、かつ、他の取引先に対しても同等の制限が課せられている限り、それ自体としては公正な競争秩序に悪影響を及ぼすおそれはなく」、独占禁止法上の問題とならないことを明らかにしている。

　そして資生堂東京販売事件では、「特約店に義務付けられた対面販売は、化粧品の説明を行ったり、その選択や使用方法について顧客の相談に応ずる……という付加価値を付けて化粧品を販売する方法であって、……これによって、最適な条件で化粧品を使用して美容効果を高めたいとの顧客の要求に応え、あるいは肌荒れ等の皮膚のトラブルを防ぐ配慮をすることによって、顧客に満足感を与え、他の商品とは区別された……顧客の信頼……を保持しようとするところにあると解されるところ、化粧品という商品の特性にかんがみれば、顧客の信頼を保持することが化粧品市場における競争力に影響することは自明のことであるから、……対面販売という販売方法を採ることにはそれなりの合理性がある」とした。

　他方で、販売方法の制限が、独占禁止法の問題として先鋭化するのは、販売価格の拘束との境界線である。すなわち、近年、実店舗をもたない販売業者による、販売コストを低減させたインターネット等を用いた通信販売での

価格訴求型ビジネスが普及している中、メーカーが、これを制限することの可否の問題である。

この点、資生堂東京販売事件では、「販売方法の制限を手段として再販売価格の拘束を行っていると認められる場合には」独占禁止法上問題となるとした上で、販売方法の制限を課した場合「販売経費の増大を招くことなどから多かれ少なかれ小売価格が安定する効果が生ずるが、右のような効果が生ずるというだけで、直ちに販売価格の自由な決定を拘束しているということはできないと解すべき」とし、個々の事案ごとの具体的な事実に即し、同事件については、事実認定の問題として、「対面販売を手段として再販売価格の拘束を行っているとは認められない」とした。

商品の安全性の確保、品質の保持、商標の信用維持等を実現する上での「それなりの合理的な理由」がある制限であれば、取引先となる販売業者には同等の基準が課されているはずであるから、各取引先の販売コストは等しく上昇し得るが、そのことだけでただちに販売業者間の競争が消滅し、価格の維持につながるかは自明ではない。

逆にいえば、メーカーが、汎用的な商品について、販売方法の制限を理由としつつ、安売り販売をしている特定の販売業者に限って、この制限を適用して出荷停止等の措置を講じているような場合には、販売方法の制限を手段とする販売価格拘束と推定されやすくなろう。

なお、販売方法の制限については、それを手段として価格拘束を図る場合だけでなく、(イ)で後述する販売先や前記2．(1)で述べた競争者の商品の取扱いについて拘束している場合であれば、それぞれの項で述べた公正競争阻害性のとらえ方に従って、公正競争阻害性の有無を判断することとなる。

　(イ) 販売先の拘束

メーカーが、卸売業者に対し、その取引先小売業者を特定し、小売業者が特定の卸売業者としか取引できないようにしたり、流通業者間で「横流し」を禁止することがある。その動機として、端的に、安売り業者を排斥することもあれば、前記(ア)で述べた、販売方法の制限を実現するため、あるいは「フリーライダー問題」を防止するために、販売先を固定化しておき、メーカーが定めた販売方法に従う販売業者のみに商品が供給される仕組みを構築するために行うことも考えられる。

このため、販売先を制限することそれ自体が、ただちに当該商品をめぐる販売業者間の価格競争を制限するものではなく、ブランド間競争が機能していれば、問題はより生じにくいものとなるが、販売先の制限により、取引先を争奪する競争がなくなるなど対象商品全体の競争が減少するような事情が強まる場合には、再販売価格拘束と紙一重となるおそれもある。
　したがって、公正競争阻害性の判断に当たっては、ブランド間競争の状況（市場集中度、商品特性、製品差別化の程度、流通経路、新規参入の難易性等）、ブランド内競争の状況（価格のバラツキの状況、当該商品を取り扱っている流通業者の業態等）、行為者の市場における地位、流通業者の事業活動に及ぼす影響（制限の程度、態様等）、制限の対象となる流通業者の数および市場における地位を総合的に考慮することとなる。
　前掲ソニー・コンピュータエンタテインメント事件は、ゲーム機およびそのソフトの首位メーカーが、ソフトの再販売価格拘束の実行手段として、小売業者等に対し、「横流し」を禁止していたところ、再販売価格拘束自体は消滅した後も横流し禁止行為を存続していたことの公正競争阻害性も争点となった。
　審決では、「横流し禁止行為の公正競争阻害性の根拠のうち、閉鎖的流通経路内での値引き販売禁止の前提ないし実効確保としての意味が失われたとしても、閉鎖的流通経路外への……製品の流出を防止し、外からの競争要因を排除する効果が直ちに失われるものではないから、……販売段階での競争を制限する……横流し禁止行為には、現時点でも公正競争阻害性が認められるというべきである」とし、行為者の地位が、ゲーム機とゲームソフトの市場シェアがいずれも1位であるだけでなく、ゲーム機間でソフトの互換性がないという状況の下、行為者は、ゲームソフトの独占的な供給者であり、かつ、小売業者との直取引を基本とする閉鎖的流通経路を構築していたという事情の下では、再販売価格を拘束する行為がなくなっていても、横流し禁止行為に価格が維持されるおそれが認められ、公正競争阻害性が認定された点に注意する必要がある。
　また、この事件の審決では、販売先の制限について、前記(1)の販売方法の制限との違いについても触れており、「商品説明の義務付けや品質管理・陳列方法の指示などの制限形態によっては販売段階での競争制限とは直ちに結び

付くものではなく、もともと、こうした販売方法についてはメーカー等に選択の自由を幅広く認めたとしても、公正な競争の確保の観点からは問題が生じにくいと考えられる……。これに対し、本件の横流し禁止は、販売業者の取引先という、取引の基本となる契約当事者の選定に制限を課すものであるから、その制限の形態に照らして販売段階での競争制限に結び付きやすく、この制限により当該商品の価格が維持されるおそれがあると認められる場合には、原則として一般指定第13項の拘束条件付取引に該当するというべきであり、たとえ取引先の制限に販売政策としてそれなりの合理性が認められるとしても、それだけでは公正な競争に悪影響を及ぼすおそれがないということはできない」とし、「それなりの合理的な理由」等が認められれば、それ自体としては公正競争阻害性がないとされる販売方法の制限に対し、販売先の制限は、「それなりの合理的な理由」だけでは、それ自体として公正競争阻害性がないということはできないとの立場に立っている。その差異は、販売先の制限が、「取引の基本となる契約当事者の選定に制限を課すものであるから、……販売段階での競争制限に結び付きやす」いことにあると考えられる。

　この点、花王化粧品販売事件（最判平成10年12月18日判時1664号14頁）では、販売方法の制限が、価格維持の手段ではなく、「それなりの合理的な理由」があり、独占禁止法に違反するものではないと認められる場合には、当該販売方法を遵守する販売業者に対してのみ商品を流通させるという販売先制限も、違法ではない旨の判断がされたが、この判断は、あくまで、当該販売方法の制限に必然的に伴う範囲で行う取引先の制限について、独占禁止法違反にならない余地があることを示したものであり、販売政策として「それなりの合理的な理由」があるだけで、ただちに販売先制限が適法となると判示したのではないと考えられる。たとえば、「それなりの合理的な理由」がある販売方法の制限であっても、それを遵守しない販売業者への商品の横流しの禁止にとどまらず、遵守する販売業者間での商品の横流しも禁止するケースでは、販売方法の制限に必然的に伴う制限とはいえないためである。

　なお、前掲ソニー・コンピュータエンタテインメント事件では、「横流し」の禁止について、行為者は、「一般消費者に対し十分な商品情報を供給するため、小売店舗を厳選する」必要性を挙げ、合理的な販売方法の制限に伴うも

のであることを主張したが、そもそも、一般消費者への商品情報の提供を販売業者に義務付けていたことが審決で認められていない。

ウ　販売地域の拘束

メーカーは、流通業者に対して、自らの商品の販売地域に制限を課すこともある。

その動機として、効率的な販売拠点やアフターサービス拠点の構築や、自らの商品の地域内での販売競争を緩和させる代わりに、自らの商品を積極的に販売させること等が挙げられる。

地域制限には、責任地域制（メーカーが流通業者に対して一定の地域を主たる責任地域として定め、当該地域内において積極的な販売活動を行うことを義務づけること）や販売拠点制（メーカーが流通業者に対して、店舗等の販売拠点の設置場所を一定地域内に限定したり販売拠点の設置場所を指定すること）と呼ばれる制限が緩やかなものから、顧客制限を伴った厳格な地域制限（メーカーが流通業者に対して、一定の地域を割り当て、地域外での販売を制限するもの）まで、さまざまな形態がある。

メーカーが、小売業者の販売地域を指定した上で、地域外での販売を禁止すれば、当該メーカーの商品は、販売方法の拘束とは異なり、販売業者間の競争が消滅するため、ブランド間の競争が十分に働いていない場合には、再販売価格拘束と紙一重となるおそれもある。

したがって、独占禁止法上の問題となる地域制限は、顧客制限を伴った厳格な制限の場合であり、商品の差別化の程度が大きい（ブランド間競争が働いていない）ほど、また、行為者のシェアが大きいほど、販売価格が維持されるおそれが生じやすくなる。

特に、地域外の顧客からの求めに応じた販売も制限することは、地域間で販売価格差がある場合に、価格が高い地域に所在する顧客が、価格が安い地域で商品を購入することを認めないものであり、当該メーカーの商品についての価格維持を強固にするものであるとともに、地域外の顧客からの購入の求めがあるということは、当該商品は差別化の程度が高いことをうかがわせることから、有力な地位にある者が行う場合には、公正競争阻害性があるものとして判断されやすいと考えられる。

3 設問に対する回答

前記2を踏まえ、冒頭の設問に戻ると、回答は次のとおりとなる。

1．設問①

消費者からの人気がきわめて高く、ブランド間競争が期待できない商品Xについて、A社が、他の販売業者の販売価格の設定に大きな影響を及ぼし得る大手量販店3社に対して販売価格の下限を定めて要請し、これに従わなかったことから出荷停止という手段を用いたことにより、当該大手量販店3社は商品Xを販売することができなくなった結果、他の販売業者に安値販売が波及せず、商品Xの小売価格全体を維持することができたことから、再販売価格拘束行為として独占禁止法違反となる。

2．設問②

B社が、販売代理店に対し、一定の販売地域を割り当て、地域外での販売を禁止するという厳格な地域制限を行うものであり、当該販売代理店の割り当てられた地域では、当該販売代理店のみがB社の健康食品Yを販売することとなるが、健康食品Yの製造販売分野においては、複数の有力な競争事業者が存在し、ブランド間の価格競争が活発であることから、B社の健康食品Yの販売価格が維持されるおそれがなく、独占禁止法違反となる可能性は低い。

〔あまだ　ひろひと〕

第7章

不公正な取引方法
――優越的地位の濫用――

設問

　X社は、わが国でランニングシューズなどのスポーツ用品全般を専門的に取り扱う小売業を営んでおり、そのような小売業者のうち、大手3社と呼ばれる小売業者の中で最大手の事業者であった。X社は、自社が販売する商品のほとんどすべてを14社の納入業者から買取取引（小売業者が納入業者から商品の引渡しを受けると同時に当該商品の所有権が当該納入業者から当該小売業者に移転し、その後は当該小売業者が当該商品の保管責任を負う取引形態をいう。以下同じ）の方法により仕入れていた。

　X社は、14社から商品を受領した後、当該取引の相手方との合意の下で、当該商品を当該取引の相手方に引き取らせ（以下「返品」という）、取引の対価の額を減じた（以下「減額」という）。このうち減額については、14社の納入業者から購入した商品を消費者に対し値引き販売し、その値引き相当額の全部または一部を当該納入業者に負担させる趣旨で、その金額相当分の減額を行っていた。

　公正取引委員会は、X社の行為が優越的地位の濫用に当たるのではないかとして調査を開始した。

　前記14社のうちの1社であるA社に対するX社の行為は次のとおりである。

① 返品について

　X社は、レディース商品およびキッズ商品のみを取り扱う店舗である「X社セレクト」を出店した。その際、X社とA社は、X社セレクトにおいてのみ取り扱う限定モデルのレディースランニングシューズ「B」（以下「B」

という）について、仮にX社セレクトが採算割れを起こして撤退する場合には、A社がBの在庫の返品を受ける場合もあり、その場合、A社は返品されたBを直営店などで販売したり、X社セレクトが通常店舗に移行した場合には改めて通常店舗の取扱商品として納品したりするとの一般的な共通認識を有していた。実際、X社セレクトは撤退することになり、平成20年10月より以前に通常店舗に移行している。

　他方、A社はX社にBを納入するに当たり、返品をしないよう別途申し入れていた事実がある。そしてX社がA社にBの返品を要請したのは平成21年9月であり、返品が行われたのは平成22年4月であった。

② 減額について

　X社はA社が納入するランニングシューズ「C」（以下「C」という）という商品を値引きして販売した。A社がこの値引きに係る減額した金額相当分の負担に応じた経緯として、A社の営業担当社員は、公正取引委員会の調査において、「減額の対象商品はすべて『C』であるが、X社は通常販売用に納入した商品を値引き販売する際、A社を含めた納入業者に対し値引きの填補分として費用負担を要請しており、A社も当該要請に従って費用負担をしていた。A社が当該要請に応じたのは、X社がA社にとって重要な取引先であり、当該要請を断ると取引に影響すると考えているからであり、実際にもX社のバイヤーから、当該要請を断ると購入量を減らす等のペナルティを示唆されたこともあり、当該要請に応じざるを得なかった。また、競合する他の納入業者も同様の要請に応じて費用を負担していたので、A社だけ断るということはできなかった」と供述している。

③ 返品・減額に共通する事項

　A社のX社に対する当時の取引依存度（A社のある事業年度の売上高の総額に対する、A社の同一年度におけるX社に対する売上高の割合。以下、商品分野ごとに算定する場合も、当該商品分野の売上げについて同様に算出した割合を指す）は数パーセントであるものの、A社が主力商品であると認識していたランニングシューズ（B・Cを含む）に限ってみた場合のX社に対する取引依存度は約20％であったこと、A社のX社に対する売上げのほとんどがランニングシューズであったこと、A社は、X社との取引額や取引数量が大きいと認識しており、X社との取引がなくなるとランニングシューズ

の売上げ確保が難しくなることから、X社に代わる取引先を見つけることまたは他の取引先との取引を増やすことでX社との取引停止に伴う損失を補うことは困難であると認識していた。

そのほかの事情として、A社は、B・C以外にも、X社から規格または仕様の指示を受けて製造したランニングシューズをX社に納入していたこと、X社との取引額や取引数量が安定していると認識していたこと、A社にとってランニングシューズの利益率がそれ以外の商品よりも高かったことが認められる。

X社による前記のA社に対する返品（以下「本件返品」という）および減額（以下「本件減額」という）は、独占禁止法違反となるか。

1 優越的地位の濫用の規制趣旨

優越的地位の濫用は、独占禁止法において、不公正な取引方法の1つとして禁止されている。同類型は、長く「一般指定」[1]旧14項によって規定され、平成21年の独占禁止法改正（平成21年法律第51号）によって法定化されたが、これは、同改正に伴い、優越的地位の濫用であって、一定の条件を満たすもの[2]について、課徴金の納付を命じなければならないこととなったことに伴うものであり、改正の前後を通し、同規制によって禁じられる行為の内

---

1) 昭和57年公正取引委員会告示第15号により指定されたもの。
2) なお、優越的地位の濫用には、不公正な取引方法の一般指定（前掲注1）旧14項に定めるもののほか、特定の業種等における優越的地位の濫用を定める「特殊指定」と呼ばれるものがある（「新聞業における特定の不公正な取引方法」（平成11年公正取引委員会告示第9号）、「特定荷主が物品の運送又は保管を委託する場合の特定の不公正な取引方法」（平成16年公正取引委員会告示第1号）、「大規模小売業者による納入業者との取引における特定の不公正な取引方法」（平成17年公正取引委員会告示第11号））。このうち、平成21年の独占禁止法改正により課徴金納付命令の対象とされたのは、独占禁止法2条9項5号に定める優越的地位の濫用であり、以下、本章で述べる「優越的地位の濫用」とは、同号に定めるものを指す（ただし、基本的な考え方はその他の優越的地位の濫用についても当てはまるものである）。

容に実質的な変更はない。

　優越的地位の濫用の規制趣旨は、確定した審決（日本トイザらス事件（公取委審判審決平成27年6月4日審決集未登載）。以下「日本トイザらス事件審決」という）において次のとおり判断されており、同審決中に引用されるとおり、公正取引委員会が公表した優越ガイドラインにもほぼ同旨の記述がある。

　「自己の取引上の地位が相手方に優越している一方の当事者が、取引の相手方に対し、その地位を利用して、正常な商慣習に照らして不当に不利益を与えることは、当該取引の相手方の自由かつ自主的な判断による取引を阻害するとともに、当該取引の相手方はその競争者との関係において競争上不利となる一方で、行為者はその競争者との関係において競争上有利となるおそれがあり、このような行為は公正な競争を阻害するおそれ（公正競争阻害性）があるといえるからである（〔優越〕ガイドライン第1の1参照）」（審決書19頁）。

　このように、同規制は、取引の相手方との関係において優越的地位にある当事者がその地位を濫用し、自己の取引相手に不当な不利益を課すとともに取引上不当な利益を得ることにより、公正な競争が阻害されることを防ぐことを目的とする。この点は「正常な商慣習に照らして不当に」の解釈（公正競争阻害性の解釈）から導かれる。すなわち、公正競争阻害性の1つの側面として、取引主体の自由かつ自主的判断により取引が行われるという自由競争基盤の侵害が挙げられるところ[3]、優越的地位にある事業者が取引の相手方に対して、①取引するかどうか（取引先選択の自由）、②取引条件の自由な合意、③取引の履行・事業遂行の自由という、事業活動上の自由意思を抑圧し不当に不利益な行為を強要することによって、当該取引の相手方の競争機能の発揮を妨げることになるため、優越的地位の濫用に係る公正競争阻害性は、まさに、この自由競争基盤の侵害に該当すると考えられている。そして、これは、結果として、第1に、不利益を押し付けられる相手方とその競争者の市場において取引の相手方の競争条件が不利となり、第2に、優越的地位にある事業者の側においても価格・品質による競争とは別の要因によって有利な取扱いを獲得し、当該事業者とその競争者の市場において当該事業者が競争上優位に立つこととなるおそれを有する[4]に至るため、競争法上「不当」（公

　3）　公正競争阻害性の解釈の3つの側面については、第6章■3．(1)参照。

正競争阻害性を有するもの）であり、許されないものである、と解釈することが可能になる。

本章は、こうした優越的地位の濫用規制が、どのような地位にある事業者のどのような行為を規制するものか、優越的地位の濫用の成立要件は何か等について、過去の事例に照らして検討するものである。

2 優越的地位の濫用の成立要件

独占禁止法2条9項（「不公正な取引方法」の定義規定）5号柱書は、「自己の取引上の地位が相手方に優越していることを利用して、正常な商慣習に照らして不当に、次のいずれかに該当する行為をすること」と規定する。

ここでは、①「自己の取引上の地位が相手方に優越している」すなわち優越的地位にある事業者が、②「次のいずれか」すなわち同号イ～ハに定められた行為をその地位を利用して行ったこと（濫用）、③それが「正常な商慣習に照らして不当」であること（公正競争阻害性の存在）、という3要件が定められている。②の行為としては、独占禁止法において購入・利用強制（2条9項5号イ）、金銭的利益の提供（同号ロ）、および受領拒否、返品、支払遅延、減額、その他取引の相手方に不利益となる取引条件の設定等（同号ハ）が列挙される。

ここで注意を要するのは、第1に、「優越的地位にある事業者の」濫用行為（独占禁止法2条9項5号に規定されるものをいう。以下同じ）が規制されるのであって、同じ濫用行為と目されるものであっても、優越的地位にない事業者が行った場合には規制の対象とはならないということである。これは、後述するように、濫用行為を受け入れていたことから優越的地位を推認しようとするときには特に注意を要しよう。第2に、優越的地位を「利用して行った場合」が規制されるのであって、優越的地位と無関係の事情により行われた

---

4) 昭和57年7月に公表された独占禁止法研究会報告書「不公正な取引方法に関する基本的な考え方」。当時の公正取引委員会事務局に置かれた経済法学者、経済学者らから成る研究会の報告書である。報告書全文は、田中寿編著『不公正な取引方法――新一般指定の解説』別冊NBL9号（商事法務研究会、1982）100頁参照。

場合には規制されないということである。これも、後述するように取引の相手方が濫用行為を受け入れた場合の理由が何であったかを検討する際に重要となる。

1．優越的地位

(1) 優越的地位の要件事実

独占禁止法2条9項5号「自己の取引上の地位が相手方に優越していることを利用して」のうち、「自己の取引上の地位が相手方に優越している」とは、個々の取引相手との関係で決まるから、1つの事業者がある取引相手との関係では優越的地位にあり、他の事業者との関係ではそうでないこともある。この点、取引上の地位が優越しているというためには、市場支配的な地位またはそれに準ずる絶対的に優越した地位である必要はなく、取引の相手方との関係で相対的に優越した地位であれば足りると解される（優越ガイドライン第2の1）。平成21年の独占禁止法改正前の優越的地位の濫用に関するものであるが、裁判例でも、「優越的地位」の意義について、相対的に優越した地位であれば足りるとしたものがある[5]。

また、「自己の取引上の地位が相手方に優越していること」とは、取引関係にある甲乙[6]のうち、取引上の地位が低い乙にとって、自己の取引上の地位が優越する甲との取引の継続が困難になることが事業経営上大きな支障を来すため、甲が乙にとって著しく不利益な要請等を行っても乙がこれを受け入れざるを得ないような場合をいうと理解されてきており（優越ガイドライン第2の1）、日本トイザらス事件審決でも同様に説示されている。

これによれば、①「事業経営上大きな支障を来すため」、②「著しく不利益

---

[5] 三光丸事件（東京地判平成16年4月15日判タ1163号235頁）参照。「相対的に優越した地位にある事業者であるとすれば、市場における競争を阻害することは十分に可能である。……市場支配的な地位又はそれに準ずるような絶対的な優越がなければ、不公正な取引方法（一般指定）14項の適用がないと解することは、独占禁止法の趣旨を極めて限定してしまうことになって妥当ではない」。

[6] ここで「甲」とは優越的地位の濫用が疑われる、取引上の地位が優越している事業者を指し、「乙」とは甲と取引関係にある事業者を指す。優越ガイドラインにおいてこの二当事者が「甲」、「乙」と表されていることから、以下、本章の中でも両者をことわりなく「甲」、「乙」と表現することがある。

な要請」による行為を、③「受け入れざるを得なかった」ことが認められれば、「優越的地位」が認定されることになる。このような理解は、甲乙間の地位を比較して優劣を決めることが実際上容易でないため、現実に甲により行われた（乙が受け入れた）行為から、これが、著しい不利益性を伴った行為なのか、また、「受け入れざるを得なかった」すなわち不本意ながらやむを得ず受け入れた行為なのか、受け入れた理由が甲の要請を断ると「事業経営上大きな支障を来す」ことになるからなのか、を検討することにより、優越的地位にあるかどうかを判断しようというものと考えられる。したがって、この判断枠組みで優越的地位を認定しようとすると、どうしても、まず、濫用行為（すなわち乙に不利益を与える行為）が存在するか、そして、それを乙が受け入れた（具体的なケースにおいては受け入れたからこそ問題となっている）のはなぜか、を検討することが必要となるが、この点は後記(3)以下で述べる。

(2) 「事業経営上大きな支障」

「事業経営上大きな支障」のうち、「事業経営上」とあるのは、これが事業経営上の大きな支障であることを必要とする趣旨で、事業経営の観点を離れた事情による支障を含まないことを意味する。すなわち、濫用行為を受け入れたのが、事業経営に関係のない、たとえば近所付き合いの必要上とか、親族関係のしがらみ等から要請を断るとその後の付き合い関係に大きな支障を来すというような理由のみによるものを含まない（このような理由のみによると認められた場合には、優越的地位の濫用規制は働かない）。また、「大きな支障」とは、倒産、廃業に追い込まれるなど事業の継続が不可能になるところまで要求されるものではないが、たとえば収益の大幅な落込みが予想されるなど、その後の経営に大きな困難を来すことが看取できる程度のものであることが必要であろう。

また、事業経営上大きな支障を来すかどうかの判断に当たっては、優越ガイドライン（第2の2）では、当該濫用行為を離れた取引の相手方と優越的地位にある当事者との一般的な関係や各事業者の位置づけなどに関する要素を総合的に考慮することによって、優越的地位の認定がなされるとする考え方が明らかにされている。具体的には、乙の甲に対する取引依存度、甲の市場における地位、乙にとっての取引先変更の可能性、その他甲と取引すること

の必要性を示す具体的な事実を総合的に考慮することになる（優越ガイドライン第2の2参照）。

ところで、事業経営上大きな支障を来すことを認定するためには、乙が甲のもたらす不利益を「受け入れざるを得なかった」ことが有力な間接事実になると考えられる。不利益を受け入れざるを得なかったことは、「事業経営上大きな支障を来す」こととまったく同じ意味とはいえないが、同要件の存在を基礎づける重要な要素となる、との整理が成り立つものと考えられる。実際にも、後記(3)に示すように、日本トイザらス事件審決でも、濫用行為が行われた事実とそれを「特段の事情なく」受け入れていた事実が優越的地位の存在を推認させる「重要な要素」となる、という趣旨の説示がなされている[7]。

(3) 濫用行為を受け入れていることとの関係

日本トイザらス事件審決では、次のように、優越的地位の認定に際して、取引先が濫用行為を受け入れていることを、濫用行為を「受け入れざるを得なかった」こと、ひいては「事業経営上大きな支障を来す」ことを示す間接事実として用いている。

すなわち、「濫用行為……は、通常の企業行動からすれば当該取引の相手方が受け入れる合理性のないような行為であるから、甲が濫用行為を行い、乙がこれを受け入れている事実が認められる場合、これは、乙が当該濫用行為を受け入れることについて特段の事情がない限り、乙にとって甲との取引が必要かつ重要であることを推認させるとともに、『甲が乙にとって著しく不

---

7) 学説上も、「相手方が一方的に不利な条件を受け入れて取引が継続している場合には、合理的にみて『取引の継続が困難になることが事業経営上大きな支障を来す』ことが事実上推定される事実上の推定を認めることによって、相手方の反証余地を認めつつ、反事実的仮想世界における『事業経営上大きな支障を来す』ことの立証負担を軽減するのが妥当」という考え方が示されているところであり、参考になる（岡田外司博「優越的地位濫用の規制の最近の展開」日本経済法学会編『優越的地位の濫用規制の展開（日本経済法学会年報第35号）』（有斐閣、2014）6頁～7頁）。

また、優越ガイドライン制定時の「『優越的地位の濫用に関する独占禁止法上の考え方』（原案）に対する意見の概要とこれに対する考え方」（平成22年11月30日公表）に、「『事業経営上大きな支障を来す』とは、乙にとって不利益な要求であっても受け入れざるを得ないほど甲と取引することの重要性及び必要性がある場合であり」との言及がみられる（同8頁）。

利益な要請等を行っても、乙がこれを受け入れざるを得ないような場合』にあったことの現実化として評価できるものというべきであり、このことは、乙にとって甲との取引の継続が困難になることが事業経営上大きな支障を来すことに結び付く重要な要素になるものというべきである」（傍点筆者。審決書19頁）という。

　当該説示部分は、乙が甲による濫用行為を特段の事情なく受け入れていたという事実が、甲乙間に「乙にとって甲との取引の継続が困難になることが事業経営上大きな支障を来す」という関係が成立している場合においては顕著にみられる反面、そうでない場合にはあまり観察されないという経験則に照らし、当該状況は、「事業経営上大きな支障」の認定に有益であるとの考え方を示したと評価できる。つまり、同審決は、他の考慮要素を併せて勘案することを前提としつつも、濫用行為が存在し、特段の事情が存在しないのに、取引の相手方がこれを受け入れているという事実について、乙の「事業経営上大きな支障」（甲の乙に対する優越的地位）に結び付く重要な要素であると評価している。この推認過程に係る同審決前記部分は濫用行為を受け入れている事実からただちに「事業経営上大きな支障を来す」ものと推認してはおらず、「現実化として評価できる」、「結び付く重要な要素」といった表現を用いている。「現実化」とは、甲による濫用行為が存在し、それを乙が特段の事情なく受け入れていることが認定できる場合は、そのような間接事実が、甲乙の現実の関係が「甲が乙にとって著しく不利益な要請等を行っても、乙がこれを受け入れざるを得ない」ものだったことを示している、という関係を意味しており、「結び付く重要な要素」としているのは、そのような間接事実から「事業経営上大きな支障」が推認される場合もあることを示している。すなわち、これらの間接事実はある要証事実を認定する際の心証形成に影響を与え得るものであり、広い意味で「推認」作用があるものといえるが、「現実化として評価できる」、「結び付く重要な要素」といった表現は、その作用が比較的直截的か、そうでないかというニュアンスの差があることを注意的に示したものと理解できよう。

　次に、ここでの「特段の事情」の範囲が問題となる。その事情は、経済合理的なものに限られない。先に例示した近所付き合いや親族関係のしがらみや、過去の恩義に報いるべき個人的な事情の存在等も、それらのみが通常は

受け入れ難い「濫用行為」をあえて受け入れた理由であったことが証明された場合は、特段の事情となり得、濫用行為を受け入れたことを推認の基礎とすることはできない。もちろん、直接の利益があるなどの経済合理性の存在が特段の事情となり得ることは当然であるが[8]、この点は、後述の濫用行為の該当性の判断と重なることが多いと思われる。もっとも、「のちのち何かと便宜を図ってもらえる可能性がある」といった間接的観念的な利益は、後述の濫用行為該当性を否定する理由にはならないと考えられるものの、近い将来具体化される蓋然性が高くかつその利益が大きい場合には、取引上の自由かつ自主的な判断によるものとみ得る余地があり、特段の事情の範囲に含まれる場合も考えられる。ただし、優越的地位の濫用の規制趣旨に照らし、かかる「特段の事情」は取引上の自由意思を抑圧しないものである必要があるため、「要請を断れば取引を断られるかもしれない」といった懸念はまさにここでいう濫用そのものの現実化というべきであり、特段の事情には該当しないことは明らかである。なお、日本トイザらス事件審決においては、後記(4)で述べるように、濫用行為の存在等以外の諸要素も、「事業経営上大きな支障」を推認させる間接事実と位置づけられている。これは従来の公正取引委員会の実務の考え方でも採用されてきたものであり、同審決もそのような従来の公正取引委員会の実務の考え方と軌を一にするものと評価できる。

(4) 濫用行為を受け入れていること以外の諸要素を総合した認定

先にも述べたように、優越ガイドライン（第2の2）では、乙の甲に対する取引依存度[9]、甲の市場における地位[10]、乙にとっての取引先変更の可能性[11]、その他甲と取引することの必要性を示す具体的事実[12]の各要素を総合的に考慮することによって、優越的地位の認定がなされるとする考え方が明らかに

---

[8] ただし、「経済合理性あり＝特段の事情あり＝濫用行為に当たらない」という直線的な理解は正しくない。優越的地位の濫用に係る「行為」は「正常な商慣習に照らして不当」な行為であるところ、この「正常な商慣習」については、現に行われている商慣習ではなく公正な競争秩序の観点からの商慣習でなければならず、「経済合理性」がある場合に常に特段の事情があると考えられるわけではない。

[9] 取引依存度について、「乙の甲に対する取引依存度が大きい場合には、乙は甲と取引を行う必要性が高くなるため、乙にとって甲との取引の継続が困難になることが事業経営上大きな支障を来すことになりやすい」との記載がある。

されている。これらについて、日本トイザらス事件審決では次のような判断が示されている。

「また、乙の甲に対する取引依存度が大きい場合には、乙は甲と取引を行う必要性が高くなるため、乙にとって甲との取引の継続が困難になることが事業経営上大きな支障を来すことになりやすく（〔優越〕ガイドライン第2の2⑴参照）、甲の市場におけるシェアが大きい場合又はその順位が高い場合には、甲と取引することで乙の取引数量や取引額の増加が期待でき、乙は甲と取引を行う必要性が高くなるため、乙にとって甲との取引の継続が困難になることが事業経営上大きな支障を来すことになりやすく（同⑵参照）、また、乙が他の事業者との取引を開始若しくは拡大することが困難である場合又は甲との取引に関連して多額の投資を行っている場合には、乙は甲と取引を行う必要性が高くなるため、乙にとって甲との取引の継続が困難になることが事業経営上大きな支障を来すことになりやすい（同⑶参照）ものといえる」（審決書20頁）。

これらの要素の中には、数値化が可能なものも含まれるが、必ずしも特定の数値基準をもって一律に判断されるものでもない。また、「その他甲と取引

---

10) 甲の市場における地位について、「甲の市場におけるシェアの大きさ、その順位等が考慮される。甲のシェアが大きい場合又はその順位が高い場合には、甲と取引することで乙の取引数量や取引額の増加が期待でき、乙は甲と取引を行う必要性が高くなるため、乙にとって甲との取引の継続が困難になることが事業経営上大きな支障を来すことになりやすい」との記載がある。
11) 取引先変更の可能性について、「他の事業者との取引開始や取引拡大の可能性、甲との取引に関連して行った投資等が考慮される。他の事業者との取引を開始若しくは拡大することが困難である場合又は甲との取引に関連して多額の投資を行っている場合には、乙は甲と取引を行う必要性が高くなるため、乙にとって甲との取引の継続が困難になることが事業経営上大きな支障を来すことになりやすい」との記載がある。
12) その他甲と取引することの必要性を示す具体的事実については、「甲との取引の額、甲の今後の成長可能性、取引の対象となる商品又は役務を取り扱うことの重要性、甲と取引することによる乙の信用の確保、甲と乙の事業規模の相違等が考慮される。甲との取引の額が大きい、甲の事業規模が拡大している、甲が乙に対して商品又は役務を供給する取引において当該商品又は役務が強いブランド力を有する、甲と取引することで乙の取り扱う商品又は役務の信用が向上する、又は甲の事業規模が乙のそれよりも著しく大きい場合には、乙は甲と取引を行う必要性が高くなるため、乙にとって甲との取引の継続が困難になることが事業経営上大きな支障を来すことになりやすい」との記載がある。

することの必要性を示す具体的事実」として、実際には甲に対する売上高の大きさ、甲乙間の事業規模の格差、甲の事業規模が拡大傾向にあるか、取引継続の必要性や取引中止に伴う悪影響についての乙の認識など、必ずしも数値化されないものも含め、さまざまな要素が考慮されることとなるものと考えられる。その際、各要素は総合考慮の一要素と位置づけられるものであり、前記の要素すべてを充足しなければ「事業経営上大きな支障」の存在が認定できず、ひいては「優越的地位」を認定できないという関係にはないと考えられる。

(5) まとめ

前記のとおり、濫用行為を受け入れていること自体は、特段の事情のない限り、優越ガイドラインにあるような、甲と乙の当該濫用行為を離れた一般的な関係性（取引依存度や取引先変更の可能性など）や各事業者の位置づけなどとともに総合考慮されて優越的地位が認定されることになる。

日本トイザらス事件審決も、前記(3)および(4)で引用した部分に続く部分で、次のとおり、濫用行為の有無等に加え、他の各要素も総合的に考慮して優越的地位を判断すべきとしている。

「したがって、甲が乙に対して優越した地位にあるといえるか否かについては、甲による行為が濫用行為に該当するか否か、濫用行為の内容、乙がこれを受け入れたことについての特段の事情の有無を検討し、さらに、①乙の甲に対する取引依存度、②甲の市場における地位、③乙にとっての取引先変更の可能性、④その他甲と取引することの必要性、重要性を示す具体的事実を総合的に考慮して判断するのが相当である」（傍点筆者。審決書20頁）。

2．濫用行為（「返品」・「減額」の認定方法）

(1) 濫用行為の要件事実

ある事業者が取引関係にある他の事業者との関係で優越的地位にあることが認められたとしても、それだけでは独占禁止法違反にはならない。当該事業者がそのような地位を濫用し、濫用行為、すなわち、正常な商慣習に照らして不当に、独占禁止法2条9項5号イ～ハに掲げる行為を行ったかが検討

されることとなる（「正常な商慣習に照らして不当に」については、さらに公正競争阻害性の観点から後記3．の事項も検討される）。

「正常な商慣習に照らして不当」な不利益を与えているか否かについては、優越ガイドライン第4の2(1)ア、(2)ア、(3)アの趣旨に照らして、実務上、「①取引の相手方にあらかじめ計算できない不利益を与えることとなる場合や②取引の相手方が得る直接の利益等を勘案して合理的であると認められる範囲を超えた負担となり、不利益を与えることとなる場合」[13]と理解されてきた。日本トイザらス事件審決においても、具体的事案の判断として、同旨の判断基準を前提として濫用の成否を検討している（たとえば審決書22頁「濫用行為について」の記述）。

以下では、独占禁止法に列挙された濫用行為のうち、設問に掲げられた「返品」および「減額」に焦点を当ててその認定方法を解説する。

(2) 返品

一般に返品といわれる行為は独占禁止法2条9項5号ハ「取引の相手方から取引に係る商品を受領した後当該商品を当該取引の相手方に引き取らせ」に該当するが、優越的地位の濫用規制の対象、すなわち濫用行為となる返品は、形式的に返品に該当するというだけでなく、これが「正常な商慣習に照らして不当」（前記(1)参照）なものであると評価できることが求められ（5号柱書）、前記**1**で述べた「自由かつ自主的な判断による取引の阻害による自由競争基盤の侵害のおそれ」という規制趣旨に照らしてこの点を解釈することとなる。

日本トイザらス事件審決では、返品の一般論として次の判断が示されている。

「イ　このような買取取引において、取引の相手方の責めに帰すべき事由がない場合の返品及び減額は、一旦締結した売買契約を反故にしたり、納入業者に対して、売れ残りリスクや値引き販売による売上額の減少など購入者が負うべき不利益を転嫁する行為であり、取引の相手方にとって通常は何ら合理性のないことであるから、そのような行為は、原則として、取引の相手

---

[13] 菅久・独禁法177頁〔伊永大輔〕。

方にあらかじめ計算できない不利益を与えるものであり、当該取引の相手方の自由かつ自主的な判断による取引を阻害するものとして、濫用行為に当たると解される。

　ウ　もっとも、返品に関しては、例外的に、①商品の購入に当たって、当該取引の相手方との合意により返品の条件を明確に定め、その条件に従って返品する場合、②あらかじめ当該取引の相手方の同意を得て、かつ、商品の返品によって当該取引の相手方に通常生ずべき損失を自己が負担する場合、③当該取引の相手方から商品の返品を受けたい旨の申出があり、かつ、当該取引の相手方が当該商品を処分することが当該取引の相手方の直接の利益となる場合などは、当該取引の相手方にあらかじめ計算できない不利益を与えるものではなく、濫用行為には当たらないと解される（ただし、上記①については、返品が当該取引の相手方が得る直接の利益等を勘案して合理的であると認められる範囲を超えた負担となり、当該取引の相手方に不利益を与えることとなる場合には、当該取引の相手方の自由かつ自主的な判断による取引を阻害するものとして、濫用行為に当たることとなる。）。

　……

　オ　以上のとおり、取引の相手方の責めに帰すべき事由がない場合の返品及び減額については、前記ウ及びエのような例外と認められるべき場合（以下、これに該当する場合の事情を「例外事由」という。）はあるものの、通常は取引の相手方にとって何ら合理性のないことであるから、例外事由に当たるなどの特段の事情がない限り、当該取引の相手方にあらかじめ計算できない不利益を与えるものと推認され、濫用行為に当たると認めるのが相当である」（審決書20頁）。

　本(2)冒頭で述べたことからすると、濫用行為に該当する「引き取らせ」る行為とは、形式上の引取りの合意の有無にかかわらず、実質的には一方的なものと認められるような取引対象たる商品の買主から売主への返還行為、すなわち取引の当事者の自由かつ自主的な判断を阻害する態様で行われるものと解釈されるべきである。

　したがって、返品が可能になる条件等の合意が契約時になされておらず、返品に伴うコストやリスクを合理的に予想できない状況で、取引上の力関係の差を奇貨としてこれを強要するような場合[14]が考えられる。

他方、返品が形式的には行われていても、契約時等、取引条件に関する合意が成立する以前に返品条件についても合意がなされ、その条件に従った返品がなされている場合（日本トイザらス事件審決の前記ウ①に当たるような場合）は、正当な理由が認められ、濫用行為たる返品に該当しないのはもちろんのこと（ただし、その返品条件の内容によっては、その条件の設定自体が、独占禁止法2条9項5号ハの「その他取引の相手方に不利益となるように取引の条件を設定」に該当する可能性はある）、民法上の債務不履行責任によって基礎づけられる商品の瑕疵や品違い、納期遅れ等による返品もまた、「正常な商慣習に照らして不当」なものとは考えられず、濫用行為たる返品に該当しない。また、売主から返品を受けたい旨の申出があり、かつ、売主が当該商品を処分することが売主の直接の利益となる場合にも、優越的地位の濫用の問題とはならないと解してよい（日本トイザらス事件審決の前記ウ③に当たるような場合。優越ガイドライン第4の3(2)参照）。このような場合に返品を行うのは契約上当然に予想されることであり、自由かつ自主的な判断による取引が妨げられることにはならないからである。

　以上で述べたことなどからすると、前記で引用した日本トイザらス事件審決の濫用行為たる返品該当性に係る判断枠組みは合理的であると考えられる。

　なお、注意しなければならないのは、前記の「直接の利益」が、当該事業者間の継続的な取引によってもたらされる安定的な収入の確保、といったものを含まない点である。ここでは、優越ガイドラインで例示された納入済みの旧商品を回収して新商品を納入し直したほうが売上げ増加になると考えられる場合など、当該取引から直接生み出される金銭的な利益のみを指す。もちろん、反復される取引関係においては、ある商品単体の取引条件等は一見不合理にみえても、ある商品に関する取引と別の商品に関する取引の、実際の返品条件等も加味した収支を合算すれば、合理的な取引条件の設定と考えられるような場合もあり、またそのような考慮による取引慣行が存在するこ

---

14) 優越ガイドライン（第4の3(2)ア）でも「取引の相手方に対し、当該取引の相手方から受領した商品を返品する場合であって、どのような場合に、どのような条件で返品するかについて、当該取引の相手方との間で明確になっておらず、当該取引の相手方にあらかじめ計算できない不利益を与えることとなる場合、その他正当な理由がないのに、当該取引の相手方から受領した商品を返品する場合であって、当該取引の相手方が、今後の取引に与える影響等を懸念してそれを受け入れざるを得ない場合」と説明される。

とも、合算されるべきそのような複数の取引が必ずしも同時進行ではないこと、すなわちどちらかが「いったん損をする」という取引が行われていることも事実であるが、そのような取引の場合は、取引条件を事前に明示に合意しておくことが可能である。したがって、かかる合意も存在しないのに、そのような間接的・観念的な利益まで「直接の利益」に含まれるとして、これを伴うものであることを理由に、返品行為を前記例外に当たるものとして正当化することはできないと考えるべきである。そのような不確定かつ観念的な「利益」の存在のみをもって、目の前の取引で現実に経済的な損失をこうむるような返品行為を甘受せざるを得ない取引こそが、濫用行為に該当する。

(3) 減額

前述した独占禁止法2条9項5号柱書および同号ハのうち、減額に係るものは「ハ 取引の相手方に対して取引の対価……の額を減じ」である。形式的に減額に該当しても、正常な商慣習に照らして不当性がなければ、濫用行為とはならない（5号柱書）点、これらの要件を、「自由かつ自主的な判断による取引の阻害による自由競争基盤の侵害のおそれ」という規制趣旨に照らして解釈する点は返品と同様である。

「（取引の対価）の額を減じ」につき、日本トイザらス事件審決で示された考え方は返品の判断枠組みとほぼ同様であり、前記(2)で引用した部分において、減額に特有な判断として、例外的に正当化される場合が次のとおり判示された。

「イ・ウ〔前記(2)引用部分と同じ〕

エ また、減額に関しても、例外的に、①対価を減額するための要請が対価に係る交渉の一環として行われ、その額が需給関係を反映したものであると認められる場合、②当該取引の相手方から値引き販売の原資とするための減額の申出があり、かつ、当該値引き販売を実施して当該商品が処分されることが当該取引の相手方の直接の利益となる場合などは、当該取引の相手方にあらかじめ計算できない不利益を与えるものではなく、濫用行為には当たらないと解される。

オ〔前記(2)引用部分と同じ〕」（審決書20頁）。

この判断では、優越ガイドラインに掲げられていない「②当該取引の相手

方から値引き販売の原資とするための減額の申出があり、かつ、当該値引き販売を実施して当該商品が処分されることが当該取引の相手方の直接の利益となる場合」を減額が認められる事例の1つとして明示したことが注目される。

すなわち、優越ガイドラインでは減額類型について「直接の利益」という例外事由が掲げられていない。しかし、当該取引の相手方の責めに帰すべき事由により、当該商品が納入されまたは当該役務が提供された日から相当の期間内に、当該事由を勘案して相当と認められる金額の範囲内で対価を減額する場合や、対価を減額するための要請が対価に係る交渉の一環として行われ、その額が需給関係を反映したものであると認められる場合には「正常な商慣習に照らして不当に不利益を与えることとなら」ないとしている（優越ガイドライン第4の3(4)イ）。ここでは日本トイザらス事件審決の②におけるような、乙の側からの減額の申入れについては想定されていないが、これも前記(1)①の「取引の相手方にあらかじめ計算できない不利益を与える」ものではない（すなわち、取引の相手方の自由かつ自主的な判断による取引を阻害するものではない）と考えられることから、優越ガイドラインの趣旨に照らして「正常な商慣習に照らして不当に不利益を与えることとなら」ない類型に含まれるものと考えられ、同審決および優越ガイドラインの正当化範囲に実質的な違いはないと考えられる。したがって、この日本トイザらス事件審決における濫用行為たる減額に係る前記イ、エおよびオの判断枠組みが合理的であり、「直接の利益」が当該事業者間の継続的な取引によってもたらされる安定的な収入の確保、といったものを含まない点、当該取引から直接生み出される金銭的な利益のみを指す点などは先に述べた返品の場合と同様である。

(4) 濫用行為該当性が審決において否定された例

日本トイザらス事件審決では一部の特定納入業者の減額の一部について、前記の「②当該取引の相手方から値引き販売の原資とするための減額の申出があり、かつ、当該値引き販売を実施して当該商品が処分されることが当該取引の相手方の直接の利益となる場合」の考え方に基づいて濫用行為該当性が否定されている。具体的には、乙が、新シリーズを発売するのに伴い、旧シリーズが長期にわたって甲の店頭に残ると、乙のブランドイメージを低下

させるとともに、新シリーズの認知を遅らせ、新シリーズの販売促進の障害になると考えて、それを回避する目的で、甲に対し値引き販売費用の一部負担を提案し、その結果、旧シリーズの値引き販売が実施されて旧シリーズの消化が促進されるとともに、乙の甲に対する前記商品の販売実績が上がった場合などがある。このように、優越ガイドラインにおいて例外的場合として明示されたケースに該当しなくても、独占禁止法2条9項5号柱書の「正常な商慣習」に照らした不当な不利益が認められない場合には、具体的行為が濫用行為に該当しないと判断されることもあり得ることに注意を要しよう（前記(1)参照）。

3．優越的地位の濫用における公正競争阻害性
── 行為の不当性のうち、取引の相手方の自由な意思に反すること、および正常な商慣習について

前記**1**のとおり、優越的地位の濫用の場合、「公正な競争を阻害するおそれ」とは、取引の相手方の自由かつ自主的な判断による取引を阻害することであると考えられる。そして、どのような場合にこのような公正競争阻害性が認められるかの判断は個別の事案ごとに判断することとなるが、阻害の程度の大小、当該市場には通常複数のプレーヤーが存在することからどれほどのプレーヤーに影響を与えたか、すなわち当該行為の市場全体への広がりの程度の2つの観点から考察できる[15]。

ところが、実務上、公正競争阻害性の判断で新たに考慮される客観的事情はさほど多くないものと考えられる。なぜなら、行為の内容、取引の相手方の利益・不利益等の客観的事情、を考慮してもなお、経済合理性が認められるかは濫用行為の認定において判断されており、これらはまさに①取引の相手方の自由かつ自主的な判断による取引を阻害する程度の基礎事情にもなり

---

15) 優越ガイドライン（第1の1）でも「問題となる不利益の程度」、「行為の広がり」という2つの考慮要素を掲げ、「①行為者が多数の取引の相手方に対して組織的に不利益を与える場合、②特定の取引の相手方に対してしか不利益を与えていないときであっても、その不利益の程度が強い、又はその行為を放置すれば他に波及するおそれがある場合には、公正な競争を阻害するおそれがあると認められやすい」としている。

得ると考えられるからである。

なお、公正競争阻害性の解釈に関連して、正当化事由の存否が問題となることがある。優越的地位の濫用においても、「正常な商慣習に照らして不当に」不利益を与えるかどうかにおいて問題となり得るが、ここでの「正常な商慣習」とは、あくまで前記**1**で述べた規制の趣旨を踏まえ、自由競争基盤の侵害のおそれのないもの、すなわち乙に不当な不利益を与え、乙とその競争者の競争条件の公正を侵害するか、ひいては甲に不当な利益をもたらし、甲とその競争者の競争条件の公正を侵害するようなおそれのないものであることが必要であり、現実に観察される商慣習であるか否かを問わない。したがって、ある商慣習が現実に広く観察されるという経験的事実は、当該商慣習が公正競争阻害性を持たないものであることの理由とはならない。

前記各点に係る日本トイザらス事件審決における判断は、次のとおりである。

「どのような場合に公正競争阻害性があると認められるのかについては、問題となる不利益の程度、行為の広がり等を考慮して、個別の事案ごとに判断すべきである（〔優越〕ガイドライン第1の1参照）。

……

しかし、優越的地位の濫用の成否の判断に際して考慮されるべきは『正常な商慣習』であり、公正な競争秩序の維持・促進の観点から是認されないものは『正常な商慣習』とは認められないから、仮に本件濫用行為が現に存在する商慣習に合致しているとしても、それにより優越的地位の濫用が正当化されることはない（〔優越〕ガイドライン第3参照）」（審決書77頁）。

3 設問に対する回答

(1) 濫用行為該当性

濫用行為が存在し、これが特段の事情なく受け入れられていたこと等は「甲が乙にとって著しく不利益な要請等を行っても、乙がこれを受け入れざるを得ないような場合」にあったことの現実化であり、このことは、乙にとって甲との取引の継続が困難になることが事業経営上大きな支障を来すことを推

認させる重要な要素になるため、前記❷2．(2)、(3)で述べたとおり、合理的と考えられる日本トイザらス事件審決の判断枠組みに基づき、濫用行為の存在から検討を行うこととする。

ア　本件返品

　前記❷2．(2)で引用した日本トイザらス事件審決のイの判断にあるように、乙の責めに帰すべき事由のない返品は、売れ残りリスクや値引き販売による売上額の減少など購入者が負うべき不利益を転嫁する行為であり、取引の相手方にとって通常は何ら合理性のないことであって、原則として、取引の相手方にあらかじめ計算できない不利益を与えるものであり、当該取引の相手方の自由かつ自主的な判断による取引を阻害するものとして、濫用行為に該当すると推認される。正当な理由が認められないにもかかわらず返品という経済的不利益を甘受するのは、そうせざるを得ないからであり、「してもしなくてもよいが、したほうが合理的なのでする」、「しないほうが合理的と考えるのであればしない」といった選択を与えられた上で選択したものでない以上、取引主体としての自由かつ自主的な判断を阻害されているといえるからである。

　前記推認に対する例外的場合は、前述のとおり、事前の返品条件の合意や「直接の利益」が認められる場合である。

　そこで検討すると、本件返品については、商品の瑕疵や品違い等のA社の責めに帰すべき事由がない返品であるので、原則として濫用行為に該当すると推認される。

　もっとも、事前に返品が行われる場合（レディース・キッズ向けスポーツ用品に特化した「X社セレクト」が採算割れを起こして撤退する場合には返品する場合があるという共通認識の存在）に関する取決めがあり、実際にX社セレクトは撤退し、通常店舗に移行していた。そこで、本件返品が、「商品の購入に当たって、当該取引の相手方との合意により返品の条件を明確に定め、その条件に従って返品する場合」に該当するかが問題となる（前記❷2．(2)で引用した日本トイザらス事件審決のウ①）。

　しかし、前記共通認識は、「X社セレクト」が採算割れを起こして撤退する場合には返品する場合があるといった程度の抽象的な認識にすぎず、具体的

にいかなる場合に返品されるかが明確ではない。また返品されたBをA社が直営店などで販売したり、X社セレクトが通常店舗に移行した場合にはあらためて通常店舗の取扱商品として納品したりするとされていたが、どのような条件で販売したり、どのような条件で通常店舗の取扱商品としてBを納品したりするのか、明確ではなく、A社があらかじめ自己がこうむる不利益を計算できるものではなかった（前記❷2．(1)①参照）。

また、A社がX社セレクト用の商品を納品するに当たり、X社に対して商品を返品しないことを別途申し入れていたという事実がある。

さらに、両者の間で返品の条件が明確に合意され、その条件に従って返品したのであれば、X社セレクトが撤退してまもなく返品が実施されるのが自然であるが、X社がBの返品の要請をしたのは平成21年9月であり、X社セレクトが撤退した平成20年10月以前の時点からおよそ1年以上経過していた上、X社が実際に本件返品を行ったのは平成22年4月であり、相当程度時間を要している。そして、A社が返品されたBを直営店などで販売したり、X社セレクトは通常店舗に移行したにもかかわらず、あらためて通常店舗の取扱商品として納品したりした事実もない。

以上によれば、そもそも前記取決めをもって、「当該取引の相手方との合意により返品の条件を明確に定め」ていたとは認められない上、本件返品は、前記取決めに沿って行われたものとも認められない。

ほかに売主から返品を受けたい旨の申出があったなどの事由もなく、本件返品について前記❷2．(2)①〜③の例外事由に当たる事情はうかがわれない。

したがって、本件返品はA社にあらかじめ計算できない不利益を与えたものとして（前記❷2．(1)①参照）、濫用行為に当たると認められる。

そして、A社が本件返品を受け入れたことに、前記❷1．(2)で述べたような親族関係のしがらみ等の特段の事情もうかがわれない。したがって、同返品に係る不利益をA社が甘受したことは、このような不利益をやむを得ないものとして受け入れざるを得なかったような場合にあったことの現実化と評価でき、このことはA社にとってX社との取引の継続が困難になることが事業経営上大きな支障を来すことに結び付く重要な要素であると認められる。

イ　本件減額

　本件減額の対象商品はすべて「C」であるところ、本件減額に関してはそれに応じたA社の考え以外に客観的事情はない。そこで、本件減額も本件返品と同じく、取引の相手方の責めに帰すべき事由がない場合の減額であり、前記❷２．(2)、(3)で引用した日本トイザらス事件審決のイの判断にあるように、取引の相手方にとって通常は何ら合理性のないことであって、原則として濫用行為に当たると推認される。本件返品と同様、合理的な理由が認められないにもかかわらず減額という経済的不利益を甘受するのは、そうせざるを得ないからであり、「してもしなくてもよいが、したほうが合理的なのである」、「しないほうが合理的と考えるのであればしない」といった選択を与えられた上で選択したものでない以上、取引主体としての自由かつ自主的な判断を阻害されていると考えられるからである。

　そして、前記❷２．(3)で引用した日本トイザらス事件審決のエの判断にあるような例外的事由も見当たらないから、本件減額は、A社にあらかじめ計算できない不利益を与えたものとして（前記❷２．(1)①参照）、濫用行為に当たると認められる。

　そして、A社が本件減額を受け入れたことに、前記❷１．(2)で述べたような親族関係のしがらみ等の特段の事情もうかがわれない。かえって、Cの営業を担当していたA社の社員が、X社は値引き販売をする際、A社を含めた納入業者に対し値引きの填補分として費用負担を要請しており、A社も当該要請に従って費用負担をしていたこと、A社が当該要請に応じたのは、X社がA社にとって重要な取引先であり、当該要請を断ると取引に影響すると考えているからであり、実際にもX社のバイヤーから、当該要請を断ると購入量を減らす等のペナルティを示唆されたこともあり、当該要請に応じざるを得なかったこと、また、競合する他の納入業者も同様の要請に応じて費用を負担していたので、A社だけ断るということはできなかったことなどの事実を供述していることが認められる。そうすると、設問の減額については、X社がA社に対し正当な理由がないのに値引き販売の実施に伴う費用負担を求め、A社は今後の取引に与える影響を懸念してそれを受け入れざるを得なかったことが認められる。

したがって、本件減額に係る不利益をA社は甘受したことは、このような不利益をやむを得ないものとして受け入れざるを得なかったような場合にあったことの現実化と評価でき、このことはA社にとってX社との取引の継続が困難になることが事業経営上大きな支障を来すことに結び付く重要な要素であると認められる。

(2) 優越的地位の有無

次に、濫用行為該当性・それを受け入れていた事実のほか、優越的地位の有無の認定に有意な間接事実について検討する。具体的には、乙の甲に対する取引依存度、甲の市場における地位、乙にとっての取引先変更の可能性、その他甲と取引することの必要性を示す具体的事実について検討する。

ア 乙の甲に対する取引依存度

取引依存度については、A社のX社に対する当時の取引依存度は数パーセントであるものの、A社が主力商品であると認識し、利益率の高かったランニングシューズに限ってみた場合のX社に対する取引依存度は約20%であったこと、A社のX社に対する売上げのほとんどがランニングシューズであったこと、およびA社は、X社との取引額や取引数量が大きいと認識していたことが認められる。すなわち、全商品ベースでの取引依存度は高くないとしても、A社はX社との取引額それ自体の規模が大きいと認識していたこと、利益率の高い主力商品ベースの取引依存度が高く、収益に結び付く確実性の高い取引相手であったことなどがうかがえる。

イ 甲の市場における地位

X社は、わが国でランニングシューズなどのスポーツ用品全般を専門的に取り扱う小売業を営んでおり、そのような小売業者のうち、大手3社と呼ばれる小売業者の中で最大手の事業者であった。そうすると、X社はスポーツ用品市場において高い市場シェアを有していることが推認され、A社にとって非常に重要な取引相手であったことがうかがえる。

ウ 乙にとっての取引先変更の可能性

また、A社は、ランニングシューズにおけるX社に対する取引依存度が高く、X社との取引がなくなるとランニングシューズの売上げを確保することが難しくなることから、X社に代わる取引先を見つけることまたは他の取引先との取引を増やすことでX社との取引停止に伴う損失を補うことは困難であると認識していた。ランニングシューズについては現状、X社が約20%の取引額ベースの取引依存度を持っており、ランニングシューズの出荷先をX社以外に振り向けることは現在の出荷状況を大きく変更することを意味するところ、利益率の高い主力商品で比較的高い依存度を持つことがうかがわれるX社に対してランニングシューズの比較的高い売上げを維持しているA社にとって、収益状況を維持したままX社以外のランニングシューズの販売先を探すことはきわめて難しいと考えられることなどに照らすと、A社のかかる認識は合理的なものである。

エ その他甲と取引することの必要性を示す具体的事実

そのほかの事情として、A社は、X社から規格または仕様の指示を受けて製造した商品をX社に納入していた。規格や仕様をX社の指示によって決めていた商品は、X社以外の取引先に買い取ってもらえるか不透明であり、もしこれがX社以外の取引先に買い取ってもらえない場合、取引先としてのX社を失うことはそのような特注品を製造するのに要した投資をこれ以上回収できなくなることにつながりかねない。このため、A社にとってX社と取引することは、必要かつ重要であった。

また、A社自身、X社との取引額や取引数量が安定していると認識していた上、X社との取引で大きな割合を占めるランニングシューズの利益率はそれ以外の商品よりも高く、X社との取引はA社にとって収益性が高いものであった。このため、X社との取引を失うことはA社の収益構造にとって大きな打撃となり得るものであり、かかる事情からも、A社にとってX社と取引することは、必要かつ重要であった。

以上、前記の濫用行為の存在、それを受け入れている事実、および前記の事情を総合すれば、A社にとってX社との取引の継続が困難になることが事

業経営上大きな支障を来すため、X社がA社にとって著しく不利益な要請等を行っても、A社がこれを受け入れざるを得ないような場合にあったと認められ、X社の取引上の地位はA社に優越していたといえる。

(3) 公正競争阻害性

前述のとおり、当該要件は、「問題となる不利益の程度」、「行為の広がり」から検討する。

本件では、事前の合意のない返品という、債務不履行による解除の効果に類するような不利益、および事前の合意のない減額という、契約の重要な一要素である価格の事後的な変更と同視できる不利益を取引相手に課しており、かつそのような不利益について取引相手たるA社に帰責事由は存在しない上に、A社が自らの自由かつ自主的な判断により、積極的にかかる返品・減額を受け入れていたという事実関係も存在しないから、不利益の程度は大きいというべきである。またX社はA社のみならずA社を含む14社の納入業者に類似の返品や減額を事前の合意も協議もなくX社の都合に基づいて行っており、14社という多数に対し、組織的にこうした不利益を与えていることが推認される。したがって、これにより、A社を含む14社にあらかじめ計算できない不利益を与え、14社の自由かつ自主的な判断による取引が阻害されたものであり、これは、14社が、返品や減額によって、その競争者との関係において競争上不利となる一方で、X社が、当該返品や減額によって、その競争者との競争において競争上有利となるおそれを生じさせたものであるから、公正競争阻害性があることが認められる。

(4) 結論

したがって、A社に対する本件返品および減額は優越的地位の濫用に当たる。

〔こむろ なおひこ・つちひら みねひさ〕

第8章

排除措置命令

設問1

　A、B、C、D、E、Fの6社は、電子製品の製造過程における触媒や医療機関等において広く用いられる化学物質X、Y、Zを製造販売している事業者であるが、従前よりしばしば会合を開催して、原料価格や製品価格の動向についての情報交換を行っていたところ、原料価格の上昇などを背景に、X、Y、Zにつき、販売価格の引上げ幅を取り決める合意を行ったとして、公正取引委員会の立入検査を受けた。わが国で製造されるX、Y、Zの総量の90％は6社が製造販売しており、かつ輸入品は流通していない。さらに当該製造販売分野において新規参入は長期間起こっていない。なお、本件合意自体は公正取引委員会の立入検査を契機として終了している。

(1) この状況において、公正取引委員会は排除措置命令として6社に対し以下の事項を命じることができるか。

① 各社の取締役会で以下のア・イ・ウの事項を決議すること
　ア　6社が共同して行ったX、Y、Zの販売価格を引き上げる旨の合意が消滅している旨の確認
　イ　今後、X、Y、Zの販売価格について、自社が自主的に決定し、6社相互の間において、または他の事業者と共同して決定するようなことはしない旨
　ウ　X、Y、Zの販売価格の改定に係る情報交換をしない旨
② 決議内容を他の事業者および自社の従業員に周知すること
③ 周知の方法について、あらかじめ公正取引委員会の承認を得ること

(2)　仮に、Fは採算が悪化したため命令前から廃業の準備をしており、命令後まもなく、会社解散の株主総会決議を行って事業を廃止し、清算手続を行っていた場合は、Fに前記(1)の内容の排除措置命令を行うことができるか。

設問2

コンビニエンスストア・チェーンを運営するX（以下「本部」という）は、同チェーンの加盟店との基本契約（以下「加盟店契約」という）において、

(ア)　デイリー商品（品質が劣化しやすい食品・飲料で、原則として毎日店舗に納品されるもの）の販売価格は加盟店が決める

(イ)　商品の販売について、本部の経営指導担当者が加盟店に対し助言、指導する

(ウ)　加盟店が本部に支払うロイヤリティは、売上総利益（「売上額」－「売上原価」）に一定のチャージ率をかけることによって計算されるところ、売上総利益の計算において、売上額から差し引くことのできる売上原価には、廃棄した商品の仕入原価は含まれない（コンビニ会計方式）

旨を合意していた。

本部では、デイリー商品は本部が推奨する価格（推奨価格）で販売されることが望ましいとして経営指導担当者に対しその旨を周知徹底しており、本部の従業員である経営指導担当者は、加盟店に対し、原則としてその方針に沿った指導・助言を行っていた。この状況の下において、廃棄期限の迫ったデイリー商品につき、加盟店が、推奨価格から値引き販売をしようとする場合（以下「見切り販売」という）に、本部の経営指導担当者がこれを制限し、見切り販売の取りやめを余儀なくさせている行為があるとして、その行為が優越的地位の濫用に当たると認定された。この場合、公正取引委員会は、本部に対し、以下の排除措置命令を行うことができるか。

第1項　本部は、見切り販売を行おうとし、または行っている加盟店に対し、見切り販売の取りやめを余儀なくさせ、もって、加盟者が自らの合理的な経営判断に基づいて廃棄に係るデイリー商品の原価相当額の負担を軽減する機会を失わせている行為を取りやめなければならない。

第2項　本部は、今後、第1項の行為と同様の行為を行ってはならない。
第3項　本部は、次の①から③までの事項を行うために必要な措置を講じなければならない。この措置の内容については前項で命じた措置が遵守されるために十分なものでなければならず、かつ、あらかじめ、公正取引委員会の承認を受けなければならない。
① 自社の従業員に対する独占禁止法遵守の行動指針の徹底、本部の経営指導担当者に対する定期的研修、法務担当者による定期的監査の実施
② 独占禁止法違反行為に関与した役員、従業員に対する処分に関する規定の作成または改定
③ 独占禁止法違反行為に係る通報または調査への協力を行った者に対する適切な取扱いを定める規定の作成

1　はじめに

　排除措置命令は、違反行為を排除し、当該行為によってもたらされた違法状態を除去し、競争秩序の回復を図るとともに、当該行為の再発を防止することを目的として、具体的な作為・不作為を命じる行政処分である[1]。しかし、競争秩序の回復や再発の防止のためにいかなる行為をどの程度まで命じるべきかについては、個々の違反行為の内容、取引分野の実情等に応じて設計することになる。さらに事業者の経済活動がグローバル化し、競争をとりまく環境が複雑化するに伴い、措置内容についても絶えず新たな工夫をする必要がある。本章では、過去から現在までの実例を紹介しつつ、排除措置命令の可否や命じることができる内容等について論じることとしたい。

---

[1] 根岸・注釈独禁法125頁〔根岸哲〕。

2　排除措置命令に係る規定の内容

1．排除措置命令の対象となる行為

　独占禁止法において命じることができる排除措置は、現存する違反行為に関しては、私的独占もしくは不当な取引制限を禁止する同法3条に違反する行為の場合には、当該違反行為の差止め、事業の一部譲渡その他違反行為を排除するために必要な措置とされており（同法7条1項）、また同法7条1項により、不当な取引制限もしくは不公正な取引方法に該当する事項を内容とする国際的協定もしくは国際的契約の締結を禁止する同法6条に違反する場合も同じとされている。不公正な取引方法を禁止する同法19条に違反する行為の場合については、違反行為の差止め、契約条項の削除その他違反行為を排除するために必要な措置とされている（同法20条1項）。

　違反行為がすでに終了している場合（既往の違反行為）でも、「特に必要があると認めるとき」には排除措置命令をすることができる。その内容は、独占禁止法3条および6条違反の行為に関しては、違反行為がすでになくなっている旨の周知措置、その他当該違反行為が排除されたことを確保するために必要な措置であり（同法7条2項）、同法19条違反の行為に関しても、これと同様とされている（同法7条2項、20条2項）。

　事業者団体の違反行為に関しては、現存する違反行為に関しては、当該違反行為の差止め、当該団体の解散その他違反行為を排除するために必要な措置とされ（独占禁止法8条の2第1項）、既往の違反行為については、独占禁止法7条2項が準用される（同法8条の2第2項）。

2．排除措置命令の相手方

　排除措置命令は、独占禁止法に違反する行為を現に行っている事業者に対して行うことができる（独占禁止法7条1項）。これに対し、既往の違反行為については、その違反行為を行っていた事業者に対しては排除措置命令ができ

るが、違反行為を行った事業部門が譲渡ないし分割され、または当該事業者について合併があった場合、事業を承継した事業者は、それ自体は違反行為を行っていないので、これに対し排除措置命令を行うことができるかについては疑義があった。この点、平成21年改正法において、違反行為をした法人事業者が合併により消滅した場合の存続法人または新設法人、②違反行為をした事業者から分割により事業の全部または一部の譲渡を受けた事業者、③違反行為をした事業者からその行為に係る事業の全部または一部の譲渡を受けた事業者に対しても、排除措置命令を行うことができることが明記された（同法7条2項）[2]。

3 排除措置命令の必要性および内容の相当性についての判断枠組み

1．はじめに

　排除措置が必要か、また、いかなる内容の措置が相当かの判断は、公正取引委員会に専門的な裁量が認められるとされている。すなわち、まず、郵便区分機談合事件（最判平成19年4月19日判時1972号81頁）で最高裁は、既往の違反行為について排除措置命令を行うための要件である「特に必要があると認めるとき」の判断について、「我が国における独禁法の運用機関として競争政策について専門的な知見を有する上告人の専門的な裁量が認められるものというべきである」と述べて、このことを認める。また、措置の内容の相当性についても、エアセパレートカルテル（日本エア・リキード）事件において東京高裁は「公正取引委員会には、『特に必要がある』と認めて排除措置命令を行うべきか否かという点だけでなく、命ずる措置の内容についても、専門的な裁量が認められているものと解される。」と判示して、公正取引委員会の裁量を認めている（東京高判平成28年5月25日判例集未搭載）[3]。

---

[2] 承継会社に対し排除措置命令をしたものとして、鹿児島県海上工事談合事件（公取委排除措置命令平成22年11月9日審決集57巻(2)39頁）がある。

2．審判手続における判断枠組み

　平成17年改正前の独占禁止法においては、審決が行政処分（排除措置命令または課徴金納付命令）そのものであったため、排除措置は審決主文で命じられていた。審決には、まず、とるべき措置を勧告し、名宛人がそれを応諾した場合に成立する勧告審決と、審判手続を経て措置を命じる審判審決、そして、被審人が審判開始決定書記載の事実および法律の適用を認めるとともに自らとるべき具体的措置に関する計画書を提出することにより、その後の審判手続を経ないで審決を受ける同意審決があった。審判手続においては、審判の対象は審判開始決定書記載の事実と法律の適用とされたが、排除措置の前提となる事実（違反行為が現存しているか等）は審判の対象となり[4]、また、後記 5 のとおり、既往の違反行為における排除措置の前提となる「特に必要があると認めるとき」という要件の該当性については審判の対象として審理されていた。

　平成17年改正では、公正取引委員会による行政処分（排除措置命令または課徴金納付命令）は審判手続を経ずに行われることとされ、審判手続は行政処分としてすでに発出された排除措置命令または課徴金納付命令に対する不服審査型の手続となった（これに伴い、審決の性質は裁決へと変更された）。一般に行政不服審判においては裁量にわたる事項の当・不当についても審理の対

---

[3]　これ以前においても、郵便区分機談合事件の東京高裁判決（差戻前。東京高判平成16年4月23日判時1879号50頁）において、「被告〔筆者注：公正取引委員会〕の裁量は、『特に必要があると認めるとき』という要件の存在が認められるときに、排除措置を執るか否か及びその内容について認められる」と述べており、公正取引委員会の裁量は、排除措置の内容についても認められるとした。その他、消費者庁に移管する前の景品表示法の排除措置に係る事案であるが（昭和37年に制定された景品表示法は、制定時から平成21年9月の消費者庁設置に伴い同庁に移管されるまでの間、独占禁止法の特例法として位置づけられていた）、ベイクルーズ事件（東京高判平成20年5月23日審決集55巻842頁）においても、「被告がこの権限を行使して排除措置とる（ママ）ことを違反者に命じるか否か、命じる場合にどのような内容の排除措置をとるよう命じるか、については、被告に広範な裁量権が与えられているものである」と判示して措置の内容について、公正取引委員会の裁量を認めていた。

[4]　違反行為が現存しているとして措置を命じる必要性があると判示したものとして、着うた事件（公取委審判審決平成20年7月24日審決集55巻294頁）がある。

象となると考えられているところ[5]、排除措置命令に対する不服審判手続においても、排除措置の必要性、相当性が審理の対象となり、その結果理由があれば、公正取引委員会は審決で措置の必要性を否定し、あるいは適切妥当な内容の措置に変更することが認められることとなった（旧独占禁止法66条3項）。

3．取消訴訟における判断枠組み

排除措置命令に対する取消訴訟では、措置の必要性、内容の相当性について公正取引委員会に専門的な裁量が認められている以上、これについて当・不当の問題はあり得ても適法・違法の問題は原則として生ずることはなく、公正取引委員会の裁量権の範囲を超え、もしくは濫用がある場合に限り裁判所は違法であると判断することになる（行政事件訴訟法30条）。

では、裁判所はいかなる基準、枠組みで公正取引委員会の裁量権の逸脱濫用を判断することになるか。この点、裁判所が公正取引委員会に代わって排除措置の必要性の有無や相当と思慮する措置内容を探索し、それと公正取引委員会が命じた排除措置が異なるかどうかを判断すること（実体的判断代置方式）は考えにくいものの[6]、違反行為の性質、措置の必要性や措置が事業活動に与える影響等を勘案して適切な基準・判断枠組みが選択されるものと考えられる。一般に行政庁の裁量処分の逸脱濫用の有無については、処分が社会観念上著しく妥当性を欠くかどうかといった基準（社会観念審査基準）で判断されるが、その際、裁量判断の前提となる事実について処分庁の事実誤認はないか、処分が法律の目的に反してなされ、あるいは処分の動機に不正はないか、平等原則違反、比例原則違反がないか等の点を勘案し[7]、処分が合理性を持つ判断として許容される限度を超えるか否かが判断される。実際の個

---

[5] 宇賀克也『行政法概説Ⅰ──行政法総論〔第5版〕』（有斐閣、2013）319頁～320頁。
[6] 最高裁は裁量事項について、裁判所が処分権者と同一の立場に立って処分をすべきであったかまたはいかなる処分を選択すべきであったかについて判断し、その結果と当該処分を比較しその軽重を論ずべきものではなく、裁量権行使に基づく処分が社会観念上著しく妥当性を欠き裁量権を濫用したと認められる場合に限り違法であると判断すべきである旨を判示している（神戸税関事件（最判昭和52年12月20日民集31巻7号1101頁））。

別的事例においては、事実に対する評価が明らかに合理性を欠くことや、また、処分に至る判断過程において、考慮すべき事項を適切に考慮せず（考慮遺脱、考慮不尽）、あるいは、考慮すべきでない事項を考慮（他事考慮）していないかなどを付加して判断がされる場合もある[8]。

また、裁量事項の司法審査においては、行政庁側の裁量権行使に逸脱濫用があることについては、事業者側に主張立証責任があると考えられている。しかし、事業者から排除措置の内容が公正取引委員会の裁量権の範囲を逸脱し、濫用するものであるとの主張があったときは、公正取引委員会としても排除措置の必要性・相当性につき積極的に主張立証していく必要が生じる場合があり得よう[9]。

4 具体的な命令内容

1．現存する違反行為に対する排除措置命令

(1) 違反行為の差止め

現存する違反行為については、「違反行為を排除するために必要な措置」を命じる。実際に命じられている「違反行為を排除するために必要な措置」はさまざまであるが、まず、当該行為の差止めを命じることが中心になる。その場合、「名宛人は、……している行為を取りやめなければならない」という主文になるのが通常である。あわせて、当該行為を取りやめる旨の取締役会の決議をすることも命じられる。

[7) 藤田宙靖『行政法総論』（青林書院、2013）118頁では、比例原則・平等原則については、最高裁判例上、事実上少なくともその大方の部分において、「社会観念上著しく妥当を欠く」の公式の中に吸収されてしまっていると見るべき、と指摘されている。
[8) 藤田・前掲注7) 117頁、南博方原編著・高橋滋ほか編修『条解行政事件訴訟法〔第4版〕』（弘文堂、2014）619〜620頁〔橋本博之〕。
[9) 裁量権の逸脱濫用は法的評価であるから、当事者が主張立証すべきは、裁量権逸脱濫用に関する（あるいは措置の必要性、相当性を支える）根拠事実である。

(2) 競争制限状態の除去および再発防止

次に、排除措置は、違反行為によってもたらされた競争制限状態の除去に及ぶものであるから、「違反行為を排除するために必要な措置」には、「当該違反行為の差止め、事業の一部譲渡」のほか違反行為がもたらした結果の除去に必要な行為を命じることも含まれる[10]。さらに、同一行為が繰り返されるおそれがあるときは、将来の同種の行為の禁止を命じることや（東宝・新東宝事件（東京高判昭和28年12月7日高民集6巻13号868頁)[11]）、その予防に必要な措置も含まれる。そして、必要である限りその内容に制限はないとされる（野田醬油事件（東京高判昭和32年12月25日高民集10巻12号743頁)[12]）。第1次育児用粉ミルク（明治商事）事件（東京高判昭和46年7月17日行集22巻7号1022頁）は「審決の本質はあくまで法に違反する事実があつて経済社会における公正な競争秩序が阻害されている場合に、公正取引委員会が、みずから調査、審判の上、審決によりこれを排除しもつて右秩序の回復、維持を図ることを目的とする行政処分であるから、被告が審決で排除措置を命ずるにあたつても、右被疑事実そのものについて排除措置を命じ得るだけではなく、これと同種、類似の違反行為の行われるおそれがあつて、前述の行政目的を達するため現に、その必要性のある限り、これらの事実についても相当の措

---

[10] 厚谷襄児ほか編『条解独占禁止法』（弘文堂、1997）260頁〔和田健夫〕。
[11] 同判決は、「一般に独占禁止法違反の行為があるとき公正取引委員会はその違反行為を排除するために必要な措置を命ずるのであるが、ここに違反行為を排除するために必要な措置とは、現在同法に違反してなされている行為の差止、違反行為からもたらされた結果の除去等、直ちに現在において違反行為がないのと同一の状態を作り出すことがその中心となるべきことは当然であるが、これのみに止まるものと解するのは、同法のになう使命に照らして狭きに失する。過去においてある違反行為があつても、それが一回的のもので継続する性質のものでなく、又は諸般の事情から将来くり返されるおそれがないことが予測されるものであれば、特に排除措置として将来にわたつてこれと同種行為の禁止を命ずる必要はないものということができるけれども、いつたん違反行為がなされた後なんらかの事情のため現在はこれが継続していないが、いつまた違反行為が復活するかわからないような場合には、現に排除の必要が解消したものとはいえないわけであつて、たまたま審決の時に違反行為がないからといつてこれを放置することなく、将来にわたつて右の違反行為と同一の行為を禁止することは、むしろ右違反行為の排除のために必要な措置というべきものである」と判示する。
[12] 同判決は、「独占禁止法は公正取引委員会に同法違反の行為排除のために必要な措置を命じ得る権限を与えている。その命令は原則としてそれに必要なものに限定されるとともに必要である限りその内容に制限はないのである」と判示する。

置を命じ得るものであり、むしろ命ずべきものである」とする。

2．既往の違反行為に対する排除措置命令

既往の違反行為については、「特に必要があると認めるとき」は、「当該行為が既になくなつている旨の周知措置その他当該行為が排除されたことを確保するために必要な措置」が命じられる。

ここでも「その他当該行為が排除されたことを確保するために必要な措置」には、周知措置以外にも、残存する違法行為の影響を除去し、再発防止のために必要な措置等を広く含む。

3．必要な措置として合理的と認められる措置内容

競争制限状態の除去、残存する違法行為の影響の除去、再発予防の措置としては、違反行為を取りやめること（既往の違反行為については、取りやめていること）を相手方や従業員に通知する周知措置のほか、違反行為と同一ないし同種行為の将来の不作為等を命じる措置が挙げられる。さらに、そのために必要な措置として合理的と認められるものが命じられている。

たとえば、談合に関与した責任者の配置転換と今後5年間同業務に従事させないことの取締役会決議を命じるもの（鋼橋談合事件（公取委同意審決平成18年5月15日審決集53巻188頁））がある。最近では、価格カルテルについての値上げに関する情報交換の禁止など、違反につながる行為の禁止を命じることがある[13]。

また、違反行為の実効確保手段となった行為の禁止が命じられる場合がある。たとえば、ソーダ灰購入カルテル事件（公取委勧告審決昭和58年3月31日審決集29巻104頁）では、わが国においてソーダ灰の国産品および輸入品のほぼすべての供給を行っているソーダ灰製造販売業者4社が、増加が予想される安価な輸入品の天然ソーダ灰の国内での流通を制限するため、その最大の生産地である米国において天然ソーダ灰のほぼすべてを産出する製造業者

---

[13] エアセパレートガスカルテル（日本・エアリキード）事件（公取委排除措置命令平成23年5月26日審決集58巻(1)185頁）など。

3社から日本に輸入される天然ソーダ灰について、4社が共同して輸入体制を整備することとし、日本の商社を総販売代理店とする覚書を締結するなどしてその輸入経路を制限し、その輸入品の数量等を制限していた行為が不当な取引制限に当たるとされた。4社は共同出資によって、わが国で唯一の輸入ソーダ灰を保管する専用倉庫となるサイロを保有し、4社の輸入に係る天然ソーダ灰以外に使用させなかった。排除措置では、「1　4社は、今後、共同してソーダ灰の輸入数量、引取比率、輸入先及び輸入価格を決定しないことを確認しなければならない。2　前記4社は、アメリカ合衆国の天然ソーダ灰の輸入に関し実施していた輸入経路の制限に係る合意を廃止したことを確認しなければならない。3　前記4社は、今後、T社の所有するサイロの利用を希望する者に対し、不当に利用の制限をしないことを確認しなければならない」として、4社に対し、輸入先、輸入数量等に係る制限をしないこと、輸入経路に関する合意の撤廃とともに、サイロの利用を希望する者に対し利用制限をしないことを命じた。

4．合理的内容が問題となる具体例

(1)　野田醤油事件

前掲野田醤油事件は、被審人N社が、自己が製造販売する醤油について再販売価格を拘束することが支配型私的独占(独占禁止法2条5項)における「支配行為」に当たり、東京都の醤油販売市場における競争を実質的に制限したものとされた事件である。この事件の審決（公取委審判審決昭和30年12月27日審決集7巻108頁）では、再販売価格拘束という不公正な取引方法に当たる行為を違反行為と認定した。これが独占禁止法2条5項に該当する私的独占の支配行為とされたのは、醤油大手4社の醤油は伝統的に4社が横並びで最も高い価格帯で流通しており、4社の醤油が最高の小売価格帯にあることが品質においても最高級の格付けがされると消費者が信じる理由になっていることから、N社が再販売価格を拘束して小売価格の維持を図ると、他の大手3社は価格競争を仕掛けてシェアを拡大する行動には出ようとせず、逆にこれに追随して価格をN社と同じ水準に維持しようとすることになり、その結果、醤油販売市場全体の価格が維持されるため、N社の行為が、他の3社の

意思決定を支配し、醤油の小売販売分野の競争を制限したと認められたからである。この事件では、審決が認定したのはN社の東京都における価格維持行為であるのに、排除措置としては、「被審人は、その製造するしよう油の再販売価格につき、希望価格、標準価格その他いかなる名義をもつてするか、またはいかなる形式もしくは方法をもつてするかを問わず、自己の意思を表示し、またはその役員、使用人、代理人その他何人にも表示させてはならない。被審人は昭和28年12月下旬の価格改訂に際し行つたその製品の再販売価格の指示またはその後行つた再販売価格の指示でなお現に存続しているものを直ちに撤回し、その経過を遅滞なく当委員会に報告しなければならない」として、N社に対して全国において再販売価格拘束行為をやめることを命じており、これが過剰な措置を命じることになるかが問題になった。審決取消訴訟で東京高等裁判所は、①N社が全国統一価格で醤油を販売していることから、他地域で小売価格を拘束すれば惰性で東京都での小売価格も同様と解される、②近隣で価格拘束をするとそれが都内に反映して小売業者を心理的に拘束する、③多年の価格統制の気風によって販売業者が自主的に価格を決定する自覚に乏しいこと、を認定し、再販売価格維持を東京都内に限って禁止するのでは不十分とした。

　また、本件審決は、「被審人は、その製造するしよう油の卸売価格または小売価格につき、いかなる名義、形式または方法をもつてするかを問わず、販売業者に干渉しもしくはこれに影響を与える行為をし、または自己の役員、使用人、代理人その他何人にもかかる行為をさせてはならない」として、違法とされた再販売価格の拘束を超えて、それ自体としては適法な希望小売価格の表示の禁止にまで及んでいるが、この事件でN社の行為に価格支配力が生じるとされた理由に鑑みれば、希望小売価格の表示であっても審決当時においては再販売価格の維持、さらには、市場での価格支配をもたらすおそれがあるものであるというべきであり、必要な措置であったと考えられる[14]。

---

[14] ただし、希望小売価格の表示の禁止については、その後、醤油の流通経路の変化、流通の各段階における取引および価格形成の実態、商品の多様化等の状況により、必要がなくなったとして取り消されている（公取委一部取消審決平成5年6月28日審決集40巻241頁（キッコーマン審決変更事件））。

(2) 東洋製罐事件

私的独占に対する排除措置として、他の事業者を支配できない程度にまでの所有株式の処分が命じられた例がある（東洋製罐事件（公取委勧告審決昭和47年9月18日審決集19巻87頁））。ここでは、「T社は、T短期大学およびT研究所の名義で所有しているH社の株式のうち120万株をこえる部分を処分しなければならない」とされた。この事件においては、わが国の食缶供給において56％を占めるT社が、同じく食缶を製造するH社について、自己名義ないし関連法人名義でその株式を取得し、同社の工場新設や技術導入を阻止するなどの干渉行為を行ったことが私的独占の支配に当たると認定された。ここでは、当該株式の取得自体が私的独占の手段となる違法な支配を構成すると認定されたことからその処分が命ぜられたものであり、必要な措置であると考えられる。

(3) 水門談合事件ほか

近時、市場における公正かつ自由な競争を一層促進していくためには、独占禁止法の厳正な執行とともに、個々の企業において独占禁止法に関する独占禁止法コンプライアンスが推進され、競争的な事業活動が自律的に行われる環境を実現していくことが必要であり、企業における独占禁止法コンプライアンスの推進、体制整備が行われれば、同法違反の予防・再発防止につながるものと考えられている[15]。しかるに、違反行為を行う事業者は独占禁止法に対する認識が希薄で組織的な取組みが不十分なことが多く、違反行為の排除および再発防止のためには、経営者や従業員に独占禁止法遵守の認識を浸透させ、違反防止に向け会社全体として取り組んでもらう必要がある。そこで、最近では排除措置命令においても、独占禁止法の遵守体制の改定、整備、それについての役員、従業員に対する研修、法務担当者による定期的な監査を求めることがある。また、独占禁止法違反行為に係る通報者に対する

---

[15] 公正取引委員会「企業における独占禁止法コンプライアンスに関する取組状況について」（平成24年11月）1頁においては、同委員会は、独占禁止法の厳正かつ積極的な執行と独占禁止法コンプライアンスに関する企業の取組みの支援・唱導活動を「車の両輪」ととらえて、企業における独占禁止法コンプライアンスの推進に積極的に取り組んできていることを紹介している。

免責等実効性のある社内通報制度の設置（地方整備局水門談合事件（公取委排除措置命令平成19年3月8日審決集53巻891、896、902、907頁）、フォワーダー価格カルテル事件（公取委排除措置命令平成21年3月18日審決集55巻723頁））を命じている。これらの命令は、おおむね以下のような主文となっている。

「〔名宛人は〕今後、それぞれ、次の……事項を行うために必要な措置を、講じなければならない。これらの措置……の内容については、前項の行為〔筆者注：違反行為と同種の行為〕をすることのないようにするために十分なものでなければならず、かつ、あらかじめ、当委員会の承認を受けなければならない。

① 違反行為に係る業務に関する独占禁止法の遵守についての行動指針の作成又は改定
② 違反行為に係る業務に関する営業担当者に対する独占禁止法の遵守についての定期的な研修及び法務担当者による定期的な監査
③ 独占禁止法違反行為に関与した役員及び従業員に対する処分に関する規程の整備
④ 独占禁止法違反行為に係る通報者に対する免責等実効性のある社内通報制度の設置」

さらに、通報者以外でも、違反行為に関与した者が自主的にその事実について所要の報告をするなど調査に協力した場合には、適切な取扱いをすることを命じるものもある。一例であるが、段ボール価格カルテル事件（公取委排除措置命令平成26年6月19日審決集61巻128頁）では、前記主文例④は、「④ 独占禁止法違反行為に係る通報又は調査への協力を行った者に対する適切な取扱いを定める規程の作成又は改定」（傍点筆者）となっている。

これは社内リニエンシーと呼ばれるものであり、これによって、社内調査等における関係社員等の協力姿勢が確保でき、違反行為の社内における早期の発見を促して、企業における再発の防止につながることが期待できる[16]。

---

16) 公正取引委員会・前掲注15) 59頁。

5. 措置の履行可能性

(1) 措置内容の特定性

排除措置の内容に公正取引委員会の裁量が認められるとしても、措置が履行可能なものでなければならないことはいうまでもない。具体的には次のような点が問題となる。

まず、排除措置命令の内容があまりにも抽象的であるため、名宛人が命令を履行するために何をすべきかが具体的にわからないものや、履行が不能ないし著しく困難なものは許されず（前掲第1次育児用粉ミルク（明治商事）事件[17]）、名宛人が履行可能な程度に特定されていることが必要である。この点、協定の破棄、違反行為の終了を確認する旨の取締役会決議をさせ、それを取引先、需要者、従業員等に周知徹底させ、その周知徹底の方法についてあらかじめ公正取引委員会の承認を受けなければならないなどとする命令主文について、承認を経るまでは具体的にいかなる方法によるべきかが明らかではないとの主張に対し、最高裁は、「審決が排除措置として周知徹底方法を命じた趣旨、目的と社会通念に従って合理的に判断すれば、右承認について公正取引委員会の有する裁量にもおのずから一定の客観的基準が存在するものというべきであり、それが具体的に審決主文に示されていないからといって、主文の内容が不特定であるとすることはできない」としている（石油価格協定過料事件（最決昭和52年4月13日審決集24巻234頁））。

(2) 取りやめを命じる行為の記載が抽象的である場合

セブン-イレブン・ジャパン事件（公取委排除措置命令平成21年6月22日審決集56巻(2)6頁）は、コンビニエンスストア・チェーンを運営するS社に対し排除措置命令を行った事案であり、設問2の設例と同様に、加盟店契約に

---

[17] 同判決は、「審決は、すでにしばしば述べたように本質上行政庁のなす行政処分であるから、その目的達成のために必要性があれば、将来の不作為をも命じ得べきであつて、ただ、その内容があまりにも抽象的であるため、これを受けた被審人が右命令を履行するため何をなすべきかが具体的に分からないようなもの、その他その履行が不能あるいは著しく困難なものは違法とせざるを得ないにとどまると解すべきである（最高裁判所昭和37年10月9日判決参照）」と判示している。

おいて、①デイリー商品の販売価格決定権が加盟店にあること、②商品の販売について、本部の経営指導担当者が加盟店に対し助言、指導すること、③いわゆるコンビニ会計方式をとること、が規定されていたところ、本部が加盟店によるデイリー商品の見切り販売を制限する行為が優越的地位の濫用に当たると認定された。その排除措置命令では、S 社に対し「〔デイリー商品の〕見切り販売……を行おうとし、又は行っている加盟者に対し、見切り販売の取りやめを余儀なくさせ、もって、加盟者が自らの合理的な経営判断に基づいて廃棄に係るデイリー商品の原価相当額の負担を軽減する機会を失わせている行為」につき、取りやめを命じるとともに（主文第1項）、「今後、第1項の行為と同様の行為を行ってはならない」として将来の不作為を命じているが（主文第4項）、これについてはどうであろうか。

この点、その記載は抽象的であり、具体的な命令というより競争法上の問題の指摘に近く、履行が可能な程度に特定されているかにつき疑問を呈する向きもある[18]。

しかし、同命令書の理由中の事実をみると、「S 社は、かねてから、デイリー商品は推奨価格で販売されるべきとの考え方について、OFC〔筆者注：経営指導担当者のこと。加盟店基本契約に基づいて加盟店に対し、加盟店の経営に関する助言、指導を行っている〕を始めとする従業員に対し周知徹底を図ってきているところ、……加盟店で廃棄された商品の原価相当額の全額が加盟者の負担となる仕組みの下で

 ア OFC は、加盟者が〔見切り販売〕を行おうとしていることを知ったときは、当該加盟者に対し、見切り販売を行わないようにさせる

 イ OFC は、加盟者が見切り販売を行ったことを知ったときは、当該加盟者に対し、見切り販売を再度行わないようにさせる

 ウ 加盟者が前記ア又はイにもかかわらず、見切り販売を取りやめないときは、……加盟店基本契約の解除等の不利益な取扱いをする旨を示唆するなどして、見切り販売を行わないよう又は再び行わないようさせるなど、……見切り販売の取りやめを余儀なくさせ……加盟者が自らの合理的な経営判断に基づいて廃棄に係るデイリー商品の原価相当額の負担を

---

18) 村上政博編集代表『条解独占禁止法』（弘文堂、2014）303頁〔江崎滋恒ほか2名〕。

軽減する機会を失わせている」と認定している。

　これをみるに、ここで違反行為として認定されているのは、「デイリー商品は推奨価格で販売されるべきとの考え方について、OFCを始めとする従業員に対し周知徹底を図」る行為や「加盟店で廃棄された商品の原価相当額の全額が加盟者の負担となる仕組み」(いわゆるコンビニ会計方式)ではなく、それらの下で、加盟店が見切り販売を行ったとき、行おうとしているときに、前記ア～ウの具体例に示されたような、見切り販売の取りやめを余儀なくさせる行為(見切り販売制限行為)であることは明らかである[19]。そうすると、本排除措置命令において、取りやめが求められ、さらに将来に向けて禁止されている違反行為も、前記の見切り販売制限行為であることがわかる[20]。

　もっとも、デイリー商品について、本部が推奨価格で販売することが望ましいとの方針の下、加盟店に対する指導・助言を行うことは、加盟店契約上、加盟店が価格決定権を有することと緊張関係を生むおそれがある。しかし、コンビニエンスストア・チェーンにおいては、統一イメージの構築や他のチェーンとの差別化のために、デイリー商品について推奨価格での販売を原則として、本部が担当者にその点を周知徹底し、担当者が加盟店に対し、その方針に沿った指導・助言をすることは不合理とはいえず、これが許されないものではないともいえる[21]。また、「加盟店で廃棄された商品の原価相当額の全額が加盟者の負担となる仕組み」(いわゆるコンビニ会計方式)も、廃棄ロス原価のすべてが加盟店の負担となることはバランスを欠くとの批判がある一方で、加盟店に仕入れの精度を高めるインセンティブを与えるなど合理性を指摘するものもある[22]。このように、これらの仕組みは、仮に競争法上の問題を指摘される面があるとしても合理性がないとまではいえず、そもそも、

---

[19] これと同旨を述べるものとして、東京高判平成26年5月30日判タ1403号299頁(本排除措置命令に由来する独占禁止法25条損害賠償訴訟判決の1つである)がある。

[20] 金井貴嗣ほか「〈座談会〉最近の独占禁止法違反事件をめぐって」公正取引718号(2010)9頁、10頁〔中島秀夫発言、岸井大太郎発言〕。

[21] 前掲注19)東京高裁判決も同旨である。また、本件行為は、公正取引委員会「フランチャイズ・システムに関する独占禁止法上の考え方について」所掲の見切り販売制限の例示にほぼ該当する事案といわれている。同「考え方」では、フランチャイズ・システムによる営業を的確に実施する限度を超えて見切り販売を制限する場合が優越的地位の濫用に当たるとされている(3.(1)ア)。

[22] 金井ほか・前掲注20)9頁～11頁〔岸井発言、中島発言、川濵昇発言〕。

当該事件において排除を求めているのは、これらの仕組み自体ではなく、そのような仕組みの下で、本部側が指導・助言の域を超えて、見切り販売の制限行為をすることである。

　以上のように、差止めを命じられる違反行為を見切り販売制限行為とした場合、実際に起こる見切り販売制限行為の態様は多種多様であるから、現在および将来の差止めを命じる場合には、このようにある程度抽象的に記載することはやむを得ない。また、命令書の事実の記載には前記ア～ウとして見切り販売制限行為の具体例が示されている点に鑑みても、本命令が具体的な命令というより競争法上の問題の指摘に近いとか、特定を欠くとの批判は必ずしも当たらないように思われる。

(3) 違反行為の取りやめに関連する条件を事業者に提案させる場合

　違反行為の取りやめに関連する条件を事業者に提案させ、これについてあらかじめ公正取引委員会の承認を受けることを命じることはどうであろうか。

　複雑な市場構造を持つ事案などでは、公正取引委員会が競争の回復措置を具体的に命ずることが困難な場合もあると考えられ、そのような場合に、市場構造の実情を知悉した事業者からとるべき措置を提案させ、これを競争上の見地から公正取引委員会が評価し承認を与えるという内容の命令につき、このような命令を行うべき事件の見極めや命令までの手続等に配慮が必要であろうが、今後の方向としてあり得るものと考えられる。

　東京湾水先区水先人会事件（公取委排除措置命令平成27年4月15日審決集未登載）においては、東京湾水先区において水先業務（水先区を航行する船舶に乗船して船長を補助し船舶を誘導する業務）に従事する水先人の団体（東京湾水先区水先人会）が、ユーザー（水先人の乗船を要請する船舶）からの申込み窓口を水先人会に一本化して業務を行う水先人を当直表によって割り振る輪番制を敷き、ユーザーが業務を要請する水先人を指名することについて厳格な条件を付した上、ユーザーが水先人に支払う報酬についても業務の実績にかかわらず会員間で平準化するよう調整配分をしていた。このことが、独占禁止法8条に違反するとされた事案である。公正取引委員会は排除措置命令において、水先人会「は、各会員が自らの判断により水先の利用者と契約して水先を引き受けることを制限している行為及び各会員に代わって水先の利用者

から収受した水先料をプールし、頭割りを基本とする計算方法により各会員に配分している行為を取りやめなければならない」(主文第1項)と命じた上、「第1項の行為を取りやめるに当たり設定する水先に係る指名を受け付ける条件について、あらかじめ、公正取引委員会の承認を受けなければならない」(主文第3項)として、違反行為の取りやめに際し、指名を受け付ける条件を水先人会が提案し、公正取引委員会の承認を受けることを命じた[23]。

5 既往の違反行為における「特に必要があると認めるとき」の判断

1.「特に必要があると認めるとき」の解釈

「特に必要があると認めるとき」の該当性につき、これまでの実例では、①違反行為が長期にわたり継続的・恒常的に行われ、当事者間に強固な協調的関係が形成されこの関係は容易に解消されないこと、②違反行為の取りやめは公正取引委員会が立入検査を実施したことを契機とするものであって、違反行為者の自発的意思によるものではないこと、などが根拠とされることが多い。

この点について争われたのが、前掲郵便区分機談合事件である。この事件は、郵政省が発注する郵便区分機類は、指名競争入札の時代からT社とN社の2社がほとんど納入しているところ、入札において、郵政省の担当官等が

---

[23] このように、違反行為の取りやめに関連する条件をあらかじめ公正取引委員会の承認にかからしめることは、措置内容の特定を欠き名宛人の予見を不可能にするのではないかという問題が生じてくるかもしれない。しかし、水先人には水先法による応召義務があり、船長から通報を受けたときは船舶に赴き水先をしなければならず(水先法40条〜42条)、輪番制はそれに対応するため一定の必要性があるものと考えられる。ユーザーによる指名はこの輪番制に対し当事者間の契約締結の自由を認めるものであるが、輪番制との両立を図るため一定の条件が必要となる。このような事情を勘案し、違反行為を取りやめるに際していかなる指名の条件を採用するかにつき、実情に詳しい事業者側がまず提案し公正取引委員会が調整を行うとすることは、あながち不合理とはいえないと思われる。

2社のうちの1社に発注案件の情報提供を行い、これを受けたほうがその案件の入札では受注予定者となって落札し、情報提供がなかった1社は入札を辞退して受注予定者の受注に協力するという形で受注調整が行われていた。平成7年ころに、入札方法が指名競争入札から一般競争入札に移行したが、その後も2社は、郵政省の担当官等から情報提供を受けた側を受注予定者とし、他方が協力するという受注調整を続けていた。

　この違反行為は平成9年12月に公正取引委員会が立入検査を行ったことで終了したが、審決は、(i)2社が、担当官等からの情報の提示を主体的に受け入れ、区分機類が指名競争入札の方法により発注されていた当時から本件違反行為と同様の行為を長年にわたり恒常的に行ってきたこと、(ii)2社が一般競争入札の導入に反対し、情報の提示の継続を要請したこと、(iii)2社は平成9年12月10日以降本件違反行為を取りやめているが、これは2社の自発的な意思に基づくものではなく、公正取引委員会が本件について審査を開始し担当官等が情報の提示を行わなくなったという外部的な要因によるものにすぎないこと、(iv)区分機類の市場は2社とH社との3社による寡占状態にあり、一般的にみて違反行為を行いやすい状況にあること、(v)2社は、審判手続において、受注調整はなかったとして違反行為の成立を争っていること、という認定事実を基礎として「特に必要があると認めるとき」の要件に該当するとして、2社に排除措置を命じた。

　しかしながら、審決取消訴訟において東京高判平成16年4月23日判時1879号50頁（郵便区分機談合事件東京高裁判決（差戻前））は、「被告〔筆者注：公正取引委員会〕の裁量は、『特に必要があると認めるとき』という要件の存在が認められるときに、排除措置を執るか否か及びその内容について認められるのであって、この要件が存在しないときにまで、排除措置を命ずることが許されることにはならない」とした上、既往の違反に対し排除措置を命ずることができるのは、当該違反行為と同一ないし社会通念上同一性があると考え得る行為が行われるおそれがある場合に限定される、とした。そして、当該事件について、担当官等が情報提供をしなくなった以上、当該違反行為と同一ないし社会通念上同一性があると考え得る行為が行われるおそれはないとして、「特に必要があると認めるとき」に当たらないと判示した。

　これに対し、その上告審で最判平成19年4月19日判時1972号81頁（郵

便区分機談合事件）は、本件違反行為は、2社において、共同して、受注予定者を決定し、受注予定者が受注することができるようにしていた行為であって、担当官等からの情報の提示は受注予定者を決定するための手段にすぎない、担当官等からの情報の提示がなくとも、2社において、他の手段をもって、共同して、受注予定者を決定し、受注予定者が受注することができるようにすることにより、郵政省が一般競争入札の方法により発注する区分機類の取引分野における競争を実質的に制限することが可能であることは明らかである、とした上、「特に必要があると認めるとき」とは、審決の時点ではすでに違反行為がなくなっているが、当該違反行為が将来繰り返されるおそれがある場合や、当該違反行為の結果が残存しており競争秩序の回復が不十分である場合などをいうものと解されるところ、わが国における独占禁止法の運用機関として競争政策について専門的な知見を有する上告人の専門的な裁量が認められるものというべきであるとして、「特に必要があると認めるとき」の該当性判断についても公正取引委員会の裁量を認めた。その上で、当該事案において、前記(i)〜(v)を根拠としてこの要件に該当するとした審決の判断について、合理性を欠くものであるということはできず、その裁量権の範囲を超えまたはその濫用があったものということはできない、とした。審決が前提とした前記(i)〜(v)の事実に照らし社会観念に基づいて見れば、2社に対し排除措置の必要性を認めた審決の判断は、既往の違反行為について排除措置を認める独占禁止法7条2項の趣旨目的に反しない等、命令が合理性を持つ判断として許容される限度を超えないとされたものと解される。

「特に必要があると認めるとき」の具体的な意味について、その後の裁判例では、「審決の時点では既に違反行為はなくなっているが、当該違反行為が繰り返されるおそれがある場合や、当該違反行為の結果が残存しており競争秩序の回復が不十分である場合などをいう」とされている[24]。

2．「特に必要があると認めるとき」に係る最近の事例と問題点

近時、「特に必要があると認めるとき」の該当性が争われた事案として、(1)

---

[24] ごみ焼却炉談合事件（東京高判平成20年9月26日審決集55巻910頁）。

奥能登談合松下組事件（公取委排除措置命令平成23年10月6日審決集58巻(1) 229、238頁、公取委審判審決平成25年9月30日審決集60巻194頁）、(2)ブラウン管カルテル事件（公取委排除措置命令平成21年10月7日審決集56巻(2) 71頁、公取委審判審決平成27年5月22日審決集未登載）がある。

奥能登談合松下組事件では、実質的に代表者の個人企業であった被審人において代表者が死亡し、受注済みの工事を完成させた後は会社としての業務をほとんど行わず、排除措置命令までに従業員を解雇し、排除措置命令の後に廃業届を提出し解散決議をしたという事情があった。しかし、審決は、前記１．①②の事情のほか、廃業届の提出や解散決議は原処分後の事情であり、原処分の時点では輪島市における入札参加資格を有していたとして、同様の違反行為を繰り返すおそれがあると認められたから、被審人に対し特に排除措置を命ずる必要があると認められる、とした。

他方、ブラウン管カルテル事件は、日本のTVメーカーのブラウン管テレビの海外生産拠点である会社に対しテレビ用ブラウン管を供給しているわが国電気メーカーの海外生産拠点である現地法人数社が、そのテレビ用ブラウン管について価格カルテルを行った事例である。この事件で審決は被審人が排除措置命令の時点までに、(ⅰ)国内外のテレビ用ブラウン管の製造販売拠点を次々に閉鎖し、(ⅱ)唯一残っていたテレビ用ブラウン管を製造していた関連会社についても出資持分を第三者に譲渡する意思決定をしてその事実を公表し、その手続も大部分完了しており、(ⅲ)定款を変更してその目的からブラウン管の製造販売事業を削除していたという事実関係の下、世界的なブラウン管需要の急激な衰退により事業継続が困難になった関連会社を他社の完全子会社とした上で、テレビ用ブラウン管の製造販売を終息させ、新規事業を導入して当該会社の再出発を図ったと認定して、被審人が将来、当該会社に対する指示・管理を通じて同様の違反行為を再び行うおそれがあったとは認められず、また、証拠によっても違反行為の結果が残存しており、競争秩序の回復が不十分であったとは認められない、として「特に必要があると認めるとき」に該当しないとした。

両事件に違いがあるのは、奥能登談合松下組事件では、排除措置命令当時、被審人が事業を廃止する準備をしていたとしても、実際に会社解散の決議を行い、廃業届を提出したのは命令後であり、また、輪島市の公共土木工事入

札市場自体は何ら変化がないという事情があるのに対し、ブラウン管カルテル事件では、排除措置命令の時点において、定款の事業目的からブラウン管製造販売を削除し、さらに、製造販売拠点についてはすでに廃止し、ないし第三者との間で譲渡の合意をしていた点に加え、そもそも世界的なブラウン管需要の衰退という事実からしても、被審人が同様の違反行為を再び行うおそれはないとされたものであると考えられる。

6 設問に対する回答

1．設問1

(1) 「特に必要があると認めるとき」に該当するか

前記**5** 1．を参照されたい。違反行為はすでに終了しているので、排除措置命令を行うことができるのは、「特に必要があると認めるとき」である。

6社は、従前よりしばしば原料価格や製品価格の動向についての情報交換を行っていたものであって協調的な関係にあるところ、X、Y、Zの製造販売分野は、6社でわが国の総量の90％を製造販売し、新規参入は長期間起きておらず、かつ輸入品は流通していないという寡占的市場であり、協調的関係が生じやすい状況に変化はない。また、当該違反行為を取りやめたのも公正取引委員会の立入検査を受けたことによるものであり、自発的なものではない。これらの点に鑑みると、6社は今後も、違反行為と同一の行為を行うおそれがあると認められるので、「特に必要があると認めるとき」に該当する。

(2) 措置内容の合理性

設問では、販売価格の引上げ幅を取り決める合意が違反行為であることから、設問のア、イの措置（合意の消滅についての取締役会決議での確認等）が「当該行為が排除されたことを確保するために必要な措置」として合理的であることは明らかである。では、ウのように、価格の決定のみならず、販売価格の情報交換までも禁じることは合理性があるか。

X、Y、Zの製造販売が6社によって90％を占める寡占的市場であり、長期間新規参入がないという市場環境からすると、6社は比較的容易に同業他社の動向を観察し、予想することができるものの、完全に予測することまでは困難といえる。このような状況下において、互いに販売価格に係る情報交換を行うことによって他社の行動を予測する確度は飛躍的に高まり、協調的行動を誘発する可能性は高くなる。実際に6社は、これまでもかかる情報交換によって協調的関係を維持し、当該違反行為もそれを背景として行われたとみられる。このように、違反行為につながる販売価格に係る情報交換を行うことを禁じることは、再発防止の措置として、合理的であると言えよう[25]。

(3) 廃業準備中のFに当該排除措置命令を行うことの適法性

前記5 2．を参照されたい。Fは違反行為終了後、解散決議を行っているが、命令の適法性は命令時を基準に判断される。命令時においてFは、廃業準備中とはいえ、いまだ廃業の手続をしておらず、また、市場そのものは存在するのであって、状況によっては命令後において、廃業を取りやめ事業を継続する可能性がないわけではなく、将来、同種同一の違反行為を繰り返すおそれがないとはいえず、これに排除措置命令を行うことが不合理とはいえない。

2．設問2

第1項、第2項に関しては、「違反行為を排除するために必要な措置」として合理的と認められる。これは前述のセブン-イレブン・ジャパン事件に類似した事例であるので、前記4 5．を参照されたい。

第3項はコンプライアンス体制の整備を求める命令であり、合理的なものと考えられる。この点は、前記4 4．(3)を参照されたい。

〔はぎわら こうた〕

---

[25] 販売価格の改定に関する情報交換を禁止した例として、エアセパレートガスカルテル（日本・エアリキード事件）・前掲注13)がある。

第 9 章

課徴金納付命令における「当該商品又は役務」の要件事実
——入札談合事件における分析を中心に——

設問

A市が指名競争入札により発注する建設工事について、同市内に本店または営業所を置く建設工事業者 $X_1 \sim X_{20}$ の20社は、毎年度はじめの4月、全社が参加する業界団体の総会において以下のルールを確認し、個別の入札に対応している。

> (1) 特定の事業者が過去に受注したことがある工事または過去に受注した建設工事の改修工事であるなど継続性、関連性のある工事については、その事業者を受注予定者とすること
> (2) 継続性、関連性のある工事につき複数の受注希望者がいる場合または工事が新規に発注される場合、その都度受注を希望する事業者の間で話合いを行い、受注予定者を決定すること
> (3) ジョイント・ベンチャー（建設共同企業体。以下「JV」という）を結成して入札に参加する工事については出資割合の多い事業者（メイン事業者）の継続性、関連性で判断すること、また複数の受注希望者がいる場合にはメイン事業者が受注予定者を決定するための話合いに参加すること
>
> とし、それ以外の入札参加者は、受注予定者が受注できるよう協力すること

以上のようなルールの下での $X_1 \sim X_{20}$ の20社の受注調整行為はA市が指名競争入札により発注する建設工事に係る取引分野における競争を実質的に制限するものとして、不当な取引制限に該当するとされる場合（入札談合）、個別の受注調整において、次の状況が生じた場合に、それぞれの入札における受注者が受注した工事について、独占禁止法7条の2第1項の

「当該商品又は役務」に該当するものとして課徴金の対象とすることができるか。

① 甲工事について、指名を受けたX_1～X_{10}の10社のうち受注を希望する2社（X_1およびX_2）がそれぞれ継続性、関連性を主張して一歩も譲らず、1社に決定することはできなかった。入札前日までにそれ以外の8社は2社のどちらかが受注できるように協力する旨を表明した。入札において、X_1とX_2の競争の結果、X_1はX_2よりも低い価格で落札し、受注した。

② 乙工事について、指名を受けたX_{11}～X_{20}の10社のうち、受注希望を表明したのはX_{11}の1社にとどまり、X_{11}は他の9社に対して自らの受注予定価格を連絡するなどして受注に協力するよう要請し、他の9社の中でこれに明確に異議を唱えるものはいなかった。しかしながら乙工事についてひそかに受注を希望していたX_{12}は、突如入札当日になってX_{11}よりも低い価格で応札し、落札した。

③ 丙工事について、X_5～X_{14}ならびに前記のルールに参加しておらずいわゆるアウトサイダーと目されているYおよびZの12社が指名を受けたところ、X_5～X_{14}の話合いにより受注予定者は関連性を有するX_5に決まった。入札においては、X_5のほか受注意欲を有していたアウトサイダーY、Zとの間の3社間の競争となり、X_5は最低制限価格ぎりぎりで落札した。

④ ②の事案（乙工事）において、X_{12}はX_4とJVを結成しており、X_{12}はメイン事業者として、X_4はこれより出資の少ないサブ事業者として入札に参加したところ、話合いに参加したX_{12}はX_{11}の受注意欲を知りながら、特段異議を述べることはせず、また他の入札参加予定者に対し自らの受注協力に向けた要請行為も行わなかった。入札当日になってX_{12}はX_{11}の応札価格よりも低い価格で入札し、X_{12}およびX_4のJVが落札したものの、サブ事業者であるX_4は一連の話合いの状況や、X_{12}がX_{11}の入札価格より安い価格で応札するといった事情を事前に知らされていなかった。

1 課徴金納付命令における「当該商品又は役務」の考え方

1．はじめに

　公正取引委員会は、事業者が独占禁止法2条6項に規定する不当な取引制限に該当する行為を行った場合、この違反行為を排除する等のために必要な措置を命ずることができるほか（独占禁止法7条1項・2項）、その行為が「商品又は役務の対価に係るもの」等7条の2第1項各号のいずれかに該当するものであるときは、同項に基づき課徴金の納付を命じなければならない。そして、課徴金の計算の基礎となる「当該商品又は役務」の売上額については、以下のように定められている。

　「事業者が、不当な取引制限……で次の各号のいずれかに該当するものをしたときは、公正取引委員会は、第8章第2節に規定する手続に従い、当該事業者に対し、当該行為の実行としての事業活動を行つた日から当該行為の実行としての事業活動がなくなる日までの期間……における当該商品又は役務の政令で定める方法により算定した売上額……に100分の10……を乗じて得た額に相当する額の課徴金を国庫に納付することを命じなければならない。ただし、その額が100万円未満であるときは、その納付を命ずることができない」（傍点筆者）。

　課徴金の算定の基礎となる売上額を算定するに当たっては、その前提として、問題となっている行為について、独占禁止法2条6項に定める不当な取引制限が成立し、それが7条の2第1項各号のいずれかに該当する必要があるほか、「当該商品又は役務」の売上額を算定する必要がある。この「当該商品又は役務」の該当性をめぐっては、設問のような事例について、課徴金の制度導入以来、判例・審決において、いくつかの重要な判断が示されていることから、本章では、受注調整案件すなわち、いわゆる入札談合案件を中心にその内容を論じることとする。

2．課徴金制度の趣旨

「当該商品又は役務」について論じる前提として、まずはじめに課徴金の制度趣旨について簡単に触れておくこととしたい。課徴金の制度趣旨については、課徴金額の算定率を引き上げるなどした平成17年改正の立法過程において、「違反行為を防止するために違反事業者に対して金銭的不利益を課す行政上の措置」であると述べられている（平成17年4月6日参議院本会議〔細田官房長官答弁〕）。この点、昭和52年の課徴金の導入当初においては、「禁止規定の実効性を確保するための行政上の措置として、違法カルテルにより得られた経済上の利得について、その納付を命じようとする」[1]ことにあると考えられてきたことと比較すると、不当利得のはく奪という趣旨よりも違反行為防止という点に重きが置かれている点に特徴があると考えられる[2]。

この課徴金の制度趣旨については、機械保険連盟料率カルテル事件（最判平成17年9月13日民集59巻7号1950頁）において、「独禁法の定める課徴金の制度は、昭和52年法律第63号による独禁法改正において、カルテルの摘発に伴う不利益を増大させてその経済的誘因を小さくし、カルテルの予防効果を強化することを目的として、既存の刑事罰の定め（独禁法89条）やカルテルによる損害を回復するための損害賠償制度（独禁法25条）に加えて設けられたものであり、カルテル禁止の実効性確保のための行政上の措置として機動的に発動できるようにしたものである。また、課徴金の額の算定方式は、実行期間のカルテル対象商品又は役務の売上額に一定率を乗ずる方式を採っているが、これは、課徴金制度が行政上の措置であるため、算定基準も明確なものであることが望ましく、また、制度の積極的かつ効率的な運営により

---

[1] 昭和50年5月8日第75回国会（衆議院本会議）植木総務長官による趣旨説明。このほか、課徴金制度の導入経緯、その性格についての近時の論稿として、伊永大輔「課徴金制度における基本的考え方（第1回）課徴金制度の性格」公正取引769号（2014）66頁以下を参照。
[2] この点、上杉秋則『カルテル規制の理論と実務』（商事法務、2009）248頁は「平成17年の改正以降は、経済的利益を徴収することというのは、抑止力があるかどうかの一説明要因とされたことになる。経済的利益を吐き出させられれば、それだけ抑止力があるといえるからである」と説明する。

抑止効果を確保するためには算定が容易であることが必要であるからであって、個々の事案ごとに経済的利益を算定することは適切ではないとして、そのような算定方式が採用され、維持されているものと解される。そうすると、課徴金の額はカルテルによって実際に得られた不当な利得の額と一致しなければならないものではないというべきである」と判示している。

また、ジェット燃料談合東燃ゼネラル石油事件（東京高判平成18年2月24日審決集52巻744頁）においても、消費税および石油諸税を売上額から控除すべきかどうかという論点における文脈において、課徴金制度の基本的姿勢について「法自体が、課徴金によって剥奪しようとする事業者の不当な経済的利得の把握の方法として、具体的な法違反行為による現実的な経済的利得そのものとは切り離し、一律かつ画一的に算定する売上額に一定の比率を乗じて算出された金額を観念的に剥奪すべき事業者の経済的利得と擬制する立場をとり、もって簡明かつ迅速な処理を指向する」ものであると判示されている。

いずれも平成17年改正前の不当利得のはく奪による違反行為の抑止を主目的とする課徴金制度下での事案に係る判断であるが、簡明性・迅速性が図られなければ違反行為の抑止が容易に達成できなくなるという意味では、現在の課徴金制度にも当てはまるものと考えられる。

3．カルテルにおける「当該商品又は役務」の基本的考え方

この点、価格や供給量等を同業者間で協定し、競争を回避するいわゆるカルテル事件における「当該商品又は役務」の考え方については、宮城医薬品卸カルテル・バイタルネット事件（東京高判平成22年4月23日審決集57巻(2)134頁）において「課徴金の対象となる違反行為の対象商品の範ちゅうに属する商品であって、当該違反行為による拘束を受けたものをいい、法は、課徴金によってはく奪しようとする事業者の不当な経済的利得を、具体的な法違反による現実的な経済的利得そのものとは切り離して、算定する売上額に一定の比率を乗じて一律かつ画一的に算出された金額を観念的にはく奪すべき事業者の経済的利得と擬制しているのであるから、本件特段の事情が認められない限り、当該範囲に属する商品全体が課徴金の算定対象となるものとい

うべき」との判断が下されている。このような考え方はジェット燃料談合出光興産事件（東京高判平成22年11月26日審決集57巻(2)194頁）等の他の判決においても踏襲されている。

また、東京無線タクシー協同組合事件（公取委審判審決平成11年11月10日審決集46巻119頁）においては、東京都エルピーガス協会による自動車用液化石油ガスのカルテルが独占禁止法8条1項1号（当時。現行8条1号）に該当するという前提の下で、協会の会員であった被審人組合が組合員向けおよび他の需要家向けに販売していたエルピーガスのうち、組合員向けのものが課徴金の計算の基礎となる売上額算定対象である「当該商品」に含まれるかどうかが問題となったところ、この組合員向けエルピーガスについては違反行為を行った事業者団体の役員から自家消費であると認識され、仕入価格および費用を基礎として原価供給により行われているという特段の事情の存在を認め、違反行為の拘束を受けておらず「当該商品」の対象外とされている。

このような「当該商品又は役務」に関する原則論の考え方は、前述の課徴金制度における簡明性・迅速性の要請に応えたものと評価できる一方で、特段の事情の主張という形で「当該商品又は役務」から除外されるものがある余地を残すことで課徴金納付命令の名宛人の反論の機会を確保し、バランスをとっているものと考えられる。

4．受注調整案件についての「当該商品又は役務」の基本的考え方

受注予定者の決定を違反行為の内容とする受注調整案件については、まず談合参加者の間で、設問にあるような入札に関する一定のルール（基本合意と呼ばれる）が形成され、この合意の内容は当事者の相互拘束を伴うことから、そのような場合には基本合意そのもので不当な取引制限が成立することになる。これに対し、課徴金に関しては、このような基本合意の成立そのものは、直ちに7条の2第1項に定める課徴金の計算の基礎となる売上げを発生させるものではなく、基本合意に基づく個別の受注調整行為が行われ、その結果を踏まえて入札参加者が入札を行い受注者が決まることではじめて実際の「当該商品又は役務」の売上げが発生することになる。そこで、前述の

カルテルの考え方を踏まえつつ、違反行為者間での基本合意の存在を前提として、その後の個別入札ごとの個別受注調整において、現実に競争が制限された状況が基本合意の内容に基づいて生じたかどうか（具体的な競争制限効果が発生したかどうか）が「当該商品又は役務」との関係で問題となる。

　この点、多摩談合事件（最判平成24年2月20日民集66巻2号796頁）は、①発注者から指名競争入札の参加者としてゼネコンが指名を受けた場合には、当該工事もしくは当該工事の施工場所との関連性が強い者または当該工事についての受注を表明する者が1名のときはその者を受注予定者とし、複数のときはそれぞれの者の前記関連性などの事情を勘案してこれらの者の話合いにより受注予定者を定め、②受注すべき価格は受注予定者が決定し、それ以外の者は受注予定者がその価格で受注できるよう協力する旨の合意は、独占禁止法2条6項の不当な取引制限に当たるとした。その上で、「法の定める課徴金の制度は、不当な取引制限等の摘発に伴う不利益を増大させてその経済的誘因を小さくし、不当な取引制限等の予防効果を強化することを目的として、刑事罰の定め（法89条）や損害賠償制度（法25条）に加えて設けられたものである。本件基本合意は、法7条の2第1項所定の『役務の対価に係るもの』に当たるものであるところ、上記の課徴金制度の趣旨に鑑みると、同項所定の課徴金の対象となる『当該……役務』とは、本件においては、本件基本合意の対象とされた工事であって、本件基本合意に基づく受注調整等の結果、具体的な競争制限効果が発生するに至ったものをいうと解される」と判示し、受注調整等の結果具体的な競争制限効果が発生することが必要であるとした[3]。

　具体的な競争制限効果の発生の必要性については、すでに協和エクシオ事件（公取委審判審決平成6年3月30日審決集40巻49頁）において指摘されていた。すなわち、同事件は、問題となった入札（横須賀・横浜基地物件）において2社まで絞込みが行われたものの、受注予定者を1社に絞り込むことはできなかったといういわゆる2者絞込み物件について判断を示したものであるが、審決は、「『当該商品又は役務』とは、『当該違反行為』の対象になった商品又は役務全体を指し、本件のような受注調整の場合には、調整手続に上

---

[3] 多摩談合事件判決のうち、独占禁止法の目的と競争の実質的制限の関係については、第1章や第2章を、「一定の取引分野」の解釈部分については第3章をそれぞれ参照。

程されて、具体的に競争制限効果が発生するに至ったものを指すと解される」として、受注調整手続により具体的な競争制限効果が発生することが必要であることを前提とした上で、当該入札についても「本件基本合意による調整手続に上程され、その結果右2社に受注希望者が選定され、また、2社を除くかぶと会〔筆者注：談合の主体となった業界団体〕会員中の入札参加者は2社のいずれかが受注できるように協力したものであることが認められる」と判示して個々の工事における競争制限効果（具体的な競争制限効果）の発生を認めたものである[4)5)]。このような考え方については、過去の町田市談合土屋企業事件（東京高判平成16年2月20日審決集50巻708頁）において、「『当該商品又は役務』とは、当該違反行為の対象とされた商品又は役務を指し、本件のような受注調整にあっては、当該事業者が、基本合意に基づいて受注予定者として決定され、受注するなど、受注調整手続に上程されることによって具体的に競争制限効果が発生するに至ったものを指すと解すべきである」とされるなど、多摩談合事件以前の判決においてもおおむね採用されていた。

5．具体的な競争制限効果の内容

では、具体的な競争制限効果はいかなる考え方を中核とし、どのような事

---

4) この事案は被審人についての不当な取引制限に係る勧告審決や審判審決が存在せず（このようなものはいわゆる一発課徴金事案と呼ばれることがある）、同一の審判手続の中で別途、被審人の基本合意への関与の有無、すなわち独占禁止法2条6項の適用そのものが争われている。なお、違反行為の認定と課徴金の納付を同一手続の中で行うことは現行制度においても想定されている。

5) この当該役務の定義が審査官の主張に基づくものか否かなど、どのような経緯から導かれたのかは審決上、必ずしも明らかではない。なお、平林英勝「最近の入札談合事件審判決の検討——談合破りに対する課徴金賦課・損害賠償請求は妥当か？」判夕1222号（2006）47頁以下によれば、「入札談合事件において、『当該商品又は役務』、すなわち課徴金の対象となる入札物件が何であるかについて、課徴金制度が導入された昭和52年法改正当時十分検討されることがなかった」と指摘する一方、通常の値上げ協定や価格維持協定と異なり、受注調整にあっては、基本合意で対象となる商品や役務を決定しても、それにより当然に、対象商品や役務のすべてについて具体的に制限効果が及ぶわけではなく、調整手続に上程されて制限効果が具体化する、という実方謙二教授の主張（実方謙二「課徴金の対象となる『当該役務』の売上額——自火報設備事件審決をめぐって」公正取引420号（1985）4頁以下）が公正取引委員会の審決に多大な影響を与えたと示唆する。

実が認定されればこれを認めることができるのだろうか。

　一般に、個別の受注調整においては、①入札前の話合い（調整手続への上程）→②話合いにおいて受注予定者が1社に決まること（受注予定者の決定）→③受注予定者または調整役による他の入札参加者への連絡（協力依頼）→④入札当日において他の入札参加者が高い価格で応札→⑤受注予定者が落札→⑥結果としての高落札率というプロセスを経ることが多いところ、②③④⑤の事実が認められれば、具体的競争制限効果が生じていることは明らかである。問題は、これらの一部で前記プロセスから外れていたり、一部競争が行われていたかのような状況があるような場合をどうみるかである。

　この点、奥能登談合大東建設事件（東京高判平成26年4月25日審決集61巻204頁）は、基本合意における違反行為者以外のアウトサイダー（A建設）や、特定の違反行為者（B建設）との間で競争関係が存在していた可能性を認めながらも、「原告を除く入札参加者9名中、B建設とアウトサイダーのA建設を除く7名は原告の受注に協力していたと認めることができ、なお競争制限効果が生じていたということができる」とした上で、「入札参加者10名中、物件1ないし3についてはアウトサイダーのA建設を除く9名の、物件4についてはA建設とB建設を除く8名の間で、本件基本合意の下での受注調整が行われ、これによる競争単位の減少により具体的な競争制限効果が発生したと認めることが合理的である」と判示しており、個々の入札の場において違反行為者の間で競争単位が減少していることをもって具体的制限効果が発生しているとみるという、いわゆる競争単位減少説の立場に基づく判断を示していると考えられる。

　さらに、港町管理課徴金事件（公取委審判審決平成20年6月2日審決集55巻129頁）においては以下のように述べられている。

　「もともと入札参加者が25組の特定JVであったところ、本件基本合意による調整手続に上程されて受注希望者が2者に絞り込まれ、他の入札参加者は2者のどちらかが受注できるように基準価格以上の価格で入札したものであるから、競争単位の大幅な減少が認められるものといえ、具体的に競争制限効果が発生していることは明らかというべきである」。

　この競争単位減少説の考え方は、本来、入札においては入札参加者全員の間で競争が行われるべきところ、本来自由に入札に対応するはずの当事者の

行動が人為的に拘束され、これにより、いわばあるべき市場メカニズムの機能がゆがめられる点にその正当化根拠が求められるものと考えられる[6]。このような考え方は、特に、基本合意に基づく受注調整により受注予定者が明示的に1社に決まっていないとしても、そのような受注調整によりあるべき市場メカニズムが歪められているとみられる事案、逆にいうと、基本合意に基づく受注調整がなされたにもかかわらず完全な競争状態にあったなどの特段の事情がみられない事案を中心に、この考え方が採用されているところである[7][8][9]。

　ところで、具体的な競争制限効果が発生した受注調整につき、当該事業者が直接または間接に関与することが必要かどうかという議論がある。前掲町田市談合土屋企業事件は受注予定者があらかじめ事業者C社に決まっていた特定の道路工事について、別の違反行為者D社（原告）は自らの受注希望を取り下げず、かつD社自らは他の入札参加業者への入札協力などの関与を一切行わないまま、入札当日を迎え、D社がC社の入札価格よりも安い価格で応札し当該工事を受注したという案件である。この点について前掲町田市談合土屋企業東京高裁判決は、「課徴金には当該事業者の不当な取引制限を防止するための制裁的要素があることを考慮すると、当該事業者が直接又は間接に関与した受注調整手続の結果競争制限効果が発生したことを要するというべき」との一般論を判示した上で、自己が関与していないところで行わ

---

[6] 第1章3 1.(3)参照。

[7] たとえば、ごみ焼却炉談合日立造船事件審決（公取委審判審決平成22年11月10日審決集57巻(1)366頁）においても「入札制度は、本来、すべての入札参加者が当該入札の条件に従って公正な競争を行うことを予定するものであり、入札参加者間における競争回避を内容とする合意の介入は一切許されていないのであるから、入札参加者全員の間で行われるべき競争が行われないこととなって、独立して意思決定を行う競争者が減少するということ自体に競争制限効果が認められるべきものである」と示されている。

[8] このほか、森川建設課徴金事件（公取委審判審決平成16年8月4日審決集51巻87頁）などの審決において同様の立場が採用されていると考えられる。

[9] このような競争単位減少説の立場に理解を示すと考えられる論稿につき、村上政博「多摩地区入札談合（東京都新都市建設公社）事件13判決の意味するもの(下)」判タ1345号（2011）67頁、河谷清志「大東建設株式会社に対する審決について（石川県が発注する土木一式工事の入札談合事件）――公取委審判審決平成25年9月30日」公正取引760号（2014）73頁などを参照。

れる受注調整案件によって生ずる競争制限効果を自己のために利用する行為をしていないなどとして課徴金対象から除外した。この事案については、賛否両論が存在するところ、このような判決の処理とその結論については、前述の競争単位減少説の立場からは疑問が残る[10][11]。

6．具体的な競争制限効果の立証

(1) 基本的考え方

　カルテルの事案においては、前述のとおり、違反行為の対象商品の範疇に属する商品であることが立証されれば、特段の事情がない限り、違反行為による拘束が及んでいるものとして、独占禁止法7条の2第1項にいう「当該商品」に該当し、課徴金の算定対象に含まれると推定して妨げない旨の考え方が高裁判決等において判示されているところである。後記(2)のとおり、受注調整案件の事案についても、審査官および公正取引委員会における当該役務の証明責任の存在を前提としつつ一定の条件の下で具体的な競争制限効果発生が事実上推定されるとしているものがある[12][13]。

　通常、事業者が違反行為を行ったことを理由として行政処分を受ける場合には、不利益処分を課す行政機関側が、法律の構成要件の存在を裏づける主

---

[10] たとえば判決に賛成するものとして、白石・独禁法528頁以下、反対するものとしてたとえば、金井ほか・独禁法442頁以下〔鈴木孝之〕および神垣清水『競争政策概論』（立花書房、2012）311頁以下参照。本件については、他の事業者についてもともとの受注予定者C社への入札協力の意思が明らかとなっている以上、競争単位減少を前提とすると、これら協力業者による競争回避行動が認められるところ、D社自らの関与がなくとも課徴金対象とすべきであったのではないかとの疑問が残る。

[11] たとえば生田組課徴金事件（公取委審判審決平成26年12月10日審決集61巻31頁）においては、（仮に）被審人がいわゆる調整役に対し特定の事業者との間にとどまらず一切の受注調整を行わないよう申し入れていたとしても、「本件工事の入札においては競争単位の減少による具体的な競争制限効果が発生するに至っていることからすると、被審人（中略）の上記認識にかかわらず、本件工事は、上記の「当該……役務」に該当すると認めることに妨げはないというべきである」と判示している。

[12] 神宮司・20講218頁以下（第12講「事実の証明」）を参照。

[13] この背景には、特に受注調整案件の中には対象となる入札の数が膨大なものとなり、実務上、すべての物件に係る事実関係について、直接証拠による立証が困難な事案があることを念頭に置く必要がある。このような問題意識を有する論稿として、菊地麻緒子「課徴金審判実務に関する一考察(上)」公正取引668号（2006）74頁（注8）を参照。

要事実の証明責任を負うと考えられる。すなわち、課徴金の法律要件の1つである当該商品または役務の存在を裏づける具体的競争制限効果の存在については、公正取引委員会が証明責任を負っているものといえる。

他方、一般に、民事訴訟法上において自由心証主義がとられる以上（民事訴訟法247条）、主要事実を直接証拠等の特定の証拠のみから立証する必要はなく、間接事実に基づく事実上の推定（推認）によって立証することも当然に可能である。このような事実上の推定の考え方の下では、経験則上、ある間接事実が存在すれば、主要事実が存在することが高い蓋然性をもっていえる場合には、他に特段の事情があることが証明されない限り、主要事実が存在するものとしてよいと考えられている[14]。これに対し、一方当事者の特定の間接事実の立証を通じた推定によって不利益を受ける他方当事者は、推定に係る事実とは別の結果が実際に生じていることを立証したり、推定の基礎になる経験則が当該事案には妥当しないものであることを立証するなどして反証を行うほか、当該間接事実と両立する別の間接事実について立証することにより特段の事情の存在を主張立証し、事実上の推定を破ることが許されている。このような立証手法は一般に間接反証と呼ばれている[15]。

(2) 事実上の推定に基づく近時の事案

たとえば、ごみ焼却炉談合日立造船事件判決（東京高判平成24年3月2日審決集58巻(2)188頁）においては、当該役務の解釈に関して、「本件合意のような入札談合の場合には、自由な競争を行わないという不当な取引制限に該当する意思の連絡による相互拘束たる基本合意の対象となった商品又は役務全体のうち、個別の入札において、当該事業者が基本合意に基づいて受注予定者として決定されて受注するなど、基本合意の成立により発生した競争制限効果が及んでいると認められるものをいうと解すべきである」と原則論を判示しつつ、「5社の概要とその実績、本件合意の内容、本件違反行為の実施方

---

[14] 審決・判決上は一定の事実を推認するという形で用いられることがあるが、ここに述べる事実上の推定と同一内容である。
[15] 元木伸「間接反証という概念」判タ330号（1976）40頁によれば、このような間接反証の考え方は証明責任の分配を転換するものではなく、あくまでも裁判官の心証形成に属する問題であるとする。

法などの上記前提事実に照らせば、本件合意は、地方公共団体が発注するすべてのストーカ炉の建設工事を受注調整の対象とするものであったと推認されるというべきであるから、地方公共団体が発注するストーカ炉の建設工事であり、かつ、5社のうちいずれかが入札に参加し受注した工事については、特段の事情がない限り、本件合意に基づいて5社間で受注予定者が決定され、本件合意によって発生した自由な競争を行わないという競争制限効果が個別の工事の入札に及んでいたものと推認するのが相当である」と判示し、本件の課徴金対象工事については、いずれも推認を強める事情があるまたは合意に基づき受注予定者として決定されたことの推認を裏づける事情があるとして課徴金の対象となる旨を明らかにした[16]。

さらに、岩手談合匠建設事件（東京高判平成26年3月28日審決集60巻(2)155頁）においては、まず、前掲多摩談合新井組事件最高裁判決で示された当該役務の規範を引用した上で、「入札の対象物件が、本件基本合意の対象となり得る岩手県発注の特定建築工事であり、かつ、105社のいずれかが入札に参加して受注した工事については、当該物件が本件基本合意に基づく受注調整の対象から除外されたと認めるに足りる特段の事情のない限り、本件基本合意に基づく受注調整がされて受注予定者が決定され、具体的な競争制限効果が発生したものと推認するのが相当であり、このような推認の下では、独占禁止法7条の2第1項に規定する『当該……役務』の該当性を認めるためには、必ずしも本件基本合意に基づき受注予定者が決定されるに至った具体的経緯が明らかにされることや、当該物件につき受注調整がされたことを裏付ける直接証拠が存在することを要しない」ことが述べられている。

この岩手談合匠建設事件においては、その前提として、
① 基本合意の対象となる工事の時期、地域等が特に限定されていないこと

---

[16] 原告側からは、対象物件すべてについての受注調整への不関与という不存在事実の証明（悪魔の証明）を強いられることになると反論したものの、判決は、「自社が入札に参加して受注した工事について、それが本件合意の対象となるものであったか否か、また、本件合意の対象から除外されたか否かについて、その事実関係を最もよく把握しているのは原告であるから、原告は、当該入札については本件合意の対象から除外されたという事実等を具体的に主張立証して十分に反証をすることが可能であって、それは不存在事実の証明を強いるものではないというべきである」と判示している。

② 対象工事の133物件中63物件について受注調整が行われており、またこの受注調整が岩手県全域において、違反行為期間全般において行われたこと
③ 各種証拠に照らして受注価格の低落防止等を目的とした会合が結成され、基本合意に基づき継続的に受注調整が行われたこと
④ 原告が、継続して会合の会員であったこと

を認定した上で、前記の事実上の推定に至る結論を導いている。

　このような事実上の推定については、岩手談合高光建設事件判決（東京高判平成26年2月28日審決集60巻(2)144頁）、前掲奥能登談合大東建設事件東京高裁判決など多くの事件においてもおおむね踏襲されている[17]。具体的には基本合意の内容やその実施状況等を認定した上で、(ア)当該工事が一定の取引分野の範疇に属すること、(イ)違反行為者が当該工事の入札に参加し受注していることの2つが立証されれば、特段の事情のない限り、すべての対象工事について具体的競争制限効果が発生したものと推認されるという立論が用いられているのが近時の傾向と考えられる。

(3) 推定を覆す特段の事情の具体的内容

　前掲ごみ焼却炉談合日立造船事件審決においては、前記推認を覆すに足りる特段の事情があるというためには、「当該工事の入札実施前に本件合意の対象から除外されたこと（以下「本件特段の事情」という。）をうかがわせるに足りるだけの反証をする必要があるというべき」とされているところ、具体的事案において、いかなる事情が特段の事情として考慮されるのかが問題となる。

　この点、まず、いくつかの高裁判決においては、基本合意の内容に照らして受注希望者からの明示的な受注希望の連絡や価格連絡の不存在が特段の事情に当たらないとしたもの[18]のほか、アウトサイダーの存在や共同事業体で

---

[17] たとえば、岩手談合高光建設事件判決においては、基本合意の対象となり得る特定建築工事であることによる推認のみならず、留置物の記載状況などの個別の証拠に基づく事情を挙げた上で、「本件基本合意に基づく受注調整が行われ、競争制限効果が発生したと直ちに推認することができるのであって、この推認を覆す事情を認めるに足りる証拠はな〔い〕」と判示する。
[18] 前掲奥能登談合大東建設事件東京高裁判決参照。

あることは特段の事情に当たらないと判示したものがある[19]。

　他方、特段の事情の存在を認めた事例について、高裁判決における前例は存在しないものの、公取委審決においてはいくつかの事例が散見される。たとえば水田電工事件（公取委審判審決平成12年4月21日審決集47巻37頁）においては、「基本合意の対象物件が、発注者、入札方法及び対象工事について、一定の範囲に明確に限定され、基本合意の内容である受注予定者決定の基準も明白なものであり、実施状況も実効性あるものとなっている」場合には「違反行為当事者を拘束する程度が強く、したがって、基本合意が個別物件について実施に移される蓋然性が高いので、被審人の受注した個別物件について、それが基本合意の対象の範疇に属することの立証があれば、基本合意の対象から明示的又は黙示的に除外されたことを示す特段の事情のない限り、当該個別物件については、基本合意の拘束を受け、受注予定者の決定が行われたものと推定するのが相当である」と示した上で、3物件についてはここでいう推定が成立するとした。しかし、その一方で残る1物件（審決中の文化館物件）については、入札が公正取引委員会による立入検査日以降に設定されていたところ、他の事業者について、公正取引委員会は立入検査が行われた個別物件について受注予定者を決定していないとしてそれを特段の事情として認めていた。そこで被審人は、この文化館物件についてもこれと同様の特段の事情があると主張した。本審決は前記事実とともに、指名業者のうち2社が低価格の入札で失格しており、それ以外の各社の入札金額にも相当のばらつきがあることなど他の3物件の入札結果とは著しい対照をなしていることなどを踏まえて、「受注予定者の決定があったとは認めにくいものとなっていることから、被審人の特段の事情の主張には理由がある」として課徴金の対象から除外した。

　また、岡崎管工事件（公取委審判審決平成17年9月28日審決集52巻100頁）においては、被審人の入札価格が相指名業者の入札価格を15％以上下回っていること、相指名業者の入札価格のばらつきが大きく、入札において自由な価格競争があったことをうかがわせる事実があったとして、特段の事情があると認定して課徴金の対象から除外している[20]。

19）　前掲ごみ焼却炉談合日立造船事件東京高裁判決参照。

さらに、岩手談合高光建設事件審決（公取委審判審決平成25年5月22日審決集60巻(1)1頁）においては、事実上の推定を認めつつ、課徴金算定の可否が問題となった特定の入札（審決中の物件108）について、複数の被審人が価格競争をしていること、強い継続性を主張できる者がいなかったこと、そもそも研究会の開催等による受注調整が行われなかった可能性や、受注調整を行ったが合意に至ることができず、フリー物件になった可能性が十分にあったことから、違反行為者間で受注予定者が決定され、他の事業者がこれに協力した事実を認めることができないとして課徴金対象から除外されたことが例示されている。

　なお、これらの特段の事情は、すでに述べたとおり一方当事者が一定の事実を立証すれば、他方当事者に事実上不利益に働くにすぎず、この他方当事者によるさらなる反証が当然ながら許容されているほか、その考慮要素や特段の事情に係る間接事実の立証の程度は、それぞれの事案における基本合意の強さ・内容、個別物件の受注調整の内容、あるいは別の証拠の存在によって大きく異なる相対的なものにすぎず、必ずしも一般化できないことに十分留意する必要がある。

2　設問に対する回答

1．設問①

　設問①においては、X_1とX_2の間の競争が存在するようにみえるものの、本来、自由に入札に参加することのできたX_3～X_{10}の8社が入札に対し競争回避行動をとっており、2社はこの状況を利用したものと評価できることから、X_1の受注した甲工事について、課徴金の対象とすることができる。

[20]　なお、本章執筆時点（平成28年11月）においては、東京高裁または最高裁の判決において、事実上の推定の枠組みに基づく具体的競争制限効果の存在を認めた審決の判断を覆し、被審人側からの反論等に基づく特段の事情の存在を認め、課徴金対象外とした事案は存在していない。

2. 設問②

　受注予定者は表面的には1社に決定されていたものの、違反行為者である他の入札参加者のうちの1社が自ら受注意欲を秘匿したまま入札当日を迎え、他の入札参加者が受注予定者に協力するという状況の中で、受注予定者を下回る価格で入札し落札したという事案（いわゆる談合破りまたはもぐり）についても、競争単位減少説に従えば、具体的な競争制限効果の発生を認めることができる。

　設問①と同様、設問②についても、X_{11}とX_{12}の競争となっており、またX_{12}は受注予定者の決定について内心了解しておらず、受注予定者が決定していないようにもみえるものの、8社は本来、自ら競争的に参加できる入札に対して（それが誰であれ）受注予定者が受注できるように協力しており、本来、10社間で行われるべき競争が実現できないと評価できる。他方、X_{12}は、X_{11}が受注予定者に決まっている状況を利用しているといえることから、X_{12}が落札した入札に係る売上げについて、課徴金の対象と認められる。

3. 設問③

　個別の入札において、違反行為者以外のアウトサイダーが存在している事案において、これらの者による競争圧力が認められる以上、具体的な競争制限効果はないという主張が考えられるところであるが、受注予定者以外の違反行為者において競争的態度で入札に臨まないという意思確認ができている以上、競争単位の減少が認められるのであるからそのような事情を考慮する必要はないとの結論に至ると考えられる。

　この点、たとえば前掲岩手談合匠建設事件東京高裁判決においては特定の物件について「3番札及び4番札はアウトサイダーであり（それぞれの入札価格は、設計金額の94.00パーセント及び94.22パーセント）、他の入札参加者は、全て設計価格の97.01パーセント以上であったこと、アウトサイダーが入札に参加した物件については、常にアウトサイダーの協力が得られるとは限らないことが認められる」と認定した上で、原告が問題となる物件について継

続性を有していること、アウトサイダー以外の入札参加者の入札行動は競争的なものとはいい難いことが認められるところ、これらの事情は、問題となる物件について、原告を入札予定者とする受注調整の存在を推認させる具体的事情というべきであるとの判断が下されている。

さらに、設問①のような絞込み物件、設問②に述べたような談合破りまたはもぐり、あるいは設問③におけるアウトサイダーとの競争の結果、最低制限価格近辺で落札したとしても、競争となった以外の他の入札参加業者が協力し、競争単位が減少したという事情が認められれば、低価格での入札の事実を考慮する必要はなく具体的な競争制限効果が認められることになると考えられる。前掲港町管理課徴金事件審決においては、沖縄県は最低制限価格を設定しており、その額が予定価格の8割であることは、公然の秘密といってよいほど、県下の建設業者に知られていたという事実を認定した上で、最低制限価格で受注した案件について、「本件物件は、本件基本合意の対象役務である沖縄県発注の特定建築工事の範ちゅうに属するものであり……、本件基本合意に基づき競争単位が2者に限定されることになったことにより、具体的に競争制限効果が発生していることが認められる以上、港町管理特定JVが最低制限価格で落札した場合であっても、本件物件は改正前の独占禁止法7条の2第1項にいう『当該……役務』に該当するものというべきである。すなわち、課徴金制度は、カルテルにより経済的利得が現実に生じているか否かなど個別の事情を一切問うことなく、実行期間のカルテル対象商品又は役務の売上額に一定率を乗じた額をカルテルによる経済的利得と擬制し、これを徴収することとするものであり、また、民法における不当利得と異なり、発注者側に損害が生じたことも要しないというべきであるから、課徴金賦課の要件である当該役務の該当性の判断に当たり、落札価格の高低を考慮する必要はない」としている。

したがって、設問③においても、そもそもX_5以外の違反行為者9社による競争回避行動が存在する以上、アウトサイダーの競争圧力は勘案する必要はなく、また、X_5の受注価格が最低制限価格と同額またはこれと近い額であったとしても、課徴金制度の趣旨に鑑み、これを考慮する必要はないとの結論に至るものと考えられる。

4．設問④

　入札参加者が複数の建設業者によるJVを主体とし、個別の受注調整手続には出資割合の多いメイン事業者が直接関与し、サブ事業者は一切個別の調整手続に関与していない場合に、サブ事業者について出資割合に応じた当該役務の売上げを認め課徴金対象としてよいか、問題となる。この点についても、他の事業者が当該JVの受注に協力しており、サブ事業者が不当な取引制限の主体として基本合意に参加したことが認定されており、基本合意の内容を理解した上で包括的または個別にメイン事業者に入札の調整手続への参加を委任しているのであれば、当該工事については、他の事業者の協力を通じた競争制限効果（競争単位の減少）が認められることから、サブ事業者による個別受注調整の具体的関与は必要ないと考えられる[21]。

　設問④においては、まず、X_{12}については自らの受注意欲を伝えないまま、当日本来の受注予定者よりも低い価格での受注行動に応じているものであるが、これまで設問①、②などで述べたことがそのまま当てはまり、それ以外の入札参加者が競争回避行動をとっている以上、これを利用して落札したと認められるものであり、自らの出資割合に応じた課徴金の賦課を受けることとなる。

　また、X_4は、年1回の会合を通じてJV案件についてはメイン事業者が話合いを行うという一連の基本合意を承知した上で、違反行為に参加しているものであり、乙工事をめぐる個別入札における受注調整手続に参加していなかったとしても、それらの一連の調整行為について、X_{12}に対して包括的に委任しているものであり、出資割合に応じた課徴金の賦課を受けることとなる。

〔なかざと　ひろし〕

----

[21] 東京都運動場施設談合田原スポーツ工業事件（公取委審判審決平成18年7月14日審決集53巻361頁）は、個別の調整手続にかかわっていないサブ事業者2名に対する課徴金賦課を認めたほか、川崎市談合吉孝土建事件（公取委審判審決平成24年11月26日審決集59巻(1)153頁）は基本合意に基づく受注調整が行われたことに加えて、「個別の受注調整を任せていた」ことを認め、この点からも課徴金の納付義務を負うとしている。

第10章
課徴金納付命令（私的独占、不公正な取引方法）の課徴金算定
——優越的地位の濫用を中心に——

設問

　X社は、関東一円で店舗を運営し、食料品、日用雑貨品、衣料品等の小売業を営む者（総合スーパー）であり、関東一円の総合スーパーの中で有力な事業者である。A社、B社およびC社（以下「3社」という）はX社に自社の製造する商品を販売・納入する事業者である（X社は3社に対して取引上の地位が優越している）。

　X社は、近年業績が低迷していたところ、平成25年4月に関係部門の責任者を集めて開催した会議において、利益確保のため、各店舗において、①店舗改装時等に納入業者に人件費を負担させて商品の陳列作業を行わせる、②店舗改装時等に納入業者に協賛金を提供させる、③売上不振により在庫となった商品を納入業者に返品する、④セールの販売目標に届かず大量に在庫となった商品を当該商品を納入したのではない納入業者に購入させる、といった対応をとるべきことを決定した。その決定を踏まえ、X社の各店舗の責任者はバイヤーに指示して、3社に対してFAXにより依頼文書を送信する等の方法により、次の行為を行わせていた。

(i)　平成25年4月から27年3月まで、A社に対する従業員派遣の要請
(ii)　平成26年4月から27年3月まで、B社に対する従業員派遣の要請
(iii)　平成26年12月から27年3月まで、A社に対する協賛金提供の要請
(iv)　平成26年12月から27年3月まで、B社に対する返品
(v)　平成26年12月から27年3月まで、C社に対する返品
(vi)　平成25年12月に、C社に対する購入強制

　前記(i)～(vi)の行為が独占禁止法2条9項5号に規定する優越的地位の濫

用に該当するものとして課徴金を賦課する場合、課徴金はどのように算定すべきか。

1 私的独占、不公正な取引方法の課徴金算定

1．はじめに

　課徴金制度は、違反行為の抑止という行政目的を達成するため、行政庁が違反事業者等に対して金銭的不利益を課す行政上の措置であり、独占禁止法には昭和52年改正で導入された。

　当初は、カルテル・入札談合等の不当な取引制限または不当な取引制限に該当する事項を内容とする国際的協定もしくは国際的契約（以下、単に「不当な取引制限」という）のみが課徴金の対象だったが、平成17年改正により支配型私的独占が、平成21年改正により排除型私的独占および一定の不公正な取引方法（独占禁止法2条9項1号～5号に規定されている、共同の取引拒絶、差別対価、不当廉売、再販売価格の拘束および優越的地位の濫用をいう。以下同じ）が対象に追加された。

　本章では、私的独占および一定の不公正な取引方法に係る課徴金の算定方法について概説した上で[1]、これらの中で実際に課徴金納付命令がなされた唯一の類型である優越的地位の濫用に係る課徴金の算定方法に固有の論点につき、検討を加える。

---

1) 私的独占の規制の内容・趣旨については第5章**1**を参照。不公正な取引方法全般の規制の内容・趣旨は第6章**1**および**2**を、うち優越的地位の濫用についての詳細は第7章**1**および**2**を参照。

2．課徴金の算定方法の概要

(1) 算定方式

　課徴金の額は、独占禁止法が違反行為の類型ごとに定めている売上額または購入額（以下「算定基礎」という。後記(2)参照）に、同じく類型ごとに定めている算定率（後記(3)参照）を乗じて算定される。このように定型的な算定方式が法定されているのは、課徴金制度が違反行為の抑止という行政目的を達成するために行政庁が違反事業者等に対して簡易迅速に金銭的不利益を課すことを旨とした制度であり[2]、「行政上の措置であるため、算定基準も明確なものであることが望ましく、また、制度の積極的かつ効率的な運営により抑止効果を確保するためには算定が容易であることが必要であるからであって、個々の事案ごとに経済的利益を算定することは適切ではない」（機械保険連盟料率カルテル事件（最判平成17年9月13日民集59巻7号1950頁））ためである。

(2) 算定基礎

　課徴金の算定基礎は、算定の対象となる期間（以下「算定期間」という。後記(4)参照）に違反事業者等に生じる一定の売上額または購入額とされている。
　ただし、購入額も算定基礎とされている違反行為の類型は不当な取引制限および優越的地位の濫用のみであり、その他の類型の算定基礎は売上額のみである（その理由は、後記3．および4．(1)参照）。

(3) 算定率

　課徴金の算定率は、違反行為の類型ごとに異なっており、図表10-1のとおりである。
　不当な取引制限に係る課徴金の算定率は、平成3年および17年の改正により引き上げられている。課徴金制度の導入時および平成3年改正においては、算定率は過去の事件で推計された不当利得が違反行為の対象である商品または役務の売上額に占める比率を参考に定められた。しかし、それは、算

---

[2] 課徴金制度の趣旨については、第9章■2．を参照。

〔図表10-1〕 課徴金の算定率

	製造業等	小売業	卸売業
不当な取引制限	10% (4%)	3% (1.2%)	2% (1%)
支配型私的独占	10%	3%	2%
排除型私的独占	6%	2%	1%
共同の取引拒絶 差別対価 不当廉売 再販売価格の拘束	3%	2%	1%
優越的地位の濫用	1%		

※ ( ) 内は中小企業に対する算定率

定基礎に一定の算定率を乗じる簡易迅速な算定方法とすることを前提に、違反行為の抑止のために適切な算定率の目安として不当利得が参考にされたものであり、課徴金の額を実際に得られた不当利得の額と一致させるように算定基礎をとらえるべきだということではない（前掲機械保険連盟料率カルテル事件参照）。さらに、平成17年改正では、過去の事件で推計された不当利得の比率に加え、違反行為が跡を絶たない状況、不当利得以上に社会的損失が存在すること、海外の状況等を総合的に判断して[3]、不当利得相当額以上の金銭を徴収することを想定した算定率へ引き上げられた。

平成17年改正で課徴金が導入された支配型私的独占については、被支配事業者が供給する商品または役務の価格・供給量は違反事業者の意思で決定され、カルテル等と同様の競争制限効果が生じることに鑑み、不当な取引制限と同じ算定率が採用された[4]。

平成21年改正で課徴金が導入された排除型私的独占および一定の不公正な取引方法については、排除型私的独占は独寡占市場で市場占有率が上位の事業者の売上高営業利益率を参考に、一定の不公正な取引方法（優越的地位の濫用を除く）は過去の事件の違反事業者の売上高営業利益率を参考に[5]、それぞれ不当利得相当額以上の金銭を徴収することを想定した算定率が定められた。

---

3) 諏訪園貞明編著『平成17年改正独占禁止法』（商事法務、2005）50頁参照。
4) 諏訪園編著・前掲注3) 55頁参照。

優越的地位の濫用については、過去の事件で推計された不当利得が違反行為の相手方との取引額に占める割合を参考に定められたが[6]、簡易迅速を旨とする算定方法を採用しており、実際の不当利得の額と一致するように算定基礎をとらえるべきものではないことは、他の類型と同様である。

(4) 算定期間

ア　課徴金の算定期間は、不当な取引制限および支配型私的独占においては「当該行為の実行としての事業活動を行つた日から当該行為の実行としての事業活動がなくなる日までの期間」（以下「実行期間」という）、排除型私的独占および一定の不公正な取引方法においては「当該行為をした日から当該行為がなくなる日までの期間」（以下「違反行為期間」という）とされている。ただし、3年を超えるときは、終期から遡って3年間とされている。

イ　不当な取引制限は、複数の違反事業者が相互に事業活動を拘束する行為だが、相互拘束が成立する時点と、それを実行する事業活動により類型的に[7]違反行為の影響を受ける売上額または購入額が生じる時点は異なる。

支配型私的独占も、違反事業者が他の事業者の事業活動の自主的決定を制限し自己の意思に従わせる行為だが、支配が成立する時点と、違反事業者の意思に従った事業活動により類型的に違反行為の影響を受ける売上額が生じる時点は異なる。

そのため、不当な取引制限および支配型私的独占の課徴金の算定期間は、「当該行為の実行としての事業活動」を基準として定められている。

ウ　排除型私的独占および一定の不公正な取引方法は、違反行為が行われる期間と、類型的に違反行為の影響を受ける売上額（優越的地位の濫用については類型的に不当に収受し得る利得額の範囲は違反行為の相手方との取引額の多寡に応じて定まると考えられるところ、当該取引額。後記4．(2)イ参照）が発生する期間に齟齬はないと考えられた。そのため、排除型私的独占および一定の

---

[5] 藤井宣明＝稲熊克紀編著『逐条解説平成21年改正独占禁止法』（商事法務、2009）13頁、18頁参照。
[6] 藤井＝稲熊編著・前掲注5) 18頁参照。
[7] 入札談合事案において、一定の取引分野の範疇に属し、違反行為者が受注していれば、特段の事情のない限り、すべての対象工事に具体的競争制限効果が認められるという立論が近時の傾向である点について、第9章１６．(2)を参照。

不公正な取引方法の課徴金の算定期間は、「当該行為」を基準として定められている[8]。

3．私的独占に係る課徴金

(1) 支配型私的独占（独占禁止法7条の2第2項、独占禁止法施行令7条）

支配型私的独占は、経済実態としては価格カルテル等が行われた場合と同様の競争制限効果が生じるものであり、有力な事業者の支配行為による私的独占事件がみられたことを踏まえ、平成17年改正で課徴金の対象とされた[9]。

なお、本章執筆時点（平成28年11月現在）で、支配型私的独占に課徴金の納付を命じた事例はまだない[10]。

ア　対象行為

課徴金の対象となる行為は、支配型私的独占のうち供給に関するものであって、①商品または役務の対価に係るもの、②商品または役務について、供給量、市場占有率、取引の相手方のいずれかを実質的に制限することによりその対価に影響することとなるものである。

平成17年改正で、不当な取引制限については、従来から課徴金の対象であった販売カルテルに加え、購入カルテルも課徴金の対象とされた。これは、独占禁止法上、「競争」の定義において供給することと供給を受けることは同列に規定され（独占禁止法2条4項）、「不当な取引制限」の定義においても販売と購入は区別されておらず（同条6項）、違反事業者が自由に価格等を決定し経済的利得を得るという経済実態も変わらないと考えられたためである。

------

[8]　菅久・独禁法226頁〔品川武〕参照。
[9]　諏訪園編著・前掲注3) 54頁参照。
[10]　福井県経済農業協同組合連合会事件（公取委排除措置命令平成27年1月16日審決集61巻142頁）では、福井県経済農業協同組合連合会（以下「F経連」という）の支配型私的独占を認定したが（第5章１４.(2)参照）、F経連は農協から委託を受けて指名競争入札の発注業務を代行し「管理料」を収受していたものの、当該商品または役務（指名競争入札の対象工事）を供給しておらず、入札参加業者に対して当該商品または役務を供給するために必要な商品または役務を供給することもしていないため、算定基礎となる売上額が存在しないと判断されたものと考えられる。

他方、購入に関する支配型私的独占については、法的措置がとられた前例がなかったことから課徴金の対象とされなかった[11]。

イ　算定基礎

算定基礎は、実行期間中に一定の取引分野において違反事業者が供給した「当該商品又は役務」[12]の売上額と、違反事業者が被支配事業者に供給した「当該商品又は役務（……当該商品又は役務を供給するために必要な商品又は役務を含む。）」の売上額の合計額である（両方に該当する売上額は、重複を排除する）。

支配型私的独占が影響を与えるのは一定の取引分野における競争であるが、支配型私的独占は被支配事業者の事業活動を支配することにより競争を実質的に制限する行為であり、違反事業者の売上額で一定の取引分野に供給される「当該商品又は役務」の売上額に包含されるものは、違反事業者自身が一定の取引分野に直接供給しているものだけではなく、被支配事業者を通じて一定の取引分野に供給するものも該当することから、違反事業者が被支配事業者に供給した「当該商品又は役務（……当該商品又は役務を供給するために必要な商品又は役務を含む。）」の売上額も算定基礎に含めている。

(2)　排除型私的独占（独占禁止法7条の2第4項、独占禁止法施行令9条）

排除型私的独占は、すでに課徴金の対象となっている不当な取引制限および支配型私的独占と同様に競争を実質的に制限する行為であり、他の事業者の事業活動がいったん排除されると競争の回復は困難であるとともに、排除により違反事業者には金銭的利得が生じると考えられること、排除型私的独占に対する法的措置の事例が続いたことを踏まえ、平成21年改正で課徴金の対象とされた[13]。

なお、本章執筆時点（平成28年11月）で、排除型私的独占に課徴金の納付

---

11)　諏訪園編著・前掲注3) 51頁〜52頁、54頁参照。
12)　ここでいう「当該商品又は役務」とは、「違反行為の認定において、一定の取引分野における競争の実質的制限が問題とされた商品・役務のことをいう」とされている（根岸・注釈独禁法）168頁〔岸井大太郎〕）。
13)　藤井＝稲熊編著・前掲注5) 11頁参照。

を命じた事例はまだない。

ア　対象行為

課徴金の対象となる行為は、排除型私的独占のうち供給に関するものである。排除型私的独占は、方法のいかんにかかわらず、他の事業者を排除することにより金銭的利得を生じると考えられるため、「対価に係るもの」や「対価に影響することとなるもの」に限定されていない。

購入に関する排除型私的独占については、法的措置がとられた前例がなかったことから課徴金の対象とされなかった[14]。

イ　算定基礎

算定基礎は、違反行為期間中に「当該行為に係る一定の取引分野において当該事業者が供給した商品又は役務」の売上額と、違反事業者が一定の取引分野において当該商品または役務を供給する他の事業者に供給した「当該商品又は役務（……当該商品又は役務を供給するために必要な商品又は役務を含む。）」の売上額の合計額である（両方に該当する売上額は、重複を排除する）。

排除型私的独占が影響を与えるのは一定の取引分野における競争であるが、排除型私的独占は他の事業者の事業活動を排除することにより競争を実質的に制限する行為であり、違反事業者の売上額で一定の取引分野に供給される「当該商品又は役務」の売上額に包含されるものは、違反事業者自身が一定の取引分野に直接供給しているものだけではなく、①共同で違反行為を行っている事業者、②被排除事業者、③排除されていない事業者を通じて一定の取引分野に供給するものも該当する（③も、②の供給の縮小に伴い多額の取引を期待できる点で、違反行為の影響を受ける）ことから、違反事業者が一定の取引分野において当該商品または役務を供給する他の事業者に供給した「当該商品又は役務（……当該商品又は役務を供給するために必要な商品又は役務を含む。）」の売上額も算定基礎に含めている。

---

[14]　藤井＝稲熊編著・前掲注5）12頁参照。

4．不公正な取引方法に係る課徴金

　不公正な取引方法は、平成21年改正前の独占禁止法には現在の2条9項6号に相当する規定のみが置かれ、公正取引委員会が定める告示である「不公正な取引方法」（昭和57年公正取引委員会告示第15号。以下、平成21年改正前のものを「旧一般指定」という）において16の行為類型が指定されていた。平成21年改正において、旧一般指定の5つの行為類型（共同の取引拒絶、差別対価、不当廉売、再販売価格の拘束および優越的地位の濫用）の一部または全部が法律（2条9項1号～5号）に直接規定され、課徴金の対象とされた。

　抑止力強化のため不公正な取引方法を課徴金の対象とすべきだという議論は従来からあった一方、私的独占の予防規制と位置づけられる行為類型には私的独占に係る課徴金制度の抑止効果がある程度及ぶことや、違反の判断が容易でない行為類型を課徴金の対象とすると事業活動の萎縮をもたらす懸念があることを根拠とする消極意見もみられた。

　結局、私的独占の予防規制と位置づけられるものの、違法性が比較的明確である（あるいは要件を限定することにより違法性を明確にできる）行為類型等[15]として、旧一般指定に規定されていた共同の取引拒絶、差別対価、不当廉売および再販売価格の拘束の4類型の全部または一部が課徴金の対象とされ[16]、優越的地位の濫用については、私的独占の予防規制とは位置づけられないものであり、抑止の必要性が高いことから、過去に法的措置がとられた前例のない一部の行為を除いて課徴金の対象とされた。

(1) 共同の取引拒絶、差別対価、不当廉売、再販売価格の拘束（独占禁止法20条の2～5、独占禁止法施行令22条～29条）

　平成21年改正で課徴金の対象とされたのは、旧一般指定のこれら4類型

---

[15] 共同の取引拒絶、不当廉売（旧一般指定6項のうち前段部分のみ）および再販売価格の拘束は「正当な理由がないのに」と規定され、違法性が比較的明確とされている。差別対価は「不当に」と規定されておりこれに該当しないが、不当廉売と密接な関係にある（小売価格の格差は、不当廉売と差別対価のいずれかに該当する可能性が考えられる）ことから、抑止する必要性が不当廉売と同様に高いとされた。

[16] 藤井＝稲熊編著・前掲注5）15頁～16頁参照。

のうち、供給に関するものである(不当廉売および再販売価格の拘束は、旧一般指定から供給に関するもののみを規定していた)。これは、私的独占に係る課徴金の対象を供給に関するものとしていることを踏まえたものである。また、不当廉売については、旧一般指定で併記されていた行為のうち、「正当な理由がないのに」と規定していた行為のみが対象とされた。

なお、本章執筆時点で、これら4類型に課徴金の納付を命じた事例はまだない[17]。

ア 対象行為

課徴金の対象となる行為は、独占禁止法2条9項1号～4号に規定された行為である。

ただし、課徴金の対象となる事業者は、調査開始日等から遡り10年以内に同一の行為類型の排除措置命令、課徴金納付命令または審決を受けたことがある者に限定されている(独占禁止法20条の2～5)。4類型は私的独占の予防規制と位置づけられており[18]、事業活動を過度に萎縮させない観点から、まずは排除型私的独占への課徴金の導入に伴う抑止効果に期待し、違反行為を繰り返した場合に課徴金を賦課する制度が適切とされたものと考えられる。

イ 算定基礎

4類型のいずれも、算定期間(違反行為期間)における、類型的に違反行為の影響を受けると考えられる売上額を算定基礎としている[19]。

(2) 優越的地位の濫用(独占禁止法20条の6、独占禁止法施行令30条、31条)

平成21年改正で課徴金の対象とされたのは、旧一般指定14項掲記の行為のうち、過去に法的措置がとられた前例のない役員選任への不当干渉(14項

---

[17] 平成21年改正法の施行日以後、再販売価格の拘束(独占禁止法2条9項4号)に排除措置を命じた事例はあるが、違反行為を繰り返しているという課徴金賦課の要件を満たしていなかったものと考えられる。

[18] 競争を減殺する側面から公正競争阻害性が認められる不公正な取引方法は、私的独占のいわば予備・未遂段階で規制可能という点について、第6章■3.(1)を参照。

[19] 4類型の算定基礎の詳細は、菅久・独禁法226頁～233頁〔品川〕を参照。

5号）を除いたものである。

　法定された優越的地位の濫用は、不当利得が生じる蓋然性が高く、違反行為への誘因が強いと考えられること、過去に法的措置をとった事例が相当数あることから、課徴金の対象として抑止することが必要とされた[20]。

　なお、本章執筆時点で、優越的地位の濫用に課徴金の納付を命じた事例は5件あり、そのすべてが審判で争われているが[21]、うち1件（日本トイザらス事件）は審決が出ている（当該審決の取消訴訟は提起されず、確定している。後記5．(5)参照）。

ア　対象行為

　課徴金の対象となる行為は、独占禁止法2条9項5号に該当する行為のうち「継続してするもの」に限定されている（独占禁止法20条の6）。これは、取引において事業者間の交渉力に優劣があること自体は通常のことであるため、優越的地位の濫用に該当し得る具体的な行為（以下「濫用行為」という）が一度でも行われれば直ちに課徴金を賦課するのでは事業活動の萎縮をもたらす可能性があり、中小事業者との取引が敬遠されるおそれもあることから、優越的地位の濫用を継続して行った場合に課徴金を賦課する制度が適切とされたものと考えられる[22]。

　また、優越的地位の濫用は、違反行為の繰返しが課徴金賦課の要件となっておらず、はじめて行われた違反行為にも課徴金を賦課するという点では、前記(1)の4類型と制度設計が異なる。その理由は、以下のとおりである。優越的地位の濫用の公正競争阻害性は、取引主体が取引の諾否および条件について自由かつ自主的に判断するという自由な競争の基盤の保持に対する侵害（以下「自由競争基盤の侵害」という）に求められている。自由競争基盤の侵害は、結果として、不利益を押し付けられる相手方がその競争者との関係で不利となり、違反事業者の側も価格・品質による競争とは別の要因によってそ

---

[20]　藤井＝稲熊編著・前掲注5）16頁参照。
[21]　5件の課徴金納付命令はいずれも、審判を廃止した平成25年改正法の施行日（平成27年4月1日）前に事前通知を行っている（平成25年改正法附則2条により、施行日前に事前通知がなされた命令には、改正前の事前手続・審判手続が適用されている）。
[22]　藤井＝稲熊編著・前掲注5）17頁参照。

の競争者との関係で優位に立つこととなるおそれを生じさせるが[23]、競争を直接侵害するものではないため、私的独占の予防規制とは位置づけられていない。そのため、私的独占に対する課徴金制度の抑止効果が及ばないと考えられたこと、不当利得の発生が比較的明白であることから、継続してする優越的地位の濫用であれば、はじめて行われた違反行為でも課徴金を賦課する必要があると判断されたものと考えられる。

　以上のことから、経済的利益を収受する行為が繰り返され、それらを包括して1つの違反行為と評価できる場合には、各行為の間隔の長短を問わず、「継続してするもの」に該当し得ると考えられる。なぜなら、このような場合であれば違法性が明確であり、課徴金を賦課しても正当な事業活動を萎縮させるとはいえないからである。具体的にどのような場合が「継続してするもの」に該当するのかは、事案の態様に応じて個別に判断されることとなるが、たとえば、一定期間従業員等を派遣させること、定期的・断続的に協賛金を収受すること、恒常的に返品を繰り返すことなどは、いずれも「継続してするもの」に該当し得ると考えられる[24]。

イ　算定基礎

　算定基礎は、違反行為期間における、違反行為の相手方とのすべての取引に係る売上額または購入額である。違反事業者が優越的地位の濫用により不当に収受し得る利得額の範囲、すなわち取引先に「無理が言える」範囲は、濫用行為の対象となった個々の取引の額に応じて定まるものではなく（購入強制、従業員派遣の要請、協賛金提供の要請などは、そもそも個々の取引と関連づけられない場合も多い）、違反行為期間中の相手方との全取引額の多寡に応じて定まると考えられたため、そのような算定基礎のとらえ方が採用されたものと考えられる。

　また、違反行為の相手方が複数の場合は、それぞれの相手方との間における売上額または購入額の合計額が算定基礎とされている。

　なお、優越的地位の濫用においては、他の違反行為の類型に比べれば、個々

---

[23]　自由競争基盤の侵害が公正な競争を阻害するおそれの内容については、第7章**1**を参照。

[24]　藤井＝稲熊編著・前掲注5）89頁参照。

の行為において収受した金銭を手掛かりとするなどにより、実際に生じた不当利得を積み上げて算定することが可能な場合も多いかもしれない。しかし、優越的地位の濫用に対する課徴金の導入は、被害の救済が直接の目的ではなく、公正な競争を阻害するおそれを生じる違反行為の抑止が目的であるから、簡易迅速な算定・賦課を損ないかねない、そのような方法は定められていない。

5．優越的地位の濫用に係る課徴金の算定期間のとらえ方

(1) 独占禁止法20条の6の規定と論点

優越的地位の濫用に係る課徴金の算定方法を独占禁止法20条の6の条文に即して改めて述べると、事業者が「第19条の規定に違反する行為（第2条第9項第5号に該当するものであつて、継続してするものに限る。）」をしたときは、公正取引委員会は、「当該行為をした日から当該行為がなくなる日までの期間（当該期間が3年を超えるときは、当該行為がなくなる日からさかのぼつて3年間とする。）」における、「当該行為の相手方との間における……売上額（当該行為が商品又は役務の供給を受ける相手方に対するものである場合は……購入額とし、当該行為の相手方が複数ある場合は当該行為のそれぞれの相手方との間における……売上額又は購入額の合計額とする。）」に100分の1を乗じて得た額に相当する額の課徴金の納付を命じなければならないと規定されている。

前記規定について、第1に、複数の相手方に濫用行為が行われた場合の算定期間が問題となる。たとえば、違反事業者がA社・B社に従業員派遣の要請を行った場合、それらを包括して1つの違反行為ととらえれば両社の算定期間の始期および終期は一律に定まるのか、そうだとしてそもそも包括して1つの違反行為ととらえられるのはどのようなときかが問題となる。両社に要請を行った期間が一致していれば、算定期間を一律・相手方ごとのいずれで認定しても課徴金の額は変わらないが、両社に要請を行った期間が異なるときは、相手方ごとに認定したほうが課徴金の額が減少するため、争いの対象となり得る。

第2に、課徴金の対象となる違反行為は「第2条第9項第5号に該当するもの」と規定されているところ、複数の行為であって、同号イ～ハのうち複数の類型（さらにいえば、ロやハに定められている複数の類型）に該当するもの

が行われた場合の算定期間が問題となる。たとえば、違反事業者が従業員派遣の要請と返品を行った場合、それらを包括して1つの違反行為ととらえられるのはどのようなときかが問題となる。異なる違反行為ととらえれば、各類型の行為が行われていた期間を算定期間として、複数の課徴金納付命令を発することとなる。このとき、同一の相手方に従業員派遣の要請と返品が行われた期間に重複があれば、重複する期間の取引額は算定基礎として2回用いられるため、課徴金の額が増加する。他方、従業員派遣の要請と返品が行われた期間に間隔があれば、間隔の期間の取引額は算定基礎として用いられないため、課徴金の額が減少する。そのため、複数の行為類型を異なる違反行為ととらえることが一概に課徴金の額の減少につながるものではないが、事案により、争いの対象となり得る。

(2) 複数の相手方に対する優越的地位の濫用の算定期間

まず、独占禁止法20条の6の文言をみる。同条は、①「当該行為をした日」から②「当該行為がなくなる日」までの期間における「当該行為の相手方との間における……売上額」（または購入額）を算定基礎とした上で、「当該行為の相手方が複数ある場合」の算定基礎は「当該行為のそれぞれの相手方との間における……売上額又は購入額の合計額とする」と規定している。この文言に即する限り、優越的地位の濫用という違反行為（「当該行為」）の相手方が複数の場合があることが前提とされている。そのため、複数の相手方を対象とする1つの「当該行為」があった場合の算定期間は、最初にいずれかの相手方に濫用行為が行われた日から、すべての相手方に濫用行為が行われなくなる日までと読むのが素直であり、このような場合に相手方ごとに①および②が異なる日となることを想定しているとは解されない。

次に、いかなる場合に1つの「当該行為」とされるかが問題となるが、前記の条文の読み方を前提として、法の関連規定の趣旨、目的等に照らせば、少なくとも、複数の相手方への濫用行為を行う方針を社内で決定し、これを踏まえて責任者が担当者に指示して同様に実施するなど、組織的・計画的に行っていると認められる場合には、包括して1つの違反行為ととらえ、複数の相手方に対する違反行為の算定期間を一律に認定することが妥当だと考えられる。その理由は以下のとおりである。

第1に、前記のような場合に一律の算定期間を認定すれば、個々の相手方についてみれば、まだ濫用行為が行われていない期間も算定期間に含むこととなる。たとえば、従業員派遣の要請がA社に平成25年4月から27年3月まで、B社に平成26年4月から27年3月まで行われた場合、包括して1つの違反行為ととらえれば、その始期は平成25年4月となり、B社への要請はまだされていない期間（平成25年4月～26年3月）のB社との取引額も算定基礎に含むこととなる。このような結果は、一見すると課徴金の過剰な徴収ではないかとの疑問を生じるかもしれないが、そうではなく、むしろ課徴金制度の趣旨・目的と整合するものと考えられる。課徴金制度は違反行為を抑止するために違反事業者に簡易迅速に金銭的不利益を課すことを旨としており、実際に生じた不当利得を積み上げるものではなく、定型的な算定方式を採用している。そして、独占禁止法20条の6の算定率は、過去の事件で組織的・計画的に複数の相手方に行われた濫用行為を包括して1つの違反行為ととらえていたことを前提に、その違反行為期間における当該複数の相手方との取引額の合計額に対する不当利得の水準を参考に定められたものと考えられる。すなわち、そのような行為を包括して1つの違反行為ととらえて一律の算定期間を認定した場合に過剰な徴収となるおそれは、算定率の設定の段階で解消しており、むしろ、1つの違反行為ととらえて一律の算定期間における複数の相手方との取引額の合計額に算定率を乗じることが、一般的に、法の予定する適切な結果をもたらすというべきである。

　また、単独の相手方との関係においても、たとえば、協賛金提供の要請等の濫用行為は違反行為期間中の毎日行われるわけではないが、その濫用行為により不当に収受し得る利得額の範囲は、違反行為期間中の全取引額の多寡に応じて定まるものと考えられる。その意味において、優越的地位の濫用により収受される不当利得は、実際に濫用行為を行った期間の取引額のみと関連づけられるものではなく、違反行為期間中の全取引額と関連づけられることから、独占禁止法20条の6は、不当利得の収受という結果を生じる直接の原因は濫用行為であるが、濫用行為の対象となった個々の取引の額を積み上げて算定基礎とするのではなく、濫用行為が行われていない日も含む違反行為期間中の全取引額を算定基礎としているものと考えられる。複数の相手方との関係においてもこの理は同様であり、違反行為が組織的・計画的に行わ

れていれば、違反事業者は当該違反行為の始期（平成25年4月）の時点で、B社に対しても（直ちにではなくても）適時に濫用行為を行おうとする状態になっていると考えられることから、B社への要請により収受される不当利得の直接の原因は当該要請であるが、当該不当利得はB社への要請はまだ行われていない期間も含む違反行為期間中のB社との全取引額と関連づけられるものと考えられる。違反事業者が組織的・計画的に優越的地位の濫用を行っていたにもかかわらず、濫用行為が実際に行われた時点・期間がたまたま相手方により異なる（たとえば、毎月少しずつ協賛金を提供させる相手方もいれば、年度末にまとめて協賛金を提供させる相手方もいる）からといって、相手方ごとに異なる算定期間を認定することは適切とはいえない。

にもかかわらず、相手方ごとに異なる違反行為期間を認定するとすれば、認定に要する行政コストが大幅に増加し、簡易迅速な算定・賦課という課徴金制度の趣旨に反する結果になりかねない。

なお、B社が濫用行為を受け入れた事実がまだない期間は、違反事業者がB社に対して取引上の地位が優越していたといえないとすれば、当該期間のB社との取引額も算定基礎に含めることは、優越的地位の濫用規制の趣旨と整合しないのではないかとの疑問もあるかもしれない。しかし、取引上の地位の優越性（相手方にとって取引の継続が困難になることが事業経営上大きな支障を来すため、著しく不利益な要請等も受け入れざるを得ないこと）は違反行為の要件であるにとどまり、課徴金の算定期間の全期間を通じて違反事業者の取引上の地位の優越性が当然に要求されるものではない。前記のとおり、違反行為が組織的・計画的に行われていれば、違反事業者は当該違反行為の始期の時点でB社に対しても適時に濫用行為を行おうとする状態になっていると考えられる。このとき、当該始期の時点ではB社に対する取引上の地位の優越性が認められないとしても、その後、違反行為期間中のいずれかの時点でB社に対する取引上の地位の優越性が認められ、B社に対する濫用行為が行われたのであれば、違反事業者が当該濫用行為によりB社から不当に収受し得る利得額の範囲、すなわちB社に「無理が言える」範囲は、取引上の地位の優越性が認められる期間の取引額のみと関連づけられるわけではなく、それ以前の期間も含めた当該違反行為の全期間の取引額と関連づけられるものと考えることは、不合理ではない。また、取引上の地位の優越性の認定は、

相手方が濫用行為を受け入れたことも含めた諸要素を総合考慮してなされるものであるから、B社に対する濫用行為がまだ行われていないという一事をもって、当該期間におけるB社に対する取引上の地位の優越性が認定できないというものでもない。過去に法的措置がとられた事例においても、優越的地位の濫用は組織的・計画的に複数の相手方に行われており、当該複数の相手方も継続的な取引先であって、違反事業者の取引上の地位の優越性を基礎づける取引先変更困難性などの事情は、通常、違反行為期間の始期から認められ、個々の相手方への最初の濫用行為の前後で変化はないと考えられる。他方、違反事業者がB社との取引を平成26年4月から新規に開始した場合は[25]、それ以前の期間は（取引がないのであるから）取引上の地位の優越性も認められないが、当該期間の取引額はゼロであるから課徴金の上積みもない。これらを踏まえれば、独占禁止法20条の6は、B社が濫用行為を受ける前の期間におけるB社に対する取引上の地位の優越性の認定を要せずとも、違反行為期間の全期間を算定期間として差支えないとして、簡易迅速な算定方法を定めたものだと解することは、不合理ではない。

　第2に、前記のような場合に包括して1つの違反行為ととらえることは、公正競争阻害性の解釈とも整合する。優越的地位の濫用の公正競争阻害性は自由競争基盤の侵害に求められており、競争の減殺を具体的に認定する必要はないと解されているが、それは、違反事業者と個々の相手方との一対一の関係においてしか公正競争阻害性が認められないということを意味しない。優越的地位の濫用が規制されるのは、取引の相手方の自由かつ自主的な判断を阻害するとともに、結果として、相手方がその競争者との関係で不利となり、違反事業者がその競争者との関係で優位に立つおそれがあり、公正な競争秩序に悪影響を及ぼすおそれが認められるからである。そして、その不当性の判断は、一般的に、①行為者が多数の相手方に対して組織的・制度的に不利益な条件を強いているような場合には、個々の不利益の程度は比較的軽微なものであっても不当な不利益に該当すると考えられ、②行為者が特定の

---

[25]　独占禁止法2条9項5号イおよびロの濫用行為の相手方は、同号イに「継続して取引する相手方（新たに継続して取引しようとする相手方を含む。ロにおいて同じ。）」とあるとおり、継続的な取引を新規に開始しようとする者も含まれる。同号ハは継続的な取引を要件としていない。

相手方のみに不利益を課している場合には、不利益の程度が大きいかまたは当該行為を放置することによって類似の行為が広く波及するおそれがあるときには不当な不利益と認めることができるであろうと解されている[26]。独占禁止法が優越的地位の濫用を規制しているのは、自己の取引上の地位が相手方に優越している一方の当事者が、その相手方に、正常な商慣習に照らして不当に不利益を与えることが、前記のように公正な競争秩序に悪影響を及ぼすおそれがあるからである。そのような規制の趣旨を踏まえれば、組織的・計画的に複数の取引の相手方に濫用行為が行われている場合に、その競争阻害効果を前記①の観点も踏まえて一体として評価し、包括して1つの違反行為ととらえることは自然である[27]。

まして、前記のとおり、複数の相手方への濫用行為を包括して1つの違反行為ととらえ一律の算定期間を認定することが、一般的に適切な算定結果をもたらすと理解されることも考慮すれば、自由競争基盤の侵害において判断を阻害されるのが個々の相手方であるという一事をもって、複数の相手方への濫用行為を包括して1つの違反行為ととらえることを否定するような理解は適切でないと考えられる[28][29]。

---

26) 昭和57年7月に公表された独占禁止法研究会報告書「不公正な取引方法に関する基本的な考え方」。報告書全文は、田中寿編著『不公正な取引方法——新一般指定の解説』別冊NBL9号(商事法務研究会、1982) 100頁参照。
27) このような考え方は、他の類型の不公正な取引方法においてもとられている。たとえば、再販売価格の拘束において、違反事業者が、複数の小売業者に対して直接または卸売業者を通じて、値引き限度価格以上の価格での販売の申入れ、出荷停止等を行ったなどの事実につき、「これらの原告の一連の行為(本件行為)は、包括して一般指定12項1号及び2号に該当するものといえる」と判断されている(ハマナカ毛糸事件(東京高判平成23年4月22日審決集58巻(2)1頁))。
28) 土田和博「家電量販店の従業員派遣要請による優越的地位の濫用——エディオン事件」ジュリ1453号(2013) 253頁においても、優越的地位濫用の公正競争阻害性は取引相手の自由かつ自主的な判断による取引を阻害することが自由競争基盤を侵害することに求められてきたことから、課徴金の算定においても個々の特定納入業者ごとに算定期間を判断しなければならないのかといえば、その必然性はないと考えるべきであろうとされている。
29) なお、公正取引委員会は、これまでに独占禁止法20条の6を適用して課徴金の納付を命じた事例5件のすべてにおいて、前記のような解釈の下に、複数の相手方への濫用行為を包括して1つの違反行為ととらえ、当該違反行為に係る課徴金の算定期間を一律に認定している。

(3) 複数の行為類型にわたる優越的地位の濫用の算定期間

独占禁止法20条の6の規定の文言をみるに、課徴金の対象となる違反行為は「第2条第9項第5号に該当するもの」とされている。そこでは、同号イ（商品または役務を購入させること）、ロ（金銭、役務その他の経済上の利益を提供させること）およびハ（受領拒否、返品、支払遅延、減額その他取引の相手方に不利益となる取引条件の設定等）を区別しておらず、まして、イ、ロおよびハの内訳を区別していない。また、2条9項5号の文言をみても、同号ハ後段（その他取引の相手方に不利益となる取引条件の設定等）はハ前段に該当しないすべての濫用行為を読み得る規定となっており、イ、ロおよびハで区分して違反行為を認定することを想定した規定とは思われない[30]。イ、ロおよびハの内訳においても、たとえば、ロは経済上の利益の例示である金銭（協賛金）と役務（従業員派遣）を区分して認定すべき旨を示した規定とまではいえない。これらの複数の類型に該当する行為が同一の相手方に並行してなされることは過去の事例でも往々にしてあり、そのような場合に全取引額を複数回（行為類型の数だけ）繰り返し算定基礎に用いるとすれば、1つの違反行為ととらえる場合と比べて課徴金の額は数倍ともなり得るが、そのような不利益を課すことを予定しているというには、条文の明確性は不足しているといわざるを得ない。

この規定の仕方を前提として、法の関連規定の趣旨、目的等に照らせば、少なくとも、複数の類型にわたる濫用行為を行う方針を社内で決定し、これを踏まえて責任者が担当者に指示して同様に実施するなど、組織的・計画的に行っていると認められる場合には、包括して1つの違反行為ととらえ、一本の課徴金納付命令を発することが妥当だと考えられる。その理由は、以下のとおりである。

たとえば、違反事業者が取引の相手方に従業員派遣の要請（独占禁止法2条9項5号ロ）と返品（同号ハ）を行っていた場合、包括して1つの違反行為ととらえれば、並行していた期間の取引額を2回算定基礎に用いることはない一

---

[30] 平山賢太郎「優越的地位濫用事件における初の課徴金納付命令」ジュリ1430号（2011）53頁においても、2条9項5号ハ「その他」以下が同号イおよびロ該当行為を包含しているとすれば、同号イまたはロ該当行為をハ該当行為と別個の違反行為ととらえる必要性は低いように思われるとされている。

方、間隔の期間の取引額も算定基礎に用いることとなるが、このような結果は、課徴金制度の趣旨・目的と整合するものと考えられる。なぜなら、優越的地位の濫用により不当に収受し得る利得額の範囲は、相手方との全取引額の多寡に応じて定まるものと考えられ、違反事業者が組織的・計画的に行う複数の行為類型にわたる優越的地位の濫用は、その範囲内の不当利得の収受を、さまざまな形（ここでは従業員派遣の要請と返品という2つの形）をとって行っているものと解されるからである。同一期間の取引額を行為の類型の数だけ繰り返し算定基礎に用いたり、1つの類型であれば違反行為期間の中に含まれる期間を2つの類型の間隔に当たれば算定期間の外としたりすることで、組織的・計画的に行われていることは同様である行為について異なる結果を導くことは、課徴金制度の趣旨・目的に照らして妥当な取扱いとはいえないと考えられる[31]。

(4) 複数の相手方・複数の行為類型と継続性

課徴金の対象となる行為は、独占禁止法2条9項5号に規定された行為のうち「継続してするもの」に限定されており（独占禁止法20条の6）、濫用行為が1回限りのものである場合は、通常はこの要件を満たさないと考えられる。

他方、特定の相手方に行われた濫用行為は1回限りのものである場合でも、前記(2)のとおり、少なくとも、組織的・計画的に複数の相手方への濫用行為が行われていれば、それらを包括して1つの違反行為ととらえるから、継続性の判断も複数の相手方への行為の全体を通じて判断することとなる。

同様に、特定の行為類型については濫用行為が1回しか行われていない場合でも、前記(3)のとおり、少なくとも、組織的・計画的に複数の行為類型にわたる濫用行為が行われていれば、それらを包括して1つの違反行為ととらえるから、継続性の判断も複数の行為類型の全体を通じて判断することとなる。

なお、課徴金の対象が「継続してするもの」に限定されたのは、正当な事

---

[31]　なお、公正取引委員会は、これまでに独占禁止法20条の6を適用して課徴金の納付を命じた事例5件のうち、複数の類型の行為があった4件（うち2件は2条9項5号イ、ロおよびハを跨ぐ行為があった）のすべてにおいて、前記のような解釈の下に、異なる行為類型にわたる複数の行為を包括して1つの違反行為ととらえ、一本の課徴金納付命令を発している。

業活動を萎縮させないための政策的配慮であることに鑑みれば、たまたま、特定の相手方・特定の行為類型のみをみれば継続性が認められない場合でも、それらを含む濫用行為が全体として継続性があり、包括して1つの違反行為ととらえられる場合は、その態様から違法性はすでに顕著というべきであるから、特定の相手方・特定の行為類型に係る部分を課徴金の対象から除外しなければ正当な事業活動を萎縮させるおそれがあるとは、通常考え難い。したがって、そのような除外をしないことは、課徴金の対象に「継続してするもの」という限定を加えた趣旨にも整合する妥当な解釈だと考えられる。

(5) 関連審決

日本トイザらス事件（公取委審判審決平成27年6月4日審決集未登載）においては、返品および減額が、それぞれ複数の相手方に行われていたところ、本審決は、課徴金の算定期間について次のような判断を示している。

「独占禁止法第19条において優越的地位の濫用行為が規制されているのは、自己の取引上の地位が相手方に優越している一方の当事者が、取引の相手方に対し、その地位を利用して、正常な商慣習に照らして不当に不利益を与えることは、当該取引の相手方の自由かつ自主的な判断による取引を阻害するとともに、当該取引の相手方はその競争者との関係において競争上不利となるおそれがある一方で、行為者はその競争者との関係において競争上有利になるおそれがあり、このような行為は公正な競争を阻害するおそれがあるからであるが、上記のような優越的地位の濫用規制の趣旨に照らせば、独占禁止法第2条第9項第5号又は旧一般指定第14項（第1号ないし第4号）に該当するような濫用行為は、これが複数みられるとしても、また、複数の取引先に対して行われたものであるとしても、それが組織的、計画的に一連のものとして実行されているなど、それらの行為を行為者の優越的地位の濫用として一体として評価できる場合には、独占禁止法上1つの優越的地位の濫用として規制されることになり、課徴金算定の基礎となる違反行為期間についても、それを前提にして、濫用行為が最初に行われた日を『当該行為をした日』とし、濫用行為がなくなったと認められる日を『当該行為がなくなる日』とするのが相当である」。

「本件濫用行為は1つの優越的地位の濫用として規制されることになるか

ら、取引の相手方ごとに複数回の濫用行為がなかったとしても……、濫用行為がなくなったと認められる日までは継続性の要件に欠けるところはないというべきである」。

前記の判断は、複数の相手方への濫用行為や、複数の行為類型にわたる濫用行為に係る算定期間について、前記(2)～(4)と同様の考え方に立つものと解される[32]。

また、本審決は、「被審人は、組織的かつ計画的に一連のものとして本件濫用行為を行った」と判断した理由として、①自社の利益確保のため、従来から、売上不振商品等の値引き販売を実施した場合は、納入業者から値引き相当額の全部または一部を収受し、また、返品を行う方針としていたこと、②業績回復のため、取締役会において、売上不振商品等について改善を図り、適正な在庫数の確保に努めるなどの方針を承認可決したこと、③このような方針に基づき、社内会議においてバイヤーに、売上不振商品等の値引き販売の実施に伴い納入業者から収受する予定額を報告させ、また、売上不振商品等の返品における交渉方法など個別具体的に指示を行い、成績評価指標等を定め、当該収受および返品に係る社内決裁文書の記載方法を指示していたことが認められる旨を述べている。これらの事情は、違反行為の組織性・計画性を詳細かつ直接的に示すものであるが、違反事業者が優越的地位の濫用を行う方針を社内で決定するに当たり、取締役会の議事録など明確な証拠に残る形で行うことは一般的とはいえず、バイヤーに対する指示の方法・内容も事案により異なる。本件で認められた諸事情は、優越的地位の濫用を一体として評価するに足りる十分条件であって必要条件ではなく、違反事業者内部の決定・指示をここまで明確・詳細に認定できない事案であっても、違反事業者が取引の相手方に対してとった行為の態様など外形的に判断できる事情

---

[32] 本件課徴金納付命令は、被濫用者と認定した117社のうち、平成21年改正法の施行日（平成22年1月1日）以後に濫用行為の事実が認められない56社との取引額は算定基礎から除外しており、本審決もその考え方自体に変更はない。この点は、個々の相手方についてみれば濫用行為が行われていない期間も含めて一律の算定期間を認定する考え方と整合しない印象もあるかもしれない。しかし、これは平成21年改正法附則5条が課徴金の不遡及の対象とした「当該違反行為のうち施行日前に係るもの」の解釈の問題であり、違反行為のとらえ方および算定期間の認定自体とは、一応別の問題だと考えられる。

も踏まえて、違反行為の一体性を認めることは可能と解すべきであろう。

2 設問に対する回答

　X社は、3社に濫用行為を行っており、それらは4種類の類型にわたっている。
　前記**1** 5．のとおり、少なくとも、違反事業者が組織的・計画的に複数の相手方への濫用行為を行っていれば、それらの競争阻害効果を一体として評価し、包括して1つの違反行為ととらえることが妥当である。複数の行為類型の問題をいったん捨象し、従業員派遣の要請（行為(i)・(ii)）のみを検討すれば、その違反行為期間は平成25年4月～27年3月であり、当該期間における違反事業者とA社・B社との取引額の合計額が算定基礎となる。平成25年4月～26年3月においてはB社への要請は行われていないが、違反行為が組織的・計画的に行われていることから、X社は当該違反行為の始期の時点でB社に対しても適時に濫用行為を行おうとする状態になっていると考えられる。したがって、その後に行われたB社への要請を直接の原因としてB社からの不当利得の収受という結果が生じているが、当該要請により不当に収受し得る利得額の範囲は、要請が実際に行われた日以降の取引額のみではなく、当該違反行為の全期間（すなわち平成25年4月以後）の取引額の多寡に応じて定まると考えられる。その意味において、不当利得は違反行為期間中の全取引額と関連づけられることから、このような取扱いが適切である。
　また、前記**1** 5．のとおり、少なくとも、違反事業者が組織的・計画的に複数の行為類型にわたる濫用行為を行っていれば、それらを包括して1つの違反行為ととらえることが妥当である。複数の相手方の問題をいったん捨象し、A社への行為（行為(i)・(iii)）のみを検討すれば、その違反行為期間は平成25年4月～27年3月であり、当該期間における違反事業者とA社との取引額が算定基礎となる。平成26年12月～27年3月においては従業員派遣の要請と協賛金提供の要請が並行しているが、その期間の取引額を2回算定基礎に含めることはしない。それらの行為は、違反行為期間におけるA社との取引額に対応する不当利得を、2つの類型の形をとって収受したものと考えら

れるから、このような取扱いが適切である。A社への行為はいずれも独占禁止法2条9項5号ロに属するが、この理は、B社への行為（行為(ii)・(iv)）のように、同号イ、ロおよびハを跨ぐ異なる類型の行為の場合も、同様である。

　仮に、C社への行為（行為(v)・(vi)）のみを検討すると、2つの類型の行為の間隔が1年間空いており、これらが「継続してするもの」とみられなければ、間隔の期間は算定期間に含まれないことになる。加えて、行為(vi)は、1回限りのものであれば通常は「継続してするもの」に該当せず、結局、課徴金の算定期間は行為(v)の期間のみとなる。しかし、「継続してするもの」の要件は、経済的利益の収受を繰り返す行為が包括して1つの違反行為ととらえられれば、間隔の長短は問わないと解される。少なくとも、違反事業者が組織的・計画的に行為(v)・(vi)を行っていれば、それらは包括して1つの違反行為と認められ、異なる行為類型（(v)返品、(vi)購入強制）ゆえに分断すべきだということにもならないから、平成25年12月〜27年3月の取引額を算定基礎とすることが適切である。また、少なくとも、違反事業者が組織的・計画的に行為(i)〜(vi)を行っていれば、相手方ごとに違反行為を区分すべきだということにもならないから、結局、「継続してするもの」の要件は行為(i)〜(vi)の全体について判断すれば足りる。

　本件では、行為(i)〜(vi)は4つの行為類型にわたるが、いずれも、X社が利益確保を目的として、関係部門の責任者を集めた会議で方針を決定し、当該方針に従って各店舗の責任者が指示をして3社に同様の対応をとっていたものであり、組織的・計画的に複数の相手方への濫用行為が行われたものと認められる。

　したがって、本件は、行為(i)〜(vi)を包括して1つの違反行為ととらえることが適切である。その結果、違反行為期間は行為(i)〜(vi)が最初に行われた日から行われなくなる日まで（平成25年4月〜27年3月）となり、当該期間における3社との取引額の合計額に1％を乗じた額の課徴金が賦課される。

〔やまぐち まさゆき・くろさわ りさ〕

第 11 章

課徴金納付命令における業種認定

設問

　入札談合に参加したメーカー X 社は、当該入札談合の対象となった商品すべてについて、子会社である A 社に製造を委託し、A 社から購入して発注者に納入していた。対象商品の受注に当たっては、X 社自らが入札価格を検討の上入札しており、A 社は X 社から委託を受けた製品に関しては、その要求する品質を確保すべきとされており、X 社から派遣された技術者が作成した図面に従って製造していた。さらに、A 社が X 社に販売する価格は、発注者から X 社に対する発注金額を前提に、あらかじめ定めておいた仕切率を乗じた額とされていた。

　X 社は、A 社の株式を 93％保有しているが、A 社の重要な取引先である大企業 B 社も A 社の株式を 4％保有していた。A 社の代表取締役のほか、役員の半数以上が X 社からの転籍者であり、A 社の役員の中に B 社からの転籍者や兼任者、出向者はいない。

　この場合、X 社に適用される課徴金算定率は何％か。

1 業種認定に係る考え方

1．はじめに

　事業者が、不当な取引制限等をしたときは、公正取引委員会は、当該事業者に対し、売上額に一定の率を乗じて得た額に相当する額の課徴金の納付を命じなければならない（独占禁止法7条の2第1項）。この売上額に乗じる一定の率は、10％と規定されており、小売業については3％、卸売業については2％と規定されている[1]。つまり、事業者の営んでいた業種[2]によって、売上額に乗じられる率が異なってくることになる。

　一方、現実の経済社会においては、冒頭の設問のように、あるメーカーがすべての商品を自社で製造しているとは限らず、他の会社に製造を委託したりして、他社で生産された製品を購入して販売していることは一般にみられるものであり、違反行為対象となった商品についても、一部がまたはすべてが、他社から購入した製品であったという場合がある。

　他社から購入した製品を販売したというと、少なくとも外形上は卸売りに該当するのではないかとの見方もでき、前記のとおり、卸売業・小売業かそれ以外かによって、課徴金の算定率が大幅に異なってくる、つまりは、命じられる課徴金の額が大幅に異なってくることもあり、違反行為の存在については争われなくとも、この業種認定のみが争われるという事例がみられる。

　また、一部が他社から購入した製品であったという場合、当該一部については卸売業の率を適用すべきであると主張して争うという事例もみられる。この場合、問題は、違反行為に係る取引ごとに業種を認定すべきか、違反行為に係る取引全体をみて1つの業種を認定すべきか、ということとなる。

---

1) 独占禁止法7条の2のその他の項には、前記の率から加算または減算する旨の規定が存在し、実際の課徴金額は、当該規定による加算または減算、さらには課徴金減免制度による減算を踏まえて算出される。

2) なお、この場合、違反行為者の事業全体としてどの業種の事業を営んでいたかではなく、当該違反行為の実行として行われた取引がどの業種の事業と認められるかである。

そこで、本章では、業種認定を行う趣旨等を概観した上で、個々の事例で業種認定につきいかなる判断がなされてきたかについてみていくこととしたい。

2．業種認定を行う趣旨等

(1) 業種認定を行う趣旨

独占禁止法7条の2第1項は、不当な取引制限で、商品または役務の対価に係るものをしたときは、事業者に対し、当該行為の実行期間における当該商品または役務の政令で定める方法により算定した売上額に100分の10（小売業については100分の3、卸売業については100分の2）を乗じて得た額に相当する額の課徴金を国庫に納付することを命じなければならない旨定めていることは前記1．に述べたとおりである。

このように、課徴金の算定率について、10％を原則としつつ、卸売業・小売業に対しては例外的に低く設定した趣旨は、卸売業および小売業の取引が、第三者の商品を流通させることによってマージンを受け取るという側面が強く、その事業活動の性質上、売上高営業利益率も小さくなっていることを考慮したためである。したがって、具体的事案における業種認定は、この趣旨を踏まえ、実質的に行う必要がある。裁判所も、「一般的には事業活動の内容が商品を第三者から購入して販売するものであっても、実質的にみて卸売業又は小売業の機能に属しない他業種の事業活動を行っていると認められる特段の事情があるときには、当該他業種と同視できる事業を行っているものとして業種の認定を行うことが相当である」としている（ジェット燃料談合東燃ゼネラル石油事件（東京高判平成18年2月24日審決集52巻744頁））。

(2) 違反行為に係る取引のうちに複数の業種に属する事業活動が混在する場合の課徴金算定率

違反行為者の1つの違反行為に係る取引のうちに、複数の業種に属する事業活動が混在する場合がある。たとえば、1個の価格カルテルの対象となる商品について、違反行為者自身が製造販売しつつ、第三者からも仕入れて販売しているという場合のように、違反行為者が、同一の違反行為に係る商品

について、卸売業・小売業とそれ以外の事業活動の双方を行っている場合である。この場合、計算方法としては、違反行為に係る個々の取引について、個別に業種を認定し、業種ごとに区分した売上額を算出して、その業種に対応する算定率を乗じるという方法と、単一の業種を認定した上で、単一の課徴金算定率を適用するという方法とがあるが、後者の方法をとるべきであると解して運用されてきている。これは、関係規定の文理上および独占禁止法7条の2第1項の趣旨に照らすと、違反行為者の1つの違反行為に係る課徴金額の計算に当たっては、単一の業種が認定されて、単一の課徴金算定率が適用されることが予定されていると解されることによる。

　すなわち、まず、独占禁止法7条の2第1項は、課徴金の額を計算するに当たっては、「当該行為の実行としての事業活動を行つた日から当該行為の実行としての事業活動がなくなる日までの期間」（実行期間）における「商品又は役務の政令で定める方法により算定した売上額」に算定率を乗じて計算すると規定している。また、同法施行令5条1項は、同法7条の2第1項所定の「政令で定める売上額の算定の方法」につき、原則として「実行期間において引き渡した商品又は提供した役務の対価の額を合計する方法とする」と規定した上で、同法施行令6条1項は、例外的に「実行期間において締結した契約により定められた商品の販売又は役務の提供の対価の額を合計する方法とする」と規定している。これらの規定に照らすと、課徴金額の算定は、まず違反行為の実行として行われた事業活動の「実行期間」を認定した上で、その期間中に引き渡された商品または提供された役務の対価の額を合計する方法により算出した「売上額」に算定率を乗ずる方法によると解するのが相当である。すなわち、違反行為者の違反行為に係る取引の全体に単一の算定率を乗じて算定するのが相当であり、行為者の違反行為に係る個々の取引について、個別に業種を認定した上で、業種ごとに区分した売上額を算出して、その業種に対応する算定率を各別に乗ずることが予定されていると解することは困難である。

　また、課徴金納付命令は、不当な取引制限等の違反行為ごとに個々の違反行為者に対して発令されるものであり、独占禁止法7条の2第1項所定の「実行期間」とは違反行為の実行としての事業活動が行われた期間をいい、「商品又は役務」とは違反行為の対象として提供した商品または役務をいい、「売上

額」についても、「商品又は役務」の売上額とされている以上、違反行為に係るものと解すべきであるから、「実行期間」、「商品又は役務」および「売上額」はいずれも違反行為ごとに定まるものというべきである。そうすると、課徴金の算定率についても、違反行為に係る事業活動、すなわち違反行為に係る取引全体として単一の業種が認定され、それに対応する算定率が適用されると解することが、他の文言とも整合する解釈ということができるのである。

　そして、独占禁止法7条の2第1項の趣旨、すなわち、独占禁止法が定める課徴金の制度は、不当な取引制限等の違反行為を禁止する実効性を確保するための行政上の措置として機動的に発動できるように定めたものである[3]。また、課徴金の額を計算するに当たっては、実行期間における売上額に一定の算定率を乗ずる方式が採用されているところ、これは、課徴金制度が行政上の措置であるため、その算定基準は明確であることが望まれる上、制度の積極的かつ効率的な運営により違反行為の抑止効果を確保するためにも算定が容易であることも要請されるのであり、このような観点からも、個々の取引ごとに行為者が得た経済的利益を算定した上で、課徴金の額を決定することが適切なものとは解することができない。そうすると、課徴金の額は、行為者が違反行為によって実際に得た利得の額とは必ずしも一致する必要がないというべきである[4]から、違反行為に係る売上額を業種ごとに区分して、それぞれの業種に応じた算定率を乗じて課徴金の額を計算する方法を独占禁止法が予定していると解することができない。

　他方、個々の取引について個別に業種を認定した上で、業種ごとに売上額を算定し、それに対応する算定率を乗じるという算定方法を予定していると解した場合には、対象商品のすべてについて、違反行為者が自ら製造したものか、第三者から仕入れたものかの認定を要することになるほか、対象商品が仕入れられていた場合には、さらに、違反行為者が仕入先に対して仕様など製造に関する指示をし、原材料の調達に関与するなどして、仕入先に製品を製造させており、実質的に製造業と同視することができないかを判断する

---

[3] このことは、第9章参照。
[4] この点、最高裁判所も、課徴金の額はカルテルによって実際に得られた不当な利得の額と一致しなければならないものではないというべきであると述べている（機械保険連盟料率カルテル事件（最判平成17年9月13日民集59巻7号1950頁））。

ため、違反行為者と仕入先との契約関係、仕入先の製造過程に対する違反行為者の関与の有無や程度等の取引の実態をすべて調査した上で、違反行為に係る売上額を算出する必要が生ずることになり、課徴金の算定手続がきわめて複雑煩瑣なものとなることが予想され、法の趣旨にそぐわない事態を生じさせるおそれがある。

　以上のような理由から、違反行為者の1つの違反行為に係る課徴金額の計算に当たっては、単一の業種が認定されて、単一の課徴金算定率が適用されることが予定されていると解されている（光ファイバケーブルカルテル事件（東京高判平成24年11月30日審決集59巻(2)85頁）。同旨ジェット燃料談合昭和シェル石油事件（東京高判平成24年5月25日審決集59巻(2)1頁）。同判決は、これを「一違反行為一算定率」と呼ぶ）。

　そして、違反行為に係る取引について、卸売業・小売業に認定されるべき事業活動とそれ以外の事業活動の双方が行われている場合の業種認定に関し、裁判所は、「上記のとおり1つの算定率が用いられるべきであることからすれば、当該事業活動全体で、どの業種の事業活動の性格が強いかにより、業種の認定をせざるを得ないことになる。そうすると、実行期間における違反行為に係る取引において、過半を占めていたと認められる事業活動に基づいて業種を決定するのが相当である」としている（前掲ジェット燃料談合昭和シェル石油事件高裁判決。卸売行為による売上げが一部に含まれている場合であっても、全体として、卸売業に基づく事業活動が過半であると認定されない場合、課徴金算定率は、卸売業・小売業以外の業種についてのものが適用されるべきものとした）。

　なお、同一の事業者が複数の違反行為を行った場合については、それぞれの違反行為に係る取引について業種を認定することとなるし、また、業種認定は、違反行為者それぞれに行うことになるから、同一の違反行為であっても、複数の事業者が行った場合には、違反行為者ごとに業種認定は異なり得る[5]。

---

[5]　たとえば、■3．で紹介する防衛庁調達実施本部が発注する石油製品についての談合事件については、対象となった石油製品は5つあり、T社やJ社、S社等が違反行為者であったところ、このうち、S社は、5つのうち軽油についてのみ卸売業と認定されている。また、この軽油については、T社やJ社は、卸売業・小売業以外の業種が認定されている（S社については、東京高判平成24年5月25日審決集59巻(2)1頁）。

3．具体的な事例

前記2．(1)で述べたとおり、事業活動の内容が商品を第三者から購入して販売するものであっても、実質的にみて卸売業または小売業の機能に属しない他業種の事業活動を行っていると認められる特段の事情があるときは、当該他業種と同視できる事業を行っているものとして業種の認定を行うこととなる。

当該特段の事情の有無は、違反行為関連事業の実態に応じて異なるものである[6]ことから、以下では、これまでの事案において、どのような事実から結論を導いているかを紹介する。

(1) 金門製作所事件[7]

日本ガスメーター工業会石油ガスメーター部会は、家庭用マイコンメーターの最低販売価格を決定していたところ、K社は同部会の部会員であった。K社は、家庭用マイコンメーターの製造を自ら行っているものではないなどとして、卸売業の課徴金算定率が適用されるべきであるとして争ったものである。

公正取引委員会は、以下の①～④を挙げて、K社の本件家庭用マイコンメーターに関する事業活動は、自ら製造するものではないが製造業と同視し得るものというべきであるなどとして、課徴金算定率は原則の率が適用されると解するのが相当であると判断している。

① 蓄積された高度の研究開発技術に基づき、実際に製品計画・製品開発活動を主体的に行っていること
② 主要部品について自ら調達・支給する等、技術面も含めて関与していること
③ 需要動向に対応する生産計画にとどまらず、製造面での指示、承認等、

---

[6] このため、以下で紹介する事例において認められた事実関係がすべて妥当しないと特段の事情があるとは認められないというわけではないことは当然である。菅久・独禁法211頁〔品川武〕参照。
[7] 公取委課徴金の納付を命ずる審決平成11年7月8日審決集46巻3頁。

技術面も含めて製造工程に具体的に関与して、C社およびD社に製品を製造させ、製造業者の立場から継続的・組織的に技術的関与を行ってきたこと
④　実際に製造された対象商品の全量をC社から引き取り、自己の商標を使用する等して自己の製品として一手に販売しているものであって、自らを製造業者と位置づけ、かつ、取引先からもそのように認識されていること

(2)　ジェット燃料談合東燃ゼネラル石油事件

　T社は、防衛庁調達実施本部が発注する石油製品について、他の事業者と共同して、受注予定者を決定し、受注予定者が受注できるようにしていた。対象となった石油製品は5つあるところ、このうち航空タービン燃料について、T社は、E社において製造された商品を防衛庁調達実施本部に売却しているから、卸売業または小売業に該当する旨主張して争ったものである。

　本件については、裁判所は、T社のE社の事業に対する関与の実態に照らし、T社は、航空タービン燃料に係る事業活動の内容において、自らの一部門において製造事業を行っていたものであるとして、実質的にみて卸売業または小売業の機能に属しない他業種の事業活動を行っていると認められる特段の事情が存在するものと判断している。すなわち、以下の①〜③の事実を挙げ、E社における航空タービン燃料を含む石油製品の製造は、T社の原油の供給および製品の引取りと一体の過程として予定され、E社が製造してT社に供給する航空タービン燃料について、製品の数量、仕様、生産計画、販売価格の決定という製造事業の主要な意思決定にT社が主導的立場で関与していたもので、また、T社はE社の支配的な株主として同社に生じた利益が実質的に帰属する地位にあったから、E社が製造してT社に供給する航空タービン燃料については、E社は原告の一部門と同視できる地位にあったと判断されている。

①　T社はE社の株式の87.5％を保有し、残りは別の会社が保有しており、E社の代表権を有する2名の取締役のうち1名はT社から出向し、1名は当該別の会社の役職を兼務しており、代表権を有しない2名の取締役のうち、1名はT社の役職を兼務しており、1名はE社の出身であること

②　株主には、E社の施設の合理的な操業を可能にするために十分な製品を引き取る義務およびその製造に要する原油を供給する義務があり、また、株主に対する石油製品の販売によって全体として予定された一定額の利益額がE社に生じるように保証する義務があり、生産計画についてはE社と株主との間で協議することとされていたこと
③　T社は、②の仕組みの下で、E社から石油製品を購入し、原料となる原油をすべてT社から販売し、製品の仕様を指示し、生産計画の決定に関与し、精製された製品はすべて購入しており、E社への原油の販売価格は、最終的に製品を購入することを視野に入れて、産油国からの購入代金に輸送費および保険料を加えた金額にとどめ、原油の販売によって利益を得ておらず、間接経費の徴収もしなかったし、また、E社からT社への販売価格について、E社にはこれを独立して決定する権限はなかったこと

(3)　ジェット燃料談合JX日鉱日石エネルギー事件[8]

　J社も、前記(2)と同一の事件につき、F社において製造された商品を防衛庁調達実施本部に売却していたところ、J社とF社は各自独立した別個の法人であるなどとして、J社は卸売業に該当する旨主張して争ったものである。

　なお、J社は、N社が、同じく違反行為者であったM社およびJE社のほか、F社等を合併し、商号変更したものであり、争っているのはN社分についてであるところ、以下においては「N社」ではなく「J社」と呼んで解説する。

　本件については、公正取引委員会は、本件石油製品に関するJ社の事業活動には、本件石油製品を第三者から購入してこれを販売するという卸売業としての実態はなく、実質的にみて卸売業または小売業の機能に属しない他業種の事業活動を行っていたものと認められると判断している。すなわち、以下の①～④の事実を挙げ、J社とF社は、実質上同一の経済主体として、両社が策定した生産計画に従って両社が原油を調達し、当該原油調達から石油製品の生産までの過程をF社が担当し、その後の過程である販売をJ社が担当していたとの実態が認められるとして、前記判断を導いている。

----

[8]　公取委課徴金の納付を命ずる審決平成23年2月16日審決集57巻(1)440頁。

① F社の取締役の半数がJ社グループの関係者であり、F社の株主として、株式保有を通じて利益の配分を受ける関係にあったこと
② F社とJ社の両社の業務のうち共通する業務を一体的に行うための組織（合同部）である供給部において、J社グループのための原油の買い付けがなされ、当該原油がF社に供給されており、F社は当該原油からJ社に販売するための石油製品を製造してJ社に販売していること
③ F社の生産計画や設備投資計画についても、合同部である製造部および社長室においてJ社の販売計画等と整合するように策定されていること
④ F社からJ社への販売価格の決定方法をみても両者間において販売価格と原油調達コストの差額を折半して各社の利益とするという関係があること

(4) フジクラ事件[9]

FK社は、FJ社発注の特定自動車用ワイヤーハーネスおよび同関連製品について、他の事業者と共同して、受注予定者を決定し、受注予定者が受注できるようにしていたところ、対象商品をG社から購入し、FJ社に販売しており、実質的にみて小売業または卸売業の機能に属しない他業種の事業活動を行っていると認められる特段の事情はなく、卸売業の課徴金算定率を適用すべきであるとして争ったものである。

公正取引委員会は、以下の①〜③までの事実を挙げ、FK社の本件対象製品に関する事業活動の実態をみれば、FK社が自らおよび自らの一部門であるG社等の生産拠点において本件対象製品の製造事業を行っていたといえるとして、特段の事情が存在すると認めることができると判断した。
① FK社自らが、本件対象製品の製造に不可欠な開発・設計に関する事業活動を行っていたといえること
② 本件対象製品の製造および販売に関して、G社の独立性は認め難く、FK社の一部門ということができること
③ FK社がG社を含むFK社グループで製造する自動車用ワイヤーハー

---

[9] 公取委審判審決平成26年6月9日審決集未登載。

ネスおよび同関連製品に関して、FK社の自動車電装事業部長を統括責任者とする一元的な品質保証体制を構築していること

(5) エア・ウォーター事件[10]

EW社は、他社と共同して、特定エアセパレートガスの販売価格を引き上げる合意をしていたところ、H社が製造しEW社が購入して販売するものについて、特段の事情がないとして争ったものである。

この事案は、公正取引委員会は、特段の事情がないとするEW社の主張を退けたが、裁判所は、特段の事情がないとして公正取引委員会の審決を取り消した事案であり、若干詳しく紹介する。

ア 公正取引委員会の判断

(ア) 公正取引委員会は、以下のようなEW社のH社に関する事業活動の実態に照らせば、H社を単なる仕入先とみるのは相当でなく、特段の事情があると認めることができると判断した。

① H社の設立と同社における特定エアセパレートガスの製造は、EW社がそのほとんどを引き取ることを前提としたものであり、H社の共同出資者であるI社以外の者が引き取ることは予定されておらず、実際に、EW社は、H社で製造された特定エアセパレートガスのほとんどを引き取ることにより冷熱利用によるコスト低減メリットを継続的に享受していたこと

② 出資割合に応じて取締役を出向させたり、技術提供のために従業員を出向させたりすることなどにより、H社の運営や同社での特定エアセパレートガスの製造に相当程度関与していたこと

(イ) EW社は、業種認定においては利益構造が重要な要素であり、これを基準に判断されるべきであるところ、本件においてEW社は、H社の事業に係る利益の半分以下しか得ておらず、第三者の製造に係る利益を自らの利益と同視し得る程度に得ていたとはいえないから、EW社に特段の事情は認められないと主張していた。

---

[10] 東京高判平成26年9月26日審決集未登載。

これに対し、公正取引委員会は、①EW社はH社の45％の議決権を保有するとともに、②H社における費用等の情報開示がEW社やI社に対して行われ、かつ、H社が製造する特定エアセパレートガスの販売価格は、H社の費用とH社が当該年度に期待する経常利益の合計を基に、EW社、I社およびH社の間の協議により決定されており、また、③EW社およびI社によるH社からの特定エアセパレートガスの引取数量は3社間の合弁契約書等においてEW社が総量を引き取る旨が決められており、現実にも、H社が製造する特定エアセパレートガスのほぼ全量をEW社が引き取っていたことを挙げた。

　そして、これらの事実を踏まえれば、H社は実質的に販売活動の自由を有しておらず、同社を独立の事業主体とみることは困難であり、特定エアセパレートガスの製造販売分野における事業活動についてEW社の強い関与が認められるとした。

　そして、④EW社が得ていた利益は、電力のみを使用する場合に比べて液化天然ガスの冷熱の利用により低減したコスト相当額を含むものであり、この低減したコスト相当額はH社が製造する特定エアセパレートガスの販売価格の低減として反映されているところ、EW社は、H社が製造する特定エアセパレートガスのほぼすべてを引き取ることにより、販売価格低減による利益のほぼすべてを享受しており、また、⑤H社は、EW社およびI社による製品価格決定等の関与により、その利益が抑えられ、液化天然ガスの冷熱の利用によって見込まれる、本来、製造業者として期待される利益を自らの意思に基づき獲得できない立場に置かれていたとした。

　その上で、特定エアセパレートガスの製造販売についてみれば、EW社はH社と実質的に一体となって事業を行っていたものと認められ、また、EW社とH社との間の特定エアセパレートガスの取引においてEW社が得ていた利益は、H社を自己の製造部門の1つとして位置づけた場合に近く、卸売業で得る利益にとどまらないものといえることから、本件でいう特段の事情の存在は十分認定することができると判断した。

イ　裁判所の判断

　㋐　これに対し、裁判所は、出資者の出資先会社の事業活動への関与の

程度ないし出資先会社の事業との一体性は、出資比率のみで定まるものではなく、また、過半を超える出資比率を有していなければ支配的ないし主導的な立場での関与を認めることができないわけではないとしつつも、I社がH社の議決権の過半数を有し、H社の役員の過半数を確保しており、株主としてのH社に対する支配権という観点からみた場合、また、取締役会における支配構成という観点からみた場合に、H社の事業活動に主導的な役割で関与している者としてI社が存在している以上、EW社がH社に対して支配的な立場を有しているとか、主導的な役割で関与していると認めることは困難であるとした。

　(イ)　公正取引委員会が挙げている持株比率や役員構成以外の事実についても裁判所は検討しているところ、たとえば、前記ア(イ)の③については、卸売業者が特定の製造業者からその製造する商品の大多数を引き取ることができる立場にあるという関係自体は、通常の大口顧客と製造業者との関係、あるいは出資者でもある卸売業者と出資先の製造業者との関係と何ら異なるものではなく、そのこと自体から、直ちに特段の事情を導くことはできないとしている。

　また、前記ア(イ)の②については、EW社は、H社の販売価格等について一定の影響力を行使できた可能性があるということはできるが、こういった関係は、I社においても同様である上、販売価格等についての協議においても、その主導権を握りやすい立場にあるのは、EW社ではなくI社等であるなどとして、I社の存在や利益構造を考え合わせると、H社が、EW社との関係において、実質的に事業活動の自由を有していないとか、H社製造分につきEW社の得ていた利益が、H社を自己の製造部門の1つとして位置づけた場合に近いなどと認めることはできないと判断している。

　(ウ)　その上で、裁判所は、本件に関しては、EW社がH社の運営やH社における特定エアセパレートガスの製造に相当程度関与していると認めることはできるものの、それを超えて、EW社がH社と実質的に一体となって事業を行っていたとか、EW社が、H社製造分につき、自社で特定エアセパレートガスを製造しているのと同様の実態があったとか、それに近い利益を得ていたとか、これらに近い実態にあったなどと認めることはできず、特段の事情を認定することはできないと結論している。

ウ　まとめ

　このように、本件は、業種認定に関する特段の事情の有無の判断において、利益構造のみならず、製造面での関与や製品の引取り等の業務内容、仕入先の事業者としての実質的な独立性その他の要素を考慮し、事業活動の実態を総合的に判断するとの従来の判断枠組みと整合的なものであるが、議決権割合や出向取締役数において、違反行為者を上回る者が存在したゆえに、公正取引委員会と裁判所とで判断が分かれた事案と考えられる。

　なお、裁判所も公正取引委員会も、事業活動の実態を総合的に判断するとの立場と考えられることから、議決権割合や出向取締役数において違反行為者を上回る者が存在した場合には必ず特段の事情を認定できないなどとしているものではないことは当然であると考えられる。

　この裁判所の判断については、たとえば、全量買取りの権利を確保するEW社が製造のメリットを得ているというのは通常の大口顧客や出資者である卸業者と製造業者間の関係と異ならない旨の裁判所の指摘に対し、このような大口顧客等の取引先であってもその変更の可能性がある場合と、本件のように当初からEW社が全量買取りの権利を確保することを前提に合弁会社が設立された場合を同一視するのは無理があるなどとする意見もみられる[11]。

4．役務について小売業に当たると主張された事例

　違反行為の対象が役務であった場合、商品を買い入れてそのまま販売する小売業や卸売業とは異なる業種であり、基本の算定率である10％が適用される。

　この点、フォワーダー価格カルテル事件（東京高判平成24年11月9日審決集59巻(2)54頁）においては、その実質が小売業に当たるとして算定率が争われている。同事件は、国際航空貨物利用運送業務の運賃等について、燃油サーチャージ等本件4料金について荷主に新たな負担を求める合意を行ったとい

---

11)　森平明彦「本件判批」ジュリ1476号（2015）88頁。

うものであるが、U社らは、自ら国際航空運送役務を創造するものではなく、航空会社が創造する運送役務を購入して需要者に提供し、マージンを得ているにすぎないから、その実質が小売業に当たると主張した。

裁判所は、本件業務の内容は、荷主からの集荷、計量・ラベル貼付等、輸出通関手続、混載貨物の仕立て、航空会社への引渡し、航空機への搭載、航空機による運送、仕向地の空港への到着後の航空機からの取下ろし、混載貨物の仕分け、輸入通関手続および荷受人までの配送等々が含まれるのだから、運輸業に分類されるものと解するのが相当であり、このような業務が、商品を仕入れて、これをさらに販売する小売業や卸売業に当たるものといえないことは明らかであると判断している。

5．特段の事情の判断枠組み（小括）

裁判所も公正取引委員会も、業種認定に関する「特段の事情」の有無については、仕入先への出資比率・役員構成、運営への関与、出向者数、技術・設備の供与、利益構造、製造面での関与や製品の引取り等の業務内容、仕入先の事業者としての実質的な独立性その他の要素を考慮し、事業活動の実態を総合的に判断する判断枠組みを採用していると考えられるが、具体的当てはめについては、今後、さらに事案が蓄積される中で、明らかになっていくと思われる。

2 設問に対する回答

前記**1**を踏まえ、冒頭の設問に戻ると、回答は次のとおりとなる。

まず、X社は、対象商品のすべてをA社に製造を委託し、A社から購入して発注者に納入していることから、X社に対する課徴金算定率は、このA社に製造委託の上購入して販売しているというX社の事業活動が卸売業・小売業に該当するか、それ以外に該当するかをみていくことになる。

X社は、対象商品について、自ら入札価格を検討の上定め、受注後には、自社の技術者をA社に派遣して、当該技術者が作成した図面に従って製造して

いたのであるから、X社が本件対象製品の製造に不可欠な開発・設計に関する事業活動を行っていたものと考えられる。また、X社はA社の支配的な株主として、本件対象製品の製造等の事業に関する意思決定に主導的立場で関与し得、A社に生じた利益が実質的に帰属する地位にあった。さらに、A社はX社から委託を受けた製品に関しては、その要求する品質を確保すべきとされており、X社から派遣された技術者が作成した図面に従って製造し、さらに、A社がX社に販売する価格は、発注者からX社に対する発注金額を前提に、あらかじめ定めておいた仕切率を乗じた額とされていたということから、本件対象製品の製造および販売に関して、A社の独立性は認め難く、X社の一部門ということができるものと考えられる。

A社の株主にはX社以外にB社が存在するが、B社がA社にとって重要な取引先である大企業であったとしても、X社がA社の九割以上の株式を保有する支配的な株主であり、A社の意思決定に主導的立場で関与し得るとともに、A社に生じた利益が実質的に帰属する地位にあったといえることは明らかであると考えられる。

したがって、設問の事例では、本件対象商品に係る取引について特段の事情があると認められることから、X社に対する課徴金の計算に当たっては、X社が卸売業および小売業以外の業種に係る事業活動を行っているものとして、独占禁止法に規定される加減算の規定に該当する事実がない限り、10％の算定率が適用されることとなる。

〔たなか　くみこ〕

第12章

課徴金減免申請

設問

　次の設例において、A事件について課徴金の減免に係る報告及び資料の提出に関する規則（本設問において「規則」という）様式第1号による報告書（以下「様式1号報告書」という）または様式第3号による報告書（以下「様式3号報告書」という）を公正取引委員会に提出したのは、X_1、X_2、X_3、X_4、X_5、X_{41}、X_{51}の7事業者のみであった。これら7事業者に対して、課徴金減免制度はどのように適用されるか。

　公正取引委員会は、A事件について、4月1日㈪～3日㈬の3日間、事業者X_1～X_{50}の各事業所（計50カ所）に、次のとおり、独占禁止法47条1項4号の規定による立入検査を行った。

　　4月1日㈪にX_1～X_{20}の事業所20カ所
　　同月2日㈫にX_{21}～X_{40}の事業所20カ所
　　同月3日㈬にX_{41}～X_{50}の事業所10カ所

① X_1は、立入検査に先立つ1月4日㈮に規則1条1項に基づき、様式1号報告書を公正取引委員会に提出した。その後、X_1は、規則3条1項に基づき、規則2条により公正取引委員会が定めた提出期限（遅くとも3月29日㈮より前）までに、規則様式第2号による報告書（以下「様式2号報告書」という）および資料を公正取引委員会に提出した。

② X_2は、1月11日㈮、規則1条1項に基づき、様式1号報告書を公正取引委員会に提出した。その後、X_2は、規則3条1項に基づき、規則2条により公正取引委員会が定めた提出期限（遅くとも3月29日㈮より前）までに、様式2号報告書および資料を公正取引委員会に提出した。

③ X_3は、2月1日㈮、規則1条1項に基づき、様式1号報告書を公正取引委員会に提出した。その後、X_3は、規則3条1項に基づき、規則2条により公正取引委員会が定めた提出期限（遅くとも3月29日㈮より前）までに、様式2号報告書および資料を公正取引委員会に提出した。その後、公正取引委員会がX_3に対し課徴金納付命令を行うまでの間に、X_3が、独占禁止法7条の2第17項3号に該当する行為（失格事由に該当する行為）を行っていた事実が認められた。

④ X_4は、2月15日㈮、規則1条1項に基づき、様式1号報告書を公正取引委員会に提出した。その後、X_4は、規則3条1項に基づき、規則2条により公正取引委員会が定めた提出期限（遅くとも3月29日㈮より前）までに、様式2号報告書および資料を公正取引委員会に提出した。

⑤ X_5は、自らが立入検査を受けた4月1日㈪、規則4条1項に基づき、様式3号報告書を公正取引委員会に提出し、その後、規則5条に規定する期日より前の同月19日㈮までに、公正取引委員会が把握していなかった事実を内容に含むX_5の従業員の陳述書など、必要な資料をすべて提出した。

⑥ X_{41}は、同業者が立入検査を受けたとの報道に接し、まだ自らが立入検査を受けていない4月1日㈪深夜、様式1号報告書を公正取引委員会に提出し、翌2日㈫未明、様式2号報告書および資料を公正取引委員会に提出した。その後、X_{41}が、様式3号報告書および資料を公正取引委員会に提出することはなかった。

⑦ 調査の進捗の結果、公正取引委員会は、X_1の子会社であるX_{51}についても、A事件の違反行為者となる可能性があることを把握した。
公正取引委員会は、5月31日㈮、X_{51}の事業所を立入検査した。
X_{51}は、6月3日㈪、様式3号報告書を公正取引委員会に提出した。

⑧ X_1～X_4は、いずれも、様式1号報告書を提出した日に、取締役会を開催して、今後違反行為には関与しないことを決議するとともに、代表取締役から違反行為に関与していた従業員に対し、直接または当該従業員の上司である役員を通じて、取締役会決議の内容を伝え、違反行為に関与しないよう指示した。

⑨ X_5～X_{51}は、公正取引委員会が4月1日㈪に立入検査を行った後に、取

締役会等で違反行為を取りやめることを決議した。

⑩　公正取引委員会は、調査の結果、X_2〜X_{51}の50事業者による不当な取引制限を認定した。X_1は、違反行為者とは認められなかった。公正取引委員会は、独占禁止法7条の2第1項の規定に基づき、各社に対し課徴金納付命令を行った。なお、X_2の同項に規定する「当該商品又は役務の政令で定める方法により算定した売上額」は、100万円であった。

＊　様式1号報告書、様式2号報告書および様式3号報告書の各様式は、本章末尾に掲載。なお、各様式の記載上の注意事項については、公正取引委員会HP（http://www.jftc.go.jp/dk/seido/genmen/genmen.html）掲載の各様式を参照されたい。

1 はじめに

　課徴金減免制度は、カルテル・入札談合等の特定の独占禁止法違反行為について、違反行為者（事業者）が公正取引委員会に自ら申し出た場合に、その順位等に応じて、課徴金を免除または減額する制度である。

　課徴金減免制度に基づく課徴金の減免の要件等については、独占禁止法7条の2（以下「法7条の2」という）10項〜18項に定められている。また、公正取引委員会への報告および資料の提出の手続等については、課徴金の減免に係る報告及び資料の提出に関する規則（平成17年公正取引委員会規則第7号。以下「規則」という）に定められている。このほか、合併や事業譲渡等が行われた場合の課徴金減免申請の取扱いについては、独占禁止法施行令13条および14条に定められている。

　課徴金減免制度は、平成17年の独占禁止法改正[1]により導入された。その後、平成21年の独占禁止法改正[2]により、適用対象事業者数の増加、同一企業グループに属する事業者による共同の申請の導入等の制度の見直しが行われた。

　わが国の課徴金減免制度と同様に、当局に自らの違反行為を報告するとと

---

1) 平成17年法律第35号による改正。平成18年1月4日施行。
2) 平成21年法律第51号による改正。平成22年1月1日施行。

もに当局の調査に協力した事業者等に対し、措置を免除または軽減する制度は、すでに世界各国・地域の競争法制に組み込まれており、競争法違反行為の摘発に効果を上げている。

本章では、課徴金減免制度の概要を紹介するとともに、設問を素材に、適用に係るいくつかの論点について解説することとしたい。

なお、本章中、意見にわたる部分については、執筆者の個人的見解であり、執筆者の所属する組織の見解ではないことをお断りしておく。

2 課徴金減免制度の概要等

1．制度の趣旨・目的

課徴金減免制度の趣旨については、フジクラ事件（公取委審判審決平成23年12月15日審決集58巻(1)153頁）において、「カルテル等の違反行為が密室で行われる行為であり、その発見及び解明が困難であることから、事業者に対し違反行為から離脱して公正取引委員会に違反行為を自発的に報告する誘因（インセンティブ）を与えることにより、違反行為の摘発や真相究明を容易にするとともに、カルテル等の崩壊を促進させ、違反行為を防止することにあるものと解される」とされている。

また、愛知電線事件（東京高判平成25年12月20日審決集60巻(2)108頁）においては、「課徴金減免制度は、……公正取引委員会の調査に全面的に協力して報告等を行った違反事業者に対し、その報告等の順番に応じて機械的に課徴金の減免を認めることにより、密室で行われて発見、解明が困難なカルテル、入札談合等の取引制限行為の摘発や事案の真相究明、違法状態の解消及び違反行為の防止を図るという趣旨に出たものである」とされている。

いずれにしても、課徴金減免制度は、「限定された者に対してのみ課徴金減免の恩恵を与える仕組みとすることにより、全ての違反行為者に対し、いち早く公正取引委員会に情報を提供しなければならないというインセンティブを高めようとするものであり、その結果として、違反行為の摘発や真相究明、

既存のカルテル等の崩壊や違反行為の防止という目的を図ろうとするもの」（前掲フジクラ事件）である。すなわち、課徴金減免制度は、公正取引委員会に対し自ら違反行為に係る報告および資料の提出を行ったという事業者の情状を考慮して課徴金を減免する制度ではなく、また、事業者に対して課徴金の減免を公正取引委員会に請求する権利を与える制度でもない。

2．制度の概要[3]

(1) 制度の対象となる違反行為

課徴金減免制度に基づく課徴金の減免が行われるのは、法7条の2第1項が適用される場合（独占禁止法8条の3の規定により読み替えて準用する場合を含む）である。

したがって、次の①または②の独占禁止法違反行為が課徴金減免制度の対象となる。なお、②の場合、課徴金を納付すべき事業者（課徴金減免制度の適用を受ける事業者でもある）は、違反行為主体である事業者団体の構成事業者となる。

① 事業者がした不当な取引制限（定義規定：独占禁止法2条6項、禁止規定：同法3条）または不当な取引制限に該当する事項を内容とする国際的協定もしくは国際的契約であって、法7条の2第1項各号のいずれかに該当するもの

② 事業者団体がした独占禁止法8条1号該当行為（不当な取引制限に相当する行為をする場合に限る）または同条2号該当行為（不当な取引制限に該当する事項を内容とする国際的協定または国際的契約をする場合に限る）

事業者が単独で行い得る違反行為、例えば、私的独占や不公正な取引方法の場合、通常、違反行為者には、他の事業者よりも先に公正取引委員会に報告するインセンティブは生じない。課徴金減免制度の対象となる違反行為は、違反が認定された場合に課徴金を納付すべき事業者が通常複数となる行為類型である。

---

[3] 課徴金減免制度の詳細については、品川武＝岩成博夫『独占禁止法における課徴金減免制度』（公正取引協会、2010）を参照されたい。

(2) 順位と減免率

ア　調査開始日前の最初の申請者（法7条の2第10項）

　公正取引委員会の調査開始日（当該事件について独占禁止法47条1項4号に規定する立入検査または同法102条1項に規定する臨検、捜索もしくは差押えが最初に行われた日）の前日までに、単独で、当該事件の違反行為者のうち最初に公正取引委員会にその違反行為に係る事実の報告と資料の提出を行った者は、課徴金が全額免除される。

イ　調査開始日前の2番目の申請者（法7条の2第11項1号）

　公正取引委員会の調査開始日の前日までに、単独で、当該事件の違反行為者のうち2番目に公正取引委員会にその違反行為に係る事実の報告と資料の提出を行った者は、課徴金の50％が減額される。

ウ　調査開始日前の3番目の申請者（法7条の2第11項2号）

　公正取引委員会の調査開始日の前日までに、単独で、当該事件の違反行為者のうち3番目に公正取引委員会にその違反行為に係る事実の報告と資料の提出を行った者は、課徴金の30％が減額される。

エ　調査開始日前の4番目および5番目の申請者（法7条の2第11項3号）

　公正取引委員会の調査開始日の前日までに、単独で、当該事件の違反行為者のうち4番目または5番目に公正取引委員会にその違反行為に係る事実の報告と資料の提出を行った者は、課徴金の30％が減額される。ただし、すでに公正取引委員会によって把握されている事実以外の事実を報告する必要がある。

オ　調査開始日以後の申請者（法7条の2第12項）

　公正取引委員会の調査開始日以後、調査開始日から起算して20日（行政機関の休日に関する法律1条1項各号に掲げる日の日数は算入しない）を経過した日までに、単独で、公正取引委員会がその時点で把握している事実に係るも

の以外の事実の報告と資料の提出を行った者は、課徴金の30％が減額される。

なお、この調査開始日以後の減額を受けられるのは、調査開始日前および調査開始日以後の申請者の合計が5者以下であり、かつ、調査開始日以後の申請者の合計が3者以下である場合となる。

すなわち、課徴金減免制度に基づき課徴金の減免を受けることができるのは、1つの事件で最大5者となる。また、調査開始日以後の申請者で課徴金減免制度に基づき課徴金の減額を受けることができるのは、調査開始日前の申請者の数にかかわらず、1つの事件で最大3者となる。

また、調査開始日前の申請者については、調査開始日の前日までに、かつ、規則2条に定める提出期限までに様式2号報告書および資料を提出した者が複数存在する場合、それらの者の順位は様式1号報告書の提出の先後により決定される（規則7条1項）。調査開始日以後の申請者については、提出期限までに様式3号報告書および資料を提出した者が複数存在する場合、それらの者の順位は様式3号報告書の提出の先後により決定される（同条2項）。

(3) 当該違反行為に係る報告および資料の提出

法7条の2第10項1号・11項1号〜3号・12項1号の「当該違反行為に係る事実の報告及び資料の提出」とは、違反行為に関与した個人が知っていた情報も含め、違反行為者であれば知り得る情報の提出であると考えられる。このため、事業者は、違反行為に関与した個人からの聴取や、関連するすべての文書や記録の収集・精査など、可能な限り包括的で実効性のある内部調査を行い、これに基づいて報告および資料の提出を行うことが求められると考えられる。

したがって、違反事業者が、違反事実の全体像に係る包括的情報を把握していながら、故意にその提供を控え、一部の部分的な情報しか公正取引委員会に提供しないという行動をとる場合には、当該課徴金減免申請が、法の求める「当該違反行為に係る報告及び資料の提出」に当たらないとされるリスクがあると考えられる。

(4) 違反行為の不継続に係る要件

法7条の2第10項2号および同条11項4号は、調査開始日前の申請に係

る課徴金の減免の要件の1つとして、「当該違反行為に係る事件についての調査開始日以後において、当該違反行為をしていた者でないこと」を定めている。

また、法7条の2第12項2号は、調査開始日以後の申請に係る課徴金の減免の要件の1つとして、「前号の報告〔筆者注：様式3号報告書による報告〕及び資料の提出を行つた日以後において当該違反行為をしていた者以外の者」であることを定めている。

このように、「違反行為を行っていないこと」を課徴金の減免の要件としているのは、課徴金を減免されながら、一方では違反行為を継続して不当な利得を得続けることを認めるのは不適当であるとの考え方によるものである。

この点、調査開始日以後の申請については、独占禁止法47条1項4号の規定による立入検査が行われるなど、公正取引委員会が調査を開始すると、通常、違反行為の継続が困難となるため、様式3号報告書による報告および資料の提出が行われる時点では、すでに、合意が破棄されていたり、合意が消滅していたり、違反行為が行われなくなっていたりすることが多い。

他方、調査開始日前の申請については、申請時点ではなく、調査開始日以後において違反行為をしていないことを要件としている。これは、申請日時点において必ず違反行為をしていないことを要件とした場合、それまで継続的に違反行為に関与してきた事業者がある日突然それをしなくなるという不自然さなどから、課徴金減免申請が行われたことを他の違反事業者が察知し、証拠の隠滅、口裏合わせ等が行われ、真相の解明が困難になるおそれがあるためである。

調査開始日前に課徴金減免申請をした者であっても、不当な取引制限から離脱したと認められない限り、その対象となる取引をすれば、課徴金が免除される事業者は格別、課徴金額が増える場合や、早期離脱による課徴金算定率の軽減が受けられなくなる場合もあり得る[4]。このため、どのような要件

---

[4] 独占禁止法7条の2第6項は、公正取引委員会の調査開始日の1か月前までに不当な取引制限等の違反行為をやめた者であって、当該違反行為に係る実行期間が2年未満であり、かつ、同条7項から9項までの適用を受ける者でない場合、課徴金の算定率を2割減じることを定めている。課徴金減免申請をしたことによる不当な取引制限からの離脱が認められなかった場合、結果として、独占禁止法7条の2第6項の要件を満たさなくなる場合もあり得る。

で不当な取引制限から離脱したと認められるかが問題となる。

不当な取引制限からの離脱については、入札談合事件に関して、「本件のように受注調整を行う合意から離脱したことが認められるためには、離脱者が離脱の意思を参加者に対し明示的に伝達することまでは要しないが、離脱者が自らの内心において離脱を決意したにとどまるだけでは足りず、少なくとも離脱者の行動等から他の参加者が離脱者の離脱の事実を窺い知るに十分な事情の存在が必要であるというべきである」と判示されている（岡崎管工事件（東京高判平成15年3月7日審決集49巻624頁））。

これに対し、調査開始日前に課徴金減免申請を行った事業者について、他の違反行為者から離脱の意思を窺い知り得る明白な事情が必ずしも存在しなかったにもかかわらず違反行為からの離脱を認めたとみられる事案が存在する（ワイヤーハーネス受注調整事件（公取委排除措置命令平成24年1月19日審決集58巻(1)266頁）、自動車ランプ受注調整事件（公取委排除措置命令平成25年3月22日審決集59巻(1)262頁、270頁、274頁および278頁）、鋼球価格カルテル事件（公取委排除措置命令平成26年9月9日審決集61巻136頁））。

課徴金減免申請を行えばその行為について公正取引委員会の調査が開始され、行政処分等が行われることが見込まれる状況において、事業者が課徴金減免申請後も違反行為を継続させることは通常は考えにくいと思われる。前出の事案では、現在も継続している違反行為について自らその事実を公正取引委員会にその調査開始日前に報告し、違反行為を行っていた担当者にもその違反行為を行わないよう指示しているという事実が認められたところ、当該事実を、課徴金減免申請者が違反行為を継続することを困難にさせるものと推認させる事実として評価したものであると考えられる。一般的には、他の違反行為者から離脱の意思を窺い知ることができる事情がない場合に、社内での違反行為の取りやめの指示等を行ったことのみをもって違反行為からの離脱が認められるものではないと考えられる。

(5) **事業者単独での申請と共同申請**

課徴金減免制度が、「限定された者に対してのみ課徴金減免の恩恵を与える仕組みとすることにより、全ての違反行為者に対し、いち早く公正取引委員会に情報を提供しなければならないというインセンティブを高めようとす

るもの」(前掲フジクラ事件) である以上、複数の事業者による共同の申請を許容する制度設計は、本来、あり得ない。

それゆえ、法7条の2第10項1号・11項1号～3号・12項1号には、課徴金の減免を受ける要件の1つとして、事業者が「単独で」報告および資料の提出を行うことを定めている。

しかしながら、同一企業グループに属している複数の事業者が同一の違反行為に関与している場合には、これらの事業者から得られる情報は似通ったものになるにもかかわらず、課徴金の減免を受けられる事業者の枠がこれらの事業者によって埋まってしまうおそれがある。

また、同一企業グループの事業者同士で役割分担をして違反行為に関与している場合、グループ内で申請の順位を決めて申請することになるが、どの事業者が違反行為者と認定されるか、また課徴金納付命令の受命者となるかを申請段階で確実に判断することは申請者にとって困難であり、申請のインセンティブが削がれるおそれがある。

このため、同一企業グループに属する事業者であれば、共同で課徴金減免申請を行うことが認められている (法7条の2第13項)[5]。順位については、共同して申請を行った事業者を一事業者としてカウントする。

3．手続[6]

調査開始日前の申請に係る手続の流れは図表12-1、調査開始日以後の申請に係る手続の流れは図表12-2のとおりである。

(1) 課徴金減免の基準となる違反行為

公正取引委員会が独占禁止法違反被疑事件の調査を行う場合、調査開始時点で想定していた被疑事実と、証拠に基づき最終的に認定した違反行為との間で、対象商品・役務や地域の範囲等について差異が生ずることもあり得る。

---

[5] 共同の申請が認められる要件の詳細については、品川＝岩成・前掲注3) 27頁～34頁を参照されたい。

[6] 課徴金減免申請の手続の詳細については、品川＝岩成・前掲注3) 39頁～116頁を参照されたい。

〔図表 12-1〕 調査開始日前の申請に係る手続の流れ

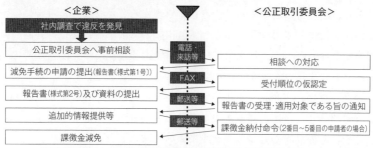

※調査開始日前の1番目の申請者及び申請事業者と同様に評価できる当該事業者の役員・従業員等については、刑事告発を行わない方針です(追加報告の求めに応じない場合等を除きます。)。

〔出所〕公正取引委員会 HP (http://www.jftc.go.jp/dk/seido/genmen/genmen.html)

〔図表 12-2〕 調査開始日以後の申請に係る手続の流れ

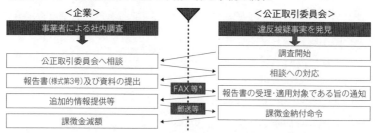

※報告書の提出は FAX に限ります。資料の提出は郵便等で差し支えありません。

〔出所〕公正取引委員会 HP (http://www.jftc.go.jp/dk/seido/genmen/genmen.html)

　公正取引委員会が調査開始前等に認知した被疑事実は、必ずしも十分な証拠に基づくものとは限らないため、これに基づいて課徴金の算定基礎の範囲が決まるものではない。課徴金の算定基礎の範囲は、事件処理時において、公正取引委員会が証拠によって認定した違反行為を基準として、決定される。課徴金の減免の要否が問題となるのは、証拠によって認定した個々の違反行為ごとに、違反行為を行った事業者に納付を命ずべき課徴金の額を算定する時点であり、したがって、課徴金の減免の検討については、当該違反行為の処理時において認定された違反行為を基準に行われるべきであると考えられる。

　したがって、たとえば、ａという商品についての価格カルテルを被疑事実として調査を開始したところ、違反被疑行為者は、ａのほか、商品ｂ、ｃお

よびdを含むAという商品について価格カルテルを行っていたことが証拠上認められ、商品Aの価格カルテルとして処理することとなった場合には、課徴金の減免についての検討、すなわち、申請の事前事後、順位の判断、期限内の申請であるか否か、違反事実に係る事実の報告があったか否か等の検討は、商品Aの価格カルテルについて行われることとなる。

このような場合、商品aの価格カルテルを被疑事実として公正取引委員会が調査を開始した後に、調査対象となった事業者が、商品aのほかb、cおよびdを含む商品Aの価格カルテルについて報告したとしても、商品Aの一部であるaの価格カルテルについて調査開始後である以上、商品Aについては調査開始日前の課徴金減免申請とは認められないことになると考えられる。

逆に、調査開始時点では、商品Aの価格カルテルを被疑事実としていたところ、証拠に照らして、商品a、b、cおよびdそれぞれについての価格カルテルとして処理することが実態に即して適当であると判断された場合には、課徴金の減免についての検討は、これら4件の違反行為それぞれについて行われることとなる。したがって、商品a、b、cおよびdを含む商品Aについて報告をしていた者は、4件について課徴金の減免を検討されることとなり、商品aのみについて課徴金減免申請した者は、商品aのみについて課徴金の減免を検討されることとなる。

(2) 順位の繰上り

前記2．(2)オのとおり、調査開始日前の課徴金減免申請の順位は、様式1号報告書の提出の先後により定められる（規則7条1項）。また、調査開始日以後の課徴金減免申請の順位は、様式3号報告書の提出の先後により定められる（同条2項）。

この順位を有する申請者が、何らかの理由で課徴金減免制度の適用を受けないこととなった場合に、当該申請者よりも下位の申請者の順位が繰り上がるケースと繰り上がらないケースとがある。

繰り上がるケースとしては、
① 当該申請者が違反行為者でなかった場合
② 当該申請者が適法に申請していなかった場合

が挙げられる。

法7条の2第10項1号・11項1号～3号・12項本文では、いずれも「当該違反行為をした事業者のうち」と定められており、違反行為者のうち何番目に事実の報告および資料の提出を行ったかによって、最終的な順位が定まることになる。したがって、調査の結果、違反行為者と認定されなかった申請者については、カウントされない。

　また、申請が独占禁止法または規則の規定に即していない場合は、当該申請は無効なものとなるため、カウントされない。たとえば、規則8条に反して、課徴金減免申請の事実を正当な理由なく同業他社に開示したような場合は、当該申請者の申請は適法な申請と認められない。すなわち、当該申請者は、「公正取引委員会規則で定めるところにより、……当該違反行為に係る事実の報告及び資料の提出を行つた者」には当たらないため、カウントの対象から除かれる。

　繰り上がらないケースとしては、
① 法7条の2第17項1号～3号のいずれかに該当して課徴金の減免を受ける資格を失った場合
② 算定された課徴金の額が100万円未満であるため、法7条の2第1項ただし書により、課徴金の納付を命じられない場合
③ 課徴金の納付を命じる時点において、同一事件について当該事業者を罰金に処する確定裁判がある場合に、算定された課徴金の額から当該罰金額の2分の1に相当する額を控除した後の額が100万円未満であるため、法7条の2第19項ただし書および20項により、課徴金の納付を命じられない場合
④ 違反行為の実行としての事業活動がなくなった日から5年を経過したため、法7条の2第27項により課徴金の納付を命じられない場合

が挙げられる。いずれも、申請者が違反行為者であり、適法に申請していることが前提となる。

　このうち、④の場合に繰り上がりが生じるか否かが問題となった事例として、前掲フジクラ事件がある。

　被審人F社（以下「被審人」という）は、特定光ファイバケーブル製品および特定FASコネクタに係る違反行為（以下「本件各違反行為」という）について、公正取引委員会による調査開始日（平成21年6月2日）以後、公正取引委

員会に対し、本件各違反行為に係る事実の報告および資料の提出を行った。しかし、本件各違反行為について、被審人に先立って課徴金減免申請を行ったと認定された事業者が合計3社あった。平成21年の独占禁止法改正前においては、課徴金の減免を受けられる事業者は計3社までとされていたため、被審人に対しては課徴金の減額は行われなかった。

　被審人に先立って課徴金減免申請を行ったとされた3社の中にはH社が含まれていたところ、H社は、平成18年4月1日以降、光ファイバケーブル製品の販売事業およびFASコネクタの製造業を営んでおらず、本件各違反行為を行っていなかった。平成21年の独占禁止法改正前においては、違反行為の実行としての事業活動がなくなってから3年を経過した場合には、公正取引委員会は課徴金の納付を命ずることができないとされていたため、除斥期間が経過したH社は、本件各違反行為について、違反行為者と認定されたものの、課徴金納付命令の対象とはならなかった。

　被審人の主張は大要次のとおりである。除斥期間が経過した状態にある事業者については、(i)課徴金を課されるという経済的制裁の脅威からすでに解放されているため、課徴金減免制度のインセンティブ効果が働く余地はまったくなく、(ii)事件処理について有益な情報・資料を保有している可能性が類型的に低いため、事案究明に向けた寄与として期待できる度合いが低く、(iii)すでに違反行為を終了しているのであるから、違反行為からの自発的離脱の慫慂の効果が生じる余地はない。このような者を課徴金減免制度の適用対象者を確定するための申請順位の判定の際に考慮すると、課徴金減免制度の趣旨が没却されることになる。したがって、申請順位は、課徴金を課されるべき可能性のある事業者のみを判定すべきである。そうすると、H社は、被審人の先順位申請者には含まれず、本件各違反行為についてのF社の先順位申請者はいずれも2となることから、被審人に対する課徴金を30％減額すべきである。

　これに対し、審決は、条文解釈上、元来課徴金納付命令の対象とならない事業者であっても先順位申請者に含まれるものと解されるとした上で、課徴金減免制度の趣旨との関係について、次のとおりとした。

「被審人は、除斥期間の経過により課徴金を課される可能性がなくなった事業者には、公正取引委員会に対し課徴金減免申請をするインセンティブが

なく、課徴金減免制度の趣旨が当てはまらない旨主張する。しかし、課徴金納付義務の有無は、公正取引委員会による必要な調査を経て、除斥期間の経過の有無のみならず、対象商品又は役務の売上額（独占禁止法第7条の2第1項本文）の存否、同項ただし書の該当性の有無等が認定されて初めて確定し得るものである。したがって、課徴金減免申請の時点においては、当該申請者が自らに課徴金納付義務があるか否かが不明であることもあり得るから、課徴金納付義務のない事業者については課徴金減免申請を行うインセンティブが一切ないものとはいえない。

　また、被審人は、既に違反行為を終了して除斥期間が経過した事業者については、処分対象となる違反行為に関する有益な情報や資料を保有している可能性が類型的に低いため、事案の究明が容易になるわけではなく、また、違反行為からの離脱を慫慂する効果もないから、課徴金減免制度の趣旨が当てはまらない旨主張する。しかし、課徴金減免制度は、限定された者に対してのみ課徴金減免の恩恵を与える仕組みとすることにより、全ての違反行為者に対し、いち早く公正取引委員会に情報を提供しなければならないというインセンティブを高めようとするものであり、その結果として、違反行為の摘発や真相究明、既存のカルテル等の崩壊や違反行為の防止という目的の達成を図ろうとするものであると考えられる。そうすると、特定の事業者について、当該違反行為から既に離脱し、その後除斥期間が経過したため有益な情報を保有している可能性が低いなどの個別の事情があるとしても、そのことから直ちに、現に課徴金減免申請を行った当該事業者を先順位申請者から除外して申請順位を判定すべきであるということにはならない。さらに、違反行為者のうち課徴金納付義務のない事業者には、除斥期間が経過した事業者のみならず、対象商品又は役務の売上額（独占禁止法第7条の2第1項本文）が存在しない事業者や、課徴金額が同項ただし書に該当する事業者も含まれ、これらの事業者については、違反行為について有益な情報を有している可能性が類型的に低いとか、違反行為からの離脱を慫慂する効果がないなどの事情は認められない。

　したがって、課徴金納付義務がない事業者のうち、被審人が問題としている除斥期間が経過した事業者のみを別異に扱う根拠もない。

　そうすると、……条文解釈のとおり、改正前の独占禁止法第7条の2第9

項〔筆者注：現行法12項に相当する規定〕柱書にいう先順位申請者は、課徴金を納付すべき事業者に限定されるものではなく、元来課徴金納付命令の対象とならない事業者であっても先順位申請者に含まれると解することは、課徴金減免制度の趣旨に反するものとはいえない」。

(3) 調査開始日以後の課徴金減免申請の期限

前記2．(2)オのとおり、調査開始日以後の報告および資料の提出の期限は、調査開始日から起算して20日（行政機関の休日に関する法律1条1項各号に掲げる日の日数は算入しない）を経過した日である（規則5条）。また、調査開始日とは、当該事件について立入検査等が行われた最初の日である。

設問にもあるように、複数の事業者を対象とする調査の場合は、同一事件であっても、公正取引委員会による立入検査等の日が事業者によって異なることもある。そのような場合であっても、調査開始日は、当該事件について立入検査等が行われた最初の日であり、個々の事業者が立入検査を受けた日ではない。

調査開始日以後の課徴金減免申請の期限が問題となった事例としては、前掲愛知電線事件がある。

当該事件において、公正取引委員会は、平成21年12月17日、電線・ケーブルの製造販売業者4社の営業所等に立入検査を行った（以下「1次立入検査」という）。その後、公正取引委員会は、平成22年4月13日、A社（以下「原告」という）を含む電線・ケーブルの製造販売業者7社の営業所等に立入検査を行った（以下「2次立入検査」という）。これらの立入検査の際に、公正取引委員会の審査官が相手方事業者に対して交付した「被疑事実等の告知書」（公正取引委員会の審査に関する規則（平成17年公正取引委員会規則第五号）20条）に記載の事件名（「平成21年（査）第11号 建設・電販向け電線・ケーブルの製造販売業者らに対する件」）、被疑事実の要旨（「建設・電販向け電線・ケーブルの製造販売業者らは、共同して、電線・ケーブルの販売価格の引上げ又は維持を行っている疑いがある」）および関係法条（「独占禁止法第3条（不当な取引制限の禁止）」）は、1次立入検査および2次立入検査で同一のものであった。

原告は、2次立入検査当日の平成22年4月13日、課徴金減免制度に基づく報告および資料の提出を行うため、公正取引委員会の担当職員に電話で事

前相談を行ったところ、当該担当職員は、法7条の2第12項1号および規則5条に規定する報告等の期限をすでに経過しているため、報告等は受け付けられない旨の回答をした。原告は、この回答を受けて、課徴金減免のための報告等を行わなかった。

　公正取引委員会は、平成22年11月18日、CV、CVVおよびIVと呼ばれる電線・ケーブル（以下「3品種」という）の販売価格を決定していく旨を合意したとして、排除措置命令および課徴金納付命令を行った。これらの命令において違反行為者として特定された事業者の中には、1次立入検査を受けた4社はいずれも含まれていたが、原告ら2次立入検査を受けた7社はいずれも含まれていなかった。

　その後、公正取引委員会は、平成23年7月22日、特定VVFケーブルの販売価格を決定していく旨を合意したとして、排除措置命令および課徴金納付命令を行った。これらの命令において違反行為者として特定された事業者は、1次立入検査を受けた4社と原告ら2次立入検査を受けた7社の合計11社であった。

　原告は、課徴金減免申請の可否に係る公正取引委員会の担当職員の回答について、実際には報告等の期限は経過していなかったのに誤った回答をして課徴金減免制度の適用を受ける機会を失わせたものであり、このような公正取引委員会の対応は違法、不当なものであるなどと主張して、主位的に本件課徴金納付命令の全部の取消しを、予備的に本件課徴金納付命令のうち法7条の2第12項に基づく課徴金減額の効果が認められるとの前提で再計算した額を超えて納付を命じた部分の取消しを求める審判請求をした。公正取引委員会は、原告の主張を斥けて審判請求を棄却するとの審決をした。

　原告は、審決の取消しを求める訴訟を東京高等裁判所に提起した。

　判決は、まず、調査開始日以後の報告等について、期間を限定して課徴金減免制度の適用を認めた趣旨およびその報告等の順位の基準となる違反行為の範囲につき、「調査開始日より後にされた報告等につき期間を限定して課徴金減免制度の適用の余地を認めた趣旨は、調査開始後であっても、一定期間内に違反事業者が当該違反事実に係る報告を自ら取りまとめて提出し、公正取引委員会の把握していない事実が明らかになれば、事件の全容の解明に資することとなって減額を認めることになお合理性があるものの、公正取引

委員会による調査が進んだ後において報告等が行われても事案の解明に資することにはならないというものと解される。

　以上のように、課徴金減免制度の適用の有無及び内容は、当該違反行為に係る違反事業者が何番目に報告等を行ったか、当該事業者より前に報告等を行った事業者が何社あったか、さらに調査開始日より後の報告等についてはその内容が既に公正取引委員会が把握している事実に係るものか否かといった、違反事業者自身は事前に知り得ない多分に偶然的ともいえる事情によって左右されるものである。そして、その順番の基準となる違反行為の範囲についても、報告等を行い又は行おうとする事業者の主観的認識とは無関係に、専らその時点で公正取引委員会によって把握されていた範囲によって画されるというべきである」とした上、1次立入検査の対象となる行為に、3品種に係る違反行為だけでなく、特定VVFケーブルに係る違反行為も含まれるかについて、「特定VVFケーブルと3品種とは、上記のとおり材質、性能、用途、使用場所等で密接な関係があり、取引通念上一連一体をなす取引を構成するものということができるのであって、法の適用上、特定VVFケーブルと3品種とで別個の取引となるということはできない。したがって、1次立入検査において違反行為とされていたのは3品種の取引制限行為のみでなく、特定VVFケーブルの取引制限行為（本件違反行為）も対象とされていたということができる」とし、「以上によれば、1次立入検査において特定VVFに関する本件合意についても調査の対象となる違反行為に含まれていたということができるから、法7条の2第12項にいう本件違反行為の『調査開始日』は1次立入検査の日である平成21年12月17日であると認めるのが相当である。そうすると、課徴金減免規則5条が定める法47条1項4号に掲げる処分が最初に行われた日である同日から起算して20日を経過した日より後の平成22年4月13日にされた原告の事前相談に対し、被告が課徴金減免規則による報告等の期限が既に経過していて原告から報告等があっても受け付けられない旨の本件回答をしたことが違法、不当とは認められず、原告の主張はこの点で既に理由がない。

　また、……調査開始日より後の課徴金減免制度の適用に当たっては、単に報告等の期限内に報告等を行っただけでは足りず、その内容が既に被告によって把握されている事実に係るものでないことを要するとともに、報告等

の順番も問題となるのであり、仮に本件回答が誤っていたとしても、実際に何らの報告等も行っていない違反事業者に法7条の2第12項の定める課徴金の一部減額の効果を認めるのは、課徴金減免制度の趣旨に反するというほかない。したがって、原告の主張はそもそも失当である」とした。

なお、本件判示において、違反行為の範囲については立入検査の時点で公正取引委員会が把握していた範囲で画されるとしている箇所があるが、これは、1次立入検査の被疑事実が特定VVFケーブルに係る行為を含んでいることを述べているのであり、違反行為の範囲を1次立入検査の被疑事実（＝建設・電販向け電線・ケーブルに係る行為）で判断すべきだと述べているものではなく、したがって、課徴金の減免の判断が、処理時に認定された違反行為の範囲である特定VVFケーブルに係る行為を基準として行われたことと齟齬はないと考えられる。

(4) 課徴金減免申請を行った事業者の事業者名等の取扱い

課徴金減免申請を行った事業者については、平成18年の制度導入以降、公正取引委員会としてこれを積極的に公表することはしないこととしていたが、課徴金減免制度の適用を受けた事業者から公正取引委員会に申出があった場合には、公正取引委員会のホームページ上で、当該事業者の名称、所在地、代表者名および免除の事実または減額の率を公表することとしていた（平成18年9月8日付公正取引委員会「課徴金減免制度の適用を受けた事業者名等の取扱いに関する方針」）。

その後、法運用の透明性等の観点から、平成28年6月1日以後に課徴金減免申請を行い、課徴金減免制度が適用された事業者については、当該事件の報道発表において、免除の事実または減額の率を一律に公表することとしている。

(5) 課徴金減免申請に伴い提出した報告書および資料の取扱い

事業者が課徴金減免申請に当たって提出した報告書および資料について、これが開示されることとなれば、当該事業者が課徴金減免申請を行ったという事実が明らかになるだけでなく、当該事業者が当事者となっている民事訴訟等においても不利となるおそれがあり、課徴金減免申請を行うインセンティブが大きく失われることになる。

このため、公正取引委員会においては、課徴金減免申請に伴い提出された報告書および資料については、原則として開示しないこととしている。

この点について、公正取引委員会は、平成17年10月6日付けの報道発表資料「独占禁止法改正法の施行に伴い整備する公正取引委員会規則等の公表について」の別紙1「公正取引委員会規則の原案に対して寄せられた意見と公正取引委員会の考え方」において、次のとおりの考え方を明らかにしている。

「他国のディスカバリ制度等に応じて課徴金減免に係る報告の内容が開示されれば、事業者は違反行為に係る民事訴訟のリスク等を懸念して減免申請を行わないこととなる。公正取引委員会としては、課徴金減免制度が積極的に活用されるよう、裁判所等に対して課徴金減免に係る報告の内容を開示しないこととしている。

なお、事業者からの減免申請が行われないこととなれば、違反事件に係る調査活動に支障を来すなど公正取引委員会の公務の遂行に著しい支障をもたらすから、課徴金減免に係る報告の内容は不開示情報になるものと考えられる（民事訴訟法第220条等）」。

不当な取引制限を行ったとして課徴金納付命令を受けた事業者の株主が、当該事業者の当時の取締役に対し、善管注意義務違反があったと主張して、課徴金相当額の損害賠償金を当該事業者に支払うよう求めた株主代表訴訟に関して、原告である株主が、公正取引委員会が所持する当該事業者の同業者が作成した課徴金減免申請に係る文書等について文書提出命令の申立てをした事件（大阪地決平成24年6月15日判時2173号58頁）がある。当該事件において、申立ての相手方である公正取引委員会は、申立ての対象である課徴金減免申請に係る文書の民事訴訟法220条4号ロ該当性について、当該文書が開示されれば、課徴金減免申請を行うインセンティブを失わせることになり、課徴金減免制度の利用が阻害され、公正取引委員会の公務の遂行に著しい支障が生ずることになる旨主張した。裁判所は、課徴金減免制度に関して申立人が主張する証明すべき事実は、違反行為当時、当該事業者がいかなる認識の下に行動をしていたか、当該事業者において構築されていたコンプライアンスに関する社内システムや違反行為後の対応状況がどのようなものであったかなどの当該事業者内部における具体的事実であるところ、それらは、申立ての対象である同業者の課徴金減免申請に係る文書によって証明されるべ

き性質の事実ではなく、その記載内容に照らしても、申立人の主張する証明すべき事実との関連性がないため、証拠調べの必要性がないとして、民事訴訟法220条4号ロ該当性について判断することなく、申立てを却下した。

(6) 課徴金減免申請後の追加報告要求

公正取引委員会は、法7条の2第16項に基づき、公正取引委員会に対し報告および資料の提出を行った事業者に対し、課徴金納付命令または課徴金納付命令を行わない旨の通知を行うまでの間、違反行為に係る事実の報告または資料の提出を追加して求めることができる。

(7) 失格事由

公正取引委員会に対し、法律および規則の規定に基づいて違反行為の報告および資料の提出を行った事業者であっても、次の①〜③のいずれかに該当する場合には、課徴金の減免を受けられない。なお、同一企業グループ内の複数の事業者による共同の申請（法7条の2第13項）の場合、申請者のうちいずれか1社が①〜③に該当すれば、共同で申請した他の事業者も課徴金の減免を受けられなくなる。

① 報告または提出した資料に虚偽の内容が含まれていた場合（法7条の2第17項1号）

② 法7条の2第16項に基づく公正取引委員会による追加報告要求に対してこれに応じず、または虚偽の報告もしくは資料の提出を行った場合（法7条の2第17項2号）

③ 課徴金減免申請に係る違反行為において、申請者が他の事業者に違反行為を強要し、または他の事業者が違反行為をやめることを妨害した場合（法7条の2第17項3号）

このうち、①および②の「虚偽」について、形式的な誤りなど事実関係と異なる内容が含まれていれば直ちに「虚偽」として課徴金の減免を認めないとすることは、課徴金の減免に係る不確実性を高め、申請を行うインセンティブを低下させることとなり、適当ではない。違反行為に係る報告の実質的な内容に係るものであって、申請事業者が事実と異なることについて知っていた場合や事実と報告内容とが異なることを知り得た場合（申請当初から事実と

異なる内容を報告していた場合のほか、申請当初においては違反事実を認め、当該事実を報告したにもかかわらず、その後、当該事実を否認した場合も含まれる）などに「虚偽」と認めることが適当であると考えられる。

　また、③については、法7条の2第8項各号に規定するいわゆる「主導的役割」を果たした事業者に対する課徴金算定率の割増しとの関係が問題となる。「主導的役割」とは、違反行為を企て、他の事業者に対し違反行為をすることを要求したり唆したり依頼したりして、違反行為を行わせることや、継続して、他の事業者に対して価格や取引の相手方等を指定することなどを指すところ、これらの「主導的役割」を果たしたことをもって直ちに③に該当し、課徴金の減免を受けられなくなるわけではない。実際にも、同項の「主導的役割」を果たしたと認定されつつ、課徴金減免制度に基づき課徴金を減額されている事例は存在する（関西電力発注架空送電工事受注調整事件（公取委排除措置命令平成26年1月31日審決集60巻(1)380頁）、北陸新幹線消融雪設備工事入札談合事件（公取委排除措置命令平成27年10月9日審決集未登載）、ポリ塩化アルミニウム入札談合事件（公取委排除措置命令平成28年2月5日審決集未登載））。③は、何らかの実効的な方法により、他の事業者が違反行為をせざるを得なくし、または、違反行為をやめたくてもやめることができないようにするような場合がこれに当たると考えられる。

(8) 課徴金減免申請の事実の第三者への開示の禁止

　様式1号報告書、様式2号報告書または様式3号報告書を提出した者は、正当な理由なく、その旨を第三者に明らかにしてはならない（規則8条）。これは、ある事業者が課徴金減免申請を行ったという事実が他の違反行為者に伝わった場合、証拠の湮滅や口裏合わせ等が行われ、真相の解明が困難になるおそれがあるためである。なお、第三者への開示はどのような場合でも常に禁止されるわけではなく、親会社、弁護士、他国の競争当局等に報告する場合や、公正取引委員会による調査が終了し真相解明に支障を来すおそれがなくなった場合等における開示は通常問題とならないと考えられる。

3 設問に対する回答

設問における課徴金減免申請者による報告書提出等の先後関係は図表12-3のとおりである。

1．調査開始日前の申請者について

設問において、法7条の2の適用における公正取引委員会の「調査開始日」は、4月1日(月)となる。

X_1は、公正取引委員会の調査開始日よりも前に、最初に公正取引委員会に事実の報告と資料の提出を行った事業者であるが、A事件の違反行為者とは認められなかった。したがって、法7条の2第10項は適用されない。

このため、順位の繰り上がりが生じる。X_2は、違反行為者のうち、最初に公

〔図表12-3〕 設問における報告書提出等の先後関係

	X_1	X_2	X_3	X_4	X_5	X_{41}	X_{51}
1/4	様式1号						
1/11		様式1号					
2/1			様式1号				
2/15				様式1号			
3/28〜3/29	様式2号	様式2号	様式2号	様式2号			
4/1	立入検査	立入検査	立入検査	立入検査	立入検査 様式3号	様式1号	
4/2						様式2号	
4/3						立入検査	
〜4/19					資料提出		
5/31							立入検査
6/3							様式3号
備考	非違反者	裾切り	失格				

正取引委員会に当該違反行為に係る事実の報告と資料の提出を行った事業者となる。他方、課徴金の計算の基礎となるX_2の売上高は100万円であり、X_2が法7条の2第10項に定める要件を満たしているか否かにかかわらず、X_2は、同条1項ただし書により、同項の規定による課徴金を納付すべき事業者に当たらないため、課徴金の納付は命じられない。

この場合、X_3の順位は繰り上がらない。X_2が、結果として、法7条の2第1項の規定による課徴金を納付すべき事業者に当たらなかったとしても、X_2が同条10項1号に定める「当該違反行為をした事業者のうち最初に公正取引委員会に当該違反行為に係る事実の報告及び資料の提出を行つた者」であるという事実に変わりはないからである。

X_3は、法7条の2第11項1号に定める「当該違反行為をした事業者のうち2番目に公正取引委員会に当該違反行為に係る事実の報告及び資料の提出を行つた者」に該当し、同項4号の要件も満たす。したがって、X_3は課徴金の50％減額を受けるはずであるが、同条17項3号に該当する行為が認められたため、減額を受けることはできない。

この場合、X_4の順位は繰り上がらない。X_3が失格となっても、「当該違反行為をした事業者のうち2番目に公正取引委員会に当該違反行為に係る事実の報告及び資料の提出を行った者」はX_3であり、X_4ではないからである。

X_4は、法7条の2第11項2号に定める「当該違反行為をした事業者のうち3番目に公正取引委員会に当該違反行為に係る事実の報告及び資料の提出を行つた者」に該当し、同項4号の要件も満たす。したがって、X_4は、課徴金の30％減額を受ける。

以上により、X_1～X_4に対する課徴金減免制度の適用は図表12-4のとおりである。

〔図表12-4〕 X_1～X_4に対する課徴金減免制度の適用

X_1	違反行為を行った事業者でないため、課徴金減免制度は適用されない。
X_2	法7条の2第1項ただし書により、課徴金の納付は命じられない。
X_3	法7条の2第11項1号および4号の要件を満たすが、同条17項3号に該当するため、課徴金は減額されない。
X_4	法7条の2第11項2号および4号の要件を満たし、課徴金は30％減額される。

2．調査開始日以後の申請者について

X_5は、法7条の2第12項1号および2号に該当する者である。また、同条10項1号および11項1号～3号の規定による報告および資料の提出を行った者の数（＝3（X_2, X_3, X_4））は5未満であり、かつ、X_5に先行して同条12項1号の規定による報告および資料の提出を行った者の数（＝0）は3未満である。したがって、X_5は課徴金を30％減額される。

X_{41}は、自らが立入検査を受ける前に様式1号報告書および様式2号報告書による報告および資料の提出を行っている。しかし、法7条の2における「調査開始日」とは、「当該違反行為に係る事件について第47条第1項第4号に掲げる処分〔筆者注：立入検査〕又は第102条第1項に規定する処分〔同：臨検、捜索または差押え〕が最初に行われた日」（法7条の2第6項）であるから、A事件における調査開始日は、前述のとおり、4月1日(月)となる。したがって、X_{41}の様式1号報告書および様式2号報告書による申請は適法なものではなく、X_{41}の課徴金は減額されない。

X_{51}は、5月31日(金)に立入検査を受けているが、A事件の調査開始日は4月1日(月)であり、すでに調査開始日から起算して20日間（行政機関の休日に関する法律1条1項各号に掲げる日の日数は算入しない）を経過しているため、規則4条1項に基づく報告および資料の提出を行うことはできない。したがって、X_{51}の申請は適法なものではなく、X_{51}の課徴金は減額されない。

以上により、X_5、X_{41}、X_{51}に対する課徴金減免制度の適用は図表12-5のとおりである。

〔図表12-5〕　X_5、X_{41}、X_{51}に対する課徴金減免制度の適用

X_5	法7条の2第12項の要件を満たし、課徴金は30％減額される。
X_{41}	適法な申請ではなく、課徴金は減額されない。
X_{51}	適法な申請ではなく、課徴金は減額されない。

〔つかだ　ますのり〕

〔参考資料〕 課徴金減免申請様式

様式第1号（用紙の大きさは，日本工業規格Ａ４とする。）

課徴金の減免に係る報告書

平成　年　月　日

公正取引委員会　あて
　（ファクシミリ番号　０３－３５８１－５５９９）

　　　　　　　　　　　　　　氏名又は名称
　　　　　　　　　　　　　　住所又は所在地
　　　　　　　　　　　　　　代表者の役職名及び氏名　　　　　印

　　　　　　　　　　　　　　連絡先部署名
　　　　　　　　　　　　　　　住所又は所在地（郵便番号）
　　　　　　　　　　　　　　　担当者の役職名及び氏名
　　　　　　　　　　　　　　　電話番号
　　　　　　　　　　　　　　　ファクシミリ番号

　私的独占の禁止及び公正取引の確保に関する法律第７条の２第１０項第１号又は第１１項第１号から第３号まで（同法第８条の３において読み替えて準用する場合を含む。）の規定による報告を下記のとおり行います。
　なお，正当な理由なく，下記の報告を行った事実を第三者に明らかにはいたしません。

記

○　報告する違反行為の概要

1　当該行為の対象となった商品又は役務	
2　当該行為の態様	(1)
	(2)
3　開始時期（終了時期）	年　月（～　年　月まで）

様式第2号(用紙の大きさは,日本工業規格A4とする。)

課徴金の減免に係る報告書

平成　年　月　日

公正取引委員会　あて

氏名又は名称
住所又は所在地
代表者の役職名及び氏名　　　　　印

連絡先部署名
　住所又は所在地(郵便番号)
　担当者の役職名及び氏名
　電話番号
　ファクシミリ番号

　私的独占の禁止及び公正取引の確保に関する法律第7条の2第10項第1号又は第11項第1号から第3号まで(同法第8条の3において読み替えて準用する場合を含む。)の規定による報告を下記のとおり行います。

　なお,正当な理由なく,下記の報告を行った事実を第三者に明らかにはいたしません。

記

1　報告する違反行為の概要

(1) 当該行為の対象となった商品又は役務	
(2) 当該行為の態様	ア イ
(3) 共同して当該行為を行った他の事業者の氏名又は名称及び住所又は所在地	
(4) 開始時期(終了時期)	年　　月　　日(〜　　年　　月　　日まで)

2　報告者(連名の場合は各報告者)において当該行為に関与した役職員の氏名等

報告者名	現在の役職名 及び 所属する部署	関与していた当時の役職名 及び所属していた部署 (当該役職にあった時期)	氏　名

3　共同して当該行為を行った他の事業者において当該行為に関与した役職員の氏名等

事業者名	現在の役職名 及び 所属する部署	関与していた当時の役職名 及び所属していた部署 (当該役職にあった時期)	氏　名

4　その他参考となるべき事項

5　提出資料
　　次の資料を提出します。

番号	資料の名称	資料の内容の説明(概要)	備　考

様式第3号（用紙の大きさは，日本工業規格Ａ４とする。）

課徴金の減免に係る報告書

平成　年　月　日

公正取引委員会　あて
（ファクシミリ番号　０３－３５８１－５５９９）

　　　　　　　　　　　　　　氏名又は名称
　　　　　　　　　　　　　　住所又は所在地
　　　　　　　　　　　　　　代表者の役職名及び氏名　　　　　　　印

　　　　　　　　　　　　　　連絡先部署名
　　　　　　　　　　　　　　　住所又は所在地（郵便番号）
　　　　　　　　　　　　　　　担当者の役職及び氏名
　　　　　　　　　　　　　　　電話番号
　　　　　　　　　　　　　　　ファクシミリ番号

　私的独占の禁止及び公正取引の確保に関する法律第７条の２第１２項第１号（同法第８条の３において読み替えて準用する場合を含む。）の規定による報告を下記のとおり行います。
　なお，正当な理由なく，下記の報告を行った事実を第三者に明らかにはいたしません。

記

1　報告する違反行為の概要

(1) 当該行為の態様	ア
	イ
(2) 共同して当該行為を行った他の事業者の氏名又は名称及び住所又は所在地	
(3) 開始時期（終了時期）	年　月　日（～　年　月　日まで）

2 報告者（連名の場合は各報告者）において当該行為に関与した役職員の氏名等

報告者名	現在の役職名 及び 所属する部署	関与していた当時の役職名 及び所属していた部署 （当該役職にあった時期）	氏　名

3 共同して当該行為を行った他の事業者において当該行為に関与した役職員の氏名等

事業者名	現在の役職名 及び 所属する部署	関与していた当時の役職名 及び所属していた部署 （当該役職にあった時期）	氏　名

4 当該行為の対象となった商品又は役務

5 当該行為の実施状況及び共同して当該行為を行った他の事業者との接触の状況

6 その他参考となるべき事項

7 提出資料
　次の資料を提出します。

番号	資料の名称	資料の内容の説明（概要）	備　考

第13章

独占禁止法の国際的なエンフォースメント

設問

① 外国事業者A、B、Cと日本の事業者D、Eの5社は、いずれも製品Xの製造販売業を営んでおり、全世界で販売される製品XのほとんどすべてをⅡ製造している。当該5社の幹部社員が日本以外のY国のリゾートホテルにおいて会合を開催し、製品Xの価格を次の年の4月から10%引き上げることを合意した。当該5社はその後、その合意に基づき値上げを行った。値上げ対象には当然のことながら日本の需要者に販売される製品Xも含まれていた。そのような価格カルテルに対して、日本の独占禁止法を適用することは可能か。

② ①のような価格カルテルに対して日本の独占禁止法を適用することが可能である場合、外国事業者に対する法の執行はどこまで可能なのか。たとえば、日本の国外に所在する外国事業者の事業所等において独占禁止法47条に基づく立入検査等を行うことはできるのか。また、日本の国内に事業所等の拠点を有しないような外国事業者に対して、どのようにして排除措置命令書等を送達し、命令の履行を求めていくのか。

1 はじめに

近年、企業活動のグローバル化や市場のボーダレス化が進む中で、外国事業者(外国の法令に準拠して設立された事業者をいう。以下同じ)が独占禁止法

の違反行為者となる可能性や、日本以外の国で行われたカルテル等の反競争的行為が日本の市場に影響を与える可能性が高まっている。

　本章で取り上げるのは、日本の国外で合意が形成されたカルテル等が日本の市場に影響を与える場合に独占禁止法を適用することができるのか、また、独占禁止法に違反する外国事業者に対してどこまで法の執行を行うことができるのかということについてである。国内法の適用の対象となる人、物、状況等の全部または一部が当該国内法を定立した国の領域外にある場合、それは国内法の「域外適用（extraterritorial application）」と呼ばれる。つまり、本章で取り上げるのは、独占禁止法の域外適用がどこまで可能なのかという、独占禁止法の適用範囲についてである。

　国家は国内法の定立、裁判、執行を行う権限を持ち、この権限は、国際法上、「管轄権（jurisdiction）」と呼ばれる[1]。日本の国外で合意が形成されたカルテル等が日本の市場に影響を与える場合に独占禁止法を適用することができるのか、また、独占禁止法に違反する外国事業者に対してどこまで法の執行を行うことができるのかという独占禁止法の適用範囲の問題は、講学上これまで、いずれも管轄権をめぐる問題として論じられてきた。ここでは主にカルテル等のいわゆる3条後段違反の事件を念頭に、独占禁止法の適用範囲の問題を管轄権の問題として論ずることとする。

2　規律管轄権

1．属地主義と効果理論

　国家の管轄権は、三分類説[2]に従えば、規律管轄権[3]、裁判管轄権、執行管

---
1) 山本草二『国際法〔新版〕』（有斐閣、1994）234頁。
2) その他に、無分類説、二分類説がある。無分類説は国家管轄権を一体のものとしてとらえるものであり、二分類説は三分類説の裁判管轄権のうち法を解釈適用する権限を規律管轄権に、採決を下す権限を執行管轄権に、それぞれ含ませるものである。
3) 立法管轄権と呼ばれることもあるが、本章では規律管轄権という呼び方を用いることとする。

轄権の3つに分類される。規律管轄権とは、立法機関や行政機関、裁判所が国内法を制定し、一定の現象についてその合理性を判断する基準を設ける権能である[4]。また、裁判管轄権とは、司法機関および行政裁判所がその裁判管轄の範囲を定め、国内法を解釈適用して具体的な事案を審理し判決を下す権能であり、執行管轄権とは、裁判所または行政機関が逮捕、捜査、強制調査、押収などの物理的手段によって国内法を執行する権能である[5]。公正取引委員会による独占禁止法の執行を考える場合、第一義的に問題となるのは、規律管轄権と執行管轄権である。

規律管轄権は、原則として属地主義（territoriality principle）によって律せられる。属地主義とは国内法は原則としてその領域内において発生する行為に対して適用されるという考え方であり、これは国際法における管轄権の原則の1つとなっている。

しかし、人や物がグローバルに移動できる現代社会においては、属地主義を厳格にとらえすぎると適切に対応できない場面が生じる。たとえば、競争法[6]を厳格な属地主義（違反行為の構成要件のすべてが自国内で実現していることが必要であるとする属地主義のことをいう。以下同じ）の範囲でしか適用できないということになれば、各国がいかにカルテルを厳しく取り締まったとしても、域外に集まってカルテルを行えばよいということになってしまう。そのため、競争法の分野を中心に、規律管轄権について、効果理論（effect doctrine）[7]が唱えられてきた。効果理論とは、簡単にいえば、自国の領域外で行われた行為であっても、自国内にその効果がある程度以上及ぶ場合には、自国の法律を適用できるという考え方である。

また、属地主義自体にも修正の動きがみられる。たとえば、国内で発生し、国外で完成した犯罪・違反行為（行為の着手が国内でなされ、行為の結果が国外

---
[4] 規律管轄権には国外で生じた現象についてその合理性を判断する基準を設ける権能も含まれることから、日本の国外で合意が形成されたカルテル等が日本の市場に影響を与える場合に独占禁止法を適用することができるかといった「独占禁止法の場所的適用範囲」の問題は、第一義的には規律管轄権に係る問題である。国外で生じた現象その他外国の主権と関わりのある事項について、合理的な理由なく無制限に場所的適用範囲を拡大することは、規律管轄権の観点から問題となる。
[5] 小寺彰ほか編『講義国際法〔第2版〕』（有斐閣、2010）162頁、163頁〔中川淳司〕。
[6] 独占禁止法のような法律は、世界では一般的に「競争法」と呼ばれる。
[7] 効果主義と呼ばれることもある。

で発生する場合）には管轄権を行使することができるとする主観的属地主義、国外で発生し、国内で完成した犯罪・違反行為（行為の着手が国外でなされ、行為の結果が国内で発生する場合）には管轄権を行使することができるとする客観的属地主義、国外で発生する行為が枢要な国家の利益を侵害する場合（たとえば通貨偽造等）には管轄権を行使することができるとする保護主義等である。

なお、日本の刑法1条は属地主義の原則について規定しているところ、犯罪地の決定、つまりある犯罪が日本の領域内で行われたか否かを決するに当たっては、犯罪構成要件の一部をなす行為が日本国内で行われ、または構成要件の一部である結果が日本国内で発生した場合に、これを国内犯とすることには争いがないとされている（いわゆる「偏在説」)[8]。このような考え方は、行為の着手地に着目する主観的属地主義と結果の発生地に着目する客観的属地主義の両方を包含するものであると考えられる。

2．わが国の独占禁止法の規律管轄権に関する考え方

(1) 独占禁止法の規定

独占禁止法3条後段が規制するカルテル等の不当な取引制限の違反行為が日本の国外で行われたような事案について、わが国の独占禁止法を適用することはできるのであろうか。たとえば、自動車部品の価格カルテルについて、日本の国外で合意が形成され、当該カルテルの対象となる自動車部品が日本に輸出され、日本の自動車メーカーに販売されたという事例（事例1）ではどうであろうか。また、日本の国外で合意が形成され、対象となる自動車部品がもっぱら外国において、外国の自動車メーカーに販売されていたという事例（事例2）はどうであろうか。

独占禁止法自体には、管轄権に関する直接の明文の規定は存在しない。独占禁止法は、カルテル等の共同行為について、同法3条後段で「事業者は、……不当な取引制限をしてはならない」と規定し、この「不当な取引制限」については、2条6項で「事業者が、……他の事業者と共同して対価を決定し、維持し、若しくは引き上げ、又は数量、技術、製品、設備若しくは取引の相

---

[8] 大塚仁ほか編『大コンメンタール刑法〔第2版〕第1巻』（青林書院、2004）76頁〜78頁〔古田佑紀・渡辺咲子・田寺さおり〕。

手方を制限する等相互にその事業活動を拘束し、又は遂行することにより、公共の利益に反して、一定の取引分野における競争を実質的に制限することをいう」と規定しているのみであり、日本の国外で合意が形成されたカルテル等に対して独占禁止法の適用を拒むことを窺わせるような規定は存在しない。

また、カルテル等の不当な取引制限の規制対象となる「事業者」とは、「商業、工業、金融業その他の事業を行う者」であり、事業者の所在地についての限定はない（独占禁止法2条1項）。平成10年の独占禁止法の改正により同法10条等が改正され、独占禁止法第4章の行為主体が「国内の会社」から単なる「会社」に改められたが、それは外国の会社が関係する株式取得等の企業結合を独占禁止法第4章の規制対象にするための改正であったことも前提とすれば[9]、独占禁止法2条6項および3条の「事業者」には外国事業者も含まれると考えられる。

したがって、独占禁止法3条後段は、事業者の国籍やカルテル合意等が形成された場所にかかわらず、協定その他によって、複数の事業者が共同して相互に拘束しまたは遂行することにより、「一定の取引分野における競争を実質的に制限する」という競争制限的な効果を日本の市場において生じさせる行為を禁止していると解釈することが、条文の素直な読み方であろう[10]。

(2) 独占禁止法の規律管轄権に関する考え方[11]

独占禁止法3条後段が規制するカルテル等の不当な取引制限については、他の事業者との相互拘束によるカルテル合意等の形成（行為）だけでなく、それにより「一定の取引分野における競争を実質的に制限する」という結果が、違反行為の構成要件の一部となっている。

---

[9] 平成10年の独占禁止法改正については、鵜瀞恵子「企業結合規制の手続規定等に係る独占禁止法改正について」公正取引574号（1998）4頁～12頁参照。
[10] 土田和博編著『独占禁止法の国際的執行』（日本評論社、2012）84頁〔多田敏明〕。
[11] 独占禁止法の域外適用に関する考え方について、公正取引委員会が外部に対して明らかにしたことはないが、平成2年に、公正取引委員会事務局内で開催された独占禁止法渉外問題研究会が外国事業者に対する独占禁止法の適用について検討し、その考え方を公表したことがある。その他参考になるものとして、外務省委託研究報告書『競争法の域外適用に関する調査研究』（日本国際フォーラム、2001）。

そのため、国外で着手ないし合意が形成されたようなカルテル等の違反行為であっても、「一定の取引分野における競争を実質的に制限する」という結果が国内で生じている点をとらえて、わが国のまたはわが国を含む一定の取引分野における競争が実質的に制限されるような場合には、事業者の国籍を問わず、独占禁止法を適用することが可能であると考えられる。また、そのような場合には、違反行為の実施行為（たとえば値上げカルテルであれば、値上げ合意に基づく値上げ交渉等）が、日本の需要者に対して、通常は日本の国内で行われることになる[12]。このような独占禁止法の適用は、客観的属地主義の観点からも首肯されるものであると考えられる[13]。

　以上のような考え方に立てば、前記(1)の事例1については独占禁止法を適用することができ、事例2については適用することができないということになる。

　国際法上、管轄権の行使国と対象となる行為の間には管轄権の行使を正当化するだけの「真正な連関」が必要であるといわれているところ[14]、管轄権と違反行為の構成要件の議論は本来別のものではあるが、「一定の取引分野における競争を実質的に制限する」という結果が違反行為の構成要件に含まれる独占禁止法2条6項は、管轄権の行使国と対象となる行為との間の真正な連関を事実上取り込む規定になっているとも考えられる。すなわち、たとえ国外で着手ないし合意が形成されたようなカルテル等であっても、「一定の取引分野における競争を実質的に制限する」という結果が日本の国内で生

---

12) 実施行為は、不当な取引制限の成立要件ではなく、あくまで「『一定の取引分野における競争を実質的に制限する』という結果が国内で生じている」こと等を示す間接事実である。

13) 独占禁止法の規律管轄権に関する客観的属地主義の考え方については、域内における実施行為（これを論者は実行行為と呼ぶ）をより重視する「実行行為説」という考え方もある。実行行為説では、「カルテルにおける実行行為の中心は、カルテル合意を実現するために行われる需要者との価格交渉などの行為である。したがって、行為者がどの国に所在するものであろうと、その需要者（被害者）が国内に所在すれば、必ず国内における実行行為を伴うことになる。また、国内に競争制限効果が及んでいることも明らかである。したがって、需要者が国内に所在する限り、……当該国が管轄権を行使することは当然視される」とする（上杉秋則「独禁法の国際的適用を巡る議論の現状と問題点」国際商事法務42巻7号（2014）1008頁）。

14) 小寺ほか編・前掲注5）171頁〔中川〕。なお、真正な連関については、十分な連関性、密接な関連性などと呼ばれることもある。

じており、独占禁止法2条6項に規定されている不当な取引制限の構成要件が認められるのであれば、「一定の取引分野における競争を実質的に制限する」という結果が日本の国内で生じているのであるから、管轄権の行使国である日本と対象となる違反行為との間には真正な連関も当然に認められることになると考えられ、規律管轄権について別途議論する実益はない。また、違反行為の実施行為が日本の需要者に対して日本の国内で行われているということになれば、真正な連関の度合いはより一層増すことになる。

カルテル等については、違反事業者が日本に所在するか否か、あるいはその合意が日本の国内で形成されたか否かにかかわりなく、当該カルテル等によりわが国のまたはわが国を含む一定の取引分野における競争が実質的に制限されたような場合には、基本的には、独占禁止法を適用することができるのである。

(3) これまでの事件処理から窺われる規律管轄権の考え方

ア 公正取引委員会が扱った最近の国際的な事件

公正取引委員会は、近年、マリンホース・カルテル事件（公取委排除措置命令平成20年2月20日審決集54巻512頁）、ノーディオン事件（公取委勧告審決平成10年9月3日審決集45巻148頁）、マイクロソフト事件（公取委審判審決平成20年9月16日審決集55巻380頁）等の国際的な事件において、外国事業者に対して排除措置命令等の法的措置をとってきている。しかしながら、それらの事件においては、違反行為が行われた場所についての事実認定は行われておらず、違反行為が日本の国内で行われたのか国外で行われたのかは必ずしも明らかではなかった。この点、日本の国外で合意が形成されたカルテルが独占禁止法に違反するとされたのがブラウン管カルテル事件（公取委排除措置命令平成21年10月7日、12月24日審決集56巻(2)71頁）である。

イ ブラウン管カルテル事件の概要および経緯

O社、S社等のわが国ブラウン管テレビ製造販売業者は、東南アジアに所在するそれらの子会社等が製造販売するブラウン管テレビの設計、仕様の決定を行うとともに、M社（日本の事業者）、SA社（韓国に本店所在地のある事業

者）等のテレビ用ブラウン管製造販売業者とテレビ用ブラウン管の購入価格、購入数量等の交渉を行った上でそれらの決定を行い、東南アジアに所在する子会社等にテレビ用ブラウン管の取引条件を指示し、指示どおりにテレビ用ブラウン管を購入させていた。

　Ｍ社、SA社等のテレビ用ブラウン管製造販売業者および東南アジアに所在するそれらの子会社等11社は、遅くとも平成15年5月22日ごろまでに、日本の国外において、Ｏ社、Ｓ社等のわが国ブラウン管テレビ製造販売業者が東南アジアに所在するそれらの子会社等に購入させるテレビ用ブラウン管の最低目標価格等を設定する旨を合意した（以下「本件違反行為」という）。

　公正取引委員会は、Ｍ社およびSA社の2社に対して排除措置命令を行うとともに、ＭインドネシアＭ社、SAマレーシア社等の外国事業者6社に対して課徴金納付命令（総額42億5,492万円）を行ったところ、2社を除く事業者6社が審判請求を行った。

　公正取引委員会は、審判手続を経て、平成27年5月22日、被審人Ｍ社およびSA社に対し、本件排除措置命令時における状況を踏まえると排除措置を命ずることが「特に必要」であったと認めることはできないとして、排除措置命令を取り消すとともに、本件排除措置命令時までに本件違反行為があり、かつ、本件排除措置命令時においてはすでに本件違反行為がなくなっていると認められる旨の審決を、被審人ＭインドネシアＭ社、SAマレーシア社等の外国事業者4社に対し、課徴金納付命令の取消しを求めた審判請求を棄却する旨の審決を、それぞれ行った。これに対し、6社はいずれも、審決を不服として、審決取消訴訟を東京高裁に提起した。

ウ　ブラウン管カルテル事件における管轄権に関する議論等

(ア)　公正取引委員会の審決における考え方

　ブラウン管カルテル事件は、日本、韓国、台湾等のテレビ用ブラウン管製造販売業者および東南アジアに所在するそれらの子会社等が、わが国ブラウン管テレビ製造販売業者の海外製造子会社等向けに販売されるテレビ用ブラウン管の最低目標価格等を設定するなどしていた国際カルテル事件であり、最低目標価格等を設定する旨の合意の形成は日本の国外で行われ、さらにその合意に係る話合い等も日本の国外で行われていたことが事実として認定されている。

審判において、被審人は、効果理論の考え方を念頭に、本件では、日本の市場に実質的、直接的かつ予見可能な効果が生じたとはいえないことから、わが国の独占禁止法を適用することはできないと主張した。

これに対し審決（公取委審判審決平成27年5月22日審決集未登載）は、「事業者が日本国外において独占禁止法第2条第6項に該当する行為に及んだ場合であっても、少なくとも、一定の取引分野における競争が我が国に所在する需要者をめぐって行われるものであり、当該行為により一定の取引分野における競争の実質的制限が認められ、当該一定の取引分野に我が国が含まれる場合には、同法第3条後段が適用されると解するのが相当である」とした。そして、その理由として、「事業者が我が国に所在するか否か、あるいは、同法第2条第6項に該当する行為が我が国でなされたか否かに関わりなく、当該行為により我が国を含む一定の取引分野における競争が実質的に制限された場合、すなわち、我が国における自由競争経済秩序が侵害された場合には、同法第3条後段を適用するのがその趣旨に合致するからである」との考え方を示した。さらに審決は、「実際に、本件においてはそれが肯定されるから、本件において被審人の主張するような効果の存否に関する検討をする必要は認められない」と述べ、効果理論に基づく検討の必要性を否定した[15]。

なお、審決においては、「少なくとも、一定の取引分野における競争が我が国に所在する需要者をめぐって行われるものであり、当該行為により一定の取引分野における競争の実質的制限が認められ、当該一定の取引分野に我が国が含まれる場合には、同法第3条後段が適用されると解するのが相当である」（傍点筆者）とされ、同審決で示された場合以外にもわが国の独占禁止法が適用される場合があり得ることが示唆されている。

　(イ)　裁判所の判断

公正取引委員会の審決に対して、被審人6社すべてが東京高裁に審決取消訴訟を提起した。東京高裁においては3つの事件として審理され、原告は審判のときと同様の主張をしたが、東京高裁は、3つの事件のいずれについても原告の請求を棄却した。

---

[15]　審決は、「一定の取引分野における競争の実質的制限」という結果が日本の市場において生じたときは独占禁止法を適用することができるとする前述の客観的属地主義の見解に沿って、独占禁止法の域外適用を認めているものと考えられる。

まず、SAマレーシア社による審決取消訴訟（サムスンSDIマレーシア事件（東京高判平成28年1月29日判時2303号105頁））において、東京高裁は、「本件合意は、正に本件ブラウン管の購入先及び本件ブラウン管の購入価格、購入数量等の重要な取引条件について実質的決定をする我が国ブラウン管テレビ製造販売業者を対象にするものであり、本件合意に基づいて、我が国に所在する我が国ブラウン管テレビ製造販売業者との間で行われる本件交渉等における自由競争を制限するという実行行為が行われたのであるから、これに対して我が国の独占禁止法を適用することができることは明らかである」と判示し[16]、原告の請求を棄却した。そして、わが国の独占禁止法を適用できるか否かは、効果理論に基づくべきであるとの原告の主張に関して、「いわゆる効果主義の考え方は、もともと国外における行為について例外的な域外適用を認めるためのものであるところ、本件においては、本件合意に基づく本件交渉等における自由競争制限という実行行為が、我が国に所在する我が国ブラウン管テレビ製造販売業者を対象にして行われているのであるから、そもそもいわゆる効果主義に基づく検討が必要となる余地はな」いとの考えを示した。

　また、M社ほか3社による審決取消訴訟（MT映像ディスプレイほか事件（東京高判平成28年4月13日判例集未登載））において、東京高裁は、「独占禁止法が、我が国における自由競争経済秩序の維持をその直接の目的としていることに照らせば、事業者が、日本国外において、他の事業者と共同して同法2条6項に該当する行為（不当な取引制限）に及んだ場合であっても、当該行為が一定の取引分野における我が国に所在する需要者（同条4項1号にいう需要者）をめぐって行われるものであるときは、同法3条後段が適用されると解するのが相当である」と判示し、原告の請求を棄却した。

　さらに、SAによる審決取消訴訟（サムスンSDI事件（東京高裁平成28年4月22日判例集未登載）において、東京高裁は、本件合意が日本国外でなされたこと、本件対象のテレビ用ブラウン管の引渡しや売買代金の支払が外国で行わ

---

[16] 本件においては、価格交渉等の実施行為が日本の国内のみならず国外でも行われていたことが認定されているが（同判決66頁）、判決は、実行行為の行われた場所がわが国でない場合であっても、競争を制限する対象をわが国所在の事業者にしていたときは、「我が国に所在する事業者との間で行われる自由競争を制限するという実行行為が行われた」として、独占禁止法の適用を認めているようにもみえる。なお、この判決もまた、前述の客観的属地主義の考え方から説明し得るものであると考えられる。

れたものであること等を前提とした上で、「このような渉外的要素を含む事案に我が国の独占禁止法が適用されるかについて明文の規定はないが、同法は、「公正且つ自由な競争を促進し、事業者の創意を発揮させ、事業活動を盛んにし、雇用及び国民実所得の水準を高め、以て、一般消費者の利益を確保するとともに、国民経済の民主的で健全な発達を促進することを目的とする」と定めて（1条）、我が国における自由競争秩序を維持確保することを目的としているから、同法3条後段（不当な取引制限の禁止）についていえば、我が国における「一定の取引分野における競争を実質的に制限する」行為に適用されるものと解するのが相当である」と判示した。加えて、わが国の独占禁止法を適用できるか否かは、効果理論に基づくべきであるとの原告の主張に関して、「本件合意は、我が国における「一定の取引分野における競争を実質的にする」ものと認定判断することができるから、本件においては、原告が主張する、本件合意の我が国における「効果」の有無・程度を判断する必要はない」との考えを示し、原告の主張を否定している。

　ブラウン管カルテル事件においては、「本件一定の取引分野における競争が我が国に所在する需要者をめぐって行われるものであったか」といった大きな論点が他に存在したため議論が複雑になっている面はあるが、カルテル等について、違反事業者が日本に所在するか否か、あるいはその合意が日本の国内で形成されたか否かにかかわりなく、当該カルテル等によりわが国のまたはわが国を含む一定の取引分野における競争が実質的に制限されたような場合には、独占禁止法を適用することができるという規律管轄権についての基本的な考え方は、裁判所においても首肯されているものと考えられる[17]。

エ　ビーエイチピー・ビリトンらに対する独占禁止法違反被疑事件の審査

　カルテルや受注調整といった独占禁止法3条後段の事案ではなく企業結合の事案であるものの、前記ウの審決や判決で示されたような考え方は、ビーエイチピー・ビリトンらに対する独占禁止法違反被疑事件においても窺われる[18]。

---

[17] なお、この裁判所の判断については、上告ないし上告受理申立てがなされており、いずれ最高裁判所の判断が示されることになる。

この事案は、鉄鉱石、石炭等の採掘および販売に係る事業を営む BB 社（英国および豪州に本社を置く二元上場会社（Dual-Listed Company））が公表した、同じく鉄鉱石、石炭等の採掘および販売に係る事業を営む R 社（英国および豪州に本社を置く二元上場会社）の発行済株式のすべてを取得する旨の計画について、「海上貿易によって供給される鉄鉱石及びコークス用原料炭の取引分野における競争」を実質的に制限することとなる疑いがあったことから、公正取引委員会が独占禁止法の規定に基づき審査を行ったものである。

　BB 社と R 社はいずれも外国事業者であり、本件株式取得自体も日本の国外で行われることとされていたが、本件株式取得の結果、わが国を含む一定の取引分野における競争が実質的に制限されることとなる疑いがあったことから、わが国にも管轄権があると判断され、公正取引委員会の審査の対象となったものである。

(4) 国際的な事案における一定の取引分野

　国際カルテル等の国際的な事案における一定の取引分野（地理的分野）の画定については、従来から、①日本の国内市場を越えて一定の取引分野を画定できるとする説と、②一定の取引分野が画定できるのは日本の国内市場に限られるとする説の2つの考え方が存在している[19]。

　これについては、国際的な事案では日本の国内市場を越えて一定の取引分野を画定することがより適切であるような事案が存在し得ること、「一定の取引分野における競争を実質的に制限する」という独占禁止法3条後段違反と共通の要件を規定に持つ独占禁止法第4章の企業結合規制において国境を越えて一定の取引分野が画定されることがあり得ることが明らかにされており[20]、実際にそのような一定の取引分野の画定が行われてきたこと等から、わが国の市場が一定の取引分野に含まれるのであれば、国内市場を越えて一定の取引分野を画定することも可能であると考えられる。

---

[18] 平成20年12月3日付公正取引委員会「ビーエイチピー・ビリトン・リミテッドらに対する独占禁止法違反被疑事件の処理について」。

[19] 前者については山田昭雄「国際カルテルに対する規制について」法学新報109巻11・12号（2003）145頁ほか、後者については金子晃「オーダリー・マーケッティングと国際カルテル」公正取引264号（1972）2頁～7頁ほか。

[20] 公正取引委員会「企業結合審査に関する独占禁止法の運用指針」第2の3(2)。

ただし、(i)独占禁止法の保護法益は日本国内における自由競争秩序の維持である（独占禁止法1条）こと、(ii)一定の取引分野については重層的に成立し得ること、(iii)日本の国内市場を越えて一定の取引分野を画定する場合にはその市場において競争の実質的制限が生じたことを調査・立証しなければならなくなるが、それは後述の執行管轄権の制約上困難を伴うものであること、(iv)複数の競争当局（競争法の執行機関のことをいう。以下同じ）が調査を行っているような事案の場合、対象市場を国内に絞ることにより結果として執行や制裁の重複に係る調整を図ることができることなどから、可能な場合には、国内の市場で一定の取引分野を画定することが合理的なことが多いと思われる。前掲マリンホース・カルテル事件では、その違反行為が世界的な市場分割の側面を持つものであったにもかかわらず、一定の取引分野は「我が国に所在する需要者が発注するもの」とされていた。これはまさに、ここに挙げたような事項が考慮された結果であろう[21]。

なお、一定の取引分野が日本の国内市場を越えて画定されることがあるとしても、独占禁止法の保護法益は日本国内における自由競争秩序の維持であることから、公正取引委員会が取り上げる事件について、日本とはまったく関係のないところで一定の取引分野が画定されることは、基本的にはないと考えられる。

3．海外の競争法の規律管轄権に関する考え方

わが国の独占禁止法の規律管轄権に関する考え方は、前記2．でみたようなものであった。それでは、米国、EU（European Union）等わが国以外の国や地域では競争法の規律管轄権に関してどのような考え方がとられているのであろうか。また、それらは前記2．でみたわが国の独占禁止法の規律管轄権に関する考え方と異なるものなのであろうか。

(1) 米国

競争法の域外適用について、積極的に理論が展開されてきたのは米国にお

---

[21] 大川進＝平山賢太郎「マリンホースの製造販売業者に対する排除措置命令及び課徴金納付命令について」公正取引693号（2008）71頁。

いてである。米国の競争法は反トラスト法と総称され、カルテル等の共同行為はその中のシャーマン法1条により規制されている。

米国では、1945年のアルコア事件控訴審判決[22]において、外国で行われた外国事業者によるカルテルであっても、それが米国の国内に「効果」を与え、かつ、そのような効果を与える「意図」の下に行われている場合には、シャーマン法を適用できる旨判示された。効果理論の採用である。そして、その後も、基本的には効果理論の考え方の下で事例が積み重ねられた。

しかし、そのような米国によるシャーマン法の適用は、1970年代から80年代前半にかけて、諸外国から、国際法における管轄権の原則である属地主義に反し他国の主権を侵害するものである、あるいは、国際礼譲（international comity）の原則に反するものであるとの激しい批判にさらされた[23]。

そのような批判を受け、判決の中には、効果理論を前提としつつも、管轄権の行使を一定の場合には差し控えることがあることを判示するものも現れた[24]。また、米国議会でも、それに対応する動きがあった。1982年の外国取引反トラスト改善法（Foreign Trade Antitrust Improvement Act；FTAIA）[25]の制定である。外国取引反トラスト改善法においては、米国の輸入取引・通商以外の外国との取引・通商に関する反競争的な行為が、①米国に「直接的、実質的かつ合理的に予見可能な効果（direct, substantial and reasonably foreseeable effect）」を有し、②そのような効果がシャーマン法上の訴因となっている場合に、シャーマン法の適用が認められる旨が規定され、シャーマン法の域外適用の範囲が限定、明確化された[26]。これらは、管轄権の適用可能性の判断

---

22) United States v. Aluminum Co. of America, 148 F.2d 416（2nd Cir. 1945）。アルコア判決とそれが示した効果理論の内容等については、松下満雄『アメリカ独占禁止法』（東京大学出版会、1982）267頁〜281頁参照。
23) 土田編著・前掲注10）35頁、36頁〔越智保見〕。具体的な抗議内容としては、外交チャネルを使っての抗議や対抗立法など。
24) ティンバレン事件連邦控訴裁判所判決（Timberlane Lumber Co. v. Bank of America, 549 F.2d 597（9th Cir. 1976））、マニントン・ミルズ事件連邦控訴裁判所判決（Mannington Mills, Inc. v. Congoleum Corp., 595 F.2d 1287（3d Cir. 1976））など。なお、ティンバレン事件連邦控訴裁判所判決においては、反トラスト法の適用範囲の決定に当たっては、関連する諸要素を衡量した合理的な判断をとるべきだとの考え方（「管轄権に関する合理の原則」）が示された。
25) FTAIAの内容について詳しくは、植村幸也「米国反トラスト法実務講座（第11回）域外適用」公正取引757号（2013）62頁〜70頁。

が主観的になるといった効果理論への批判に対し、その基準を厳格化することにより対処しようとしたものであろう。

そして、外国取引反トラスト改善法制定後の 1993 年、ハートフォード事件最高裁判決[27]において、米国最高裁判所は、反トラスト法の適用については効果理論が確立しているということを確認している。

ただし、ここで留意しなければならないのは、米国において効果理論が発展してきたのは、シャーマン法の規定振りにその原因があるということである。すなわち、カルテル等の共同行為を規制するシャーマン法 1 条は「州間のまたは外国との取引または通商を制限するすべての契約、結合または共謀は禁止される」と規定するのみであり、判例によりカルテル等は市場の競争に与える影響の大きさにかかわらず行為の外形から「当然違法（per se illegal）」とされているが、シャーマン法 1 条の規定上、対市場効果はカルテル等が成立するための要件とはされていない。そのため、米国では、シャーマン法 1 条の域外適用が問題となる事案については、判例おいて効果理論を採用することにより、規律管轄権の基準を明確化する必要ないし意義があったと考えられる[28]。

(2) EU

EU における競争法の規律管轄権に関する考え方は、1988 年のウッドパルプ事件欧州司法裁判所判決[29]により示された。同判決において欧州司法裁判所（the European Court of Justice）は、米国、カナダ、フィンランド、スウェーデン等の木材パルプ製造業者による欧州共同体市場向けの輸出カルテルに対するローマ条約 85 条（現在の欧州連合の機能に関する条約 101 条）の場所的適用範囲（territorial scope）について、同事件の違反行為者は「共同体市場にお

---

[26] 米国反トラスト法の域外適用に関しては、司法省および連邦取引委員会が、1995 年、「国際的事業活動に関する反トラスト法執行ガイドライン（Antitrust Enforcement Guidelines for International Operations）」を公表している。
[27] Hartford Fire Insurance Co. v. California, 509 U. S. 764（1993）.
[28] 他方で、カルテル等の違反行為について「一定の取引分野における競争を実質的に制限する」ことを構成要件の一部とするわが国の独占禁止法においては、効果理論をあえて唱える必要はないと考えられる。
[29] Ahlstrom Osakeyhtio and others v. Commission of the European Communities,［1988］ECR 5193.

ける競争を制限する目的および影響を有する協調行為に参加した」ものであるから、同事件への同条の適用は「場所的適用について誤った評価をしていない」旨判示した。また、カルテルのようなローマ条約85条に違反する行為は、①合意等の共同行為の「形成」と②共同行為の「実施（implementation）」の2つに分けられるとした上で、①の「形成」に着目する場合には法の規定が容易に潜脱されてしまうことから、「実施」の地が決定的要因として考えられるべきであるとの考えを示し、欧州委員会の管轄権を認めた。この管轄権に関する考え方は、実施理論（implementation doctrine）と呼ばれている。また、同判決では、本件に欧州委員会の管轄権を認めることについて、一般国際法における属地主義の範疇に収まるとの考え方が示されている。これは、客観的属地主義の考え方を念頭に置いたものであろう。

さらに、企業結合の事案ではあるものの、南アフリカのプラチナ生産者の合併について、1999年、欧州第1審裁判所は、「実施」については、供給源や製造工場の所在にかかわらず、当事者が共同体域内で販売するだけで成立する、また、行為が共同体市場に対し、即時（immediate）かつ実質的（substantial）な影響を与えることが予見できるならば、それに欧州競争法を適用することは国際法により正当化されるとの考え方を示している[30]。このような考え方を前提にすれば、実施理論と効果理論には大きな差はないことになる。

(3) その他の国の状況

現在、競争法に管轄権に関する規定を置き、国外で行われた行為であっても、国内の市場に影響があれば自国の競争法を適用することを明らかにしている国として、ドイツ、韓国、中国、南アフリカ等が存在する。たとえば、ドイツ競争制限法では、130条2項において、「この法律は、この法律の施行地域外で行われた競争制限行為であっても、この法律の施行地域内に効果を及ぼすすべての行為に対して適用される」旨が、中国独占禁止法では、2条において、「独占禁止法は、国内の経済活動における独占的行為[31]、また、国外で行われる行為のうち、国内市場における競争を排除または制限する影響を及ぼす行為に適用される」旨が、それぞれ規定されている[32]。

---

[30] Gencor/Lonrho事件。Case T-102/96（1999）.
[31] 独占的行為には、事業者間でカルテル等の独占的協定を行うことが含まれる。

(4) 日本以外の国や地域での競争法の規律管轄権に関する考え方等

現在、競争法を有する国や地域は、100を大きく超えるといわれる[33]。そして、それらの競争法のほとんどには、カルテルを禁止する規定が存在する。つまり、世界の100を大きく超える国や地域では「カルテルは違法行為である」という認識が共有されているのである。この点は、1970年代から80年代前半にかけて米国の効果理論に基づくシャーマン法の適用に対して諸外国から激しい批判が起こっていたころとは状況が大きく異なっている。また、現在では、OECD（Organization for Economic Co-operation and Development）やICN（International Competition Network）[34]等の多国間の場において、複数の国や地域に影響を与えるような反競争的な行為に対して、関係する国や地域の競争当局が協力して対処していくべきであるとの考え方が共有され、いかにして協力できるかといったことが盛んに議論されている。そしてそこでは、自国の領域外で行われた反競争的行為であっても、自国の市場に一定の効果が生じる限りは自国の競争法を適用することが可能であるという規律管轄権の考え方に対する表立った批判も聞かれない。

効果理論、実施理論、客観的属地主義というように呼び方は異なるものの、現在では、自国の領域外で行われた反競争的行為であっても、自国の市場に一定の効果が生じる限りは自国の競争法を適用することが可能であるという競争法の規律管轄権に関する考え方は、米国やEUだけではなく、競争法を持つ国の間で広くコンセンサスが得られているように思われる。そして、前記2．でみたわが国の独占禁止法の規律管轄権に関する考え方もまた、そのような考え方と整合的なものなのである。

4．消極礼譲

自国の域外で行われた反競争的な行為であっても自国の市場に一定の反競

---

[32] 土田編著・前掲注10）4頁〔土田〕。
[33] 2015年5月末現在、ICNには120か国・地域から133の競争当局が参加している。
[34] 2001年10月25日に設立された競争当局をメンバーとし、競争法の執行と競争政策の実務上の課題への対処を共通の目的としている国際組織。2011年5月現在、103の国・地域の競争当局がメンバーとなっている。

争的な効果が生じることを根拠に規律管轄権を認めるということになれば、厳格な属地主義をとった場合に比べ規律管轄権の範囲を広く認めることになり、関係国の重要な利益との抵触等の問題が生ずる可能性が高まることになる。そのため、法の適用に当たっては、「消極礼譲（negative comity）」の視点が重要となる。競争法の適用における消極礼譲とは、競争当局がその執行活動のすべての局面において関係国の重要な利益を考慮して行動することを意味し、それは通常、そのような考慮をする側の国の競争当局の執行活動を抑制する方向に働く[35]。

なお、上記のとおり、管轄権は認められるものの関係国の重要な利益といった一定の事項を考慮して、競争当局において裁量的に競争法の適用を差し控えるというのが消極礼譲であり、消極礼譲が管轄権を判断する要素となるものではないことに留意する必要がある[36]。

3　執行管轄権

1．執行管轄権の限界

執行管轄権は、規律管轄権を有する事項について、人または物に対して法を執行する権能である。執行管轄権は、国家権力の現実の行使を意味し、人

---

[35]　土田編著・前掲注10) 23頁〔土田〕。
[36]　この点に関して、「複数の法域の競争法の重複適用は回避されなければならない」、あるいは、「複数の法域の競争法が重複的に適用されるのは二重処罰に当たる」という趣旨の主張がなされることがあるが、前掲ブラウン管カルテル（サムスンSDIマレーシア）事件東京高裁判決では、「複数の国等の競争法が重複して適用されることによる弊害がある場合には、条約等による主権の調整や執行機関間における協力、調整等によって、その弊害の回避が図られるべきものであって、複数の国等の競争法の重複適用があり得ることを理由として、我が国の主権が及ばないという原告の主張は採用することができない」としている。また、EUにおいても、すでに他の域外の競争当局により法執行が行われている場合または行われる可能性があるという事実について、欧州委員会がこれを考慮しなければならないとする義務はなく、二重処罰の禁止の法理は当たらないとする司法判断が確立している（SGL Carbon v. Commission, [2006] Case C-308/04 P等）。

の逮捕や財産の差押えのように私人（自然人と法人の双方を含む）に対して強制的なものはもとより、任意の事情聴取等、私人に対して非強制的な性格しか持たないものも含まれる[37]。

　規律管轄権と執行管轄権の適用範囲は必ずしも同一ではなく、規律管轄権が認められる場合であっても、他国の領域内における執行管轄権の行使が許されるわけではない。すなわち、日本の国外で合意が形成されたカルテル等が日本の市場に影響を与えるような場合に独占禁止法を適用することが可能であったとしても、原則として、相手国の同意がない限り、他国の領域内で法の執行を行うことはできないのである。日本の国外に所在する外国事業者の事業所等において独占禁止法47条に基づく立入検査等を行うことができないことはもとより、命令の履行を求めることを前提とする排除措置命令書等の送達についても、外国の領域内における公権力の行使に当たり、相手国の同意なくして行うことは主権の侵害に当たるとされる。

2．外国事業者に対する書類の送達

(1)　日本国内に拠点等を有する場合

　それでは、独占禁止法に違反する外国事業者に対してはどのようにして排除措置命令書等の送達を行い、命令の履行を求めていくことになるのであろうか。公正取引委員会はこれまで、外国事業者であっても、日本の国内に支店、営業所等の拠点を有する場合、また、平成14年の商法改正以降は日本における代表者を定めその登記をしている場合[38]には、これらの拠点等に対して排除措置命令書等の文書を送達している。また、日本の国内にこれらの拠点等を有しない外国事業者であっても、当該外国事業者が日本の国内において文書の受領権限を有する代理人を選任すれば、当該代理人に対して文書を送達することができる。公正取引委員会は、これまでの外国事業者を名宛人とするような事件では、ほとんどの場合、そのような方法で文書の送達を行い、命令の履行を求めてきた。

　しかし、現行法上、外国事業者が、日本の国内における代表者を定めて登

---

37)　小寺彰『パラダイム国際法』（有斐閣、2004）101頁。
38)　会社法817条および818条参照。

記をしておらず、さらに文書の受領権限を有する代理人の選任も行わないような場合には、公正取引委員会は、外国事業者に対して排除措置命令書等の文書を直接送達することができない。

(2) 日本国内に拠点等を有しない場合

公正取引委員会は、日本の国内における代表者を定めて登記をしておらず、さらに文書の受領権限を有する代理人の選任も行わないような外国事業者に対しては、排除措置命令書等の文書を直接送達することができないものの、独占禁止法70条の7により、民事訴訟法108条に規定する管轄官庁送達および領事送達をすることができる。また、それらによっても送達できない場合等には、独占禁止法70条の8により、公示送達をすることが可能となっている[39]。

なお、これまでに、前掲ビーエイチピー・ビリトンらに対する独占禁止法違反被疑事件の審査において報告命令書の送達のために、前掲ブラウン管カルテル事件において排除措置命令書および課徴金納付命令書の送達のために、それぞれ領事送達および公示送達の手続がとられたことがある[40]。

ア 管轄官庁送達

管轄官庁送達とは、外国の管轄官庁に嘱託し、送達を実施する方法である。通常は、管轄官庁送達の手続等に関して条約その他の取決めの存在が前提となる。たとえば民事訴訟に関する文書については、「民事又は商事に関する裁判上及び裁判外の文書の外国における送達及び告知に関する条約」(送達条約)等が存在し、これに基づき管轄官庁送達が行われているが、現在、わが国と外国との間で競争法に関する文書の送達について規定した条約等は存在しない。したがって、管轄官庁送達は、事実上不可能となっている[41]。

---

[39] これらの規定は、平成14年5月に可決・成立した私的独占の禁止及び公正取引の確保に関する法律の一部を改正する法律(平成14年法律第47号)により整備された。

[40] その詳細については、菅久・独禁法367頁〜369頁〔菅久修一〕。

[41] 厳密にいえば、条約が存在しない場合でも、相手国との個別の交渉等により、管轄官庁を取り決め、外国における送達を行うことは不可能ではないと思われるが、手続等が煩雑となり、非常に長い時間を要することになる。

イ 領事送達

領事送達とは、外国に駐在するわが国の大使、公使または領事に嘱託し、送達を実施する方法である。領事送達についても、その手続に関して条約で定められているものもあるが、条約がなければ領事送達ができないというわけではない。ただし、それを規定した条約がない場合には、命令書等の送達自体も外国の領域内における公権力の行使であることにかんがみ、当該外国の政府に領事送達を個別に容認してもらう必要があるとされている。具体的な手続としては、わが国の外務省を窓口として、在外の日本大使館や領事館を通じて外国事業者が所在する国の外務当局に対して領事送達を実施することの応諾を求め、応諾が得られた場合に、外務省を通じて領事送達を委嘱し、排除措置命令書等を送達することになる。

ウ 公示送達

公正取引委員会は、管轄官庁送達または領事送達によっても排除措置命令書等を送達することができない場合等には、公示送達をすることができる。公示送達は、送達すべき書類を送達を受けるべき者にいつでも交付すべき旨を公正取引委員会の掲示板に掲示することにより行う。公正取引委員会は、公示送達があったことを官報または新聞に掲載することができるが、外国においてすべき送達については、これに代えて公示送達があったことを相手方に通知することができるとされている。公示送達の効力は、公正取引委員会の掲示板に掲示を始めた日から6週間を経過することによって発生する。

4 海外の競争当局との協力、調整等

前記**3**でみたように、執行管轄権には限界があり、原則として、他国の領域内における調査や命令書の送達等を行うことはできない。また、前記**2**でみたように、厳格な属地主義に比べ競争法の規律管轄権の範囲を広く認めることになれば、他国の重要な利益との衝突や管轄権の重複の問題が生ずる可能性が高まることになる。そこで、国際的な事案に対する競争法の効果的な

執行を確保するとともに、競争法の国際的な執行に伴う利害対立や摩擦を回避するため、二国間の協力協定の締結や他国間の場における国際的な協力のための取組み等が行われている。それらにより、1つの国や地域の競争当局だけでは対処できないような国際的な事案に対して、複数の国や地域の競争当局が協調して規制する体制が整いつつあるといえる。

(1) 二国間の協力協定

わが国は、1999年に米国と、2003年にEUと、2005年にカナダと、それぞれ競争法の執行上の協力関係を定める二国間協定を締結した。また、シンガポール、メキシコ、タイ、インドネシア、スイス、ペルー等と経済連携協定（Economic Partnership Agreement）を締結しており、それらの中にはいわゆる「競争章」等が含まれているものが存在する。さらに、中国、韓国、豪州等の競争当局と協力に関する覚書等を締結している。

こうした二国間の協力協定等においては、①自国の競争法の執行が相手国の重要な利益に影響を及ぼし得る場合に事前に「通報」をすること、②関係当局間で情報交換等の「協力」をすること、③関係当局が関連する事件について執行活動を行う際に執行活動の効率化や措置の矛盾の回避等のために「調整」をすること、④相手国の領域内で行われた競争制限行為が自国の重要な利益に悪影響を及ぼす場合に相手国の競争当局に「執行活動の要請」を行い、要請された国の競争当局は当該要請を考慮して執行活動を行うこと（「積極礼譲」と呼ばれる）、⑤執行活動における紛争回避のために他方の重要な利益に慎重な考慮を払うこと（前記 2 4．でみた「消極礼譲」）などが規定されている。このうち積極礼譲については、執行管轄権の限界を克服するための手段として期待されるものであると考えられる。

そして、日々の実際の国際的な事件の調査等において、こういった規定等に基づき、競争当局間における協力や調整が行われている。

(2) OECDおよびICNにおける取組み

競争法の国際的な執行に係る協力や調整のための取組みは、OECDやICNといった多国間の場においても行われている。

まず、OECDにおいては、「ハードコア・カルテルに対する効果的な措置に

関する理事会勧告」(1998年3月25日)[42]、「競争法の審査及び手続に関する国際協力に係る理事会勧告」(2014年9月16日)[43]などが理事会勧告として採択され、競争法の執行の協力や調整の枠組み等が制度化されているとともに、加盟国間における情報交換をより促進させるため、「ハードコア・カルテル審査における競争当局間の正式な情報交換のためのベストプラクティス」(2005年10月20日)[44]がOECD競争委員会により取りまとめられている。

また、ICNにおいても、カルテル、企業結合、単独行為等のテーマごとに置かれた作業部会の下、手続面や実体面での国際的な収斂についてだけでなく、競争法の国際的な執行に係る協力や調整などについても活発な議論が行われている。

5　設問に対する回答

1．設問①

設問①は、独占禁止法の規律管轄権についてのものである。

カルテル等の違法行為の合意の形成が日本の国外で行われた場合であっても、また、カルテルのメンバーに外国事業者が含まれている場合であっても、当該カルテル等が、独占禁止法2条6項の「事業者が、……他の事業者と共同して対価を決定……する等相互にその事業活動を拘束し、又は遂行することにより、公共の利益に反して」、わが国のまたはわが国を含む「一定の取引分野における競争を実質的に制限する」という構成要件を満たしているのであれば、わが国の独占禁止法を適用することができる。

---

[42] Recommendation of the Council concerning Effective Action against Hard Core Cartels.
[43] Recommendation of the OECD Council concerning International Co-operation on Competition Investigations and Proceedings.
[44] BEST PRACTICES FOR THE FORMAL EXCHANGE OF INFORMATION BETWEEN COMPETITION AUTHORITIES IN HARD CORE CARTEL INVESTIGATIONS.

2．設問②

　設問②は、独占禁止法の執行管轄権についてのものである。
　仮に外国事業者が独占禁止法に違反しているような場合であっても、原則として、当該外国事業者が所在する相手国の同意がない限り、当該外国事業者が所在する領域内において物理的な手段によって法を執行することはできない。日本の国外に所在する外国事業者の事業所等において独占禁止法47条に基づく立入検査等を行うことができないことはもとより、命令の履行を求めることを前提とする排除措置命令書等の送達についても、外国の領域内における公権力の行使に当たり、相手国の同意なくして行うことは主権の侵害に当たる。外国事業者が独占禁止法の違反行為者である場合には、日本の国内における代表者や文書の受領権限を有する代理人を通じて、または領事送達、公示送達等により、排除措置命令書等を送達し、命令内容の履行を求めていくことになる。

〔いなぐま　かつのり〕

● 事項索引

◆ 欧文

ADSL サービス……………………142
FTTH サービス………………130, 142
Gencor/Lonrho 事件………………328
ICN……………………329, 334, 335
OECD……………………329, 334

◆ あ行

アウトサイダー…………………60, 83
アルコア事件………………………326
域外適用……………………314, 322, 325
意思の連絡……………34, 37, 38, 41, 42
　　──の立証……………………46
一定の取引分野………74, 76, 80, 83, 141
　　──の画定…………………80
　　企業結合審査における──……78
　　潜在的な需要者を対象とする──……86
　　取引段階が異なる事業者との間における合意に係る──…………………88
　　入札談合における──…………85
　　複数の取引段階を対象とした合意における──…………………90
一般指定……………………………149
一般集中規制………………………12
一般消費者の利益の確保……………10
違反行為
　　──の差止め…………………206
　　──の不継続…………………289
　　課徴金減免の基準となる──……292
　　既往の──…………………202
違法性阻却………………102, 108, 112
ウッドパルプ事件欧州司法裁判所判決……327
役務……………………………280
欧州司法裁判所……………………327
欧州第 1 審裁判所…………………328

欧州連合の機能に関する条約 101 条……327
音楽著作権管理事業………………132

◆ か行

外国事業者に対する書類の送達………331
外国取引反トラスト改善法…………326
価格カルテル………………………79
価格形成機能………………………4
　　市場のもつ──…………151, 153
価格による需給調整…………………5
課徴金減免申請後の追加報告要求……303
課徴金減免申請に伴い提出した報告書および資料の取扱い…………………301
課徴金減免申請の事実の第三者への開示の禁止………………………304
課徴金減免申請を行った事業者の事業者名等の取扱い…………………301
課徴金減免制度……………………286
　　──の対象…………………287
課徴金減免の基準となる違反行為……292
課徴金制度…………………………226
課徴金納付命令……………………225
管轄官庁送達………………………332
管轄権………………………………314
官製談合……………………………119
間接的な連絡………………………45
完全競争市場……………………8, 9
管理事業者…………………………132
既往の違反行為……………………202
　　──に対する排除措置命令……208
企業結合……………………………323
企業結合規制……………………12, 81
企業結合審査における一定の取引分野……78
　　──の画定…………………78
期待可能性…………………………102
規模の経済性………………………8

事項索引　337

基本合意…………………………39, 43, 85	共同申請………………………………291
ぎまん的顧客誘引……………………150	共同遂行…………………………33, 54
客観的属地主義……………316, 318, 329	共同正犯…………………………………37
究極の目的……………………98, 99, 108	共同の供給拒絶………………………150
供給曲線…………………………………5, 7	共同の取引拒絶……………………150, 251
供給拒絶………………………………131	虚偽の報告もしくは資料の提出………303
共同の――……………………………150	規律管轄権…………314, 315, 316, 317, 323, 335
業種認定………………………………268	金銭的利益の提供……………………177
――に関する特段の事情……………280	具体的な競争制限効果……229, 230, 235
行政指導………………………………107	経済憲法…………………………………1
競争……………………………………25	経済連携協定…………………………334
競争回避………………………………156	継続してするもの………………254, 262
競争価格…………………………………5	限界費用…………………………………7
競争関係………………………………25	減額………………………177, 184, 188
――にある事業者………………25, 50	厳格な地域制限………………………170
競争機能を損なう………………………14	減免率…………………………………288
競争基盤の侵害……………………151, 153	合意………………………………………34
競争均衡点………………………………5, 8	――による競争制限効果……………91
競争者…………………………………163	――の形成過程………………………40
――に対する不当な取引妨害・内部干渉	――の実効性…………………………62
……………………………………150	――の範囲……………………………80
――の流通経路が閉鎖されるおそれ…164	行為規制…………………………………11
競争者排除……………………………156	効果主義……………………………315, 322
競争手段の不公正さ…………22, 151, 153	効果理論……314, 315, 321, 323, 327, 328, 329
競争制限状態の除去および再発防止…207	公共の利益………………………………98
競争単位減少説……………………231, 233	――に反して………………………66, 97
競争単位の減少………………………231	――の実現……………………………4
競争的市場………………………………5	公示送達………………………332, 333, 336
競争当局と協力に関する覚書………334	――の効力……………………………333
競争の減殺…………………………151, 152	公正かつ自由な競争秩序……………151
競争の実質的制限…13, 15, 19, 55, 59, 111, 138	公正かつ自由な競争の促進…………4, 13
競争法の執行上の協力関係を定める二国間	公正競争阻害性………………22, 148, 190, 197
協定……………………………………334	再販売価格拘束の――………………160
競争法の審査及び手続に関する国際協力に	優越的地位の濫用の――……………253
係る理事会勧告………………………335	公正な競争秩序の維持…………………4
競争を阻害する可能性・蓋然性………154	公正な競争を阻害するおそれ
共同行為の「形成」……………………328	………………………22, 148, 150, 190
共同行為の「実施（implementation）」	構造規制…………………………………12
………………………………………328	拘束………………………83, 157, 158, 163, 165
共同して……………………………34, 36	販売先の――…………………………167

販売地域の────────170
販売方法の────────166
拘束条件付取引──────150, 156, 165
購入・利用強制────────177
考慮遺脱──────────206
考慮不尽──────────206
顧客への説明販売──────166
国際市場分割カルテル────52
国際礼譲──────────326
国内市場──────────324
　──を越えた一定の取引分野の画定
　──────────324, 325
国防や災害救助等の目的・利益──103
個別合意──────────43

◆ さ行

裁判管轄権─────────314
再販売価格拘束───150, 156, 157, 251
　──の公正競争阻害性─────160
裁量権の逸脱濫用──────205
差別対価──────────150, 251
差別的取扱い──────────131
　取引条件等の──────150
算定期間──────256, 257, 261
算定基礎──────252, 254, 256
死荷重（dead-weight loss）──18
事業活動における自由なる決定
　─────────135, 136, 137, 138
事業活動の不当拘束────149, 150
事業経営上大きな支障────179
事業者──────────24
　競争関係にある──────25, 50
　──としての意思の連絡───41
　──の差別的取扱い─────150
　事業の全部または一部の譲渡を受け
　た──────────203
事業者団体─────────111
　──における差別取扱い等──150
事実上の推定──────234, 236
市場────────────75, 76

──のもつ価格形成機能──151, 153
市場価格────────────5
市場が有する競争機能────16, 19
　──を損なう────14, 19, 26, 75
市場シェア──────────60
市場支配──────────15
市場支配的状態─────────64
市場支配力──────────15, 126
　──の形成・維持・強化──15, 126, 138
市場メカニズム──4, 5, 6, 7, 9, 12, 33, 127
　──の機能────────5
失格事由──────────303
執行活動の要請──────334
執行管轄権──────314, 315, 325, 336
実行期間────────────270
実行行為説────────318
実施行為───────47, 318, 319
実質的、直接的かつ予見可能な効果──321
実施理論─────────328, 329
実体的判断代置方式─────205
私的独占──────────13, 20, 124
私的独占の禁止及び公正取引の確保に関する法律──────────1
私的独占の予防規制─────251
支配───────────20, 125
支配型私的独占────20, 129, 248
支配行為─────────135, 209
支払遅延────────────177
シャーマン法1条──────326, 327
社会観念審査基準──────205
社会的に正当な目的に基づく行為の合理性や必要性──────────155
社会的余剰──────────8
社内通報制度──────212
社内リニエンシー──────212
自由かつ自主的な判断──185, 186, 190
自由競争基盤─────────153
　──の侵害───────22, 176
自由競争経済秩序──────4
　──の維持────10, 12, 13

事項索引　339

自由競争の減殺……………………… 22
囚人のジレンマ………………… 34, 35
十分な連関性……………………… 318
主観的属地主義…………………… 316
受注調整……………………… 44, 228
受注予定者…………………… 45, 85
主導的役割………………………… 304
需要曲線…………………………… 5
需要者にとっての代替性……… 78, 82
需要者の交渉力…………………… 141
順位の繰上り……………………… 294
消極礼譲…………………… 330, 334
消費者余剰………………………… 7
商品の代替性………………… 78, 142
商品範囲…………………………… 78
情報収集・交換………………… 46, 48
証明責任…………………………… 114
人為性……………… 21, 126, 136, 137, 138
紳士協定…………………………… 53
真正な連関………………… 318, 319
推奨価格…………………………… 157
数量制限カルテル………………… 79
制限
　販売先の——…………………… 168
　販売方法の——………………… 168
生産者余剰………………………… 7
正常な商慣習……………………… 191
　——に照らして不当に
　　……………… 22, 150, 176, 184, 185, 187
正当化事由…………………… 97, 114, 154
正当な理由…………………… 23, 154
　——がないのに…………… 22, 150
責任地域制………………………… 170
積極礼譲…………………………… 334
接続料金…………………………… 130
潜在的な需要者…………………… 86
　——を対象とする一定の取引分野……86
相互拘束…………………… 33, 38, 39
相互に…………………………… 50, 83
総代理店契約……………………… 163

争点形成責任……………… 114, 155
総余剰……………………………… 8
属地主義………………… 314, 315, 326
措置内容
　——の合理性……………………… 221
　——の相当性……………………… 203
　——の特定性……………………… 213
措置の履行可能性………………… 213
その他の取引拒絶……………… 150
それなりの合理性……………… 166, 169
それなりの合理的な理由………… 169
存続法人…………………………… 203

◆ た行

対面販売義務……………………… 166
抱き合わせ販売等………………… 150
他事考慮…………………………… 206
単独での申請……………………… 291
中間流通業者………………… 90, 91
中間流通業者向けの取引………… 91
中小企業等協同組合法…………… 103
中小企業保護……………………… 103
超過利潤…………………………… 79
調査開始日………………………… 298
調査開始日以後の課徴金減免申請の期限
　………………………………………… 298
直接的、実質的かつ合理的に予見可能な効果……………………………………… 326
地理的範囲………………………… 78
陳列方法…………………………… 166
通報………………………………… 334
ドイツ競争制限法130条2項……… 328
当該商品又は役務…… 225, 226, 227, 228
当然違法…………………………… 327
特殊指定…………………………… 149
独占禁止法
　——1条………………………… 2
　——3条後段…………………… 32
　——3条前段…………………… 32
独占禁止法コンプライアンス…… 211

独占禁止法の遵守についての行動指針‥212
特段の事情‥‥‥‥‥‥‥‥‥‥‥269, 281
特に必要があると認めるとき
　‥‥‥‥‥‥‥‥‥‥202, 203, 217, 221
特約店契約‥‥‥‥‥‥‥‥‥‥‥‥162
取引依存度‥‥‥‥‥‥‥‥‥‥179, 195
取引先の囲い込み‥‥‥‥‥‥‥‥‥163
取引先変更の可能性‥‥‥‥‥‥179, 196
取引条件等の差別取扱い‥‥‥‥‥‥150
取引上の地位の不当利用‥‥‥‥‥‥150
取引上の優越的な地位‥‥‥‥‥‥‥153
取引段階‥‥‥‥‥‥‥‥‥‥‥‥50, 76
　──が異なる事業者との間における合意
　に係る一定の取引分野‥‥‥‥‥‥88
取引の相手方の自由な事業活動に対する制
　約‥‥‥‥‥‥‥‥‥‥‥‥‥‥‥165
取引の相手方の役員選任への不当干渉‥150

◆ な行

二国間の協力協定‥‥‥‥‥‥‥‥‥334
日本音楽著作権協会‥‥‥‥‥‥‥‥133
入札談合等関与行為防止法‥‥‥‥‥118
入札談合における一定の取引分野‥‥‥85
認可料金規制‥‥‥‥‥‥‥‥‥‥‥115
能率競争‥‥‥‥‥‥‥‥24, 125, 127, 137

◆ は行

ハードコアカルテル‥‥‥‥‥‥‥‥‥79
ハードコア・カルテル審査における競争当
　局間の正式な情報交換のためのベストプ
　ラクティス‥‥‥‥‥‥‥‥‥‥‥335
ハードコア・カルテルに対する効果的な措
　置に関する理事会勧告‥‥‥‥‥‥334
ハートフォード事件‥‥‥‥‥‥‥‥327
排除‥‥‥‥‥‥‥‥‥‥‥‥20, 21, 125
排除型私的独占‥‥‥‥‥‥‥20, 129, 249
排除型私的独占ガイドライン‥‥128, 142
排除行為‥‥‥‥‥‥‥‥‥‥‥‥21, 129
排除する意図‥‥‥‥‥‥‥‥‥‥‥135
排除措置命令‥‥‥‥‥‥‥‥‥‥‥202

排他条件付取引‥‥‥‥‥‥150, 156, 162
排他的取引‥‥‥‥‥‥‥‥‥‥‥‥134
販売価格競争（ブランド間競争）‥‥‥160
販売業者間の価格競争‥‥‥‥‥‥‥157
販売拠点制‥‥‥‥‥‥‥‥‥‥‥‥170
被疑事実等の告知書‥‥‥‥‥‥‥‥298
平等原則違反‥‥‥‥‥‥‥‥‥‥‥205
比例原則違反‥‥‥‥‥‥‥‥‥‥‥205
不完全市場‥‥‥‥‥‥‥‥‥‥‥‥8, 9
不公正な取引方法‥‥‥‥‥13, 22, 148, 150
不当高価購入‥‥‥‥‥‥‥‥‥‥‥150
不当な経済的利得‥‥‥‥‥‥‥‥‥227
不当な顧客誘引・取引強制‥‥‥‥‥150
不当な対価取引‥‥‥‥‥‥‥‥‥‥150
不当な取引制限‥‥‥‥‥‥13, 31, 74, 76
　──からの離脱‥‥‥‥‥‥‥‥‥291
　──の予防効果‥‥‥‥‥‥‥‥‥229
不当な利益による顧客誘引‥‥‥‥‥150
不当に‥‥‥‥‥‥‥‥‥‥‥‥22, 150
不当利得のはく奪‥‥‥‥‥‥‥‥‥227
不当廉売‥‥‥‥‥‥‥‥‥‥‥150, 251
プライス・テイカー（価格受容者）‥9, 17
プライス・メイカー（価格決定者）‥‥16
ブランド間競争の状況‥‥‥‥‥‥‥168
ブランド内競争の状況‥‥‥‥‥‥‥168
フリーライダー問題‥‥‥‥‥‥161, 167
偏在説‥‥‥‥‥‥‥‥‥‥‥‥‥‥316
返品‥‥‥‥‥‥‥‥177, 184, 185, 188, 192
包括した1つの違反行為‥254, 256, 259, 262
包括徴収‥‥‥‥‥‥‥‥‥‥‥‥‥133
報告および資料の提出‥‥‥‥‥‥‥289
保護主義‥‥‥‥‥‥‥‥‥‥‥‥‥316

◆ ま行

密接な関連性‥‥‥‥‥‥‥‥‥‥‥318
民事又は商事に関する裁判上及び裁判外の
　文書の外国における送達及び告知に関す
　る条約（送達条約）‥‥‥‥‥‥‥332
無過失損害賠償請求訴訟制度‥‥‥10, 11

事項索引　341

◆ や行

優越ガイドライン……………………176
優越的地位……………………………178
　——の濫用………… 150, 175, 251, 252
　——の濫用行為……………………154
　——の濫用に係る課徴金……………244
　——の濫用の公正競争阻害性………253
横流しの禁止………………167, 168, 169

◆ ら行

落札率……………………………………61
濫用行為………………………177, 184, 191
離脱の意思……………………………291
リベート………………………………139
領事送達……………………332, 333, 336
ローマ条約85条………………………327

●判審決等索引

◆ 裁判所

最判昭和50年7月10日民集29巻6号888頁(第1次育児用粉ミルク(和光堂)事件)
……………………………………………………………………………… 22, 154, 157, 160, 161, 162
最決昭和52年4月13日審決集24巻234頁(石油価格協定過料事件)…………… 213
最判昭和52年12月20日民集31巻7号1101頁(神戸税関事件)………………… 205
最判昭和53年3月14日民集32巻2号211頁(ジュース公正競争規約事件)……… 4, 10
最判昭和59年2月24日刑集38巻4号1287頁(石油価格協定刑事事件)
……………………………………………………………………… 4, 52, 63, 99, 108, 109, 111, 112
最判平成元年12月8日民集43巻11号1259頁(石油価格協定損害賠償請求事件(鶴岡灯油訴訟))………………………………………………………………………… 11
最判平成元年12月14日民集43巻12号2078頁(都営芝浦と畜場事件)……… 23, 25
最判平成10年12月18日民集52巻9号1866頁(資生堂東京販売事件)……… 166, 167
最判平成10年12月18日判時1664号14頁(花王化粧品販売事件)…………… 169
最決平成12年9月25日刑集54巻7号689頁(東京都水道メーター談合(第1次))… 103
最決平成15年5月1日刑集57巻5号507頁………………………………………… 37
最判平成17年9月13日民集59巻7号1950頁(機械保険連盟料率カルテル事件)
……………………………………………………………………………………… 226, 245, 271
最判平成19年4月19日判時1972号81頁(郵便区分機談合事件)……… 203, 217, 218
最判平成22年12月17日民集64巻8号2067頁(NTT東日本事件)
……………………………………………………… 15, 21, 126, 130, 136, 138, 140, 142
最判平成24年2月20日民集66巻2号796頁(多摩談合事件)
……………………………………………………… 14, 18, 26, 38, 58, 61, 75, 81, 139, 229
最判平成27年4月28日民集69巻3号518頁(JASRAC事件)………………… 131
東京高判昭和26年9月19日高民集4巻14号497頁(東宝・スバル事件)…… 15, 57
東京高判昭和28年3月9日高民集6巻9号435頁(新聞販路協定事件)……… 25, 50
東京高判昭和28年12月7日高民集6巻13号868頁(東宝・新東宝事件)… 15, 54, 207
東京高判昭和29年12月23日審決集6巻89頁(北海道新聞事件)……………… 163
東京高判昭和32年12月25日高民集10巻12号743頁(野田醤油事件)
……………………………………………………………………………… 80, 135, 136, 207, 209
東京高判昭和46年7月17日行集22巻7号1022頁(第1次育児用粉ミルク(明治商事)事件)………………………………………………………………………… 207, 213
東京高判昭和59年2月17日審決集30巻136頁(東洋精米機製作所事件)…… 164
東京高判昭和61年6月13日行集37巻6号765頁(石灰石供給制限事件)……… 76
東京高判平成5年5月21日高刑集46巻2号108頁(ラップ価格カルテル刑事事件)… 102
大阪高判平成5年7月30日審決集40巻651頁(東芝昇降機サービス事件)…… 155

判審決等索引 343

東京高判平成 5 年 12 月 14 日高刑集 46 巻 3 号 322 頁（シール談合刑事事件）····· 25, 50, 77
東京高判平成 7 年 9 月 25 日判タ 906 号 136 頁（東芝ケミカル審決取消請求事件（差戻審））
·· 38, 46
東京高判平成 8 年 3 月 29 日判時 1581 号 37 頁（協和エクシオ事件）················ 44
東京高判平成 8 年 5 月 31 日高刑集 49 巻 2 号 320 頁（下水道事業団談合刑事事件）····· 119
東京高判平成 9 年 12 月 24 日高刑集 50 巻 3 号 181 頁（東京都水道メーター談合（第 1 次）
刑事事件）·· 54, 103
東京高判平成 12 年 2 月 23 日東高刑時報 51 巻 1～12 号 23 頁（ダクタイル鋳鉄管シェアカ
ルテル刑事事件）·· 65
東京高判平成 15 年 3 月 7 日審決集 49 巻 624 頁（岡崎管工事件）······················ 291
東京高判平成 16 年 2 月 20 日審決集 50 巻 708 頁（町田市談合土屋企業事件）······ 230, 232
東京高判平成 16 年 3 月 26 日審決集 50 巻 972 頁（東京都水道メーター談合（第 2 次）刑事
事件）·· 120
東京高判平成 16 年 4 月 23 日判時 1879 号 50 頁（郵便区分機談合事件（差戻前））
·· 204, 218
東京高判平成 18 年 2 月 24 日審決集 52 巻 744 頁（ジェット燃料談合東燃ゼネラル石油事
件）·· 104, 227, 269, 274
東京高判平成 18 年 12 月 15 日審決集 53 巻 1000 頁（大石組入札談合事件）············ 39, 48
東京高判平成 19 年 12 月 7 日判時 1991 号 30 頁（旧道路公団鋼橋工事談合刑事事件）····· 119
東京高判平成 20 年 4 月 4 日審決集 55 巻 791 頁（元詰種子カルテル事件）·· 40, 43, 58, 77, 90
東京高判平成 20 年 5 月 23 日審決集 55 巻 842 頁（ベイクルーズ事件）················ 204
東京高判平成 20 年 9 月 26 日審決集 55 巻 910 頁（ごみ焼却炉談合事件）············ 86, 219
東京高判平成 20 年 12 月 19 日審決集 55 巻 974 頁（郵便区分機談合事件）·· 68, 104, 117, 118
東京高判平成 21 年 4 月 24 日審決集 56 巻(2) 231 頁（ジェット燃料談合事件）····· 117, 118
東京高判平成 21 年 5 月 29 日審決集 56 巻(2) 262 頁（NTT 東日本事件）············ 125, 138
東京高判平成 21 年 9 月 25 日審決集 56 巻(2) 326 頁（ポリプロピレンカルテル事件）··· 42
東京高判平成 22 年 3 月 19 日民集 66 巻 2 号 861 頁（多摩談合事件）················ 19, 26
東京高判平成 22 年 4 月 23 日審決集 57 巻(2) 134 頁（宮城医薬品卸カルテル・バイタルネッ
ト事件）·· 227
東京高判平成 22 年 11 月 26 日審決集 57 巻(2) 194 頁（ジェット燃料談合出光興産事件）
·· 228
東京高判平成 22 年 12 月 10 日審決集 57 巻(2) 222 頁（モディファイヤーカルテル事件）
··· 16, 57
東京高判平成 23 年 4 月 22 日審決集 58 巻(2) 1 頁（ハマナカ毛糸事件）············ 159, 260
東京高判平成 24 年 2 月 17 日審決集 58 巻(2) 127 頁（郵便区分機課徴金事件）············ 68
東京高判平成 24 年 3 月 2 日審決集 58 巻(2) 188 頁（ごみ焼却炉談合日立造船事件）
·· 234, 237
東京高判平成 24 年 5 月 25 日審決集 59 巻(2) 1 頁（ジェット燃料談合昭和シェル石油事件）
·· 272
東京高判平成 24 年 10 月 26 日審決集 59 巻(2) 15 頁（燃油サーチャージカルテル事件）

東京高判平成 24 年 11 月 9 日審決集 59 巻 (2) 54 頁（フォワーダー価格カルテル事件）
··280

東京高判平成 24 年 11 月 30 日審決集 59 巻 (2) 85 頁（光ファイバケーブルカルテル事件）
··272

東京高判平成 25 年 11 月 1 日判時 2206 号 37 頁（JASRAC 事件）··············132

東京高判平成 25 年 12 月 13 日審決集 60 巻 (2) 71 頁（溶融亜鉛めっき鋼板カルテル事件）
··46

東京高判平成 25 年 12 月 20 日審決集 60 巻 (2) 108 頁（愛知電線事件）············286

東京高判平成 26 年 2 月 28 日審決集 60 巻 (2) 144 頁（岩手談合高光建設事件判決）····236

東京高判平成 26 年 3 月 28 日審決集 60 巻 (2) 155 頁（岩手談合匠建設事件）········235, 239

東京高判平成 26 年 4 月 25 日審決集 61 巻 204 頁（奥能登談合大東建設事件）····231, 236

東京高判平成 26 年 5 月 30 日判タ 1403 号 299 頁（セブン-イレブン・ジャパン事件 25 条訴訟）
··215

東京高判平成 26 年 9 月 26 日審決集未登載（エア・ウォーター事件）··············277

東京高判平成 28 年 1 月 29 日判時 2303 号 105 頁（サムスン SDI マレーシア事件）
··15, 82, 322, 330

東京高判平成 28 年 4 月 13 日判例集未登載（MT 映像ディスプレイほか事件）········6, 322

東京高判平成 28 年 4 月 22 日判例集未登載（サムスン SDI 事件）··············6, 322

東京高判平成 28 年 5 月 25 日判例集未登載（エアセパレートガスカルテル（日本エア・リキード）事件）
··77, 83, 84, 85, 92, 203

東京地判平成 9 年 4 月 9 日審決集 44 巻 635 頁（日本遊戯銃協同組合事件）············112

東京地判平成 16 年 4 月 15 日判タ 1163 号 235 頁（三光丸事件）··············178

東京地判平成 19 年 11 月 1 日審決集 54 巻 799 頁（緑資源機構談合刑事事件）········119

大阪地決平成 24 年 6 月 15 日判時 2173 号 58 頁··302

東京地判平成 26 年 7 月 9 日判例集未登載（北陸新幹線談合刑事事件：鉄道運輸機構職員）
··119

東京地判平成 26 年 10 月 6 日審決集 61 巻 488 頁（北陸新幹線談合刑事事件：事業者）
··102

◆ 公取委

公取委審判審決昭和 28 年 3 月 28 日審決集 4 巻 119 頁（大正製薬事件）··············152, 165

公取委審判審決昭和 30 年 12 月 27 日審決集 7 巻 108 頁（野田醤油事件）··············209

公取委勧告審決昭和 47 年 9 月 18 日審決集 19 巻 87 頁（東洋製罐事件）··············211

公取委勧告審決昭和 58 年 3 月 31 日審決集 29 巻 104 頁（ソーダ灰購入カルテル事件）
··208

公取委勧告審決昭和 59 年 8 月 20 日審決集 31 巻 22 頁（弘前大学発注 B 重油談合事件）
··86

公取委一部取消審決平成 5 年 6 月 28 日審決集 40 巻 241 頁（キッコーマン審決変更事件）
··210

公取委審判審決平成 6 年 3 月 30 日審決集 40 巻 49 頁（協和エクシオ事件）……………229
公取委審判審決平成 7 年 7 月 10 日審決集 42 巻 3 頁（大阪バス協会価格カルテル事件）
　………………………………………………………………………………………113, 115
公取委同意審決平成 7 年 11 月 30 日審決集 42 巻 97 頁（資生堂事件）………………160
公取委勧告審決平成 9 年 8 月 6 日審決集 44 巻 238 頁（パチンコ機特許プール事件）…129
公取委勧告審決平成 10 年 3 月 31 日審決集 44 巻 362 頁（パラマウントベッド事件）
　………………………………………………………………………………………135, 137
公取委勧告審決平成 10 年 7 月 28 日審決集 45 巻 130 頁（ナイキジャパン事件）………158
公取委勧告審決平成 10 年 9 月 3 日審決集 45 巻 148 頁（ノーディオン事件）…………319
公取委課徴金の納付を命ずる審決平成 11 年 7 月 8 日審決集 46 巻 3 頁………………273
公取委審判審決平成 11 年 11 月 10 日審決集 46 巻 119 頁（東京無線タクシー協同組合事件）
　………………………………………………………………………………………………228
公取委審判審決平成 12 年 3 月 27 日審決集 46 巻 155 頁（京都プロパンガスカルテル事件）
　…………………………………………………………………………………………………49
公取委審判審決平成 12 年 4 月 21 日審決集 47 巻 37 頁（水田電工事件）……………237
公取委審判審決平成 13 年 8 月 1 日審決集 48 巻 3 頁（ソニー・コンピュータエンタテインメント事件）……………………………………………………………………159, 168, 169
公取委勧告審決平成 14 年 12 月 4 日審決集 49 巻 243 頁（四国ロードサービス事件）…53
公取委審判審決平成 16 年 8 月 4 日審決集 51 巻 87 頁（森川建設課徴金事件）………232
公取委勧告審決平成 17 年 4 月 13 日審決集 52 巻 341 頁（インテル事件）……………139
公取委審判審決平成 17 年 9 月 28 日審決集 52 巻 100 頁（岡崎管工事件）……………237
公取委同意審決平成 18 年 5 月 15 日審決集 53 巻 188 頁（鋼橋談合事件）……………208
公取委審判審決平成 18 年 7 月 14 日審決集 53 巻 361 頁（東京都運動場施設談合田原スポーツ工業事件）………………………………………………………………………………241
公取委排除措置命令平成 19 年 3 月 8 日審決集 53 巻 891、896、902、907 頁（地方整備局水門談合事件）……………………………………………………………………………212
公取委排除措置命令平成 20 年 2 月 20 日審決集 54 巻 512 頁（マリンホース・カルテル事件）
　………………………………………………………………………………………………52, 319
公取委審判審決平成 20 年 6 月 2 日審決集 55 巻 129 頁（港町管理課徴金事件）………231
公取委審判審決平成 20 年 7 月 24 日審決集 55 巻 294 頁（着うた事件）………………204
公取委審判審決平成 20 年 9 月 16 日審決集 55 巻 380 頁（マイクロソフト事件）…153, 319
公取委排除措置命令平成 20 年 10 月 17 日審決集 55 巻 692 頁（溶融メタル談合事件）…45
公取委排除措置命令平成 20 年 11 月 12 日審決集 55 巻 701 頁（大気自動計測器談合事件）
　…………………………………………………………………………………………………45
公取委排除措置命令平成 21 年 3 月 18 日審決集 55 巻 723 頁（フォワーダー価格カルテル事件）……………………………………………………………………………………212
公取委排除措置命令平成 21 年 6 月 22 日審決集 56 巻 (2) 6 頁（セブン-イレブン・ジャパン事件）……………………………………………………………………………………213
公取委排除措置命令平成 21 年 10 月 7 日審決集 56 巻 (2) 71 頁（ブラウン管カルテル事件）
　………………………………………………………………………………………………220

公取委審判審決平成 22 年 10 月 25 日審決集 57 巻(1) 267 頁（郵便区分機課徴金事件）
.... 68, 105
公取委排除措置命令平成 22 年 11 月 9 日審決集 57 巻(2) 39 頁（鹿児島県海上工事談合事件）.. 203
公取委審判審決平成 22 年 11 月 10 日審決集 57 巻(1) 366 頁（ごみ焼却炉談合日立造船事件審決）.. 232
公取委課徴金の納付を命ずる審決平成 23 年 2 月 16 日審決集 57 巻(1) 440 頁 275
公取委排除措置命令平成 23 年 5 月 26 日審決集 58 巻(1) 185 頁（エアセパレートガスカルテル（日本・エアリキード）事件）.. 208, 222
公取委排除措置命令平成 23 年 10 月 6 日審決集 58 巻(1) 229、238 頁（奥能登談合松下組事件）.. 220
公取委審判審決平成 23 年 12 月 15 日審決集 58 巻(1) 153 頁（フジクラ事件）....... 276, 286
公取委排除措置命令平成 24 年 1 月 19 日審決集 58 巻(1) 266 頁（ワイヤーハーネス受注調整事件）.. 291
公取委排除措置命令平成 25 年 3 月 22 日審決集 59 巻(1) 262 頁、270 頁、274 頁および 278 頁（自動車ランプ受注調整事件）.. 291
公取委審判審決平成 25 年 5 月 22 日審決集 60 巻(1) 1 頁（岩手談合高光建設事件審決）.. 238
公取委審判審決平成 25 年 9 月 30 日審決集 60 巻 194 頁（奥能登談合松下組事件）....... 220
公取委排除措置命令平成 26 年 1 月 31 日審決集 60 巻(1) 380 頁（関西電力発注架空送電工事受注調整事件）.. 304
公取委審判審決平成 26 年 6 月 9 日審決集未登載 276
公取委排除措置命令平成 26 年 6 月 19 日審決集 61 巻 128 頁（段ボール価格カルテル事件）.. 212
公取委排除措置命令平成 26 年 9 月 9 日審決集 61 巻 136 頁（鋼球価格カルテル事件）.. 291
公取委審判審決平成 26 年 12 月 10 日審決集 61 巻 31 頁（生田組課徴金事件）........... 233
公取委排除措置命令平成 27 年 1 月 16 日審決集 61 巻 142 頁（福井県経済農業協同組合連合会事件）.. 135, 138, 248
公取委排除措置命令平成 27 年 4 月 15 日審決集未登載（東京湾水先区水先人会事件）.. 216
公取委審判審決平成 27 年 5 月 22 日審決集未登載（ブラウン管カルテル事件）.. 319, 320, 321
公取委審判審決平成 27 年 6 月 4 日審決集未登載（日本トイザらス事件）.. 154, 176, 180, 183, 184, 185, 191
公取委排除措置命令平成 27 年 10 月 9 日審決集未登載（北陸新幹線消融雪設備工事入札談合事件）.. 304
公取委排除措置命令平成 28 年 2 月 5 日審決集未登載（ポリ塩化アルミニウム入札談合事件）.. 304

論点解説　実務独占禁止法

2017年2月28日　初版第1刷発行

監修者　山﨑　　恒
　　　　幕田　英雄

発行者　塚原　秀夫

発行所　株式会社　商事法務
　　　　〒103-0025　東京都中央区日本橋茅場町3-9-10
　　　　TEL 03-5614-5643・FAX 03-3664-8844〔営業部〕
　　　　TEL 03-5614-5649〔書籍出版部〕
　　　　http://www.shojihomu.co.jp/

落丁・乱丁本はお取り替えいたします。　　　印刷/三報社印刷㈱
© 2017 Hisashi Yamazaki, Hideo Makuta　　Printed in Japan
　　　　Shojihomu Co., Ltd.
ISBN978-4-7857-2501-3
＊定価はカバーに表示してあります。